KB129180

특수교육학개론

김용욱 · 이해균 · 김성애 · 이효신 · 최성규 · 김영한 · 신윤희 · 김성범 공저

SPECIAL EDUCATION

학지사

특수교육을 공부한다는 것 혹은 전공한다는 것이 마치 사회적 소외계층인 장애인을 배려하는 차원에서 이루어지는 일종의 선행으로 받아들여지던 시대는 종식되었다고 감히 말하고 싶다. 뿐만 아니라 특수교육이 단순히 일반교육의 수준을 낮춰 제시하면 되는 교육이 아니라는 인식도 점차 확산되고 있다고 믿고 싶다. 특수교육대상자로서의 장애인은 개인 간·개인 내 차가 존재하는 학습자로서, 일반교육대상자와는 다른 특성을 가진 존재일 뿐임을 모두가 알았으면 한다.

이에 이들을 가르치는 모든 교사는 선행자가 아닌 전문가로서의 역량을 갖추고 있어야 한다. 특수교육대상자의 행동적·인지적·정의적 특성을 명확히 파악해야 하는 것은 물론이고, 효과적이고 효율적인 교수를 위한 처방적 접근에 대한 지식도 갖추고 있어야 한다. 뿐만 아니라 때로는 특수교육 및 특수교육대상자들에 대한 잘못된 사회인식을 바로잡기 위해 앞장서는 사회운동가로서의 역할도 수행할 수 있어야 한다. 이와 같은 역량과 책무성은 전체적인 조망 능력을 갖추고 해당 학문을 바르게 이해하는 데서 비롯된다.

이와 같은 희망과 믿음에 토대하여 '땅은 거짓말을 하지 않는다.'고 믿는 농부의 마음으로 이 책을 집필하였다. 지난겨울, 대구대학교 BK21 플러스 사업에 참여하고 있는 8명의 농부가 모여 경작할 종자와 방법을 결정한 후, 따스한 봄바람이 불기 시작할 즈음 씨앗을 뿌렸다. 그리고 이제 그간의 시간과 수고를 고스란히 담고 있는 이 책을 거둬들인다.

모든 농부는 작물을 튼튼하게 키우기 위해 논의 잡초를 뽑고 거름을 준다. 마찬가지로 13종류의 다양한 작물을 경작한 우리 농부들 역시 최고의 개론서를 만들기 위해 오래되고 불필요한 사실, 개념, 원리들은 빼내고 가장 최근의 영양가 있는 거름을 공급하였다. 이에 어느 하나 불필요하다거나 정이 가지 않는 단어, 문장, 단락이 없다. 쌀 한 톨에도 무한 애정을 느끼는 농부처럼 말이다. 이 책은 이와 같은 과정과 마음으로 만들어진 masterpiece로, 각 단원의 집필에 참여한 교수들의 노고와 사랑을 고스란히 담고 있다.

이 책은 특수교육학개론 및 이와 유사한 강좌에서 한 학기 동안 사용할 수 있도록 총 13개 장으로 구성되어 있다. 제1장(김용욱 교수)과 제2장(김성범 교수, 신윤희 교수)은 특수교육에서 가장 기본적이고 필수적인 사항을 알기 쉽게 정리하였다. 제3장부터 제11장까지는 지적장애(김성애 교수), 시각장애(이해균 교수), 청각장애(최성규 교수), 정서·행동장애(이효신 교수), 자폐스펙트럼장애(이효신 교수), 의사소통장애(최성규 교수), 지체장애 및 건강장애(김영한 교수), 학습장애(김용욱 교수), 유아특수교육(김성애 교수) 등 「장애인 등에 대한 특수교육법」에 명시되어 있는 특수교육대상자별 특성과 교수내용, 교수방법 등을 소개하였다. 그리고 마지막 부분에 해당하는 제12장(이해균 교수)과 제13장(김영한 교수)에서는 각각 통합교육과 전환교육에 관해 다룸으로써 특수교육에 대한 이해의 폭을 넓혀 앞으로의 교직생활에 도움을 주고자 했다.

이와 같이 각 분야에 정통하신 집필자들은 개별 장에서 다루고 있는 내용의 전문성은 물론이고 다른 개론서와의 차별화를 위해 다음과 같은 부분에도 주의를 기울였다. 첫째, 학생들이 학습내용을 쉽게 이해할 수 있도록 가능한 한 쉬운 용어로 표현하였다. 둘째, 개론 수준에서 다루기에 너무 어렵다고 생각되는 부분은 과감히 다루지 않았다. 많은 것을 다루기보다는 정해진 분량 내에서 꼭 필요한 내용이 제외되지 않도록 하였다. 셋째, 과제를 통해 학생들이 본문에서 다루고 있는 내용을 토대로 확장적 사고능력을 신장시킬 수 있도록 하였다.

한 해 농사를 마친 농부들은 다음 해 농사를 위해 논에 거름을 주고, 논두렁을 정리하면서 지난 일 년간의 과정을 못내 아쉬워한다고 한다. '비가 조금만 덜 왔었더라면…….' '해충이 덜 생기도록 예방했더라면…….' 그리고 다음 해에는 그러지 않기를 기원하고 다짐한다고 한다. 마찬가지로 우리 집필자들도 언제나 그렇듯이 책을 마무리하면서 못내 아쉬운 점이 없는 것은 아니다. 8명이 공동 작업을 통해 한 권의 책을 만드는 과정에서 자신만의 스타일을 최소화하고 용어를 통일하는 등 전체적인 통일감을 주기 위해 노력했음에도 여전히 부족한 부분이 있음을 인정하지 않을 수 없다. 이에 지속적으로 발견되는 문제점들은 수정·보완해 나갈 것임을 약속한다.

　이 책이 세상 밖으로 나와 많은 학생과 만날 수 있게 하기 위해서 많은 사람의 도움이 필요했다. 집필진의 연구원과 보조원들, 수업을 듣는 학생들, 주위의 동료들이 우선일 것이다. 마지막으로 이 책의 출판을 허락해 주신 학지사 김진환 사장님을 비롯한 임직원들께도 감사의 마음을 전한다.

저자 대표 김용욱

▪차 례▪

제**1**장

특수교육 기초

1. 장애의 개념

교육을 정의할 때 우선적으로 고려해야 할 요인은 대상과 목적에 관한 것이다. 대상이라는 맥락에서 볼 때, 특수교육이라고 명명하는 것 또한 교육 대상의 차이에서 비롯된다. 특수교육대상자는 대부분 특정 영역에서 일반적인 아동과는 현저한 차이를 보이는 아동을 의미한다. 그리고 목적이라는 맥락에서 보면 특수교육대상자는 자신의 잠재력을 실현하기 위해서 특수교육 및 그와 관련된 서비스를 필요로 하는 아동을 의미한다 (Kauffman & Hallahan, 2005). 따라서 특수교육대상자가 특별한 교육과 관련서비스를 필요로 한다는 것은 대부분의 아동과는 다른 특성을 가지고 있다는 것이며, 이러한 특성으로 인해 다른 교육적 요구가 필요하다는 것을 의미한다. 대부분의 아동과 다른 특성은 특정 영역에서 보다 우수하거나 혹은 부족하다는 것을 포함해서 이야기할 수 있다. 이러한 특성 중 일반아동과 비교해서 인지적 · 정의적 혹은 신체적 영역의 일부가 일정 준거 이하에 있는 아동을 지칭할 때 우리는 흔히 '장애아동'이라는 표현을 사용한다.

이에 장애란 무엇인가에 대한 의문을 가질 수 있는데, 우리나라 「장애인복지법」에 명시되어 있는 장애인의 정의는 다음과 같다.

> '장애인'이란 신체적 · 정신적 장애로 오랫동안 일상생활이나 사회생활에서 상당한 제약을 받는 자를 말하며, 장애인은 다음의 어느 하나에 해당하는 장애가 있는 자로서 대통령령으로 정하는 장애의 종류 및 기준에 해당하는 자를 말한다.
>
> 1. "신체적 장애"란 주요 외부 신체 기능의 장애, 내부기관의 장애 등을 말한다.
> 2. "정신적 장애"란 발달장애 또는 정신 질환으로 발생하는 장애를 말한다.
>
> – 「장애인복지법」 제2조

「장애인복지법」에 언급된 장애인의 개념과 분류는 신체적 장애와 정신적 장애로 인하여 일상생활에 제약을 가지는 것으로, 의료적 기준에 의해 분류한 것으로 볼 수 있다. 즉, 장애인이라는 개념은 장애를 원인으로 보고, 그 원인을 신체적 또는 정신적인 것에서 비롯된다고 보는 것이다. 「장애인복지법」에서 정하고 있는 장애인의 종류는 기준에 따라 15가지로 분류되는데, 크게 신체적 장애와 정신적 장애로 구분할 수 있다. 먼저, 신체적 장애로 분류되는 장애에는 지체장애, 뇌병변장애, 시각장애, 청각장애, 언어장애, 신장장애, 심장장애, 호흡기장애, 간장애, 안면장애, 장루 · 요루장애, 뇌전증장애가 포함된다. 다음으로, 정신적 장애에는 지적장애, 자폐성장애, 정신장애가 포함된다.

이와 같이 우리가 일상적으로 알고 있는 장애인의 종류와 기준은 「장애인복지법」에 따른 것으로, 구체적인 내용은 〈표 1-1〉과 같다.

표 1-1 **장애인의 종류 및 기준**

	종류	기준
신체적 장애	지체장애인	1. 한 팔, 한 다리 또는 몸통의 기능에 영속적인 장애가 있는 사람 2. 한 손의 엄지손가락을 지골(指骨: 손가락 뼈) 관절 이상의 부위에서 잃은 사람 또는 한 손의 둘째 손가락을 포함한 두 개 이상의 손가락을 모두 제1지골 관절 이상의 부위에서 잃은 사람 3. 한 다리를 리스프랑(Lisfranc: 발등뼈와 발목을 이어 주는) 관절 이상의 부위에서 잃은 사람 4. 두 발의 발가락을 모두 잃은 사람 5. 한 손의 엄지손가락 기능을 잃은 사람 또는 한 손의 둘째 손가락을 포함한 손가락 두 개 이상의 기능을 잃은 사람 6. 왜소증으로 키가 심하게 작거나 척추에 현저한 변형 또는 기형이 있는 사람

신 체 적 장 애	지체장애인	7. 지체에 위 각 목의 어느 하나에 해당하는 장애 정도 이상의 장애가 있다고 인정되는 사람
	뇌병변장애인	뇌성마비, 외상성 뇌손상, 뇌졸중 등 뇌의 기질적 병변으로 인하여 발생한 신체적 장애로 보행이나 일상생활의 동작 등에 상당한 제약을 받는 사람
	시각장애인	1. 나쁜 눈의 시력(만국식시력표에 따라 측정된 교정시력을 말한다. 이하 같음)이 0.02 이하인 사람 2. 좋은 눈의 시력이 0.2 이하인 사람 3. 두 눈의 시야가 각각 주시점에서 10도 이하로 남은 사람 4. 두 눈의 시야 1/2 이상을 잃은 사람
	청각장애인	1. 두 귀의 청력 손실이 각각 60데시벨(dB) 이상인 사람 2. 한 귀의 청력 손실이 80데시벨 이상, 다른 귀의 청력 손실이 40데시벨 이상인 사람 3. 두 귀에 들리는 보통 말소리의 명료도가 50퍼센트 이하인 사람 4. 평형 기능에 상당한 장애가 있는 사람
	언어장애인	음성기능이나 언어기능에 영속적으로 상당한 장애가 있는 사람
	신장장애인	신장의 기능부전으로 인하여 혈액투석이나 복막투석을 지속적으로 받아야 하거나 신장기능의 영속적인 장애로 인하여 일상생활에 상당한 제약을 받는 사람
	심장장애인	심장의 기능부전으로 인한 호흡곤란 등의 장애로 일상생활에 상당한 제약을 받는 사람
	호흡기장애인	폐나 기관지 등 호흡기관의 만성적 기능부전으로 인한 호흡기능의 장애로 일상생활에 상당한 제약을 받는 사람
	간장애인	간의 만성적 기능부전과 그에 따른 합병증 등으로 인한 간기능의 장애로 일상생활에 상당한 제약을 받는 사람
	안면장애인	안면 부위의 변형이나 기형으로 사회생활에 상당한 제약을 받는 사람
	장루·요루장애인	배변기능이나 배뇨기능의 장애로 인하여 장루(腸瘻) 또는 요루(尿瘻)를 시술하여 일상생활에 상당한 제약을 받는 사람
	뇌전증장애인	뇌전증에 의한 뇌신경세포의 장애로 인하여 일상생활이나 사회생활에 상당한 제약을 받아 다른 사람의 도움이 필요한 사람
정 신 적 장 애	지적장애인	정신 발육이 항구적으로 지체되어 지적 능력의 발달이 불충분하거나 불완전하고 자신의 일을 처리하는 것과 사회생활에 적응하는 것이 상당히 곤란한 사람
	자폐성장애인	소아기 자폐증, 비전형적 자폐증에 따른 언어·신체표현·자기조절·사회적응 기능 및 능력의 장애로 인하여 일상생활이나 사회생활에 상당한 제약을 받아 다른 사람의 도움이 필요한 사람
	정신장애인	지속적인 정신분열병, 분열형 정동장애(情動障碍: 여러 현실 상황에서 부적절한 정서 반응을 보이는 장애), 양극성 정동장애 및 반복성 우울장애에 따른 감정 조절·행동·사고 기능 및 능력의 장애로 인하여 일상생활이나 사회생활에 상당한 제약을 받아 다른 사람의 도움이 필요한 사람

장애를 어떻게 정의하는가는 시대에 따라 다르게 나타난다. 과거에는 세계보건기구 (WHO)에 의해 제시된 장애의 개념이 널리 수용되었다. 즉, 장애를 질병(disease), 손상 (impairment), 무능력(disability) 그리고 불이익(handicap)이라는 용어로 설명한 것이다. 이러한 과정은 일종의 의료적 모델에 의한 연속적·인과적 개념으로, 장애를 개인의 책임으로 봄으로써 장애인에 대한 부정적 시각을 야기했다.

이와 같은 개념은 장애는 그 자체의 문제가 아닌, 장애로 인한 인간의 기능적 제약이 근본적인 문제라는 시각이 대두되면서(윤광보, 2010), 최근에는 장애를 손상 그리고 활동 (activity)과 참여(participation)에 제한이 있는 경우로 보는 시각으로 바뀌었다.

국제 기능·장애·건강 분류(ICF)에 따르면, 신체의 기능과 신체 구조에 손상이 있거나 개인에 의한 임무 혹은 일상 행위의 활동에 제한이 있거나 실질적인 생활환경의 참여에 있어서 경험하게 되는 한계가 있을 때 장애가 있다고 본다. 여기서 손상과 활동은 개별적 모형의 개념을, 참여는 사회적 모형의 개념을 포함한 것이다. 뿐만 아니라 환경적 요인과 개인적 요인을 추가함으로써 장애의 원인을 단순히 개인적 요인에 두는 것이 아니라 환경적 요인과 같이 설명하고 있다([그림 1-1] 참조).

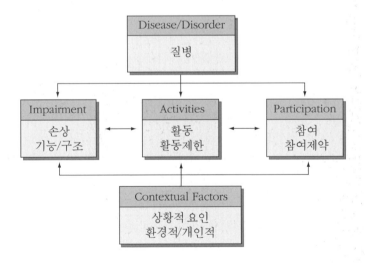

[그림 1-1] 장애의 개념(ICF)

2. 특수교육의 이해

1) 특수교육의 개념

　모든 사람은 자신만의 독특하고 개별적인 특성을 지니고 있는데, 장애학생 역시 이렇게 다양한 개인적 특성이 표출되는 연속선상의 한 부분으로 설명이 가능하다. 이는 아주 우수한 학생들이 가지는 능력을 개인적인 특성으로 보는 것과 같은 맥락인 것이다. 장애라는 특성을 가진 학생들과 아주 우수한 학생들 모두가 동일한 방법으로 획일적인 교육을 받는 것보다 자신의 특성에 적합한 방법으로 교육을 받는 것이 적절하다. 따라서 개인적 특성에 있어 현저한 차이를 보이는 학생들을 위해 특별히 설계된 교육을 특수교육이라 할 수 있다.

　일반적인 학생들과는 개인적 특성이 명확히 구분되는 학생을 대상으로 이루어지는 교육을 특수교육이라고 할 때 매우 우수한 능력을 가진 학생들을 위한 교육은 영재교육, 장애로 인해 특정 영역에서 대부분의 학생보다 현저하게 뒤처지는 능력을 가진 학생들을 위한 교육은 장애인교육으로 구분할 수 있다. 따라서 특수교육은 학문적 입장에서는 영재교육과 장애인교육을 모두 포괄하지만, 일반적으로는 영재교육을 제외한 장애인교육만을 의미한다.

(1) 특수교육의 정의

　특수교육은 정의하는 사람의 관점에 따라 여러 가지 개념으로 정의되고 있다. Kirk와 Gallagher(1979)는 "특수교육대상자의 잠재력을 개발하고 장애를 교정하기 위해서 제공되는 일반학교 프로그램 이상의 보충적인 서비스"라고 정의했으며, Smith(2004)는 "특별한 요구를 지닌 개별 아동에게 적절한 맞춤식의 개별화된 교육을 제공하는 것"으로 정의하였다. Heward(2009)는 "개별적으로 계획하고, 특별히 고안하며, 집중적으로 제공하는 목표 지향적 성격의 교수"라고 정의하고 있으며, 최근에는 특수교육을 "특별한 요구를 지닌 학생의 좀 더 나은 삶의 성과를 위해서 개별화된 교수와 지원을 제공하는 것"(Rosenberg, Westling, & McLeskey, 2011)이라고 정의하고 있다.

　우리나라에서의 특수교육은 맹인이라는 명칭이 장애를 가리키는 광의의 개념으로 사용되었던 삼국시대에서 찾을 수 있다(박원희 외, 2009). 그러나 현대와 같은 개념의 특수교육이 성립하게 된 것은 구한말 개화기로, 19세기 말 서구 문물의 유입과 개화운동의 전개를 통해 내적 기반이 마련되면서 서양의 선교사들을 통해 시작되었다. 특히 미국의 의료선교사 R. S. Hall에 의해 1894년 5월에 평양에서 맹인 소녀 오봉래에게 점자지도를 시작한 것이 우리나라 근대 특수교육의 효시라고 하겠다(김병하, 2003; 박원희 외, 2009).

이후 일제강점기와 광복을 거쳐 1977년 말에 특수교육의 기초를 다지기 위한 법적 근거로 「특수교육진흥법」이 제정되었다. 이 법은 1975년 제정된 미국의 「전장애아교육법(Education for All Handicapped Children Act: EAHCA)」(PL 94-142)의 영향을 받은 것으로 1994년 전면 개정을 거치게 된다. 법률적 정비 과정에서 특수교육에 대한 정의도 변화하였는데, 그 내용을 살펴보면 다음과 같다.

① 「특수교육진흥법」 제정

특수교육의 발전 토대를 마련한 「특수교육진흥법」은 1977년 12월 31일에 특별법으로 제정되었다. 한국특수교육협회의 간담회 개최 등으로 「특수교육진흥법」 제정의 필요성을 문교부에 건의하였고(한국특수교육협회, 1994), 특수교육의 진흥을 위한 정책 결정에 관한 연구를 바탕으로 법의 내용이 구성되었다. 제정된 「특수교육진흥법」 「특수교육진흥법」 시행령, 「특수교육진흥법」 시행규칙을 종합하면, 특수교육이란 시각장애자, 청각장애자, 정신박약자, 지체부자유자, 정서장애자, 언어장애자, 기타의 심신장애자에게 특수학교와 특수학급에서 유치원 · 초등학교 · 중학교 · 고등학교의 과정을 교육 · 교정(이하 요육이라 한다) · 직업보도를 하는 것을 말한다.

특수학교와 특수학급의 교육대상자의 기준을 장애의 정도에 따라 정하고 있으며(같은 법 시행규칙 제2조), 특히 정서장애, 언어장애, 기타의 심신장애자는 특수학급에만 취학할 수 있도록 하고 있다. 이 외에도 특수교육기관에는 직업훈련 및 직업보도에 필요한 시설을 설치(2실 이상)하도록 하고 있으며, 요육을 보조하는 특수교육 요원을 배치하도록 하고 있다.

② 「특수교육진흥법」 전면 개정

1977년 제정된 「특수교육진흥법」은 몇 차례의 개정을 거쳐, 이후 1994년 1월 7일 법률 제4716호로 전문을 개정하였다. 법률 개정을 통해 특수교육을 필요로 하는 사람에게 국가 및 지방자치단체가 각자의 능력과 장애 정도에 따라 적절하고 고른 특수교육의 기회를 확대·제공하고 선진 특수교육방법을 도입하여 특수교육의 질적 향상을 도모하고자 하였다. 그리고 특수교육지원체제를 확대하는 등 당시 사회의 변화에 따라 급격히 증가하고 있는 특수교육의 수요에 능동적으로 대처하기 위해서는 기존의 「특수교육진흥법」을 전면 개선·보완할 필요가 있었다.

　종전의 「특수교육진흥법」과 비교할 때, 특수교육의 정의, 특수교육대상자 및 그 선정방법, 특수교육대상자의 배치 및 교육적 조치, 조기교육, 순회교육, 개별화교육, 직업교육 등의 교육방법 확장, 취학 편의 제공, 국가 및 지방자치단체의 임무 등을 새롭게 규정하였다.

③ 「장애인 등에 대한 특수교육법」 제정

　1977년 제정된 「특수교육진흥법」은 특수교육 정책의 법적 근거가 되어 당시 우리나라 장애인교육을 공적으로 보장할 수 있게 하는 데 크게 기여하였다. 그 후 1994년 전면 개정에서는 통합교육 및 개별화교육 등 새로운 교육사조의 도입, 장애학생의 적절한 선정·배치 등 절차적 권리 강화를 위한 특수교육운영위원회의 도입 등 획기적인 조치를 포함하게 되었다. 그러나 시대적 변화에 따라 다양하게 분출된 새로운 요구들을 제도권으로 수용하여 보다 체계적으로 접근할 필요가 있고, 「특수교육진흥법」이 실제 특수교육 현장을 적절히 지원하기 위한 법적 근거로 제 역할을 하는 데 미흡하다는 인식이 대두되기 시작했다. 특히 「특수교육진흥법」은 초·중등교육 중심으로 규정되어 있어 장애 영유아 및 장애 성인을 위한 교육지원에 대한 규정이 미흡하며, 국가 및 지방자치단체의 특수교육 지원에 대한 구체적인 역할의 제시가 부족하여 법의 실효성 담보에 한계가 있었다.

　이러한 주변 상황의 변화와 특수교육의 세계 동향 등을 반영하기 위해 교육인적자원부에서 '특수교육 기회 확대 정책'을 중점으로 추진해 왔던 「특수교육진흥법」을 전면 개정하여 '특수교육의 내실화 정책'으로 전환하고자 하였고, 이로써 보다 안정적이고 적극적인 특수교육 정책으로 정착·발전시켜 나갈 수 있도록 특수교육법의 전면 개정을 추진하게 되었다.

　법률의 제정과 개정 과정에서 관련 용어의 개념 역시 변화하였다. 현재 우리나라 특수교육의 근간이라고 할 수 있는 「장애인 등에 대한 특수교육법」에서는 특수교육과 특수교육 관련서비스의 정의를 다음과 같이 명시하고 있다.

'특수교육'이란 특수교육대상자의 교육적 요구를 충족시키기 위하여 특성에 적합한 교육과정 및 제2호에 따른 특수교육 관련서비스 제공을 통하여 이루어지는 교육을 말한다.

'특수교육 관련서비스'란 특수교육대상자의 교육을 효율적으로 실시하기 위하여 필요한 인적 · 물적 자원을 제공하는 서비스로서 상담지원 · 가족지원 · 치료지원 · 보조인력지원 · 보조공학기기지원 · 학습보조기기지원 · 통학지원 및 정보접근지원 등을 말한다.

　　　　　　　　　　　　　　　　　　　　　　　－「장애인 등에 대한 특수교육법」제2조

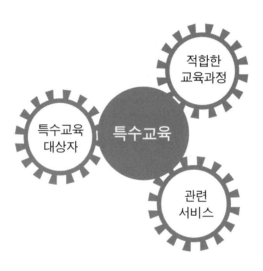

[그림 1-2] 특수교육의 정의

　　앞서 설명한 바와 같이 우리나라는 1977년 「특수교육진흥법」의 제정에서부터 미국의 특수교육 관련 법의 영향을 많이 받아 왔다. 미국은 1975년 「전(全)장애아교육법」의 제정을 시작으로 2004년 「장애인교육법(Individuals with Disabilities Education Improvement Act: IDEA」(2004)의 제정까지 총 5번의 변화를 보였다.

　　2004년 「IDEA」에서는 특수교육을 "교실수업, 체육수업, 재택수업, 병원 및 시설에서의 수업을 포함하는 것으로 부모의 추가 비용 없이 장애아동의 독특한 요구를 충족시켜 주기 위해 특별히 설계된 교수"(Turnbull, Huerta, & Stowe, 2006)로 정의하고 있다. 이 법은 「낙오학생방지법(No Child Left Behind: NCLB)」의 목표와 연계하여 장애학생을 포함한 모든 학생에 대한 높은 책무성을 강조하고, 장애학생에 대한 높은 학업성취 기대와 함께 일반교육 접근 보장, 전문적 특수교육교사 양성, 과학적으로 검증된 연구에 기반한 교수 방법 개발, 지역(local)의 유연성 강조, 장애아동 부모의 참여 및 선택권 확대, 조기중재 서비스 지원, 개별화교육계획(IEP) 개발 지원, 학습장애 적격성 기준, 장애아동 교육권 및 장애아동 부모의 권리에 대한 절차적 보호 등을 포함하고 있다. 이는 장애아동의 교육권 보장 및 보호자의 권리를 한층 강화함으로써 특수교육 전반에 중요한 변화를 가져왔다(Ycll, Shriner, & Katsiyannis, 2006). 특히 「IDEA」(2004)는 전문직 자질의 특수교사 양성을 의무화하고 있는데, 「장애인 등에 대한 특수교육법」에 특수교사의 전문성에 대한 의무조항들을 마련하는 근거가 되었다고 볼 수 있다.

여러 학자의 정의와 우리나라 및 미국의 특수교육에 대한 정의를 종합해 보면, 법률상 특수교육은 '특수교육대상자의 교육적 요구를 충족시키기 위하여 특성에 적합한 교육 과정과 관련서비스를 통하여 이루어지는 교육'이다. 구체적으로 살펴보면, 특수교육대상자의 법률상 정의는 '특수교육을 필요로 하는 자'로, 일반 학생과는 차별화된 교육적 요구를 가진 학생이다. 그리고 특수교육은 개별성이 강조된 교육과정의 적용을 위하여 '보충적 서비스'(supplementary service)와 '관련서비스'(related service)의 제공을 통해서 이루어지는 교육을 의미한다.

한편, 이론상 특수교육은 '특수교육을 요구하는 학생을 위해 특별히 설계된 교수 · 학습 체제'로 정의된다. 즉, 특수교육대상학생이 가지고 있는 독특한 교육적 요구를 충족함으로써 교육적 성취를 실현하기 위하여 특별한 자료, 교수 기술, 시설 및 설비 등을 필요로 하는 교육을 의미한다. 또한 개별 아동에 대해 진단결과에 교육계획(교육 목표와 내용)을 수립하고, 아동의 특성에 따라 요구되는 특별하거나 수정된 교육내용이나 교수방법을 활용하여 아동의 현재와 미래에 개인적인 성취감을 최대한으로 달성할 수 있도록 하는 활동이라고 할 수 있다. 즉, 특수교육이란 '특수교육대상자의 개인적 요구를 충족시키기 위해 특별히 계획 · 실행되는 교육'이라 정리할 수 있다.

(2) 특수교육의 목적과 성격

특수교육이 특수교육대상자의 개인적 요구를 충족시키기 위해 특별히 계획 · 실행되는 교육이라고 하더라도 특수교육의 목적은 일반교육과 근본 이념적 입장에 있어서는

표 1-2 학교급별 교육목적

학교급	목표	비고
초등학교	초등학교는 국민생활에 필요한 기초적인 초등교육을 하는 것을 목적으로 한다.	「초·중등교육법」 제38조
중학교	중학교는 초등학교에서 받은 교육의 기초 위에 중등교육을 하는 것을 목적으로 한다.	제41조
고등학교	고등학교는 중학교에서 받은 교육의 기초 위에 중등교육 및 기초적인 전문교육을 하는 것을 목적으로 한다.	제45조
특수학교	특수학교는 신체적·정신적·지적장애 등으로 인하여 특수교육을 필요로 하는 사람에게 초등학교·중학교 또는 고등학교에 준하는 교육과 실생활에 필요한 지식·기능 및 사회적응 교육을 하는 것을 목적으로 한다.	제55조

차이가 없다. 일반적으로 교육의 목적은 아동의 내면에 있는 소질을 파악하고 그 가능성을 계발시켜 주는 데 있다. 또한 교육의 목적은 교육기관이나 교육대상에 따라서 적절하게 구체화되는데(김윤옥 외, 2005), 「초·중등교육법」에 제시되어 있는 각 학교급별 교육목적은 〈표 1-2〉와 같다.

특수교육은 초·중·고등학교의 일반적인 교육목적을 실현함과 동시에 실생활에 필요한 지식·기능 및 사회적응을 교육하는 것을 목적으로 한다. 그리고 이러한 특수교육의 목적에 맞는 교육을 할 수 있도록 특수교육대상자들에게 적합한 교육과정을 제공하도록 하고 있다. 「장애인 등에 대한 특수교육법」에서는 특수교육대상자가 취학하고 있는 유치원, 초·중등학교, 특수학교의 교육목적과 교육목표를 달성하기 위한 국가 수준의 교육과정과 유치원, 초·중등학교 및 특수학교에서 특수교육대상자를 위하여 편성·운영하여야 할 유치원·학교 교육과정의 공통적 일반적인 기준(같은 법 시행규칙 제3조 제2항)을 제시하고 있다.

교육과정의 구성은 기본적으로 다음과 같은 방침으로 요약할 수 있다.

• 교육과정은 유치원 교육과정, 공통 교육과정, 선택 교육과정, 기본 교육과정으로 편성한다.
• 공통 교육과정은 초등학교 1학년부터 중학교 3학년까지의 교과(군)와 창의적 체험활동으로 편성한다.
• 선택 교육과정은 고등학교 1학년부터 3학년까지의 교과(군)와 창의적 체험활동으

로 편성한다.

- 기본 교육과정은 공통 교육과정 및 선택 교육과정에 참여하기 어려운 특수교육대 상자를 지원하기 위하여 그 내용을 대체한 대안교육과정으로 초등학교 1학년부터 고등학교 3학년까지의 교과(군)와 창의적 체험활동으로 편성한다.
- 교육과정 편성 · 운영의 경직성을 탈피하고, 학년 간 상호 연계와 협력을 통한 학교 교육과정 편성 · 운영의 유연성을 부여하기 위하여 학년군을 설정한다.
- 기본 교육과정 및 공통 교육과정의 교과는 교육 목적상의 근접성, 학문 탐구 대상 또 는 방법상의 인접성, 생활양식에서의 연관성 등을 고려하여 교과군으로 재분류한다.

이상의 교육과정 구성 방침에 따른 각 학교급별 교육목표는 〈표 1-3〉과 같다.

그러나 일반적으로 특수교육은 특수교육대상자의 잠재성과 가능성을 최대한으로 신

표 1-3　학교급별 교육목표

구분	교육목표	세부목표
초등학교	초등학교의 교육은 학생의 학습과 일상생활에 필요한 기초 능력 배양 및 기본 생활 습관을 형성하는 데 중점을 둔다.	(1) 풍부한 학습 경험을 통해 몸과 마음이 건강하고 균형 있게 자랄 수 있도록 하며, 다양한 일의 세계에 대한 기초적인 이해를 한다. (2) 학습과 생활에서 문제를 인식하고 해결하는 기초 능력을 기르고, 이를 새롭게 경험할 수 있는 상상력을 키운다. (3) 우리 문화에 대해 이해하고, 문화를 향유하는 올바른 태도를 기른다. (4) 자신의 경험과 생각을 다양하게 표현하며 타인과 공감하고 협동하는 태도를 기른다.
중학교	중학교의 교육은 초등학교 교육의 성과를 바탕으로, 학생의 학습과 일상생활에 필요한 기본 능력을 배양하며, 다원적인 가치를 수용하고 존중하는 민주시민의 자질 함양에 중점을 둔다.	(1) 심신의 건강하고 조화로운 발달을 추구하며, 다양한 분야의 경험과 지식을 익혀 적극적으로 진로를 탐색한다. (2) 학습과 생활에 필요한 기초 능력과 문제 해결력을 바탕으로 창의적 사고력을 기른다. (3) 자신을 둘러싼 세계에 대한 경험을 토대로 다양한 문화와 가치에 대한 이해를 넓힌다. (4) 다양한 소통 능력을 기르고 민주시민으로서의 자질과 태도를 갖춘다.
고등학교	고등학교 교육은 중학교 교육의 성과를 바탕으로, 학생의 적성과 소질에 맞는 진로 개척 능력과 세계 시민으로서의 자질을 함양하는 데 중점을 둔다.	(1) 성숙한 자아의식을 토대로 다양한 분야의 지식과 기능을 익혀 진로를 개척하며 평생학습의 기본 역량과 태도를 갖춘다. (2) 학습과 생활에서 새로운 이해와 가치를 창출할 수 있는 비판적 · 창의적 사고력과 태도를 익힌다. (3) 우리의 문화를 향유하고 다양한 문화와 가치를 수용할 수 있는 자질과 태도를 갖춘다. (4) 국가 공동체의 발전을 위해 노력하며, 세계 시민으로서의 자질과 태도를 기른다.

장시키는 것을 목표로 하면서, 심신이 건강하여 행복한 생활의 기초를 마련하고 배양하는 것을 목적으로 하는 교육활동(김원경, 이석진, 김은주, 권택환, 2010; 김윤옥 외, 2005)이라고 간략히 기술되기도 한다.

2) 특수교육대상자의 개념

교육은 대상인 학생의 특성과 요구에 따라 그 내용과 방법을 달리해야 한다. 특수교육이 일반교육과 다른 중요한 요인 중 하나가 바로 특수교육대상자의 특수성에 있다고 할 수 있다. 특수교육에 대한 법률상 또는 이론상 정의를 기반으로 할 때, 특수교육은 일반적인 교육의 내용과 방법 등을 통해서는 그 교육의 성과를 기대하기 어렵거나 기대할 수 없는 학생들을 위해 그들에게 제공하는 일련의 교육적 지원을 의미한다. 이러한 교육적 지원의 대상이 되는 학생들이 바로 특수교육대상자다.

특수교육의 대상자를 장애학생이라 하기도 하고 특수교육대상자로 부르기도 한다. 그러나 이것은 특수교육과 의료적인 측면 또는 이와 다른 영역에서 사용하는 체계가 서로 다른 데서 오는 혼란으로 볼 수 있다. 이에 특수교육대상자에 대한 정의와 분류체계에 대해 알아보고 그 현황을 살펴보고자 한다.

(1) 특수교육대상자의 정의

우리나라 「장애인 등에 대한 특수교육법」에는 특수교육대상자를 다음과 같이 정의하고 있다.

> '특수교육대상자'란 특수교육을 필요로 하는 사람으로 선정된 사람을 말한다.
>
> 교육장 또는 교육감은 다음 각 호의 어느 하나에 해당하는 사람 중 특수교육을 필요로 하는 사람으로 진단·평가된 사람을 특수교육대상자로 선정한다.
>
> 1. 시각장애   2. 청각장애   3. 정신지체   4. 지체장애
> 5. 정서·행동장애   6. 자폐성장애(이와 관련된 장애를 포함한다)
> 7. 의사소통장애   8. 학습장애   9. 건강장애   10. 발달지체
> 11. 그 밖에 대통령령으로 정하는 장애
>
> – 「장애인 등에 대한 특수교육법」 제15조

한편, 『특수교육학 용어사전』(국립특수교육원, 2009)에서는 특수교육대상자의 정의를
보다 자세하게 설명하고 있다.

> 특별한 교육적 지원을 필요로 하는 장애아동이다. 국립특수교육원에서는 학교에
> 서 제공하는 일반적인 교육과정 · 교수 및 조직의 수정을 요구하고, 효과적 · 효율
> 적인 학습을 위해 부가적인 인적 및 물적 자원을 요구하는 아동을 특수교육 요구 아
> 동이라고 정의하였다. 이 개념 정의에 따르면 장애 아동이지만 특별한 교육 지원이
> 필요하시 않을 경우에는 특수교육 요구 아동이라고 하지 않는다.

「장애인 등에 대한 특수교육법」 그리고 『특수교육학 용어사전』에 제시된 내용을 종합
해 보면, 특수교육대상자는 장애인을 의미한다. 그러나 모든 장애아동이 특수교육대상
자가 아니라는 것을 『특수교육학 용어사전』에서 명시하고 있으며, 「장애인 등에 대한
특수교육법」에서도 특수교육대상자의 선별기준을 제시하여 이를 구분하고 있다. 즉, 장
애아동이라 하더라도 교육에 있어서 특별한 교육적 지원이나 장애로 인해 다른 지원이
필요하지 않은 경우에는 특수교육대상자라 할 수 없다. 따라서 특수교육대상자란 장애
인 중 특수교육대상자로 선정되어 특수학교, 특수학급, 일반학급 등의 특수교육 장면 중
한 곳에 배치, 재학 중인 학생을 지칭한다.
  앞서 언급하였듯이, 학문적으로 특수교육은 '특수교육을 요구하는 학생을 위해 특별
히 설계된 교수-학습 체제'로 정의할 수 있다. 즉, 특수교육대상학생이 가지고 있는 독
특한 교육적 요구를 충족함으로써 교육적 성취를 실현하기 위하여 특별한 자료, 교수 기
술, 시설 및 설비 등을 필요로 하는 학생을 위한 교육을 의미하게 된다. 여기서 말하는
특수교육대상자는 특정 영역에서 대부분의 일반 학생과 다른 학생을 말하는 것이다. 모
든 장애학생을 특수교육대상자로 인정하는 것이 아니라 특별한 교육을 필요로 하는 학
생으로 한정하는 것이다.

(2) 특수교육대상자의 선정과 분류

「장애인 등에 대한 특수교육법」 제15조(특수교육대상자의 선정)에서는 "교육장 또는 교
육감은 다음 각 호의 어느 하나에 해당하는 사람 중 특수교육을 필요로 하는 사람으로
진단 · 평가된 사람을 특수교육대상자로 선정한다."고 제시하고 있다. 이에 특수교육대

상자의 선정은 법률이 규정한 선정 기준과 절차에 따라야 하는데, 「장애인 등에 대한 특수교육법」에 명시된 특수교육대상자의 종류에 따른 선정 기준은 〈표 1-4〉와 같다.

표 1-4   **특수교육대상자별 선정 기준**

구분	선정 기준
1. 시각장애를 지닌 특수교육대상자	시각계의 손상이 심하여 시각기능을 전혀 이용하지 못하거나 보조공학기기의 지원을 받아야 시각적 과제를 수행할 수 있는 사람으로서 시각에 의한 학습이 곤란하여 특정의 광학기구·학습매체 등을 통하여 학습하거나 촉각 또는 청각을 학습의 주요 수단으로 사용하는 사람
2. 청각장애를 지닌 특수교육대상자	청력 손실이 심하여 보청기를 착용해도 청각을 통한 의사소통이 불가능 또는 곤란한 상태이거나, 청력이 남아 있어도 보청기를 착용해야 청각을 통한 의사소통이 가능하여 청각에 의한 교육적 성취가 어려운 사람
3. 정신지체를 지닌 특수교육대상자	지적 기능과 적응행동상의 어려움이 함께 존재하여 교육적 성취에 어려움이 있는 사람
4. 지체장애를 지닌 특수교육대상자	기능·형태상 장애를 가지고 있거나 몸통을 지탱하거나 팔다리의 움직임 등에 어려움을 겪는 신체적 조건이나 상태로 인해 교육적 성취에 어려움이 있는 사람
5. 정서·행동장애를 지닌 특수교육대상자	장기간에 걸쳐 다음 각 목의 어느 하나에 해당하여, 특별한 교육적 조치가 필요한 사람 가. 지적·감각적·건강상의 이유로 설명할 수 없는 학습상의 어려움을 지닌 사람 나. 또래나 교사와의 대인관계에 어려움이 있어 학습에 어려움을 겪는 사람 다. 일반적인 상황에서 부적절한 행동이나 감정을 나타내어 학습에 어려움이 있는 사람 라. 전반적인 불행감이나 우울증을 나타내어 학습에 어려움이 있는 사람 마. 학교나 개인 문제에 관련된 신체적인 통증이나 공포를 나타내어 학습에 어려움이 있는 사람
6. 자폐성장애를 지닌 특수교육대상자	사회적 상호작용과 의사소통에 결함이 있고, 제한적이고 반복적인 관심과 활동을 보임으로써 교육적 성취 및 일상생활 적응에 도움이 필요한 사람
7. 의사소통장애를 지닌 특수교육대상자	다음 각 목의 어느 하나에 해당하여 특별한 교육적 조치가 필요한 사람 가. 언어의 수용 및 표현 능력이 인지능력에 비하여 현저하게 부족한 사람 나. 조음능력이 현저히 부족하여 의사소통이 어려운 사람 다. 말 유창성이 현저히 부족하여 의사소통이 어려운 사람 라. 기능적 음성장애가 있어 의사소통이 어려운 사람
8. 학습장애를 지닌 특수교육대상자	개인의 내적 요인으로 인하여 듣기, 말하기, 주의집중, 지각(知覺), 기억, 문제해결 등의 학습기능이나 읽기, 쓰기, 수학 등 학업 성취 영역에서 현저하게 어려움이 있는 사람
9. 건강장애를 지닌 특수교육대상자	만성질환으로 인하여 3개월 이상의 장기입원 또는 통원치료 등 계속적인 의료적 지원이 필요하여 학교생활 및 학업 수행에 어려움이 있는 사람
10. 발달지체를 보이는 특수교육대상자	신체, 인지, 의사소통, 사회·정서, 적응행동 중 하나 이상의 발달이 또래에 비하여 현저하게 지체되어 특별한 교육적 조치가 필요한 영아 및 9세 미만의 아동

앞서 살펴본 「장애인복지법」과 「장애인 등에 대한 특수교육법」에 따라 특수교육대상자의 분류체계를 비교해 보면 다음과 같다. 첫째, 특수교육에서는 뇌성마비가 지체장애에 포함되지만 「장애인복지법」에서는 뇌병변장애로 분류되고 있다. 둘째, 정서·행동장애, 학습장애, 발달지체는 특수교육에만 존재하는 분류체계다. 셋째, 의사소통장애와 언어장애, 정신지체와 지적장애는 동일한 장애영역임에도 각기 다른 명칭을 사용하고 있다. 넷째, 특수교육에서의 건강장애는 「장애인복지법」의 안면·신장·심장·호흡기·간장애 그리고 장루·요루장애를 포괄한다.

미국은 「장애인교육법」에서 특수교육대상자에 대해 정의하고 있으며, 다음의 13개 중 하나의 장애를 가진 아동이 특수교육 및 관련서비스를 필요로 하는 것으로 규정되어 있다.

• 자폐	• 농-맹	• 시각장애	• 청각장애	• 정서장애
• 정신지체	• 중복장애	• 지체장애	• 말/언어장애	• 농
• 특정 학습장애		• 외상성 뇌손상	• 기타 건강상 장애	

우리나라와 미국의 특수교육대상자 분류체계를 비교하면 다음과 같은 차이점을 찾을 수 있다. 먼저, 미국은 청각장애와 지체장애에 대해 우리나라보다 상세한 분류체계를 가지고 있다. 우리나라에서는 청각장애로 분류하고 있는 것을 미국은 농(deaf)과 청각장애(hearing impairment)로 분류하여 제시하고 있으며, 지체장애는 지체장애와 외상성 뇌손상으로 분류하고 있다. 이와 함께 우리나라에서는 분류되지 않은 농-맹 이중감각장애와 중복장애를 특수교육을 필요로 하는 장애로 분류하고 있다.

다음으로, 우리나라는 미국과 달리 발달지체가 특수교육대상자 선정 기준에 포함되어 있다. 우리나라에서 발달지체를 선정 기준에 포함한 것은 어린 아동의 발달특성 및 장애의 조기 진단과 지원에 있어 많은 어려움을 보여 왔고, 이러한 문제를 고려하여 2007년 「장애인 등에 대한 특수교육법」에서 발달지체라는 개념으로 도입한 것이다. 그러므로 발달지체는 발달상의 지체로 인하여 특수교육 적격성을 인정받아야 하는 어린 아동에게 사용하는 용어로 인식되어야 할 것이다. 한편, 미국은 1986년에 수정된 「전장애아교육법」(PL 99-457)에서 이미 유아특수교육을 명시하고 있기에 따로 분류체계로 선정하지 않은 것으로 보인다.

표 1-5   **특수교육 관련법의 특수교육대상자 분류 체계**

장애인 등에 대한 특수교육법	장애인복지법	장애인교육법(IDEA, 2004)
시각장애	시각장애	시각장애(visual impairment)
청각장애	청각장애	청각장애(hearing impairment)
		농(deaf)
정신지체	지적장애	정신지체(mental retardation)
지체장애	지체장애	지체장애(orthopedic impairment)
	뇌병변장애	외상성뇌손상(traumatic brain injury)
정서·행동장애	-	정서장애(emotional disturbance)
자폐성장애	자폐성장애	자폐(autism)
의사소통장애	언어장애	말/언어장애(speech or language impairment)
학습장애	-	특정 학습장애(specific learning disability)
건강장애	• 신장장애 • 심장장애 • 호흡기장애 • 간장애 • 안면장애 • 장루·요루장애 • 간질장애	기타 건강상 장애 (other health impairment)
발달지체	-	-
그 밖에 대통령령으로 정하는 장애	-	-
-	정신장애	-
-	-	농-맹(deaf-blindness)
-	-	중복장애(multiple disabilities)
11개 영역	15개 영역	13개 영역

〈표 1-5〉는 지금까지 살펴본 「장애인 등에 대한 특수교육법」과 「장애인복지법」, 미국 「장애인교육법」에서 제시한 특수교육대상자의 분류 체계를 비교하여 정리한 것이다.

(3) 특수교육대상자 현황

「장애인 등에 대한 특수교육법」 제정 이후 영유아 및 장애성인까지 교육 기회를 확대 하고 특수교육보조원 배치, 특수교육지원센터 운영, 특수교육기관의 종일반과 방과후학

구분	2010년	2012년	2014년
시각장애	2,398	2,303	2,130
청각장애	3,726	3,744	3,581
정신지체	42,690	46,265	47,667
지체장애	10,367	11,279	11,209
정서장애	3,588	2,713	2,605
자폐성장애	5,463	7,922	9,334
의사소통장애	1,591	1,819	1,966
학습장애	6,320	4,724	3,362
건강장애	2,174	2,195	2,029
발달지체	1,394	2,048	3,395
계	79,711	85,012	87,278

표 1-6　장애영역별 특수교육대상자 현황

출처: 교육과학기술부(2010b: 14; 2012e: 13; 2014: 14) 수정하여 인용함

교 운영, 장애영아 무상교육 지원, 학교기업 운영 등의 진로직업교육 지원과 같은 지원 서비스 강화로 특수교육대상자로 등록하는 학생 수가 지속적으로 증가하는 추세에 있다. 여기서는 최근 특수교육대상자 현황을 장애영역별, 연도별로 살펴보도록 한다.

장애영역에 따른 특수교육대상자 현황은 〈표 1-6〉과 같으며, 정신지체아동이 50% 이상을 차지하고, 다음으로 지체장애가 많다. 2010년 이후 학습장애를 가진 아동은 그 수가 감소하고 있으나 자폐성장애를 가진 아동의 수는 증가하고 있음을 알 수 있다.

연도별 특수교육대상자의 배치 현황(〈표 1-7〉 참조)을 살펴보면, 일반학교의 특수학급과 일반학급에서 통합교육을 받는 특수교육대상자의 수가 계속적으로 증가하고 있는 것으로 나타났다. 일반학교에서 통합교육을 받는 학생은 2010년에는 전체 특수교육대상자의 70.1%, 2014년에 71%로 비율에는 큰 변화가 없으나 그 수는 꾸준히 증가하고 있다. 특수학교 수의 꾸준한 증가에도 불구하고 일반학교에서 통합교육을 받는 특수교육대상자가 증가하고 있는 것은 주목할 만하다.

이와 같이 일반학교에 배치되는 특수교육대상자가 증가한다는 것은 특수학교에 배치되는 학생의 장애가 중증화 · 중복화되고 있음을 의미한다. 장애영역별로는 정신지체학교에 재학 중인 학생의 비율이 가장 높고 다음은 지체장애학교다. 그러나 청각장애학교에 배치된 학생은 점차 감소하고 있으며 그에 따라 특수학교도 감소하고 있는 것으로 나

타났다(〈표 1-8〉 참조).

표 1-7 **연도별 특수교육대상자 배치 현황** (단위: 명, 학교 및 센터 수)

구분	특수학교	일반학교		특수교육지원센터	계
		특수학급	일반학급		
2010년	23,776 (150개교)	42,021 (5,797개교)	13,746 (6,775개교)	168 (187개)	79,711 (12,909)
2012년	24,720 (156개교)	44,433 (6,598개교)	15,647 (6,707개교)	212 (199개)	85,012 (10,310)
2014년	25,288 (166개교)	45,803 (7,148개교)	1,5648 (6,740개교)	539 (197개)	87,284 (10,730)

출처: 교육과학기술부(2010b: 14; 2012e: 13; 2014: 14) 수정하여 인용함

표 1-8 **특수학교별 특수교육대상자 배치 현황** (단위: 명, 개교)

구분	시각장애학교	청각장애학교	정신지체학교	지체장애학교	정서장애학교	소계
2010년	1,434(12)	1,817(18)	16,563(95)	2,587(18)	1,375(7)	23,776(150)
2012년	1,426(12)	1,617(16)	17,443(102)	2,830(19)	1,404(7)	24,720(156)
2014년	1,337(12)	1,406(15)	18,278(112)	2,868(20)	1,390(7)	25,288(166)

출처: 교육과학기술부(2010b: 14; 2012e: 13; 2014: 14) 수정하여 인용함

3. 특수교육대상자의 선정과 배치

특수교육대상자의 선정과 배치는 법에서 정하는 절차와 함께 개인의 장애 특성과 교육적 요구를 고려하여 이루어져야 한다. 「장애인 등에 대한 특수교육법」에 명시된 특수교육대상자의 선정 절차는 [그림 1-3]과 같다.

법률적 절차에 따라 특수교육대상자를 선정하고 배치함에 있어 유의해야 할 사항을 정리하면 다음과 같다.

첫째, 특수교육대상자를 선정하기 위해서는 장애아동에 대한 선별 및 신청 과정이 있어야 한다. 보호자 또는 각급학교의 장은 장애를 가지고 있거나 장애를 가지고 있다고 의심되는 영유아 및 학생을 발견한 때에는 교육장 또는 교육감에게 진단·평가(〈표 1-9〉

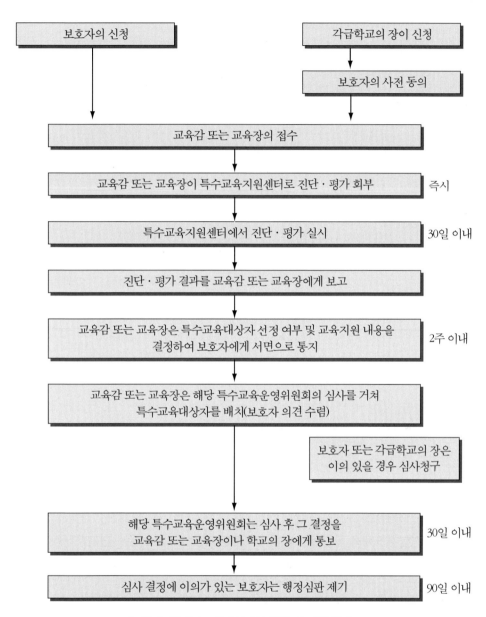

[그림 1-3] 특수교육대상자의 선정 및 배치 절차

출처: 교육과학기술부(2008a: 116).

참조)를 의뢰하여야 한다. 다만, 각급학교의 장이 진단 · 평가를 의뢰하는 경우에는 보호자의 사전 동의를 받아야 한다. 또한 진단 · 평가를 의뢰받은 경우 즉시 특수교육지원센터에 회부하여 진단 · 평가를 실시하고, 그 진단 · 평가의 결과를 해당 영유아 및 학생의 보호자에게 통보하여야 한다.

표 1-9　**특수교육대상자 선별검사 및 진단·평가 영역**

구분		영역
장애 조기 발견을 위한 선별검사		1. 사회성숙도검사　2. 적응행동검사　3. 영유아발달검사
진단·평가 영역	시각장애 청각장애 지체장애	1. 기초학습기능검사　2. 시력검사 3. 시기능검사 및 촉기능검사(시각장애의 경우에 한함) 4. 청력검사(청각장애의 경우에 한함)
	정신지체	1. 지능검사　2. 사회성숙도검사　3. 적응행동검사 4. 기초학습검사　5. 운동능력검사
	정서·행동장애 자폐성장애	1. 적응행동검사　2. 성격진단검사 3. 행동발달평가　4. 학습준비도검사
	의사소통장애	1. 구문검사　2. 음운검사　3. 언어발달검사
	학습장애	1. 지능검사　2. 기초학습기능검사 3. 학습준비도검사　4. 시지각발달검사 5. 지각운동발달검사　6. 시각운동통합발달검사

　둘째, 특수교육지원센터는 진단·평가가 회부된 후 30일 이내에 진단·평가를 시행하여야 하며, 진단·평가를 통하여 특수교육대상자로의 선정 여부 및 필요한 교육지원 내용에 대한 최종 의견을 작성하여 교육장 또는 교육감에게 보고하여야 한다. 진단·평가 결과에 대해 교육장 또는 교육감은 특수교육지원센터로부터 최종 의견을 통지받은 때부터 2주일 이내에 특수교육대상자로의 선정 여부 및 제공할 교육지원 내용을 결정하여 부모 등 보호자에게 서면으로 통지하여야 한다. 교육지원 내용에는 특수교육, 진로 및 직업 교육, 특수교육 관련서비스 등 구체적인 내용이 포함되어야 한다.

　셋째, 교육감 또는 교육장이 특수교육대상자를 선정할 때는 진단·평가 결과를 기초로 고등학교 과정은 교육감이 시·도 특수교육운영위원회의 심사를 거치도록 되어 있다. 그리고 중학교 과정 이하의 각급학교는 교육장이 시·군·구 특수교육운영위원회의 심사를 거쳐 이를 결정해야 한다.

　넷째, 교육장 또는 교육감은 특수교육대상자로 선정된 자를 해당 특수교육운영위원회의 심사를 거쳐 다음 중 한 곳에 배치하여 교육하여야 한다.

- 일반학교의 일반학급
- 일반학교의 특수학급
- 특수학교: 시각장애 · 청각장애 · 정신지체 · 지체장애 · 정서장애 학교

특수교육대상자를 배치할 때에는 특수교육대상자의 장애 정도 및 능력 그리고 보호자의 의견 등을 종합적으로 판단하여 거주지에서 가장 가까운 곳에 배치하는 것을 원칙으로 한다. 또한 특수교육대상자를 일반학교의 일반학급에 배치한 경우에는 특수교육지원센터에 근무하는 특수교육교원에게 그 학교를 방문하여 학습을 지원하도록 해야 한다.

다섯째, 각급학교의 장은 특수교육대상자에 대한 교육지원의 내용을 추가 · 변경 또는 종료하거나 특수교육대상자를 재배치할 필요가 있으면 개별화교육지원팀의 검토를 거쳐 교육장 및 교육감에게 그 특수교육대상자의 진단 · 평가 및 재배치를 요구할 수 있다.

여섯째, 특수교육대상자 혹은 그 보호자는 특수교육대상자의 선정, 교육지원 내용의 결정 사항, 학교에의 배치, 부당한 차별 등 교육감, 교육장 또는 각급 학교의 장의 조치에 대하여 이의가 있을 때 해당 특수교육운영위원회에 심사청구를 할 수 있다. 뿐만 아니라 특수교육대상자를 배치받은 각급학교의 장 역시 이에 응할 수 없는 특별한 사유가 있거나 배치받은 특수교육대상자가 3개월 이상 학교생활에의 적응에 상당한 어려움이 있는 경우에는 해당 특수교육운영위원회에 심사청구를 할 수 있다.

4. 특수교육대상자의 교육

특수교육은 특수교육대상자들의 특별한 교육적 요구를 충족시키기 위해 적합한 교육과정과 관련서비스를 제공하는 것이다. 이 절에서는 특수교육대상자의 교육적 요구를 충족시키기 위해서는 어떠한 형태의 교육이 이루어지는지를 알아보기 위해 특수교육대상자를 위한 교육과 특수교육의 제도적 특징을 살펴본다.

1) 특수교육대상자를 위한 교육

(1) 개별화교육

특수교육대상자가 선정되고 각급학교에 배치되면 해당 학교의 장은 특수교육대상자의 교육적 요구에 적합한 교육을 제공하기 위하여 매 학년 시작일로부터 2주 이내에 개별화교육지원팀을 구성하고 이후의 과정을 진행하여야 한다. 개별화교육지원팀은 특수교육만의 독특한 형태인 개별화교육계획(Individualized Educational Plan: IEP)을 수립하고 이를 실행하게 된다. 「장애인 등에 대한 특수교육법」에 명시되어 있는 개별화교육의 정의는 다음과 같다.

> '개별화교육'이란 각급학교의 장이 특수교육대상자 개인의 능력을 계발하기 위하여 장애유형 및 장애특성에 적합한 교육목표 · 교육방법 · 교육내용 · 특수교육 관련서비스 등이 포함된 계획을 수립하여 실시하는 교육을 말한다.
> – 「장애인 등에 대한 특수교육법」 제2조 제7항

이를 위하여 각급학교의 장은 특수교육대상자의 교육적 요구에 적합한 교육을 제공하기 위하여 보호자, 특수교육교원, 일반교육교원, 진로 및 직업교육 담당 교원, 특수교육 관련서비스 담당 인력 등으로 개별화교육지원팀을 구성해야 한다. 그리고 개별화교육지원팀은 매 학기의 시작일로부터 30일 이내에 개별화교육계획을 작성해야 한다. 특수교육대상자가 다른 학교로 전학할 경우 또는 상급학교로 진학할 경우, 전출학교는 전입학교에 개별화교육계획을 14일 이내에 송부하도록 하고 있다.

개별화교육계획에는 다음과 같은 사항이 포함되어야 한다.

> • 특수교육대상자의 인적사항
> • 특별한 교육지원이 필요한 영역의 현재 학습 수행 수준
> • 교육목표   • 교육내용
> • 교육방법   • 평가계획
> • 제공할 특수교육 관련서비스의 내용과 방법 등

개별화교육계획은 장애학생들의 교육적 요구를 충족시키기 위해 그들의 특성에 맞추어 설계하여 학교 현장에서 활용하고 있는 문서와 개별화교육을 위한 수업체제 또는 교육의 형태라고 할 수 있다. 그러나 장애학생들에게 적합한 교육을 제공하기 위한 개별화교육과 관련 내용들을 포함하고 있다는 것과 이를 기록한다는 점에서는 문서로서의 역할을 동시에 갖는다. 특히 우리나라에서는 개별화교육계획이 특수교육대상자를 위한 법적 문서로서의 지위를 가지고 있어 그 중요성이 더욱 크다.

(2) 순회교육

순회교육은 특수교육대상자가 학교에서 특수교육을 제공받지 못할 상황에 있는 경우 직접 방문하여 실시하는 교육이다. 「장애인 등에 대한 특수교육법」에서는 다음과 같이 정의하고 있다.

> '순회교육'이란 특수교육교원 및 특수교육 관련서비스 담당 인력이 각급학교나 의료기관, 가정 또는 복지시설(장애인복지시설, 아동복지시설 등을 말한다. 이하 같다) 등에 있는 특수교육대상자를 직접 방문하여 실시하는 교육을 말한다.
> – 「장애인 등에 대한 특수교육법」 제2조 제8항

순회교육을 위해 교육장이나 교육감은 순회교육을 받는 특수교육대상자의 능력, 장애 정도 등을 고려하여 순회교육계획을 작성·운영하여야 하며, 순회교육대상자를 위하여 의료기관 및 복지시설 등에 학급을 설치·운영할 수 있다. 순회교육의 수업일수는 매 학년도 150일을 기준으로 하여 각급학교의 장이 정하되, 순회교육을 받는 특수교육대상자의 상태와 교육과정의 운영상 필요한 경우에는 지도·감독기관의 승인을 받아 30일의 범위에서 줄일 수 있다.

(3) 진로 및 직업교육

「장애인 등에 대한 특수교육법」의 목적은 장애인 및 특별한 교육적 요구가 있는 사람에게 통합된 교육환경을 제공하고 생애주기에 따라 장애유형·장애 정도의 특성을 고려한 교육을 실시하여 이들이 자아실현과 사회통합을 하는 데 기여하는 것이다. 이에 따라 특수교육대상자들에게 사회통합과 자아실현을 위한 진로 및 직업교육을 실시하도록 하고 있는데, 법에 명시되어 있는 진로 및 직업교육의 정의는 다음과 같다.

> '진로 및 직업교육'이란 특수교육대상자의 학교에서 사회 등으로의 원활한 이동을 위하여 관련 기관의 협력을 통하여 직업재활훈련 · 자립생활훈련 등을 실시하는 것을 말한다.
>
> – 「장애인 등에 대한 특수교육법」 제2조 제9항

진로 및 직업교육을 위해 중학교 이상의 학교장은 특수교육대상자의 특성 및 요구에 따른 진로 및 직업교육을 지원하기 위하여 직업평가 · 직업교육 · 고용지원 · 사후관리 등의 직업재활훈련 및 일상생활적응훈련 · 사회적응훈련 등의 자립생활훈련을 실시하고, 대통령령으로 정하는 자격이 있는 진로 및 직업교육을 담당하는 전문 인력을 두어야 한다. 또한 학교뿐만 아니라 특수교육지원센터는 특수교육대상자에게 효과적인 진로 및 직업교육을 지원하기 위하여 대통령령으로 정하는 바에 따라 관련 기관과의 협의체를 구성하여야 한다.

한편, 특수교육대상자들의 지속적이고 전문적인 진로 및 직업교육을 위해 특수교육기관에는 고등학교 과정을 졸업한 특수교육대상자에게 진로 및 직업교육을 제공하기 위한 수업연한 1년 이상의 전공과를 설치 · 운영할 수 있도록 하고 있다.

2) 특수교육의 제도적 특징

학교의 설립 형태와는 무관하게 특수교육대상자를 위한 유치원 · 초등학교 · 중학교 · 고등학교 과정은 의무교육으로 이루어지고 있으며, 전공과와 만 3세 미만의 장애영아교육은 무상으로 이루어지고 있다.

특수교육대상자에게는 장애의 정도에 따라 네 가지 유형의 교육과정이 적용되는데, 특수교육 교육과정은 〈표 1-10〉과 같이 편성되어 있다.

| 표 1-10 | **특수교육 교육과정** |

교육과정	내용	적용 기간
유치원 교육과정	만 3세부터 초등학교 취학 전까지의 어린이를 대상으로 하고, 교육부장관이 정하는 유치원 교육과정에 준하여 편성된 과정	만 3세~초등학교 취학 전까지
공통 교육과정	초등학생 및 중학생을 대상으로 하고, 교육부장관이 정하는 초등학교 및 중학교 교육과정에 준하여 편성된 과정	초등학교 1학년~ 중학교 3학년
선택 교육과정	고등학생을 대상으로 하고, 교육부장관이 정하는 고등학교 교육과정에 준하여 편성된 과정	고등학교 1학년~ 고등학교 3학년
기본 교육과정	특수교육대상자의 장애 종별 및 정도를 고려하여 공통 교육과정과 선택 교육과정을 적용하기 어려운 학생을 대상으로 하고, 대상자의 능력에 따라 학년의 구분 없이 다음 각 목의 어느 하나에 해당하는 교과의 수준을 다르게 적용할 수 있도록 편성된 과정	초등학교 1학년~ 고등학교 3학년

특수교육대상자를 위한 교육은 유치원·초등학교·중등학교·고등교육 이외에 전문적인 직업교육을 위한 전공과를 설치·운영하고 있는 것이 특징이다.

'전공과'란 고등학교 과정을 졸업한 특수교육대상자에게 진로 및 직업교육을 제공하기 위하여 1년 이상의 수업연한으로 운영되는 과정을 말한다.
－「장애인 등에 대한 특수교육법」제24조

전공과를 두는 목적은 고등학교 과정을 졸업한 특수교육대상자들이 계속해서 전문기술교육 또는 고등교육수준의 기술교육을 받을 수 있도록 하기 위한 제도적 조치라고 볼 수 있다(대한특수교육학회, 2000). 전공과는 특수학교에만 설치·운영되었으나 「장애인 등에 대한 특수교육법」의 개정으로 특수학급이 있는 일반학교에도 전공과를 설치할 수 있게 되었다.

◀ 과제 ▶

- 우리나라 특수교육의 전개과정을 설명하시오.

- 우리 지역의 특수교육기관 유형 및 특수교육대상자 현황을 파악하시오.

- 특수교육대상자 현황의 변화와 그 이유를 설명하시오.

참고문헌

국립특수교육원(2009). 특수교육학 용어사전. 서울: 도서출판 하우.

권선진(2007). 장애인복지론(2판). 서울: 청목출판사.

교육과학기술부(2008a). 장애인 등에 대한 특수교육법령 설명회. 서울: 교육과학기술부.

교육과학기술부(2008b). 특수교육 연차보고서. 서울: 교육과학기술부.

교육과학기술부(2009a). 특수학교 교육과정 해설(Ⅰ): 총론. 교육과학기술부 고시 제2008-3호.

교육과학기술부(2009b). 초등학교 교육과정 해설: 총론. 교육과학기술부 고시 제2009-41호.

교육과학기술부(2009c). 중학교 교육과정 해설: 총론. 교육과학기술부 고시 제2009-41호.

교육과학기술부(2009d). 고등학교 교육과정 해설: 총론. 교육과학기술부 고시 제2009-41호.

교육과학기술부(2009e). 특수교육 연차보고서. 서울: 교육과학기술부.

교육과학기술부(2010). 특수교육 연차보고서. 서울: 교육과학기술부.

교육과학기술부(2012). 특수교육 연차보고서. 서울: 교육과학기술부.

교육부(2014). 특수교육 연차보고서. 세종: 교육부.

김병하(2003). 특수교육의 역사와 철학(개정판). 경북: 대구대학교출판부.

김원경, 이석진, 김은주, 권택환(2010). 특수교육법 해설. 파주: 교육과학사.

김윤옥, 김진희, 박희찬, 정대영, 김숙경, 안성우, 오세철, 이해균, 최성규, 최중옥(2005). 특수아
동 교육의 실제. 서울: 교육과학사.

김정권, 김병하(2002). 사진으로 보는 한국 특수교육의 역사. 서울: 도서출판 특수교육.

김진호, 박재국, 방명애, 안성우, 유은정, 윤치연, 이효신 역(2007). 최신 특수교육(제8판)
[*Exceptional Children: An Introduction to Special Education*]. Heward, W. L. 저. 서
울: 시그마프레스. (원저는 2006년에 출판).

대한특수교육학회(2000). 특수교육용어사전(2판). 경북: 대구대학교출판부.

박원희, 김기창, 김영일, 김영욱, 이은주, 신현기, 한경근, 이숙정, 김애화, 윤미선, 김은경, 송
병호, 이병인, 김송석, 양경희(2009). 함께하는 사회를 지향하는 특수교육학. 파주: 교육과
학사.

윤광보(2010). 특수교육 교과 교재연구 및 지도법. 파주: 양서원.

이소현, 박은혜(2013). 특수아동교육(3판). 서울: 학지사.

이소현, 최진현, 조윤경(2007). 장애 영아 진단 · 평가 기준 및 무상교육 지원 방안 개발 연구. 서울: 교육인적자원부.

황정규, 이돈희, 김신일(2003). 교육학개론(2판). 서울: 교육과학사.

Heward, W. L. (2009). *Exceptional children: An introduction to special education* (9th ed.). Upper Saddle River, NJ: Merrill/Prentice-Hall.

Kirk, S. A., & Gallagher, J, J. (1979). *Education exceptional children* (3rd ed.). Boston: Houghton Mifflin.

Rosenberg, M. S., Westling, D. L., & McLeskey, J. (2011). *Special education for today's teachers: An introdution.* Boston: Person.

Turnbull, H. R., Huerta, N., & Stowe, M. (2006). *The individuals with disabilities education act as amended in 2004.* NJ: Pearson Education.

Yell, M. L., Shriner, J. G., & Katsiyannis, A. (2006). Individuals with Disabilities Education Improvement Act of 2004 & IDEA Regulations of 2006: Implications for Educators, Administrators, & Teacher Trainers. *Focus on Exceptional Children, 39*(1), 1-24.

제**2**장

특수교육 법제

우리나라는 법치국가이기 때문에 '특수교육' 또한 법적 근거가 마련되어 있어야만 정부가 계획을 수립하고 예산을 편성하며, 지방교육청은 집행하게 된다. '특수교육'은 모든 국민이 교육을 받을 수 있는 헌법적 권리의 한 부분이다. 모든 국민의 교육받을 권리는 「대한민국 헌법」(헌법 제10호, 1987. 10. 29.) 제31조에 명시되어 있으며, 헌법에 따른 교육을 정의하고 있는 「교육기본법」(법률 제13003호, 2015. 1. 20.)에 '특수교육' 제공의 의무가 명시되어 있다. 이를 근거로 「장애인 등에 대한 특수교육법」(법률 제12127호, 2013. 12. 30.)에서 특수교육의 세부적인 기준과 절차를 정의하고 있다. 특수학교의 설립 등의 기준은 「초·중등교육법」(법률 제13227호, 2015. 3. 27.)에 특수학교의 설립 근거와 기준을 명시하고 있다. 즉, '특수교육'은 헌법의 모든 국민의 교육받을 권리로 「교육기본법」에 의무 제공이 명시되어 있으며, 「장애인 등에 대한 특수교육법」에서 세부 사항 및 절차를 마련하여 장애인 또는 특별한 교육을 필요로 하는 학생들에게 제공하는 교육이다.

헌법 제 31조 제1항 "모든 국민은 능력에 따라 균등하게 교육을 받을 권리를 가진다." 를 통해 장애아동을 포함하여 특별한 교육을 필요로 하는 모든 국민에게 교육이 제공되어야 함을 명확히 하고 있다. 제1항에 정의된 교육의 제공은 제6항에서 "학교교육 및 평생교육을 포함한 교육제도와 그 운영, 교육재정 및 교원의 지위에 관한 기본적인 사항은 법률로 정한다."로 명시하여 모든 교육의 절차와 운영을 법에 명시하도록 하여 교육 또한 법정주의에 따라 운영되어야 함을 헌법에서 정의하고 있다.

헌법에 명시된 교육받을 권리는 「교육기본법」 제1조(목적) "이 법은 교육에 관한 국민의 권리 · 의무 및 국가 · 지방자치단체의 책임을 정하고 교육제도와 그 운영에 관한 기본적 사항을 규정함을 목적으로 한다."에 명시되어 있으며, 같은 법 제18조에서 '특수교육' 제공에 대한 기준이 명시되어 있다. 제18조(특수교육)는 "국가와 지방자치단체는 신체적 · 정신적 · 지적 장애 등으로 특별한 교육적 배려가 필요한 자를 위한 학교를

표 2-1　**특수교육 관련 법령 및 조항**

법령	조항
대한민국헌법 (헌법 제10호, 1987. 10. 29.)	제31조 ① 모든 국민은 능력에 따라 균등하게 교육을 받을 권리를 가진다. ② 모든 국민은 그 보호하는 자녀에게 적어도 초등교육과 법률이 정하는 교육을 받게 할 의무를 진다. ③ 의무교육은 무상으로 한다. ④ 교육의 자주성 · 전문성 · 정치적 중립성 및 대학의 자율성은 법률이 정하는 바에 의하여 보장된다. ⑤ 국가는 평생교육을 진흥하여야 한다. ⑥ 학교교육 및 평생교육을 포함한 교육제도와 그 운영, 교육재정 및 교원의 지위에 관한 기본적인 사항은 법률로 정한다.
교육기본법 (법률 제13003호, 2015. 1. 20.)	제1조(목적) 이 법은 교육에 관한 국민의 권리 · 의무 및 국가 · 지방자치단체의 책임을 정하고 교육제도와 그 운영에 관한 기본적 사항을 규정함을 목적으로 한다. 제18조(특수교육) 국가와 지방자치단체는 신체적 · 정신적 · 지적 장애 등으로 특별한 교육적 배려가 필요한 자를 위한 학교를 설립 · 경영하여야 하며, 이들의 교육을 지원하기 위하여 필요한 시책을 수립 · 실시하여야 한다.
장애인 등에 대한 특수교육법 (법률 제12127호, 2013. 12. 30.)	제1조(목적) 이 법은 「교육기본법」 제18조에 따라 국가 및 지방자치단체가 장애인 및 특별한 교육적 요구가 있는 사람에게 통합된 교육환경을 제공하고 생애주기에 따라 장애유형 · 장애정도의 특성을 고려한 교육을 실시하여 이들이 자아실현과 사회통합을 하는 데 기여함을 목적으로 한다.
초 · 중등 교육법 (법률 제11384호, 2012. 3. 21.)	제1조(목적) 이 법은 「교육기본법」 제9조에 따라 초 · 중등교육에 관한 사항을 정함을 목적으로 한다. 제2조(학교의 종류) 초 · 중등교육을 실시하기 위하여 다음 각 호의 학교를 둔다. 1. 초등학교 · 공민학교 2. 중학교 · 고등공민학교 3. 고등학교 · 고등기술학교 4. 특수학교 5. 각종학교

법률 상식
- 법령은 지속적인 개정이 이루어지기 때문에 법령번호와 시행 일자를 통해 관련 법령의 적용 시점과 내용을 확인할 수 있음
- 국가법령정보센터(http://www.law.go.kr/)에서 관련 법령의 확인이 가능하며, 과거 법령의 적용 시점 등도 확인 가능함

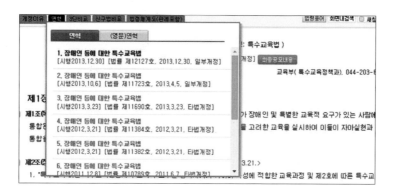

- 법령: 헌법, 법률(법), 조약, 대통령령, 총리령, 부령, 시행규칙(조례, 규칙) 등을 모두 포함하여 넓은 의미에서 보통 법령으로 부름
- 헌법: 헌법은 한 나라에서 최상위의 법 규범으로 국민의 권리·의무 등 기본권에 관한 내용과 국가기관 등 통치기구의 구성에 대한 내용을 담고 있으며, 모든 법령의 기준과 근거임
- 법률: 보통 우리가 말하는 법은 법률을 가리킴. 법률은 헌법에 비해 보다 구체적으로 국민의 권리·의무에 관한 사항을 규율하며, 행정의 근거로 작용하고 있기 때문에 법체계상 가장 중요한 근간을 이루고 있음
- 조약: 우리나라 헌법은 대통령이 다른 국가와 맺은 조약에 대하여 국제법상 효력뿐만 아니라 국내법적 효력을 인정함. 외국과 맺은 조약이 국민의 권리·의무에 관한 사항이나 국가 안보에 관한 사항을 담고 있으면 법률과 동등한 효력을 갖고 있음
- 대통령령, 총리령, 부령: 국민의 권리·의무에 관한 사항은 법률에 규정해야 하지만, 법률에서 그에 관한 모든 사항을 정하는 것이 아니라, 국민의 권리·의무에 관한 기본적인 사항만을 정하고 그에 관한 구체적인 내용은 국가 정책을 집행하고 담당하는 중앙행정기관에서 정할 수 있도록 위임해 주는 경우가 많음. 법률에서 위임한 사항을 정하는 하위 규범이 대통령령, 총리령, 부령임
- 시행규칙: 지방자치단체가 법령의 범위 안에서 그 권한에 속하는 사무에 관하여 지방의회가 정하는 규범이 조례이며, 지방자치단체의 장이 정하는 규범이 규칙임. 조례와 규칙은 자치법규라고 하며, 자치법규의 효력은 관할 지역에 한정된다는 점이 다른 법령과 다름

설립 · 경영하여야 하며, 이들의 교육을 지원하기 위하여 필요한 시책을 수립 · 실시하여야 한다."로 되어 있다. 「교육기본법」에서는 특수교육뿐만 아니라 제19조 영재교육, 제20조 유아교육, 제21조 직업교육, 제22조 과학 · 기술교육 등도 제공되어야 함을 명시하고 있으며, 각 조항에 따른 별도 법을 마련하여 세부적 계획 및 절차를 진행하고 있다.

「교육기본법」에 명시된 특수교육은 「장애인 등에 대한 특수교육법」에서 그 세부 내용과 절차를 정의하여 제공하고 있다. 「장애인 등에 대한 특수교육법」 제1조에서는 "이 법은 「교육기본법」 제18조에 따라 국가 및 지방자치단체가 장애인 및 특별한 교육적 요구가 있는 사람에게 통합된 교육환경을 제공하고 생애주기에 따라 장애유형 · 장애정도의 특성을 고려한 교육을 실시하여 이들이 자아실현과 사회통합을 하는 데 기여함을 목적으로 한다."로 정의하고 있다.

1. 특수교육 관련 법령

특수교육의 세부 사항은 「장애인 등에 대한 특수교육법」에 명시되어 있으며, 특수학교의 설립과 관련한 사항은 「초 · 중등교육법」에 명시되어 있다. 2개의 법률은 대통령령으로 공포되는 '시행령'과 교육부령으로 공포되는 '시행규칙'을 통해 세부 사항을 명시하고 있다.

1) 특수교육 관련 법령의 발전

1977년 이전 장애아동의 교육은 「교육법」의 취학 유예 등의 조항으로 인해 헌법의 교육받을 권리가 제한되는 한계가 있었으며, 교육법의 한계를 개선하고자 특수교육을 별도의 법령으로 만들기 위해 특수교육 관련 각계각층의 다양한 노력 끝에 1977년 12월 31일 「특수교육진흥법」이 제정되었다.

「특수교육진흥법」 제정 이유

시청각장애자에 대한 특수교육을 발전시켜 그들에게 생활에 필요한 지식과 기능에 관한 교육을 실시함으로써 사회에 기여할 수 있도록 하려는 것임
① 국가 및 지방자치단체는 특수교육종합계획의 수립·특수교육의 내용과 문법의 연구·개선 등 특수교육진흥을 위한 시책을 강구하도록 함
② 국공립의 특수교육기관 및 사립의 특수교육기관 중 의무교육과정에 취학하는 자의 교육은 무상으로 함
③ 특수교육대상자에게는 교육을 통하여 직업훈련 및 직업보도를 시행하도록 함

　「특수교육진흥법」은 1994년 개정을 통해 특수교육종합계획의 수립, 특수학교교원의 양성 및 연수 등의 개선과 교육부에 중앙특수교육심사위원회를, 각 시·도에 지방특수교육심의위원회를 두어 특수교육의 질적 향상을 도모하고, 유치원과 고등학교 과정을 무상교육화하였으며, 장애인복지시설·아동복지시설·의료기관 또는 가정 등에 특수학교교원 순회를 실시할 수 있는 기반을 마련하게 되었다.
　2007년 5월 25일 「특수교육진흥법」은 의무교육 및 무상교육 확대, 평생교육 등의 고등교육 확대, 특수교육지원센터 법적 근거마련, 장애의 조기발견 체계 마련, 치료교육 삭제 등의 변화를 위해 「장애인 등에 대한 특수교육법」의 새로운 법령으로 탄생하게 되었다.

「장애인 등에 대한 특수교육법」 제정 이유
　「교육기본법」 제18조에 따라 국가 및 지방자치단체가 장애인 및 특별한 교육적 요구가 있는 사람에게 통합된 교육환경을 제공하고 생애주기에 따라 장애유형·장애정도의 특성을 고려한 교육을 실시하여 이들의 자아실현과 사회통합을 하는 데 기여하기 위하여 현행 「특수교육진흥법」을 폐지하고 새로이 이 법을 제정하려는 것임

2) 장애인 등에 대한 특수교육법

「장애인 등에 대한 특수교육법」은 총6장 38조로 제1장 총칙, 제2장 국가 및 지방자치단체의 임무, 제3장 특수교육대상자의 선정 및 학교배치 등, 제4장 영유아 및 초·중등교육, 제5장 고등교육 및 평생교육, 제6장 보칙 및 벌칙으로 구성되어 있다.

표 2-2   **장애인 등에 대한 특수교육법**

구성	조문
제1장 총칙	제1조 목적 제2조 정의 제3조 의무교육 등 제4조 차별의 금지
제2장 국가 및 지방자치단체의 임무	제5조 국가 및 지방자치단체의 임무 제6조 특수교육기관의 설립 및 위탁교육 제7조 위탁교육기관의 변경신청 제8조 교원의 자질향상 제9조 특수교육대상자의 권리와 의무의 안내 제10조 특수교육운영위원회 제11조 특수교육지원센터의 설치·운영 제12조 특수교육에 관한 연차보고서 제13조 특수교육 실태조사
제3장 특수교육대상자의 선정 및 학교배치 등	제14조 장애의 조기발견 등 제15조 특수교육대상자의 선정 제16조 특수교육대상자의 선정절차 및 교육지원 내용의 결정 제17조 특수교육대상자의 배치 및 교육
제4장 영유아 및 초·중등교육	제18조 장애영아의 교육지원 제19조 보호자의 의무 등 제20조 교육과정의 운영 등 제21조 통합교육 제22조 개별화교육 제23조 진로 및 직업교육의 지원 제24조 전공과의 설치·운영 제25조 순회교육 등 제26조 방과후 과정을 운영하는 유치원 과정의 교육기관 제27조 특수학교의 학급 및 각급학교의 특수학급 설치 기준 제28조 특수교육 관련서비스

제5장 고등교육 및 평생교육	제29조 특별지원위원회 제30조 장애학생지원센터 제31조 편의제공 등 제32조 학칙 등의 작성 제33조 장애인 평생교육과정 제34조 장애인평생교육시설의 설치
제6장 보칙 및 벌칙	제35조 대학의 심사청구 등 제36조 고등학교 과정 이하의 심사청구 제37조 권한의 위임과 위탁 제38조 벌칙

(1) 제1장 총칙

총칙은 목적, 정의, 의무교육, 차별의 금지 등을 명시하고 있는 조항으로, 목적은 국가 및 지방자치단체가 장애인 및 특별한 교육적 요구가 있는 사람에게 통합된 교육환경을 제공하고 생애주기에 따라 장애유형·장애정도의 특성을 고려한 교육을 실시하여 이들이 자아실현과 사회통합을 하는 데 기여하는 것이다. 제2조에서는 특수교육, 특수교육 관련서비스, 특수교육대상자, 특수교육교원, 보호자, 통합교육, 개별화교육, 순회교육, 진로 및 직업교육, 특수교육기관, 특수학급, 각급학교 등 총 12개의 관련 용어를 정의하고 있다.

의무교육은 「교육기본법」 제8조에 의해 초등학교·중학교까지이지만, 특수교육대상자의 의무교육은 이 법에 의해 유치원·초등학교·중학교 및 고등학교 과정의 교육은 의무교육으로 하고, 제24조에 따른 전공과와 만 3세 미만의 장애영아교육은 무상교육을 실시한다.

차별금지 조항에서는 장애를 이유로 입학의 지원을 거부하거나 입학 전형 합격자의 입학을 거부하는 등 교육기회의 차별이 없도록 명시하고 있으며, 보호자에 대한 차별 금지도 명시하고 있다.

(2) 제2장 국가 및 지방자치단체의 임무

국가 및 지방자치단체의 임무는 ① 장애인에 대한 특수교육종합계획의 수립, ② 특수교육대상자의 조기발견, ③ 특수교육대상자의 취학지도, ④ 특수교육의 내용, 방법 및 지원체제의 연구·개선, ⑤ 특수교육교원의 양성 및 연수, ⑥ 특수교육기관 수용계획의 수립, ⑦ 특수교육기관의 설치·운영 및 시설·설비의 확충·정비, ⑧ 특수교육에 필요한 교재·교구의 연구·개발 및 보급, ⑨ 특수교육대상자에 대한 진로 및 직업교육 방안의 강구, ⑩ 장애인에 대한 고등교육 및 평생교육 방안의 강구, ⑪ 특수교육대상자에 대한 특수교육 관련서비스 지원방안의 강구, ⑫ 그 밖에 특수교육의 발전을 위하여 필요하다고 인정하는 사항으로 정의하고 있다. 또한 이러한 임무의 수행에 있어서 보건복지부, 고용노동부, 여성가족부 등과의 협조체계를 구축하도록 하고 있다.

국가가 특수교육기관을 설립하여 운영하도록 명시하고 있으며, 필요할 경우 사립 특수교육기관에 특수교육을 위탁하여 실시할 수 있도록 하고 있다. 또한 위탁 특수교육기관의 운영을 정부가 관리하고 부모의 요구에 따라서 학생은 위탁 특수교육기관의 변경이 가능하도록 하였다.

교원의 자질 향상을 위해 정기적인 연수를 실시하여야 하고, 교육의 내용 중 특수교육대상자의 인권교육이 필수적으로 포함되도록 하고 있으며, 국가나 지방자치단체가 특수교육대상자임을 알게 되었을 경우 2주일 이내에 관련 사항을 보호자에게 통보하도록 하여 특수교육의 의무교육 제공이 필수적으로 이루어지도록 하였다.

특수교육운영위원회는 교육부장관 소속으로 15명 이내의 중앙특수교육운영외원회를 구성하고, 시·도 교육감 소속의 시·도 특수교육운영위원회를 설치하며 교육장 소속으로 시·군·구에 특수교육운영위원회를 두도록 되어 있다. 특수교육지원센터는 교육감이 특수교육대상자의 조기발견, 특수교육대상자의 진단·평가, 정보 관리, 특수교육 연수, 교수-학습활동의 지원, 특수교육 관련서비스 지원, 순회교육 등을 담당하는 특수교육지원센터를 하급 교육행정기관별로 설치·운영하도록 하였다. 시행령에서는 특수교육지원센터가 독립된 공간을 확보하고, 필요한 경우 하급 행정기관에 2개 이상의 특수교육지원센터를 설치할 수 있도록 하였다.

특수교육과 관련된 주요 현황과 정책을 매년 특수교육 연차보고서를 작성하여 국회에 제출하도록 하고 있으며, 3년마다 특수교육 실태조사를 통해 특수교육 운영 현황을 정기적으로 확인하도록 하고 있다.

(3) 제3장 특수교육대상자의 선정 및 학교배치 등

장애의 조기발견을 통해 조기에 특수교육을 제공하기 위한 기반을 마련하기 위해 장애의 교육장이 관련 내용을 홍보하고 선별검사에 필요한 비용을 무상으로 제공하며, 시행규칙에서 선별검사나 진단·평가 시 실시해야 하는 검사를 명시하여 조기발견의 기준을 제시하였다. 장애의 조기발견을 통해 특수교육대상자로 선정되기 위해서는 ① 시각장애, ② 청각장애, ③ 정신지체, ④ 지체장애, ⑤ 정서·행동장애, ⑥ 자폐성장애, ⑦ 의사소통장애, ⑧ 학습장애, ⑨ 건강장애, ⑩ 발달지체, ⑪ 그 밖에 대통령령으로 정하는 장애 등 11개 장애영역으로 분하여 선정하도록 하였으며, 세부 선정 기준은 시행령에 명시하였다.

특수교육대상자 선정 과정은 특수교육지원센터가 진단·평가에 회부된 후 30일 이내에 의견서를 작성하여 교육장 또는 교육감에게 보고하여야 하며, 교육장 또는 교육감은 2주일 이내에 특수교육대상자 선정 여부 및 제공할 교육지원 내용을 보호자에게 통지하여야 한다. 특수교육대상자로 선정될 경우 일반학교의 일반학급, 일반학교의 특수학급, 특수학교 중 어느 하나에 배치하여 교육을 제공해 주어야 하며, 거주지와 가까운 곳에 배치하도록 한다.

(4) 제4장 영유아 및 초·중등교육

무상교육이 제공되는 3세 미만의 장애영아의 부모가 무상교육을 신청하면, 특수교육지원센터에서 매 학년도 150일을 기준으로 무상교육 제공 방안을 마련하며 장애영아 담당 교원은 유치원교사 자격증을 소지한 사람으로 한다.

특수교육대상자의 보호자는 의무교육의 기회를 보고하고 존중해야 하며, 부득이한 경우 취학의무를 면제하거나 유예할 수 있다. 만 3세부터 만 5세까지의 특수교육대상자는 「영유아보육법」에 따라 설치된 어린이집 중 대통령령으로 정하는 일정한 교육 요건을 갖춘 어린이집을 이용하는 경우에는 유치원 의무교육을 받고 있는 것으로 인정한다. 특수교육대상자가 어린이집에 있을 경우 장애아 3명당 보육교사 1명이 배치되어 있어야 하며, 보육교사가 3명 이상인 경우 보육교사 3명 중 1명은 「초·중등교육법」 제21조 제2항에 따른 특수학교 유치원교사 자격증을 소지한 교사여야 한다.

교육과정의 운영은 유치원·초등학교·중학교·고등학교과정으로 정한다. 각 교육과정은 시행규칙에 따라 ① 유치원 교육과정은 만 3세부터 초등학교 취학 전까지의 어린이를 대상으로 하고, 「유아교육법」 제13조 제2항에 따라 교육부장관이 정하는 유치원 교육과정에 준하여 편성된 과정으로 하며, ② 공통 교육과정은 초등학생 및 중학생을 대상으로 「초·중등교육법」 제23조 제2항에 따라 교육부장관이 정하는 초등학교 및 중학교 교육과정에 준하여 편성된 과정으로, ③ 선택 교육과정은 고등학생을 대상으로 「초·중등교육법」 제23조 제2항에 따라 교육부장관이 정하는 고등학교 교육과정에 준하여 편성된 과정으로, ④ 기본 교육과정은 특수교육대상자의 장애 종별 및 정도를 고려하여 제2호 및 제3호의 교육과정을 적용하기 어려운 학생을 대상으로 하고, 대상자의 능력에 따라 학년의 구분 없이 다음 각 목의 어느 하나에 해당하는 교과의 수준을 다르게 적용할 수 있도록 편성된 과정(가. 국어, 사회, 수학, 과학, 실과, 체육, 음악, 미술 및 교육부장관이 필요하다고 인정하는 교과, 나. 특수교육대상자의 진로 및 직업에 관한 교과)으로 구성된다.

특수교육대상자가 통합교육을 원할 경우 일반학교의 장은 특수교육대상자에게 맞는 교육과정의 보조, 보조인력의 지원, 학습보조기기의 지원, 교원연수 등을 포함한 통합교육계획을 수립·시행하며, 시행령에서 세면장·화장실 등과 가까운 곳에 위치한 66m² 이상의 교실에 특수학급을 설치하도록 규정하고 있으며, 정보 접근을 위한 기기, 의사소통을 위한 보완·대체 기구 등의 교재·교구 또한 갖추어야 한다.

각급학교의 장은 개별화교육지원팀을 구성하여 특수교육대상자에게 맞는 교육 및 관련서비스를 제공해 주어야 하며, 개별화교육계획을 작성하여 실시한다. 개별화교육계획은 인적사항과 특별한 교육지원이 필요한 영역의 현재 학습 수행 수준, 교육목표, 교육내용, 교육방법, 평가계획 및 제공할 특수교육 관련서비스의 내용과 방법 등을 포함하여 매학기 시작일부터 30일 이내에 작성하여야 한다.

중학교 과정 이상의 각급학교는 진로 및 직업교육을 지원할 시설 및 체계를 만들고 전문인력을 두어야 한다. 전문인력은 직업재활을 전공하거나, 진로 및 직업교육관련 국가자격증 또는 민간자격증 소지자 또는 관련 직무연수를 이수한 사람이며, 시설은 66m² 이상의 교실을 1개 이상 설치해야 한다. 전공과 과정은 1년 이상으로 전공과를 설치·운영할 수 있도록 되어 있으며, 전공과를 설치할 경우 66m² 이상의 전용 교실을 설치하여야 한다. 순회교육을 위해서는 일반학교에서 통합교육을 받고 있는 특수교육대상자에게 특수교육교원 및 특수교육 관련서비스 담당 인력을 배치한다. 방과후 과정을 운영하는 유치원 과정의 교육기관에 특수교육대상자가 배치되는 경우 해당 각급학교의 장은 특수교육대상자에 대한 방과후 과정 운영을 담당할 인력을 학급당 1인 이상 추가로 배치할 수 있다.

특수학교의 학급 및 각급학교의 특수학급 설치 기준은 유치원 과정은 4명까지 1학급으로 구성하며, 4명을 초과하는 경우 추가 1학급을 구성한다. 초등학교·중학교 과정의 경우 6명까지 1학급을 구성하며, 고등학교 과정의 경우 7명까지 1학급으로 구성한다. 학급의 인원은 지역의 상황을 고려하여 최대 40% 범위에서 가감하여 배치할 수 있다.

특수교육 관련서비스는 가족지원, 치료지원, 보조인력, 각종 교구 및 학습 보조기 등 지원, 통학지원, 기숙사 설치·운영이며, 각 서비스는 관련 법령과 연계하여 서비스를 제공할 수 있도록 한다.

(5) 제5장 고등교육 및 평생교육

대학의 장은 ① 대학의 장애학생 지원을 위한 계획, ② 심사청구 사건에 대한 심사·결정, ③ 그 밖에 장애학생 지원을 위하여 대통령령으로 정하는 사항을 심의·결정하기 위해 특별지원위원회를 설치·운영하여야 하며, 10인 미만의 장애학생이 재학할 경우 전담 직원이 업무를 대신할 수 있다. 장애학생이 10인 이상 재학할 경우 장애학생지원센터를 설치·운영하여야 한다. 장애학생지원센터는 ① 장애학생을 위한 각종 지원에 관한 사항, ② 제31조에서 정하는 편의 제공에 관한 사항, ③ 교직원·보조인력 등에 대한 교육에 관한 사항, ④ 장애학생 교육복지의 실태조사에 관한 사항, ⑤ 그 밖에 대학의 장이 부의(附議)하는 사항을 수행한다. 또한 장애학생에게는 학습 보조기기, 교육 보조인력, 취학 편의, 정보 접근, 편의시설 등을 제공하여야 한다.

장애인을 위한 평생교육과정을 각급학교의 장이 운영할 수 있으며, 국가 및 지방자치단체는 초·중등교육을 받지 못하고, 학령기를 지난 장애인을 위하여 학교 형태의 장애인평생교육시설을 설치·운영할 수 있다. 장애인평생교육시설은 49.6m² 이상의 수업실과 학습에 필요한 시설 및 설비, 자료실, 관리실 등을 갖추어야 한다.

(6) 제6장 보칙 및 벌칙

장애학생 및 그 보호자는 대학에 이 법에 따른 각종 지원 조치를 제공할 것을 서면으로 신청할 수 있으며, 대학은 2주 이내에 지원 여부를 신청자에게 서면으로 통보하여야 하며, 이견(異見)에 대해서는 특별지원위원회의 심사청구를 통해 해결한다. 고등학교 이하의 기관은 시·군·구 특수교육운영위원회에 심사를 청구할 수 있으며, 심사청구의 내용은 특수교육대상자 선정, 교육지원 내용의 결정 사항, 학교에의 배치, 부당한 처벌이다.

3) 초 · 중등교육법

「초 · 중등교육법」은 총 5장 68조로 구성되어 있으며, 특수학교의 설립 근거가 명시되어 있다. 제2조(학교의 종류)에서 초 · 중등교육을 실시하기 위해 특수학교를 두도록 되어 있으며, 학교의 종류는 ① 초등학교 · 공민학교, ② 중학교 · 고등공민학교, ③ 고등학교 · 고등기술학교, ④ 특수학교, ⑤ 각종학교로 규정되어 있다.

특수학교의 설립 근거는 제3장 제7절 특수학교 등에서 5개 조항으로 구성되어 있다.

> 제55조(특수학교) 특수학교는 신체적 · 정신적 · 지적 장애 등으로 인하여 특수교육이 필요한 사람에게 초등학교 · 중학교 또는 고등학교에 준하는 교육과 실생활에 필요한 지식 · 기능 및 사회적응 교육을 하는 것을 목적으로 한다.
>
> 제56조(특수학급) 고등학교 이하의 각급 학교에 관할청의 인가를 받아 특수교육이 필요한 학생을 위한 특수학급을 둘 수 있다.
>
> 제57조(전공과의 설치) 제55조에 따른 특수학교 및 제56조에 따른 특수학급 중 고등학교 과정을 설치한 학교 및 학급에는 「장애인 등에 대한 특수교육법」에서 정하는 바에 따라 전공과를 둘 수 있다.
>
> 제58조(학력의 인정) 특수학교나 특수학급에서 초등학교 · 중학교 또는 고등학교 과정에 상응하는 교육과정을 마친 사람은 그에 상응하는 학교를 졸업한 사람과 같은 수준의 학력이 있는 것으로 본다.
>
> 제59조(통합교육) 국가와 지방자치단체는 특수교육이 필요한 사람이 초등학교 · 중학교 및 고등학교와 이에 준하는 각종학교에서 교육을 받으려는 경우에는 따로 입학절차, 교육과정 등을 마련하는 등 통합교육을 하는 데에 필요한 시책을 마련하여야 한다.

2. 특수교육 교육과정

특수학교 교육과정은 1954년 제1차 교육과정에서 '맹학교 교육과정'과 '농학교 교육과정'으로 제정되었으나, 제3차 특수학교 교육과정부터는 일반교육과정을 개정한 후 이를 바탕으로 특수교육과정을 개정하여 발표하는 방식으로 운영되고 있다. 현재는 2012년 '특수교육 교육과정'(교육과학기술부고시 제2012-32호, 2012. 12. 14.)에 의거하여 운영되고 있으며, 교육과정의 성격은 다음의 6가지로 나누어진다.

> 가. 국가 수준의 공통성과 지역, 학교, 개인 수준의 다양성을 동시에 추구하는 교육과정이다.
> 나. 학습자의 자율성과 창의성을 신장하기 위한 학생 중심의 교육과정이다.
> 다. 교육청과 학교, 교원·학생·학부모가 함께 실현해 가는 교육과정이다.
> 라. 학교교육 체제를 교육과정 중심으로 개선하기 위한 교육과정이다.
> 마. 교육의 과정과 결과의 질적 수준을 유지·관리하기 위한 교육과정이다.
> 바. 특수교육대상자의 전반적 기능 향상을 지원하기 위한 교육과정이다.

특수교육 교육과정의 구성은 유치원 교육과정, 기본 교육과정, 공통 교육과정, 선택 교육과정으로 편성하며, 기본 교육과정은 공통 교육과정 및 선택 교육과정에 참여하기 어려운 특수교육대상자를 지원하기 위하여 그 내용을 대체한 대안교육과정으로 초등학교 1학년부터 고등학교 3학년까지의 교과(군)와 창의적 체험활동으로 편성된다. 공통 교육과정은 초등학교 1학년부터 중학교 3학년까지의 교과(군)와 창의적 체험활동으로 편성된다.

특수교육에서는 유치원 교육과정과 기본 교육과정을 기준으로 주로 운영되며, 공통 교육과정과 선택 교육과정은 일반학교를 기준으로 주로 운영된다.

1) 유치원 교육과정 편성과 운영

유치원 교육과정은 3~5세를 위한 교육과정으로, 연령별 누리과정을 근간으로 개별화교육계획을 통하여 특수교육대상유아의 발달을 촉진할 수 있도록 다음과 같은 6가지의 주요 구성 방향이 제시된다.

가. 질서, 배려, 협력 등 기본 생활 습관과 바른 인성을 기르는 데 중점을 두어 구성
한다.

나. 자율성과 창의성을 기르는 데 중점을 두고, 전인발달을 이루도록 구성한다.

다. 사람과 자연을 존중하고, 우리 문화를 이해하는 데 중점을 두어 구성한다.

라. 만 3~5세 특수교육대상유아의 발달 특성을 고려하여 연령별로 구성한다.

마. 신체운동・건강, 의사소통, 사회관계, 예술경험, 자연탐구의 5개 영역을 중심으
로 구성한다.

바. 초등학교 교육과정과 0~2세 표준보육과정과의 연계성을 고려하여 구성한다.

2) 기본 교육과정 편성과 운영

(1) 초등학교

초등학교의 교육은 학생의 학습과 일상생활에 필요한 기초 능력 배양 및 기본 생활 습관 형성, 바른 인성의 함양에 중점을 두는 것을 교육목표로 하여 교과(군)와 창의적 체험활동을 편성한다. 교과(군)는 국어, 사회, 수학, 과학/실과, 체육, 예술(음악/미술)로 구성되며, 창의적 체험활동은 자율활동, 동아리 활동, 봉사활동, 진로활동으로 구성된다.

시간 배당 기준은 1시간 수업은 40분을 원칙으로 하되 기후, 계절, 학생 발달 정도, 학습내용 등을 고려하여 탄력적 운영이 가능하며, 학년군 및 교과(군)별 시간 배당은 연간 34주를 기준으로 2년간의 최소 기준 수업 시수를 나타낸다. 실과의 수업은 5~6학년 과학/실과 수업 시수에만 포함된 것이다.

(2) 중학교

중학교의 교육은 초등학교 교육의 성과를 바탕으로, 학생의 학습과 일상생활에 필요한 기본 능력과 바른 인성, 민주시민의 자질 함양을 목표로 교과(군)는 국어, 사회, 수학, 과학, 진로와 직업, 체육, 예술(음악/미술), 선택으로 한다. 선택은 재활, 여가활용, 정보통신 활용, 생활영어 등의 선택 과목으로 구성되며, 창의적 체험활동은 자율활동, 동아리 활동, 봉사활동, 진로활동으로 구성된다.

중학교의 1시간 수업은 45분을 원칙으로, 기후 및 계절, 학생의 발달 정도, 학습내용

의 성격 등과 학교 실정을 고려하여 탄력적으로 편성 · 운영할 수 있으며, 학년군 및 교과(군)별 시간 배당은 연간 34주를 기준으로 3년간의 기준 수업과 총 수업 시수 기준을 제시하고 있다.

(3) 고등학교

고등학교 교육은 중학교 교육의 성과를 바탕으로, 학생의 적성과 소질에 맞는 진로 개척 능력과 세계 시민으로서의 자질을 함양하는 데 중점을 둔 교육과정으로, 교과(군)는 국어, 사회, 수학, 과학, 진로와 직업, 체육, 예술(음악/미술), 선택으로 구성되어 있으며, 선택은 생활 경제, 보건, 재활과 복지, 재활, 여가활용, 정보통신 활용, 생활영어 등의 선택 과목으로 구성되어 있다. 창의적 체험활동은 자율활동, 동아리 활동, 봉사활동, 진로 활동으로 구성되어 있다.

1단위의 수업 시간은 50분을 기준으로 하여 17회를 이수하는 수업량으로 구성하며, 기후 및 계절, 학생의 발달 정도, 학습내용의 성격 등과 학교 실정을 고려하여 탄력적으로 편성 · 운영할 수 있다. 창의적 체험활동은 최소한 442시간 이상 이수해야 한다.

표 2-3　초 · 중 · 고등학교 최소 시간 배당 기준

구 분		초등학교 (1~2학년)	초등학교 (3~4학년)	초등학교 (5~6학년)	중학교	고등학교
교과(군)	국어	384	408	408	442	26
	사회	128	272	272	442	24
	수학	256	272	272	374	20
	과학/실과	192	238	340		
	과학				238	12
	진로와 직업				612	48
	체육	128	204	204	340	18
	예술(음악/미술)	256	272	272	306	18
	선택				204	12
창의적 체험활동		336	306	408	408	26(442시간)
학년군별 총 수업 시간 수		1,680	1,972	2,176	3,366	204

3) 공통 교육과정

(1) 초등학교

초등학교의 교육은 학생의 학습과 일상생활에 필요한 기초 능력 배양 및 기본 생활 습관 형성, 바른 인성의 함양을 목표로, 교과(군)는 국어, 사회/도덕, 수학, 과학/실과, 체육, 예술(음악/미술), 영어로 구성하고, 초등학교 1, 2학년의 교과는 국어, 수학, 바른 생활, 슬기로운 생활, 즐거운 생활로 구성한다. 창의적 체험활동은 자율활동, 동아리 활동, 봉사활동, 진로활동으로 구성한다.

1시간 수업은 40분을 원칙으로 학교 및 학생의 상황에 따라 탄력적 편성이 가능하며, 연간 34주를 기준으로 2년간의 최소 기준 수업 시수를 정하여 실시하고, 실과의 수업은 5~6학년만 수업시수에 포함한다.

(2) 중학교

중학교의 교육은 초등학교 교육의 성과를 바탕으로, 학생의 학습과 일상생활에 필요한 기본 능력과 바른 인성, 민주시민의 자질 함양을 목표로, 교과(군)는 국어, 사회(역사

표 2-4 **공통 교육과정**

구 분		초등학교 (1~2학년)	초등학교 (3~4학년)	초등학교 (5~6학년)	중학교
교 과 (군)	국어	국어 448	408	408	442
	사회/도덕		272	272	510 (역사 포함)
	수학	수학 256	272	272	374
	과학/실과	바른 생활 128	204	340	646 (과학/기술 · 가정)
	체육	슬기로운 생활 192	204	204	272
	예술(음악/미술)	즐거운 생활 384	272	272	272
	영어		136	204	340
	선택				204
창의적 체험활동		272	204	204	306
학년군별 총 수업 시간 수		1,680	1,972	2,176	3,366

포함)/도덕, 수학, 과학/기술 · 가정, 체육, 예술(음악/미술), 영어, 선택으로 구성된다. 선택은 한문, 정보, 환경과 녹색성장, 생활 외국어(독일어, 프랑스어, 스페인어, 중국어, 일본어, 러시아어, 아랍어, 베트남어), 보건, 진로와 직업, 재활과 복지 등의 선택 과목이 있으며, 창의적 체험활동은 자율활동, 동아리 활동, 봉사활동, 진로활동으로 구성된다.

4) 선택 교육과정

선택 교육과정은 고등학교 교육과정을 중심으로 편성된 교육과정으로, 교과와 창의적 체험활동으로 구성되며, 교과는 다시 보통 교과와 전문 교과로 구분된다. 보통 교과는 기본 과목과 일반 과목, 심화 과목으로 구분되고, 보통 교과 영역은 기초, 탐구, 체육 · 예술, 생활 · 교양으로 구성하며, 교과(군)는 국어, 수학, 영어, 사회(역사/도덕 포함), 과학, 체육, 예술(음악/미술), 기술 · 가정/제2외국어/한문/교양으로 구성된다. 전문 교과는 농생명 산업, 공업, 상업 정보, 수산 · 해운, 가사 · 실업, 직업, 이료(해부 · 생리, 병리, 안마 · 마사지 · 지압 등 시각장애학교에만 해당)에 관한 교과로 구성되고, 창의적 체험활동

표 2-5 　선택 교육과정

교과 영역		교과(군)	필수 이수 단위		학교 자율 과정
			교과(군)	교과 영역	
교과(군)	기초	국어	15(10)	45(30)	학생의 적성과 진로를 고려하여 편성
		수학	15(10)		
		영어	15(10)		
	탐구	사회(역사/도덕 포함)	15(10)	35(20)	
		과학	15(10)		
	체육 · 예술	체육	10(5)	20(10)	
		예술(음악/미술)	10(5)		
	생활 · 교양	기술 · 가정/제2외국어/한문/교양	16(12)	16(12)	
소 계			116(72)		64
창의적 체험활동			24(408시간)		
총 이수 단위			204		

은 자율활동, 동아리 활동, 봉사활동, 진로활동으로 구성된다. 또한 최소 이수 단위를 교과목별로 제시하여 각 학교별 세부 내용을 편성할 수 있도록 한다.

3. 기타 장애인 교육 관련 법령

특수교육과 관련된 법령은 「헌법」 「교육기본법」 「유아교육법/시행령」 「초·중등교육법/시행령」 「장애인 등에 대한 특수교육법/시행령/시행규칙」 「특수학교시설·설비

표 2-6   **기타 장애인 교육 관련 법령**

법령	관련 조항
헌법	제31조
교육기본법	제3조(학습권), 제4조(교육의 기회 균등), 제8조(의무교육), 제18조(특수교육)
유아교육법	제15조(특수학교 등)
유아교육법 시행령	제25조(특수학교의 교직원)
초·중등교육법	제2조(학교의 종류), 제12조(의무교육), 제21조(교원의 자격), 제55조(특수학교), 제56조(특수학급), 제57조(전공과의 설치), 제58조(학력의 인정), 제59조(통합교육)
초·중등교육법 시행령	제40조(특수학교 등의 교원), 제43조(교과), 제45조(수업일수), 제57조(분교장), 제58조(국·공립 학교운영위원회의 구성), 제63조(사립학교의 운영위원회), 제89조(고등학교의 전학 등)
장애인 등에 대한 특수교육법/시행령/시행규칙	전체
특수학교시설·설비기준령	전체
장애인차별금지 및 권리구제 등에 관한 법률	제2절(교육) - 제13조(차별금지), 제14조(정당한 편의제공 의무)
장애인복지법	제20조(교육), 제25조(사회적 인식개선), 제38조(자녀교육비 지급), 제50조의2(자녀교육비 및 장애수당 등의 지급 신청), 제51조(자녀교육비 및 장애수당 등의 환수)
장애인복지법 시행령	제16조(사회적 인식 개선 교육)
장애인복지법 시행규칙	제23조(자녀교육비 지급대상 및 기준)
발달장애인법	제10조(의사소통지원), 제15조(신고의무), 제26조(평생교육 지원)

기준령」「장애인 차별금지 및 권리구제 등에 관한 법률」「장애아동 복지지원법/시행령/
시행규칙」「발달장애인법」「장애인복지법/시행령/시행규칙」 등이 있다.

4. 이후의 과제

　「장애인 등에 대한 특수교육법」이 기존의 장애인교육의 문제를 해결하려면 우선적으
로 특수교육을 필요로 하는 사람에 대한 진단과 평가기준이 구체적으로 적용되어야 한
다. 이러한 구체화된 방안은 형식적으로 이루어지기 쉬운 '통합교육' '개별화교육' '순
회교육' 시행에 있어서도 마찬가지이며, 현재 진행되고 있는 장애인복지발전 5개년계획
처럼 되지 않기 위해서 장애인에 대한 특수교육종합계획의 수립과 중앙행정기관 간에
긴밀한 협조체제, 특수교육운영위원회, 특수교육에 관한 연차보고서, 장애인평생교육과
정 등에 대한 구체화된 시행령과 시행규칙이 마련되어야 할 것이다.
　또한 「장애인 등에 대한 특수교육법」의 목적인 유치원 및 고등학교 과정의 의무교육
도입, 장애의 조기발견체제 구축, 무상 장애영아교육을 통한 조기교육 기회 부여, 대학
내 장애학생지원센터의 설치와 편의 제공 의무화, 국가 및 지방자치단체 등의 장애성인
평생교육시설 설치 그리고 장애인에 대한 생애주기별 교육지원 체계의 확립이 조기에
달성될 수 있어야 할 것이다.

제**3**장

지적장애

1. 지적장애의 용어 및 정의

1) 용 어

지적장애는 고대시대의 바보, 천치 등의 용어부터 정신박약, 정신지체를 거쳐서 가장 최근에 사용되는 용어다. 지적장애와 관련된 용어가 이렇게 다양하게 사용된 것은 사회적인 배경과 연관이 있었다고 하겠다. Smith, Patton과 Kim(2008)은 학교를 중심으로 교육 가능 정신지체와 훈련 가능 정신지체가 1950년대부터 1980년대까지 줄곧 사용되어 왔다고 기술한다. Kirk, Gallagher, Coleman과 Anastasiow(2004: 163)는 "역사적으로 심리학자와 교육학자는 다양한 영역으로[처음에는 백치(idoit), 우둔한(imbecile), 저능한 사람(moron)에서 후에 교육 가능한(educable), 훈련 가능한(trainable), 독립적인(dependent), 그다음에 경도(mild), 중등도(moderate), 중도(severe), 최중도(propound)] 배정하여 정신지체의 수준 강도를 구별했다. 경도는 정상적 비율의 1/2과 1/3 사이의 발달을 나타내고, 정상적인지 성장의 1/4보다는 약간 높은 발달을 보인다."라고 기술하여 Smith 등과 유사한 차원에서 지적장애의 용어를 소개하고 있다. 이러한 용어는 현재 '지적장애'로 통일되어

지칭된다.

2) 정 의

(1) 장애인 등에 대한 특수교육법에서의 정의

법률 제12127호인 「장애인 등에 대한 특수교육법」(2013. 12. 30., 일부개정)의 시행령 제
10조와 관련하여 기술된 별표 제3호를 보면, 지적장애라는 표현 대신에 정신지체라는
용어를 쓰고 있는데, 정신지체에 대한 법적인 정의는 다음과 같다.

> 지적 기능과 적응행동상의 어려움이 함께 존재하여 교육적 성취에 어려움이 있
> 는 사람

이 법적 정의를 통해 우리는 다음과 같은 사실을 알 수 있다.

첫째, 우리나라 교육제도 안에서는 지적장애가 아닌 정신지체가 공식적인 명칭으로
사용된다.

둘째, 지적장애는 지적 기능과 적응행동이라는 두 가지 면에서 어려움이 동시에 나타
나야 한다. 그중 하나만 어려움이 있으면 지적장애라고 말하기 힘들다.

셋째, 지적 기능과 적응행동상의 어려움은 곧 교육적 성취의 어려움으로 연결되어 있
다. 그렇다면, 무엇이 '어려운' 것이고 '교육적 성취'의 내용은 무엇인지를 구체적으로
파악해야 한다. 여기서 교육을 제공하는 자가 학습자의 능력을 제대로 파악할 수 있어야
하며, 학습자의 교육적 성취를 위한 수업 방법이나 교수능력을 최상화할 수 있어야 한다
는 것도 명심할 일이다.

(2) 미국지적장애인협회에서의 정의[1]

미국지적장애인협회(American Association on Intellectual Developmental Disabilities:
AAIDD)에서 공포한 제11차 지적장애의 정의는 다음과 같다(www.aaidd.org).

---

1) 이 내용은 미국지적장애인협회가 홈페이지(www.aaidd.org)에 소개한 것을 필자가 번역한 것임을 밝힌다.

> 지적장애는 지적인 기능과 적응행동 면에서 현저한 제한성을 가짐으로 인해 장애로 명명된다. 여기서의 적응행동은 개념적 · 사회적 · 실제적 적응 기술이다. 이 장애는 18세 이전에 발생한다.

이와 더불어, AAIDD의 정의, 분류 그리고 지원체계를 사용하는 전문가와 지원팀들은 다음 사항을 염두에 두어야 한다.

- 현재의 지적 기능 및 적응행동 기능의 한계성을 개인의 나이, 또래 그리고 문화적 맥락 안에서 평가해야 한다.
- 의사소통, 감각, 운동 그리고 행동적 요인을 포함하여 개인의 문화적 · 언어적 차이를 고려해야 한다.
- 개인이 가진 한계성은 그가 가진 다른 장점과 함께 공존한다는 것을 인정해야 한다. 다시 말하면, 개인은 자신에게서 드러난 한계성도 있지만, 아울러 장점도 함께 가지고 있음을 알아야 한다.
- 필요한 지원에 관한 개별적인 계획을 개발하기 위하여 대상자의 한계점들이 기술되어야 한다. 다시 말하면, 그 한계점들은 개인에게 필요한 지원 계획을 개발하기 위하여 사용되어야 한다.
- 지적장애를 가진 사람의 기능을 개선하기 위하여 그 사람에게 적절한 지원들을 제공해야 한다.

AAIDD는 장애를 생물학적인 차원에서 명명하기보다는 사회에서 기능을 하려고 할 때 그 개인에게 본질적인 불이익이 되는 사적인 차원의 한계로 보고 있다. 그리고 이 협회에서 제안한 정의에서 '적응행동'이란 개념적 · 사회적 · 실제적 기술 차원에서 보고 있는데, 그 각각의 내용 사례를 보면 다음과 같다.

- 개념적 기술(conceptual skills): 수용 및 표현 언어, 읽기 및 쓰기, 돈 개념, 자기지시
- 사회적 기술(social skills): 개인 간에 필요한 능력, 책임성, 자존심, 잘 속는 것(남에게 쉽게 조종당하는 것), 순진한 것, 규칙지키기, 복종법, 희생(일방적인 피해 등)을 피하

는 것

- 실제적 기술(practical skills): 일상에서의 사적인 행동들(식사, 옷 입기, 이동 및 화장실 가기), 일상에서의 도구적 행동들(식사 준비, 약 먹기, 전화 사용, 돈 관리, 교통수단 이용, 집관리 하기 등)

여기서 잠깐! 지금까지 사용된 지적장애의 여러 용어와 정의를 살펴보면, 부정적인 면에서 그것을 기술하고 있다. 그리고 정의의 모든 내용은 기능 중심적이다.

우선, 교육과 관련된 용어를 보면 교육 가능, 훈련 가능이라는 용어가 오랜 기간 통용 되어 왔다. 왜 이런 차원에서 용어가 기술되었을까? 교육이 가능하지 않은 인간이 있을까? 어느 누구나 교육을 받으면 자신이 가진 발달 과업을 달성할 수 있을 것이다.

다음으로, 기술된 지적장애의 정의는 매우 기능적이다. 지적 기능과 적응행동의 상태가 그냥 자기가 가진 가능성을 온전히 발휘할 수 있는 상태로 이해되면 안 될까? 그것을 한 개인의 온전한 특성으로 바라보면 어떨까? 보편성이 정상이 되어야 '맞는 것'이고, 그 기준에서 벗어나면 '틀린 것'인가? 생물학적으로 다르다는 그 자체가 가치 있고, 그 상태에서 그 사람의 발달을 장려할 교육방법을 고민해야 하는 것이 교육자가 해야 할 태도가 아닐까?

'장애'라는 표현이 전혀 필요하지 않는 용어로서, 지적장애라는 용어 이상의 존재적 가치를 나타내는 용어가 보편적으로 사용되고 소통되며 인정되는 시대가 곧 오기를 기대한다. 그들은 다양한 사람 중 '또 다른 정상적인 사람'이다. 이 시대에는 다양한 사람이 함께 공동체를 이루고 사는 것이 가장 자연스러운 모습이기에 더욱 그렇다.

---

2. 지적장애인 교육의 역사

1) 서구의 지적장애 교육 동향

지적장애를 가진 사람을 다룬 역사는 오래전부터 이어져 오고 있다. 우리에게는 그 역사가 프랑스 아베롱 숲에서 발견된 야생소년 Victor가 Itard에게서 교육을 받은 것부터 시작하고 있으나, 그보다 훨씬 전부터라고 할 수 있다. Smith 등(2008)은 지적장애를 가진 사람들을 교육하고 다루는 역사적 시기를 크게 다섯 과정으로 나누고 있다. 즉, 고대 시기, 분야의 출현 및 초기 비관주의 시기, 시설 중심 접근 시기, 서비스 중심 접근 시기 그리고 지원 중심 접근 시기다. 이 장에서는 지적장애를 가진 사람의 역사적 배경을 주로 유럽과 미국을 중심으로 체계적으로 기술한 Smith 등(2008: 5-42)의 내용을 가지고 각 시기마다의 중요한 사회적 배경을 중심으로 요약 · 정리한다.

(1) 고대 시기

고대 시기는 1700년 이전을 말한다. 이 당시에는 지적장애라는 용어가 등장하지 않았고, 이에 대한 그 어떤 개념도 정립되지 않았다. 예를 들어, 어떤 사회 집단에서는 어릿광대로, 또 어떤 사회에서는 악마 또는 신과 소통하는 사람으로 인식되었다.

15~16세기의 르네상스 운동은 지적장애를 가진 사람에 대한 긍정적인 사회 분위기를 형성하도록 하는 시작점으로 작용하였다고 볼 수 있다. 이 시기에도 지적장애를 가진 사람에 대한 지원이 있었는데, 주로 보호적 성격을 가진 내용들로서 종교 집단을 통해 이루어졌다.

(2) 분야의 출현 및 초기 비관주의 시기

이 시기는 1700년대에서 1890년대까지를 말한다. 이미 르네상스 운동이 인본주의 철학을 촉진하였는데, 그로 인해 인간의 자유를 갈구하는 사회적 혁명과 더불어 사회적 요구가 나타나기 시작했다. 이것이 이 시기의 첫 번째 특징이다. 또 다른 특징으로는 감각주의의 출현이다. Locke, Rousseau 등의 영향을 받아서 감각이 인간의 발달에 매우 중요한 요인으로 인식되었다.

이러한 것들로 인해 지적장애인에 대한 두 가지 중요한 영향이 나타났는데, 하나는 지적장애인에게도 인간적인 권리에 근거한 도움이 필요하다는 인식이고, 다른 하나는 인본주의와 감각주의의 이념을 지적장애인에게 적용해 보려는 노력들이다. 그 예로, Itard가 야생소년 Victor를 가르치는 일, E. Seguin의 생리학적인 교육방법 출현, J. Guggenbuehl의 '아벤트베르크'라는 최초 주거공동체 설립, 미국의 D. Dix, S. Howe, H. Wilbur를 중심으로 지적장애인들을 위한 복지와 서비스가 추진되었다.

하지만 이들의 업적에서 나온 지적장애인에 대한 긍정적이고 낙관적인 영향에도 불구하고 이는 후에 지적장애인에 대해 반발하는 요인이 되기도 하였다. 미국 남북전쟁 이후 사회의 구조적 변화에 따른 정신지체의 발생과 사회가 요구하는 기능적 부분에 대해 사회 구성원에게 기대하는 내용에 지적장애인들의 역량이 미치지 못하는 사실이 나타남에 따라 그들의 존재에 대한 현실적인 비관주의가 생기게 된 것이다. 이것을 4가지 요인으로 살펴보면 다음과 같다. ① 지적장애인은 정상적인 기능을 할 수 있도록 바뀔 수 없다. ② 사회적 통합은 단순히 훈련과 장소 제공 이상의 기능을 요구한다. ③ 성공적인 통합을 하기에는 그 당시에 사회의 준비를 할 만큼 사회가 발전하지 않았다. ④ 남북전쟁 이후 시작된 도시화와 산업화에 의해 복잡해진 사회에서 지적장애인이 사회가 기대하는 만큼의 능력을 보이지 못함이 부정적으로 작용했다.

(3) 시설 중심 접근 시기

이 시기는 1890년부터 1960년까지를 말한다. 이 시기의 특징은 지적장애를 가진 사람에 대한 행동이 매우 부정적이고 그들에 대한 반동적인 양상을 나타낸다는 것이다. 그래서 그들에게 사회적인 보살핌을 보이던 것에서 사회를 그들로부터 보호하는 역현상이 나타나게 된다.

그러한 현상이 나타나도록 한 중요한 사회적 요인들이 있는데, 대표적으로 인종개량운동, 이민자의 증가 그리고 지능검사의 출현 등이다. 첫째, 인종개량운동은 Darwin의 영향을 받은 사람들이 인간의 종족을 우성인자의 유지를 통해 개선하고자 하는 것이었다. 이로 인해 지적장애를 가진 사람들이 불임수술을 받는 것은 합법적이 되기도 했다. 둘째, 이민자의 증가가 문제된 것은 많은 이민자가 열등하고 지적 능력이 떨어진다는 생각에서였다. 셋째는 지능검사의 개발인데, 1905년 A. Binet는 프랑스 학생들을 대상으로 지능검사를 개발하였고, 이것을 1916년 미국 스탠퍼드 대학교가 Stanford-Binet 검사로 표준화하였다. 지능검사로 인해 사람들의 기본 능력이 지능지수에 의해 해석되는 경우가 많아졌는데, 그러다 보니 경도지적장애를 가진 사람들이 많이 드러나게 되었다. 이것은 또 다른 사회의 불안 요인이 되기도 하였다.

(4) 서비스 중심 접근 시기

서비스 중심 접근 시기는 1960년에서 1985년까지를 말한다. 이 시기는 그야말로 지적장애를 가진 사람들에게 서비스를 제공하는 시기다. 이 시기에는 지적장애인에 대한 서비스가 상당히 많이 이루어졌다. 특히 1950년대의 유럽 스칸디나비아 반도를 중심으로 나타난 정상화 개념인 '노말리제이션(Normalization)'은 미국 지적장애인의 교육에 큰 영향을 주었다.

이것이 이루어진 사회정치적 배경으로는 J. F. Kennedy가 대통령이 되면서 대통령 산하에 정신지체위원회를 둔 것, 연방 차원에서 지적장애 관련 법들의 제정, 보상교육 프로그램인 헤드 스타트 프로젝트(Head Start Project) 실시, 「시민권리보호법」 제정 그리고 이 「시민권리보호법」의 영향을 받아서 생긴 지적장애인의 권리와 관련된 소송사건들, 「직업재활법」 개정안의 504조(PL 93-112, Section 504)와 미국 「전장애인교육법(Education for All Handicapped Act)」(PL 94-142)의 제정 등이 그것이다.

(5) 지원 중심 접근 시기

지원 중심 접근 시기는 1985년부터 현재에 이른다. 이 시기에 일어난 지적장애인 교육의 중요한 변화는 분리교육에서 통합교육으로 전환되는 것이고, 통합된 환경에서 지적장애인이 받을 적절한 지원이다. 이 시기에 미국정신지체협회(American Association on Mental Retardation: AAMR)는 정신지체에 대한 지원을 강조하였다. 또한 1990년 「미국장애인법(Americans with Disabilities Act: ADA)」(PL 101-336)이 제정된다. 이 법의 내용은 미국 장애인들이 사회에서 생활하는 데 필요한 모든 권리가 보장되도록 하고 있다. 그리고 1975년에 만들어진 「전장애인교육법」은 1997년에 「장애인교육법(Individuals with Disabilities Education Act: IDEA)」으로 개정되었다가, 2004년에 「장애인교육개선법(Individuals with Disabilities Education Improvement Act)」으로 개정되었다.

2) 우리나라의 지적장애 교육 동향

우리나라의 특수교육은 매우 오랜 역사를 가지고 있다. 대한특수교육학회는 우리나라 특수교육을 다음과 같이 시대적으로 구분하고 있다(김병하, 2002: 163).

- 특수교육 전사: 삼국시대~조선시대
- 특수교육의 성립 과정: 구한말 개화기
- 수난기의 특수교육: 일제강점기

- 광복 이후의 특수교육: 1945년~1970년대
- 특수교육 진흥을 위한 국가정책의 수립과 전개: 1977년 이후

김병하(2002: 170)에 따르면, 우리나라의 특수교육은 맹교육을 시작으로 하고 있는데, 지적장애에 대한 교육도 유길준의 『서유견문』 제17편에 소개되었다. 다음의 내용은 『서유견문』에서의 지적장애아 교육에 대한 기록의 일부인데, 오늘날의 지적장애인 교육에 시사하는 부분이 크다고 보아 소개한다.

치아원(지금의 정신지체아들을 교육하는 곳)은 정신지체아를 가르치는 학교다. 여러 가지 제도는 예사 학교와 같으나, 정신지체아란 본래 그 천품이 이해하고 깨닫는 데 부족한 아이들인 것이다. 그런 까닭으로, 그 가르치는 제도는 다른 곳과 다를 수밖에 없다. 학습하는 책도 특별히 큰 글자로 인쇄하되, 말을 가르치는 경우, 글자만으로 그 의사를 깨닫게 하는 것이 어렵기 때문에 그림을 쓰도록 하고 있다. …… 이와 같이 그 본뜻을 깨닫지 못할까 우려한 나머지, 한 귀절 한 마디를 상세하게 되풀이하여 숙독하게 하여 차츰 독서하는 법을 배우도록 한다. …… 잘한 자는 상을 주고 능하지 못한 자라도 결단코 꾸짖어서는 안 된다. 또 그 밖에도 춤추는 법과 노래를 가르쳐서 심지(心志)와 기도(氣度)를 활발하게 한다. 나무 오르기나 그네뛰기를 가르쳐서 몸과 근골을 건강케 해 준다. 근래에는 군대식 조련도 가르쳐서 상하의 서열과 순서를 알도록 하기도 한다.

이와 같은 내용을 살펴보면, 그 당시 지적장애인에 대한 교육관을 알 수 있다. 우선 일반 학생과 차별되지 않는 교육 내용을 가지고 지적장애의 특성에 맞게 가르치려고 시도한다. 그것을 위하여 아주 다양한 교재·교구를 활용한다. 또한 지적인 교과목뿐 아니라 몸을 움직이거나 노래를 하는 등의 정서 함양을 위한 교과도 가르친다. 아울러, 잘하는 학생에게 상을 주지만 못하는 학생에게도 격려하는 교육관을 보여 준다.

그렇지만 우리나라 지적장애인의 교육은 1967년에 대구의 사립특수학교를 시작으로 하여, 1977년에 「특수교육진흥법」이 제정됨으로써 본격적으로 이루어졌다고 할 수 있다. 그 이후 우리나라의 특수교육은 앞서 소개한 서구의 동향과 유사한 흐름을 보인다.

3) 지적장애인 교육의 역사적 의미

앞서 살펴보았듯이, 지적장애를 가진 사람을 위한 교육의 변화는 그러한 사람에 대해 사회가 보는 시각에서부터 그의 삶의 질 제고에 이르기까지 몇 가지 특징이 눈에 띈다. 그 내용을 보면 다음과 같다.

첫째, 지적장애인을 보는 '관'에 따라 그들에 대한 지원의 방향과 내용이 결정된다.

둘째, 지적장애인 교육의 역사적 배경에 따라 그들에 대한 용어나 정의가 결정된다.

셋째, 지적장애인의 인권은 사회 전반에서의 인권에 대한 내용과 같은 흐름 속에 있다.

넷째, 지적장애의 이해에 대한 사회 분위기는 시간이 갈수록 점점 더 그들을 이해하려는 방향으로 흐른다.

다섯째, 지적장애인의 교육은 분리된 곳에서 주류 사회로 이동한다.

여섯째, 시대가 흐름에 따라 지적장애인에 대한 긍정적인 시각과 사회의 일원으로 수용하려는 경향이 강하다.

3. 지적장애의 원인

우리나라 고용노동부에 따르면, 2013년 우리나라 총인구에 대비하여 총 장애인의 비율은 4.89%이고, 그 인구 대비 지적장애인 비율은 0.349%다(고용노동부, 2014: 25, 29). 또한 전체 장애인 수에 대비한 지적장애인 비율은 7.15%다.[2]

지적장애의 원인은 크게 두 가지 다른 기준에서 말할 수 있다. 하나는 선천성과 후천성 차원에서, 다른 하나는 유전적 요인과 환경적 요인의 차원에서다. 선천성과 후천성의 기준은 출생 시점이 되고, 유전적 요인과 환경적 요인은 생물학적인 점이 기준이 된다. 미국지적장애인협회(AAIDD)에서는 생물의학적 요인, 사회적 요인 그리고 교육적 위험 요인을 들고 있다. Kirk 등(2004)은 유전적 요인과 환경적 요인으로 구분하며, Smith 등(2008)은 전통적으로 쓰고 있는 생물학적 범주와 환경적(혹은 심리학적) 범주를 도입하고

---

2) 2013년 우리나라 지적장애인 수는 178,866명, 전체 장애인 수는 2,501,112명, 총인구는 51,141,463명이다.

있다. 이 절에서는 미국지적장애인협회(AAIDD, www.aaidd.org)와 Smith 등(Smith et al., 2008)의 내용을 중심으로 그 원인을 요약·기술한다.

1) 미국지적장애인협회

지적장애의 원인은 생물의학적·사회적·행동적 요인으로 그리고 부모에서 아이까지의 세대 간에 걸쳐서 개인의 생애 기간 동안 영향을 주는 교육적 위험 요인으로 나눌 수 있다. 첫째, 생물의학적 요인은 생물학적 과정과 관련이 있는데, 예를 들어 유전적 이상과 영양이다. 둘째, 사회적 요인은 사회적 그리고 가족의 상호작용과 관련이 있는데, 예를 들어 아이의 자극과 성인의 반응성이다. 셋째, 행동적 요인은 해를 끼치는 행동과 관련이 있는데, 예를 들어 약물남용이 그것이다. 넷째, 교육적 요인은 가족의 유용성과 지적 발달을 촉진하고 적응행동 기술을 증가시키는 교육적 지원과 관련이 있다. 마찬가지로, 한 세대 동안에 보여 주는 요인들은 다음 세대의 결과로 영향을 미칠 수 있다. 세대 간의 원인을 이해하는 것을 기반으로 한 적절한 지원들이 위험 요인의 결과를 막거나 또는 되돌려질 수 있다.

2) Smith 등

Smith 등(2008)은 지적장애의 원인을 생물학적인 범주와 환경적(혹은 심리학적)인 범주로 나누고 있다. 생물학적인 범주는 유전적 전달, 염색체 이상, 두개골 기형, 기타 선천적 요인으로 나누어 그 원인을 설명하고 있다. 환경적 범주에서는 조산과 출생 시의 문제, 출생 후의 의학적 문제로 나누어 설명한다. 이 범주에서 소개하고 있는 원인을 요약해 보면 다음과 같다(Smith et al., 2008: 214-249).

첫째, 유전적 전달이다. 유전적 전달이 우성인 유전형질 전달에서 나타나는 지적장애는 신경섬유종증이 그 대표적인 것이고, 열성 유전은 테이-삭스병, 페닐케톤뇨증 등이다. 또한 성염색체(혹은 X염색체) 열성 유전에서 지적장애의 대표적인 예는 레쉬-니한 증후군(Lesch-Nyhan syndrome)이다. 그 외에 유전 관련 지적장애로는 유약 X 증후군과 다유전자 유전에 의한 것이 있다.

둘째, 염색체 이상은 보다 확실하게 선천적인 것이라고 할 수 있다. 이것은 염색체 배

> **여기서 잠깐!** 흔히, 한 인간의 생물학적인 다름이 장애의 원인으로 나타나는 경우가 있다. 그리고 환경적으로 부정적인 요소가 인간의 발달을 왜곡하는 경우도 많다. 그렇다고 해서 그러한 원인들에 의해 지적장애를 가진 사람의 존재를 부정적으로 볼 것인가? 지적장애를 가진 사람은 단지 생물학적으로 보통 사람과는 다른 면을 가지고 태어난 것일 뿐이요, 그 또한 온전한 인간으로서의 존엄과 고귀함을 풍성하고 아름답게 지닌 사람이다.
>
> (특수)교육은 그 사람이 가진 장애가 무엇인지, 그것이 왜 생겼는지 등의 원인을 파악해야 교육적 성과를 높이는 것이 아니다. 오히려 그 원인을 파악하는 것이 그 사람의 능력을 제한하고, 그 제한이 교육적인 어려움을 가진다는 생각이 선입견과 편견 아닐까? 그것은 교육을 방해하는 해로운 시각이 아닐까?

열과 정렬 과정에서 비분리, 전좌, 결실, 모자이키즘 등의 비정상성을 나타내는 것이다. 여기에는 다운증후군, 프레더-윌리 증후군, 윌리엄스 증후군 등이 있는데, 다운증후군이 가장 대표적이다. 또한 성염색체 이상으로 나타나는 것으로, 클라인 펠터 증후군과 터너증후군 등이 있다.

셋째, 두개골 기형에서 비롯되는 지적장애로는 무뇌증, 소뇌증, 수두증 등이 있다.

넷째, 기타 선천적 요인으로는 산모의 신체에 의한 장애, 유해 물질 및 약물의 오용/남용에 의한 장애가 있다.

다섯째, 조산과 출생 시의 문제로 오는 지적장애도 있다. 조산과 저체중이 그 대표적인 것인데, 저산소증 혹은 무산소증에 의한 것도 있다.

여섯째, 출생 후의 의학적인 문제로 인한 지적장애 발생이다. 예를 들어, 아동학대, 납중독, 영양결핍 등이 그것이다.

4. 지적장애의 특성

지적장애를 가진 사람들은 일반적인 발달을 하는 사람들과 비교하여 여러 가지 차원에서 차이를 가지는데, Kirk 등(2004: 173)은 인지적 과정, 언어의 습득과 언어 사용, 신체 및 운동 능력, 개인적·사회적 특성 등에서 현저한 차이를 보인다고 하였다.

이 절에서는 Smith 등(2008: 305-335)이 경도 정신지체를 중심으로 기술한 지적장애의 특성을 요약·정리한다.

1) 동기 및 사회행동적 특성

우선 지적장애인의 동기적 특성으로는 통제소(locus of control)가 내적 통제소(internal locus of control)보다는 외적 통제소(external locus of control)를 가지고 있다고 한다. 이것으로 인해서 자기결정력(self-determination) 또한 낮아질 수 있다. 또한 학습된 무기력 (learned helplessness)이 생기고, 자신이 실패할 것이라는 태도인 '실패에 대한 예상'이 높은 것으로 나타난다. 이것으로 인해서 다른 사람에게 의존하는 외부 지향성도 생긴다. 뿐만 아니라, 자기조절 행동이 떨어지고 일반 또래들보다 사회적 및 행동적 문제가 더 많이 보인다.

2) 학습특성

인지발달이 다른 또래에 비해 떨어질 수 있다. 그리고 주의집중 기간이 짧고 주의가 산만함을 보인다. 기억에 있어서 문제가 보이는데 그것은 선택적 주의집중 능력이 부족하고 비효율적인 시연전략을 쓰거나 시연전략이 없는 것, 학습기술의 능력 부재 등에 영향이 있는 것으로 본다.

3) 말과 언어적 특성

지적장애인의 말과 언어는 일반 동년배에 비해 다른 특징을 가지고 있다고 본다. 즉, 지적장애인의 말과 언어는 인지능력과 관련이 있기 때문에, 언어발달의 지체나 사용하는 어휘의 제한 등의 언어적 현상을 보인다.

4) 신체 건강적 특성

일반적으로는 경도 지적장애인의 신체적 특성은 일반 또래와 별로 차이가 나지 않는 것으로 보고되고 있다. 하지만 운동기능 면에서 균형, 보행 그리고 세밀한 소근육 운동(손재주)은 그 성취 면에서 일반 또래보다 떨어질 수 있다. 그리고 성장률 또한 더딜 수 있다. 지각결함 또한 지적장애인에게 일어날 수 있는 부분이다.

> **여기서 잠깐!** 지적장애의 특성을 나열하고 묘사하는 것이 교육에서 절대적으로 필요한 것인가? 그리고 그 특성은 지적장애를 가진 사람들에게서 공통으로 나타나는 그들만의 것인가?
>
> 지적장애를 가진 사람들의 특성을 보면 일반인에게서 보이는 것과 다르지 않음이 보인다. 예를 들어, 학습된 무기력은 '학습된' 것이다. 그것이 학습된 것이라면, 그들이 성공적으로 학습하도록 하는 교육 내용과 방법 그리고 교육관이 부재된 것에서 오는 것은 아닌지 살펴보아야 한다. 또한 지적장애인의 특성에는 긍정적이고 일반인에게 좋은 영향을 미치는 내용은 없는가? 지적장애인이 가진 순수성이나 성실성 그리고 사회성 등이 과연 일반인보다 뒤떨어진 것인가?
>
> 구성주의적 인식론 차원에서는 모든 인간이 저마다 가진 심리적·생물학적 환경과 자기만의 사전 경험과 지식 체계 등으로 새로운 세계를 인식한다고 한다(김성애, 2010). 이렇게 본다면 굳이 지적장애인을 모두 하나의 '특성'으로 묶어서 이해하는 것이 필요하지 않을 것 같다. 모든 인간이 다 그러할 것인데, 지적장애인 역시 자신이 가진 환경 속에서 인식함으로써 보다 개성적인 면을 가질 수 있다.
>
> 한편, '특성'을 분석하는 것이 한 사람의 지적장애인을 이해하는 데 중요한 요인이 될 것인가? 오히려 그것이 교육에 방해의 요인이 되는 것은 아닌가? 그러한 특성 파악이 교육자의 선입견이나 왜곡을 유발하게 하지는 않는가? 그것보다는 교육자와 지적장애인과의 관계성을 정립하는 것이 서로에 대한 이해와 교육에 필수적인 전제가 아닐까?

5. 지적장애의 평가

이러한 사람을 판별하는 검사도구는 「장애인 등에 대한 특수교육법」 시행규칙 제2조 제1항의 별표에 나오는데, '1. 지능검사, 2. 사회성숙도검사, 3. 적응행동검사, 4. 기초학습검사, 5. 운동능력검사'가 그것이다. 이 절에서는 그중에서 지적장애의 정의의 두 가지 요소인 지적 능력과 적응행동 능력을 알아보는 검사만 소개하기로 한다.

1) 지능검사도구

지능검사에는 다음과 같이 다양한 도구가 있다(Smith et al., 2008: 109-110).

- Comprehensive Test of Nonverbal Intelligence(CTON)
- Kaufmann Assessment Battery for Children 2판(KABC-II)
- Standford Binet Intelligence Scale 5판(SB5)
- Test of Nonverbal Intelligence(TOVNI)
- Wechsler Adult Intelligence Scale 3판(WAIS-III)
- Wechsler Adult Intelligence Scale 4판(WAIS-IV)
- Wechsler Preschool and Primary Scale of Intelligence 3판(WPPSI-III)
- Woodcock-Johnson Tests of Cognitive Ability(WJ III COG).

2) 적응행동 검사도구

적응행동을 측정하기 위한 검사도구는 다음과 같다(Smith et al., 2008: 126-127).

- Vineland-II 적응행동 검사 2판
- 적응행동 평가체계 2판(ARAS-II)
- AAMR 적응행동 검사-학교용 2판(ABS-S: 2)
- AAMR 적응행동 검사-기숙시설 및 지역사회용 2판(ABS-RC: 2)
- 적응행동 평가척도 개정판, Independent Behavior 검사 개정판(SIB-R)

여기서 잠깐!   지적장애를 진단하는 검사는 준거지향적 검사와 규준지향적 검사에 따라 개발된 검사도구들이다. 이러한 검사도구가 나타낸 결과는 지적장애인에게 긍정적인 영향만 미치는가? 그리고 이러한 검사도구로 지적장애인의 현재 능력과 잠재된 능력을 충분히 알 수 있을까? 오히려 교육자가 이 도구로 평가한 결과가 지적장애인에 대한 선입견과 편견을 유발하는 결과를 초래하지는 않는가? 그리고 지적장애에 대한 이러한 편견으로 교육 현장에서 그리고 사회에서 그 사람이 누리고 지킬 고귀한 존엄성이 오히려 제약을 받거나 한계지어지는 것은 아닌가? 그의 인권이 충분히 누려질 기회가 제한되는 것은 아닌가?(김성애, 2011 참조)

6. 지적장애인 지원 및 교육

1) 지원의 개념과 중요성

앞에서 기술된 지적장애인 교육 관련 역사에서 본 대로, 지금은 지원의 시대로 볼 수 있다. AAIDD의 10차, 11차 정의에서는 지적장애를 가진 사람이 교육을 받으면 적응행동 부분이 향상될 수 있음을 강조하고 있다. 그만큼 지원이 중요하다는 것이다. AAIDD는 "지원은 지적장애를 가진 사람의 발달, 교육, 흥미 그리고 개인적 복지를 향상하는 데 필요한 자원들과 전략들이다. 지원은 부모, 친구, 교사, 심리학자, 의사 혹은 어떤 적절한 사람이나 단체에 의해 제공될 수 있다."고 정의하면서 그 중요성에 대해서는 "개별적인 지원은 지적장애를 가진 개인이 기능을 하고, 자기결정을 향상하고 복지를 강화할 수 있도록 한다. 지원은 지적장애를 가진 사람의 지역사회로의 통합을 이끈다. 교육, 고용, 레크리에이션 그리고 삶의 환경에서 사는 것을 개선하려는 방법으로서의 지원에 초점을 맞추는 것은 지적장애를 가진 사람을 돌보기 위한 인간(person) 중심 접근의 중요한 부분이다."(www.aaidd.org)라고 역설하고 있다.

2) 지원의 수준

일반적으로, 지적장애인을 지원하는 것에 대해 그 강도를 달리할 것을 제안하고 있다. Krik 등(2004)은 지원의 강도는 간헐적·제한적·확장적·전반적인 것으로 그 수준을 나눌 수 있다고 하였다. '간헐적 지원'은 항상 그런 것이 아니라 지원이 필요한 경우에만, '제한적 지원'은 지원을 유지하지만 짧은 시기 동안에 제공하고, '확장적 지원'은 지속적이고 정규적으로 이루어지며, '전반적 지원'은 지적장애인의 삶의 전반적 환경에 걸쳐 항구적으로 제공되는 고강도의 지원을 말한다(Kirk et al., 2004: 164).

3) 지원의 내용

AAIDD는 지원에 대한 한 개인의 욕구가 적어도 9가지 핵심 영역에서 분석되는 것을 제안한다. 예를 들어, 인간발달, 교수와 교육, 가정생활, 지역사회 생활, 고용, 건강 및 안전, 행동, 사회성 그리고 방어 및 옹호가 그것이다. 〈표 3-1〉은 AAIDD가 소개한 지적장애인 지원 영역 및 내용이다.

표 3-1 **지적장애인 지원**

지원 영역	지원 내용
인간발달 활동 (Human Development Activities)	• 눈-손 협응, 소근육 기술, 대근육 기술을 포함한 신체적 발달 기회를 제공하는 것 • 세계를 나타내고자 단어와 이미지를 사용하는 것, 구체적인 사건들에 관해 논리적으로 추론하는 등의 인지발달 기회를 제공하는 것 • 신뢰감, 자율성 그리고 주도성을 키워 나갈 사회적·정서적 발달의 활동을 제공하는 것
교수 및 교육 활동 (Teaching and Education Activities)	• 훈련자와 교사, 동료 훈련자, 학생과의 상호작용 • 훈련과 교육적 활동을 결정하는 데 참여하기 • 문제해결 전략을 학습하고 사용하기 • 기능적 학업기술[사인(sign) 읽기, 거스름돈 세기 등]을 학습하고 활용하기 • 학습을 위한 공학을 활용하기 • 자기결정 기술을 학습하고 활용하기
가정 활동 (Home Living Activities)	• 화장실 사용하기 • 빨래하기 및 옷 관리하기 • 음식 장만하기 및 식사하기 • 집 관리 및 청소 • 옷 입기 • 목욕 및 개인 위생과 꾸미기 • 가정 기기 및 기계 작동하기 • 가정에서의 여가 활동에 참여하기
지역사회 활동 (Community Living Activities)	• 이동 수단 이용하기 • 레크리에이션 및 여가 활동에 참여하기 • 친구 및 가족 방문하기 • 물건 쇼핑 및 구입하기 • 지역사회 구성원과 상호작용하기 • 공공 건물 및 환경 활용하기
고용 활동 (Employment Activities)	• 특별한 직업 기술 학습 및 활용하기 • 직장 동료와의 상호작용하기 • 작장 상사와의 상호작용하기 • 속도 및 질에서 일과 관련된 과제 완성하기 • 일의 과제(job assignment)를 바꾸기 • 위기 관련 중재와 보조(지원)를 접하고 받기

건강 및 안전 (Health and Safety)	• 치료 지원에 접하고 받기 • 약 먹기 • 건강 및 안전의 위험 피하기 • 건강관리 제공자와 의사소통하기 • 응급 지원 접하기 • 영양식 유지하기 • 신체적 건강 유지하기 • 정신적 · 정서적 행복 유지하기
행동 (Behavioral Activities)	• 특별한 기술과 행동 학습하기 • 적절한 의사결정 학습하고 실제로 하기 • 정신적 건강 치료 접하고 받기 • 약물남용 치료를 접하고 받기 • 개인적인 선호를 일상생활과 결합하기 • 공적 사회에서 사회적으로 적절한 행동 유지하기 • 화와 공격 조절하기
사회 활동 (Social Activities)	• 가족 내에서 사교하기 • 레크리에이션과 여가 활동에 참여하기 • 적절한 성적 결정(sexual decision)하기 • 가족 밖에서 사교하기 • 친구 사귀기 및 유지하기 • 개인적인 욕구에 대해 다른 사람과 의사소통하기 • 사랑 및 친밀한 관계에 종사하기 • 지원을 제안하고 다른 사람 지원하기
자기 보호 및 옹호 (Protection and Advocacy)	• 자기 및 다른 사람 옹호하기 • 돈 및 개인적인 재정 관리하기 • 착취로부터 자신을 보호하기 • 법적인 권리와 책임 훈련(발휘)하기 • 자기옹호/조직 지원에 속하고 참여하기 • 법적 서비스 받기 • 은행과 현금수표 이용하기

출처: www.aaidd.org

4) 교육과정의 역할과 중요성

〈표 3-1〉과 같은 내용은 지적장애인의 지원은 그 사람이 가진 지원의 수준에 따라 이 9가지 영역에서의 지원들이 제공되도록 강조하고 있다. 여기서 과연 이러한 내용이 지적장애인의 생활연령에 따른 교육 내용으로 충분한 것인가라는 의문이 든다.

당연히 이 내용으로는 지원이 충분하지 않다. 인간이 태어나서 성장하고 발달하는 것을 돕기 위해 교육이 그 역할을 한다. 교육과정은 인간의 성장과 발달을 최상으로 지원하는 교육내용을 연령에 맞도록 체계적으로 고안된 것이다(물론 교육방법이나 교육계획 또한 교육과정의 실행에 매우 중요한 요소이기도 하다). 이 교육과정의 내용은 일반적인 발달을 하는 사람에게나 지적장애를 가진 사람에게나 모두에게 필요한 내용으로 구성되어 있다.

문제는 그 교육내용을 어떻게 가르치는가다. 교육의 방법은 지적장애를 가진 사람이 가진 특별한 생물학적 상태를 고려하여 적절하게 구안되어야 할 것이다. 그것이 일반적인 발달을 하는 학생이 하는 방법이 될 수도 있고, 보다 특별하게 조정되어야 할 필요도 있을 것이다. 특히 지적장애 학생이 일반학생과 함께 교육을 받는 환경이라면, 거기에는 통합교육 상황을 만들고 보편적으로 설계된 교육과정(universal designed curriculum)이 필요하다.

5) 교육과정의 영역과 내용

지적장애를 가진 학생의 교육과정에는 그 학생이 분리된 특수학교에서 교육을 받건, 통합교육 상황에서 교육받건 간에, 같은 생활연령의 일반학생이 제공받는 모든 교육적 내용이 담겨 있어야 할 것이다. 그래서 유치원 과정에서는 누리과정을, 초등학교 이상에서는 공통 교육과정을 원칙적으로 제공해야 할 것이다.

그 이유는 첫째, 교육적인 자극을 통하여 발달기에 있는 모든 학생의 발달을 극대화할 수 있기 때문이다. 둘째, 교육이 발달과 함께 그리고 발달을 선도할 수 있는 역할을 하기 때문이다. 아무리 지적장애가 심하다 할지라도 그들에게 제공될 교육적 내용은 일반학생의 그것과 다를 수 없다. 발달을 극대화하는 부분은 장애를 가졌다고 해도 마찬가지로 중요하다. 어떻게 그것을 가르치는가에 대한 문제만 남을 뿐이다. 따라서 지적장애 학생 교육을 위한 교과교육 연구가 활발해져야 한다.

한편, 지적장애인이 성인이 되어서도 교육을 받을 수 있어야 하기 때문에 평생교육이 제공되어야 한다. 평생교육의 내용 영역에는 독립된 성인생활에 필요한 모든 영역, 여가 및 자기개발, 고등교육, 성교육 등이 제안될 수 있다.

7. 「장애인 등에 대한 특수교육법」에서 본 지적장애인 교육의 전망

법적인 근거를 통해 우리나라에서 시행하는 특수교육 차원에서의 지적장애인 교육을 전망할 수 있다. 이 절에서는 법의 목적 및 핵심 조항 몇 가지를 언급하면서 그 내용을 살펴보기로 한다. 다음은 「장애인 등에 대한 특수교육법」에서 본 지적장애를 가진 특수교육대상 학생의 교육적 전망이다.

1) 목적을 통하여

이 법은 「교육기본법」 제18조에 따라 국가 및 지방자치단체가 장애인 및 특별한 교육적 요구가 있는 사람에게 통합된 교육환경을 제공하고 생애주기에 따라 장애유형·장애정도의 특성을 고려한 교육을 실시하여 이들이 자아실현과 사회통합을 하는 데 기여함을 목적으로 한다.

－「장애인 등에 대한 특수교육법」 제1조

여기서 지적장애를 가진 특수교육대상 학생의 교육 전망을 살펴보면, 교육환경은 '통합교육' 상황에서, 제공되는 교육은 생애주기에 따라 평생 동안, 그 내용은 지적장애의 정도와 개인의 특성에 적절한 것이어야 한다. 그리고 교육의 목적은 지적장애인이 자아를 실현하고 사회에 통합하여 살 수 있도록 하는 것에 있다.

2) 특수교육 정의를 통하여

'특수교육'이란 특수교육대상자의 교육적 요구를 충족시키기 위하여 특성에 적합한 교육과정 및 제2호에 따른 특수교육 관련서비스 제공을 통하여 이루어지는 교육을 말한다.

－「장애인 등에 대한 특수교육법」 제2조 제1호

여기서 지적장애인을 위한 특수교육은 교육과정과 특수교육 관련서비스를 제공하도록 되어 있다. 교육과정이 어떤 것인지에 대해서는 언급되어 있지 않다. 이는 지적장애를 가진 특수교육대상 학생과 생활연령이 동일한 일반 또래들이 제공받는 교육과정이 그들의 교육과정으로 적용될 수 있음을 의미한다. 그런데 특수교육 관련서비스는 필요한 경우에 제공받는 것이므로, 지적장애를 가진 특수교육대상 학생이 그냥 교육과정만 제공받는 것으로도 특수교육을 받는다고 할 수 있다.

여기서 특수교육의 정체성, 즉 지적장애를 가진 학생이 제공받을 특수교육의 정체성이 그렇게 뚜렷하게 나타나지 않아 보인다. 그래서 김성애(2007b: 61)가 "그러므로 특수교육의 정의는 장애를 가진 학생 등을 대상으로 하되, 특수교육적 욕구는 분명 일반교육으로 해결할 수 없는 부분이 규정되어야 한다. 예를 들면, 그것은 일반학생에게 적용되지 않는 교육방법이나 매체의 사용 그리고 치료가 아닌 교육적 접근을 이용하는 '기초적 발달과업의 달성에 초점을 둔' 교육과정 등일 수 있다."고 하는 것으로 보아 지적장애를 가진 특수교육대상 학생이 그에게 적절한 교육 내용을 어떻게 제공받을 것인가에 대한 문제가 대두될 수 있다.

특히 같은 법 제15조 제1항의 특수교육대상자에 대한 정의에서 보면, 모든 지적장애를 가진 학생이 전부 특수교육대상이 아님을 알 수 있다. 미국의 경우는 우리가 말하는 특수교육이 모든 장애학생을 위한 교육이기 때문에 문제가 되지 않지만, 우리의 경우는 특수교육대상으로 선정되지 않은 지적장애 학생은 일반교육의 대상으로 남을 수 있다. 그럴 경우, 일반교육대상자와 같은 교육환경에서 같은 교육과정을 적용해야 하는데, 여기서 그 학생들을 위한 적절한 교육이 이루어질 수 있는 교수-학습 방안이 마련되어야 하는 과제가 있다.

3) 의무교육 및 무상교육에 대한 규정을 통하여

지적장애를 가진 특수교육대상 학생은 0세부터 만 3세 이전까지와 전공과는 무상으로 교육을 받을 수 있고, 유치원 과정에서 고등학교까지는 의무교육을 무상으로 제공받을 수 있다. 따라서 지적장애 학생이 특수교육대상자로 선정되면 생애주기별로 교육을 받을 수 있는 기회가 열려 있다.

4) 차별금지 조항을 통하여

지적장애를 가진 특수교육대상 학생은 교육적인 면에서 일반 동년배 학생들과 비교하여 그 어떤 차별도 받지 않도록 규정하고 있다.

5) 특수교육대상자 배치 조항을 통하여

특수교육대상자를 배치할 경우, 일반학교 일반학급, 일반학교 특수학급, 특수학교 등의 순서로 배치하도록 되어 있어, 지적장애를 가진 특수교육대상 학생이 일반학교에 배치되어 교육을 지원받을 가능성이 열려 있다고 하겠다. 그러므로 이러한 법적 근거로 인해, 통합교육이 자연스럽게 이루어질 가능성이 매우 높기 때문에 그것을 위한 행정적·제도적 지원 방안이 필요하다.

6) 진로 및 직업교육 지원 조항을 통하여

같은 법 제23조에는 진로 및 직업교육 관련 내용이 언급되어 있다. 특수교육대상 지적장애 학생은 진로와 직업에 대한 다양한 지원을 받을 수 있다. 이것은 같은 법 제5장에서 규정된 학교과정 이후 고등교육 및 평생교육과도 연결되어 있어, 지적장애를 가진 사람의 학교생활 이후의 독립생활 그리고 삶의 질을 높이는 데 기여할 수 있다.

이와 같은 내용에서 언급된 법으로 볼 때, 지적장애를 가진 사람, 특히 특수교육대상 학생은 일반인과 함께하는 가장 자연스러운 교육환경에서 차별을 받지 않고 생애 첫 순간부터 무덤에 이를 때까지 적절한 교육을 받을 수 있는 기회가 주어지고 있다. 따라서 교육에 종사하는 모든 사람은 지적장애인이 가진 능력을 최대한 발휘하여 이 사회와 가족 그리고 자기 자신에게 기여하는, 그럼으로써 자아를 실현하는 행복한 삶을 누리도록 풍부한 교육적 내용과 다양한 교수법의 개발이 필요하다. 특히 통합교육 상황에서 모든 학습자가 창의적이고 협력할 수 있는 이 시대의 상을 가진 사람으로 성장·발달할 수 있도록 여러 가지 교과에 대한 교육 방법을 개발할 필요가 있다.

참고문헌

강창욱, 김남순, 김미숙, 김성애, 김용욱, 김원경, 김정권, 김향지, 민천식, 신진숙, 오세웅, 윤
광보, 이영철, 이해균, 조안나, 한현민 역(2004). 특수아동의 이해와 교육[*Educating
Exceptional Children*]. Kirk, S., Gallagher, J., Coleman, M. R., & Anastasiow, N. J.
저. 서울: 박학사. (원저는 2003년에 출판).

고용노동부(2014). 장애인 통계.

김병하(2002). 특수교육의 역사와 철학. 경북: 대구대학교출판부.

김성애(2007a). 후설 현상학에 나타난 정신지체 아동 윤리성 내재 -정신지체 아동의 자발적
행동관리 가능성에 관하여-. 특수교육저널: 이론과 실천, 3(1), 405-423.

김성애(2007b). "장애인 등에 대한 특수교육법"에 따른 통합교육의 가능성과 한계성. 통합교
육연구, 2(2), 57-79.

김성애(2010). 포스트모더니즘적 교육 및 인성학적 차원에서 본 한국 통합 교육이 가지는 교육
적 의미-법적 및 제도적 내용과 연구논문을 중심으로-. 유아특수교육연구, 10(2), 23-49.

김성애(2011). 일반교육 현장에서의 특수교육대상자 인권 보장을 위한 교사의 과제. 교육의 이
론과 실천, 16(1), 1-25.

신종호, 김동일, 신현기, 이대식 역(2008). 정신지체(제7판)[*Mental Retardation*]. Smith, M.
B., Patton, J. R., & Kim, S. H. 저. 서울: 시그마프레스. (원저는 2006년에 출판).

미국지적장애인협의회(American Association on Intellectual and Developmental Disabilities)
www.aaidd.org. Copyright©2008 AAIDD 2014년 5월 10일 인출.

제**4**장

시각장애

1. 시각장애의 정의

시각장애가 있는 학생을 교육하기 위해서는 시각장애에 대한 기초적인 이해가 필요하다. 일반적으로 시각장애를 정의할 때 가장 보편적으로 나누는 기준은 법적 정의와 교육적 정의다. 일반인들이나 의학 전문가들은 법적 정의를 많이 사용하는 반면, 교육자들은 교육적 정의를 선호한다. 관련된 정의를 살펴보면 다음과 같다.

1) 우리나라의 정의

우리나라는 「장애인복지법」 시행령과 「장애인 등에 대한 특수교육법」 시행령에서 시각장애를 정의하고 있다. 「장애인복지법」 시행령의 정의는 장애인에게 복지 혜택을 부여하기 위해 장애인을 분류하는 데 목적이 있다. 이 법의 시행령 제2조에서는 장애인의 종류와 기준을 정하고 있는데, 그중 시각장애에 대한 내용은 다음과 같다.

> ### 3. 시각장애인(視覺障碍人)
>
> 가. 나쁜 눈의 시력(만국식시력표에 따라 측정된 교정시력을 말한다. 이하 같다)
>
> 이 0.02 이하인 사람
>
> 나. 좋은 눈의 시력이 0.2 이하인 사람
>
> 다. 두 눈의 시야가 각각 주시점에서 10도 이하로 남은 사람
>
> 라. 두 눈의 시야 2분의 1 이상을 잃은 사람
>
> – 「장애인복지법」 시행령 [별표 1]

시력을 측정하기 위한 시력표는 다양한 종류와 형태가 있는데, 이 정의에서 언급하는 '만국식시력표'는 우리나라에는 존재하지 않으므로 잘못된 표현이다(임안수, 2010). 또한 '좋은 눈' '나쁜 눈'은 명확한 용어가 아니므로 적절한 용어로의 수정이 필요하다. 그리고 '라'에서 '두 눈의 시야'라는 용어를 사용하는데, 이는 양안 시야를 의미하는지, 두 눈 각각의 시야를 의미하는지 혼란을 야기한다. '2분의 1 이상'이라는 용어도 기준이 없어 모호한 표현이다. 이를 개선하기 위해 30도 또는 60도와 같이 시야를 나타내는 단위를 사용해야 한다.

한편, 「장애인 등에 대한 특수교육법」 시행령의 정의는 시각장애가 있는 학생에게 적절한 특수교육 및 관련 서비스를 지원하기 위한 정의다. 이 법의 시행령 제10조에서는 특수교육대상자의 선정 기준을 정하고 있는데, 그중 시각장애에 관한 내용은 다음과 같다.

> ### 1. 시각장애를 지닌 특수교육대상자
>
> 시각계의 손상이 심하여 시각기능을 전혀 이용하지 못하거나 보조공학기기의 지원을 받아야 시각적 과제를 수행할 수 있는 사람으로서 시각에 의한 학습이 곤란하여 특정의 광학기구·학습매체 등을 통하여 학습하거나 촉각 또는 청각을 학습의 주요 수단으로 사용하는 사람
>
> – 「장애인 등에 대한 특수교육법」 시행령 [별표]

이 정의는 특수교육 및 관련서비스의 지원을 목적으로 하는 것으로, 이는 시각기능을 전혀 이용하지 못하며 촉각 또는 청각을 학습의 주요 수단으로 사용하는 사람을 맹으로, 보조공학기기의 지원을 받아야 시각적 과제를 수행할 수 있고 특정의 광학기구나 학습매체 등을 통하여 학습하는 사람을 저시력으로 정의한 것이다. 시력이나 시야를 수치로 제시하지 않고, 교육적인 목적에 맞게 학생이 어떻게 학습하는지에 초점을 두어 정의한 것이라 할 수 있다.

또한 교육적 입장인 국립특수교육원(2001)에서는 시각장애를 '좋은 쪽 눈의 교정시력이 0.3 이하이거나 교정한 상태에서 학습활동이나 일상생활을 위해 특별한 지원을 요구하는 자'로 정의하고, 그 하위 범주를 '맹'과 '저시력'으로 다음과 같이 분류했다.

> 맹: 좋은 쪽 눈의 교정시력이 0.05 미만이거나 시야가 20도 이하인 자, 또는 학습에 시각을 주된 수단으로 사용하지 못하고 촉각이나 청각을 주된 수단으로 사용하여 학습활동이나 일상생활에서 특별한 지원을 지속적으로 요구하는 자
>
> 저시력: 좋은 쪽 눈의 교정시력이 0.05 이상 0.3 이하인 자, 또는 저시력기구(광학기구와 비광학기구), 시각적 환경이나 방법의 수정 및 개선을 통해 시각적 과제를 학습할 수 있는 자
>
> – 국립특수교육원(2001)

2) 일본의 정의

일본도 우리나라와 비슷하게 「신체장해자복지법」과 「학교교육법」 시행령에서 시각장애에 대해 그 목적에 따라 각각 달리 기준과 정의를 내리고 있다. 그중 「학교교육법」 시행령에 제시된 내용은 다음과 같다.

> 제2장 시각장애인 등의 장애의 정도
>
> 시각장애: 양안의 시력이 대략 0.3 미만인 자 또는 시력 이외의 시기능장애가 고도인 자 중, 확대경 등의 사용에 의해서도 일반적인 문자, 도형 등의 시각에 의한 인식이 불가능 또는 곤란한 정도인 자
>
> – 일본 「학교교육법」 시행령(2015)

이 시력 측정은 만국식시력표에 의한 것으로 굴절 이상이 있는 경우에는 교정시력에 따라 측정한다.

3) 미국의 정의

미국의 법적 정의는 시력과 시야를 포함하는데, 시력 측정은 안과 의사나 검안사가 시행한 검사에 의해 맹과 저시력임을 판단한다. 이를 구분한 법적 정의는 다음과 같다.

> 맹: 두 눈 중 좋은 눈의 교정시력이 20/200(0.1) 이하이거나, 20/200 이상일 경우에 가장 넓은 방향의 시야가 20도 이하인 사람
> 저시력: 두 눈 중 좋은 눈의 교정시력이 20/200(0.1) 이상 20/70(0.3) 이하인 사람
> – Vending Facilities for Blind in Federal Buildings. Definition. (2006), 20 USC § 107e (1)

교육 관련 전문가들은 법적인 정의가 교육현장에서 거의 유용하지 않다고 지적한다. 이는 시력으로 제시된 수치가 시각장애학생이 어느 정도로 보는지, 잔존시력이 있는 경우 이를 어떻게 사용하는지에 대한 정보를 주지 못하기 때문이다. 그리고 법적 맹으로 등록되었다고 하더라도 이들 중 일부만 시력이 전혀 없으며, 대부분은 다양한 정도의 시기능을 가지고 있는 경우가 실제적으로 많다는 것이다.

한편, 특수교육대상자의 선별을 위해 「장애인교육법(Individuals with Disabilities Education Improvement Act)」에서 시각장애를 정의하고 있는데, 이는 시각장애를 여러 범주로 나누거나 분류하기 위한 것이 아니라 시각장애학생에게 적절한 교육적 지원을 하려는 목적으로 시각장애를 정의한 것이다.

> ### § 300.8 장애아동
>
> (c) 장애 관련 용어의 정의
> (13) 시각장애란 교정을 하여도 아동의 교육에 불리한 영향을 미치는 시각계의 손상을 의미한다. 이 용어는 저시력(partial sight)과 맹을 포함한다.
> – 미국 「장애인교육법」(2004)

미국 「장애인교육법」의 시각장애에 대한 정의는 명확하면서 포괄적인 개념이다. 이는 특수교육대상자를 선별하거나 적절한 교육적 지원을 결정할 때 학생 개인의 독특한 요구를 더 잘 반영할 수 있게 한다. 시각장애를 정의할 때 이미 여러 가지 사항을 결정해 두는 것이 아니라, 시각에 의하여 교육적으로 불리한 영향을 받는 학생으로만 정의하여 실제적인 교육적 지원은 학생 개인에 맞는 내용이나 방법으로 구성할 수 있게 했다.

2. 눈의 구조와 기능

시각장애학생을 지도하기 위해서는 시각의 원리와 작용 그리고 눈의 질환에 따른 시각의 특성에 대하여 숙지해야 한다. 시각이 작용하는 원리를 이해하기 위해서는 시각과 관련된 기관들에 대하여 알아볼 필요가 있다. 따라서 이러한 기관들이 어떠한 형태를 갖추고 있으며, 어떠한 역할을 하는지를 살펴보면 다음과 같다.

1) 구 조

눈은 안구(eyeball)와 부속기관으로 구성되어 있고(이진학, 이하범, 허원, 홍영재, 2012). 여기에 시로(visual pathway)를 더하여 시각기관이라고 한다. 안구는 다시 외막(outer coat), 중막(middle coat), 내막(inner coat)과 내용물로 나눌 수 있다(이진학 외, 2012; 임안수, 2010). 외막의 앞쪽 1/6은 투명한 무혈관 조직인 각막(cornea), 뒤쪽 5/6은 흰색의 불투명 조직인 공막(sclera)이다. 중막은 외막의 내면에 있는 혈관성 조직으로 앞쪽부터 홍채(iris), 모양체(ciliary body), 맥락막(choroid)이 자리한다.

홍채 중앙의 구멍인 동공(pupil)을 통해 빛이 망막(retina)에 전달된다. 내막은 망막이라고 하는 안구의 가장 안쪽 막인데, 투명한 신경조직으로 시신경을 통해 뇌와 연결되어 있다. 안구의 내용물로는 홍채 뒤쪽으로 수정체(lens)와 유리체(vitreous body)가 자리하고, 각막과 홍채 사이의 공간(앞방, anterior chamber)과 홍채와 수정체 사이의 공간(뒷방, posterior chamber)에 방수(aqueous humor)가 채워져 있다.

눈의 부속기관은 안구의 보호, 운동, 영양 공급 등의 역할을 하는 여러 가지 기관이

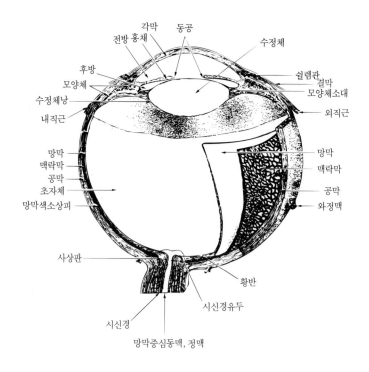

[그림 4-1] 안구의 구조

출처: 이진학 외(2012).

다. 안구를 보호하는 기관으로는 안구를 수용하는 공간인 안와(orbit), 외부의 자극으로부터 눈을 보호하는 눈꺼풀(eyelid), 눈물을 분비하여 안구의 건조와 세균 증식을 방지하는 눈물기관(lacrimal apparatus)이 있다. 안구의 운동을 돕는 기관은 안구에 붙어서 안구를 움직이는 외안근(extraocular muscle), 눈물을 각막에 고루 도포하여 움직임을 돕는 결막(conjunctiva)이 있다. 이 외에 신경 및 혈관조직 등이 눈의 부속기관을 이루고 있다.

한편, 망막의 시세포에서 시신경을 통하여 대뇌 후두엽 시각피질까지 이르는 경로를 시로라 하는데, 이는 눈으로 들어온 빛 자극을 시각 정보로 인식하는 과정을 담당한다.

2) 기능

눈으로 들어온 빛은 각막을 통하여 방수, 수정체, 유리체를 지나 망막의 시세포에 도달한다. 이때부터 빛은 전기 자극으로 변하여 시신경을 따라 대뇌 후두엽의 시각피질로 전달된다(임안수, 2010). 대뇌의 시각피질에서는 이와 같이 얻어진 자극들로부터 시각 정보를 만들어 내는데, 이를 통하여 사물을 보고 인식하는 감각인 시각이 기능한다.

외부의 빛이 가장 먼저 접하게 되는 부분은 각막이다. 각막은 외부의 자극으로부터 안구 내부를 보호하는 역할도 하지만 안구의 가장 큰 역할은 안구로 들어오는 빛을 굴절시키는 것이다. 각막은 약 +43D의 굴절력이 있는데(이해균, 임안수, 이우관, 2006), 이는 안구의 굴절력의 약 2/3 이상이다. 각막을 통과한 빛은 홍채에 도달하는데, 홍채는 다량의 색소가 있어 동공 이외의 부분에서는 빛을 차단한다. 이때 빛의 양이 많으면 동공을 축소하고, 빛의 양이 적으면 동공을 산대하여 눈으로 들어오는 빛을 조절한다. 동공을 통과한 빛은 수정체를 통하여 다시 굴절된다. 수정체는 약 +20D의 굴절력이 있는데(임안수, 2010), 모양체의 운동에 따라 굴절력이 달라져 망막에 정확한 상을 맺도록 조절하는 역할을 한다.

수정체를 통과한 빛은 망막에 도달하여 상을 맺는다. 망막의 시세포층에는 약 600만 개의 원뿔세포(cone cell)와 약 1억 개의 막대세포(rod cell)가 있다(이진학 외, 2012). 망막 중심에 타원형으로 함몰된 부분을 황반(macula)이라 하고, 그 중앙에 가장 함몰된 부분을 중심오목(fovea)이라 하는데, 이 부분에 원뿔세포가 주로 분포한다. 원뿔세포는 빛의 삼원색(빨강, 초록, 파랑)을 수용하는 각각의 세포가 적절한 비율로 존재하여 사람이 인식할 수 있는 색을 구현한다. 막대세포는 망막의 주변부에 주로 분포하며, 어두운 곳에서 주로 기능하는데 공간에 관한 정보를 수용하는 역할을 한다.

한편, 공막은 각막 이외의 부분으로 들어오는 빛 차단, 안구의 형태 유지, 외안근이 부착되는 부분의 역할을 한다. 맥락막은 공막에서 차단하지 못한 빛을 완전히 차단하며, 공막 내면과 망막의 물질대사를 한다. 모양체는 수정체를 조절하여 눈으로 들어온 빛이 망막에 정확한 상을 맺도록 하는 역할을 하며, 방수를 생산한다. 모양체에서 생산된 방수는 뒷방에 체류하다가 동공을 통해 앞방으로 이동한 후 앞방각(anterior chamber angle)을 통하여 안구의 외부로 빠져나간다. 방수는 무혈관 조직인 수정체와 각막의 물질대사에 관여하고, 일정한 안압(intraocular pressure)을 유지하여 각막의 굴절력을 지속하며, 망막·맥락막·공막의 접촉을 돕는다(이진학 외, 2012). 유리체도 망막·맥락막·공막의 접촉을 돕고, 안구의 내면을 채워 안구의 형태를 유지한다.

3. 시각장애의 원인 및 출현율[1]

세계적으로 시각장애인은 약 2억 8,500만 명으로 알려져 있다(세계보건기구 홈페이지, 2014; WHO, 2012). 국제연합(United Nations: UN)에서 조사한 세계의 인구가 약 71억 6,210만 명(UN, 2014)인 것을 보면, 인류의 약 4% 정도는 시각장애인이라 할 수 있다. 한편, 우리나라의 인구는 51,378,174명인데(행정자치부 홈페이지, 2015), 시각장애인은 253,095명(보건복지부 홈페이지, 2014)으로 전 국민의 0.5% 정도밖에 되지 않는다. 이러한 사실로 미루어 볼 때 우리나라 시각장애인 중에는 장애인 등록을 하지 않아 통계에 반영되지 않고, 필요한 복지 혜택을 받지 못하는 경우가 상당수 있을 것으로 추측된다.

이는 교육에서도 마찬가지다. 2015년 우리나라의 유·초·중·고등학교 학생 수는 10,428,094명(교육부 홈페이지, n.d.)인 데 비하여 시각장애학생 수는 2,088명(교육부, 2015)이다. 이는 유·초·중·고등학생의 0.03% 정도로 매우 미미한 수치다. 이러한 결과는 우리나라의 등록 시각장애인 비율인 0.5%에도 미치지 못하는 데다 전 세계 시각장애인 비율인 4%와는 약 133배 정도의 차이를 보인다. 더욱이 이 수치는 일반학급에 재학 중이거나 특수교육지원센터에 등록만 되어 있는 시각장애학생까지 포함한 수치다. 따라서 적절한 교육적 지원을 받지 못하는 시각장애학생이 상당수 있을 것으로 예상된다. 이를 통하여 시각장애학생 조기발견의 중요성을 다시금 생각해 볼 수 있다.

시각장애의 주요 원인으로는 근시, 원시, 난시 등의 굴절 이상(42%), 백내장(33%), 녹내장(2%)을 들 수 있다(세계보건기구, 2014). 이들을 비롯한 몇몇 시각장애 원인 질환의 출현율은 〈표 4-1〉과 같다. 굴절 이상에 의해 시각장애인이 되는 경우가 42%로 가장 많으며, 이 질환이 있는 사람의 대부분이 저시력인 것을 알 수 있다. 실명의 원인으로 굴절 이상은 3%로 큰 차이가 있기 때문이다. 또한 시각장애의 주요 원인은 백내장이며, 원인 불명으로 시각장애가 되거나 실명하는 경우가 상당히 많음을 알 수 있다.

---

[1] 출현율(prevalence)이란 한 모집단에서 특정 장애가 있는 총 사례의 수를 말한다. 장애의 출현율은 특정 지역 혹은 특정 기간에 대해 계산된다. 출현율은 한 모집단에 대한 비율로 표현되어, 특정 상태의 총 사례의 수는 한 모집단의 총 인구의 수로 나누어진다. 발생률(incidence)이란 한 모집단에서 특정 장애가 새롭게 발생한 수, 시작 비율을 말한다. 사례(case)란 특정 장애에 대한 개인 또는 일련의 삽화적 사건에 관한 것이다. 어떤 사람이 증세를 보이다가 증세가 호전될 수 있으며, 다시 재발할 경우를 생각해 보면, 발생률 계산에는 한 개인이 두 번 이상 포함될 수 있다.

표 4-1	시각장애(visual impairment)와 전맹(blindness)의 원인 질환								(단위: %)

원인 질환	굴절 이상	백내장	녹내장	노인성 황반변성	각막 혼탁	트라 코마	당뇨망 막병증	원인 불명	유아기 질환
시각장애 (맹과 저시력)	42	33	2	1	1	1	1	18	1
전맹	3	51	8	5	4	3	1	21	4

출처: WHO(2012).

4. 시각장애의 특성

시각장애학생의 특성은 정안학생과는 크게 다르지 않지만, 시각장애로 인하여 인지 및 사회 그리고 일상생활 등의 발달에 영향을 받을 수 있다. 이로 인해 이들은 경험의 범위와 다양성, 보행능력 그리고 환경과의 상호작용에 대한 제한성을 가지고 있다(Lowenfeld, 1950). 이러한 제한성을 극복하기 위해 개인마다 고유한 특성을 가지고 있지만 잔존 능력을 최대한 계발할 수 있는 적절한 교육이 필요하다. 따라서 이들의 특성을 신체적 · 지능적 · 심리적 측면에서 살펴보면 다음과 같다.

1) 신체적 측면

시각장애 자체가 체력 저하나 운동 발달의 원인이 되지는 않으나, 운동 경험에 대한 제한으로 운동이 부족하여 체력 및 운동 기능 발달의 저하가 발생할 수 있다(이해균 외, 2007). 이 외에도 순발력이나 자세 유지가 부자연스러운 경우도 있다. 정안학생이 다소 위험한 놀이를 하면서 신체 능력을 형성하는 데 비해 시각장애학생은 이러한 기회가 거의 없다. 시각장애학생에게 정안학생과 유사한 신체 발달을 기대하기 위해서는 운동을 할 수 있는 환경을 조성하고, 운동할 수 있는 적절한 기회를 제공해야 한다.

운동의 기본은 뛰기, 던지기, 달리기다. 시각장애학생은 이러한 기본 운동을 할 기회가 적게 주어지거나 거의 주어지지 않는 편이다. 이로 인하여 같은 또래의 정안학생보다 운동 능력이 지체되어 있는 경우가 많다(이해균, 2007). 그러나 의도적으로 훈련을 하면,

즉 운동할 적절한 기회를 제공하면 정안학생과 같은 수준에 도달하는 것으로 알려져 있다(小中, 1986).

2) 지능적 측면

시각장애학생의 지능에 대해서는 여러 가지 견해가 있으나 평균적으로는 정안학생과 차이가 없는 것으로 생각할 수 있다(Smits & Mommers, 1976; Vander Kolk, 1982). 시각장애학생에게 적용할 수 있는 지능검사는 거의 없고, 그나마 적용 가능한 표준화된 검사는 KEDI-WISC와 K-WAIS의 언어성 하위 검사뿐이다. 따라서 시각장애학생의 지능을 정확히 측정하는 것은 어렵다. 시각은 언어발달에도 중요한 감각이다(이해균, 2007). 시각적 모방의 제한으로 언어발달이 지연될 수 있고, 의미를 정확히 알지 못하면서 사용하는 단어가 많아진다. 이러한 이유로 추상적인 표현을 많이 사용하는 언어주의(verbalism)가 생기게 된다.

기억이나 학습에서도 시각장애학생은 정안학생과 큰 차이를 보이지 않는다(이해균 외, 2007). 하지만 경험한 것을 기억하기 위해서는 촉각이나 청각과 함께 시각의 역할이 크다. Bruner는 아동의 인지발달은 외계를 인식하는 인지구조가 행동적 양식에서 영상적 양식을 거쳐 상징적 양식으로 진행된다고 했다. 그런데 시각장애학생은 영상적 양식을 이용하기가 어려워진다. 이 단계의 적용이 어려운 학생은 행동적 양식을 통하여 영상적 양식을 대신할 수 있다. 따라서 시각장애학생의 영상적 양식을 보상하기 위해 촉각이나 청각을 통하여 더 많은 경험을 할 수 있도록 기회를 제공해야 한다.

3) 심리적 측면

시각장애유아의 부모는 시각적 접촉으로 유아의 반응을 알 수 없어 양육에 어려움을 겪는다(이해균, 2007). 청각 자극은 능동적인 반응을 유발하는 데 효과가 크지 않으므로 시각장애유아는 수동적인 성향이 생긴다(Bower, 1977). 따라서 시각장애학생은 대인관계에서 소극적이며, 사회 참여에 있어서도 능동적으로 대처하지 못하는 경향을 보인다. 특히 저시력학생은 자신이 시각장애인인지 정안인인지에 관한 정체성과 자신의 가치 등에서 혼란을 가지게 된다(neither-fish-nor-fowl 현상). 또한 자신이 장애인인 것을 주변 사

람들이 알게 되면 부당한 대우 또는 불필요한 주목을 받게 될 것을 염려한다. 따라서 저
시력기구의 사용을 꺼려하거나 실제로 눈으로 보고 인지한 것이 아니어도 정안인과 유
사하게 본 척하고 넘어가려는 경향을 보인다(passing 현상).

시각장애학생은 다른 사람들의 행동이나 외모를 관찰하기 어려워 자신의 행동이나
모습이 다른 사람에게 어떻게 보일지에 관한 걱정을 많이 한다. 이로 인하여 필요한 보
조공학기기를 사용하지 않으려는 경향을 나타낼 수도 있다. 다른 사람을 관찰하지 못하
므로 주어진 상황에서 어떻게 대처하는 것이 사회적으로 받아들여질 수 있는 것인지를
잘 모르게 되고, 이로 인하여 소극적인 태도가 형성될 수 있다.

5. 시 력

시력(visual acuity)은 물체의 존재나 형상을 인식하게 되는 감각작용인 시각의 예민한
정도라 할 수 있다. 물체의 상이 망막의 중심오목에 맺힐 때 가장 예민한데 이를 중심시
력이라 하고, 망막 주변으로 갈수록 시력이 저하되는데 이를 주변시력이라 한다(이진학
외, 2012). 시력은 대상을 얼마나 먼 거리에서 보았는지를 확인하여 측정한다. 보통
20ft(6m)의 거리에서 눈에 수평으로 입사하는 빛에 대한 예민도를 측정하여 얻은 값을
원거리 시력이라 하고, 12~14in(30~35cm)의 거리에서 측정한 것을 근거리 시력이라 한
다(Corn et al., 2000). 시력은 검사 거리를 시표 번호로 나눈 값이다. 즉, 검사거리 20피트
(feet)에서 200번의 시표를 읽을 수 있으면 20/200(0.1)으로 표시한다.

$$시력 = \frac{검사\ 거리}{시표\ 번호}$$

시력을 측정할 때에는 주로 최소분리시력(minimum separable acuity)을 이용한다. 이는
떨어져 있는 두 점을 두 개로 인식하는 최소의 간격을 뜻하며, 이 간격이 좁을수록 눈의
해상력이 좋은 것으로 생각할 수 있다(이진학 외, 2012). 이러한 간격을 시각(visual angle)
으로 나타낸다. 시각은 떨어진 두 지점을 눈과 연결하였을 때 생기는 가상의 선이 이루
는 각도다. 5m 떨어진 곳에서의 시각 1분은 약 1.5mm이다. 따라서 [그림 4-2]의 란돌트

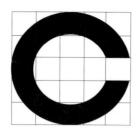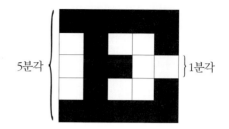

5분각 { } 1분각

[그림 4-2] 란돌트 C와 스넬렌 E

C와 스넬렌 E는 전체가 7.5mm, 간격이 1.5mm인 시표가 된다.

시력은 분 단위의 최소시각의 역수다. 따라서 최소시각이 1분이면, 즉 5m의 거리에서 1.5mm 간격을 떨어진 것으로 인식할 수 있으면 시력은 1.0이 된다. 또한 최소시각이 2분이면, 즉 5m의 거리에서 3mm의 간격은 되어야 떨어진 것으로 인식할 수 있으면 시력은 2의 역수인 0.5다. 같은 방법으로 5m에서 15mm 간격을 떨어진 것으로 인식할 수 있으면 시력은 0.1이 된다.

주어진 거리에서 0.1 시표를 보지 못하면 0.1 시표를 볼 수 있을 때까지 검사거리를 좁힌다. 이때 시력표의 원래의 검사 거리를 a라 하고, 0.1 시표를 볼 수 있는 거리를 b라 하면 시력은 0.1×(b/a)로 계산한다. 이를테면, 5m 거리에서 검사하는 시력표의 0.1 시표를 2m의 거리에서 볼 수 있으면 시력은 0.1×(2/5)=0.04다. 또한 1m 거리에서도 가장

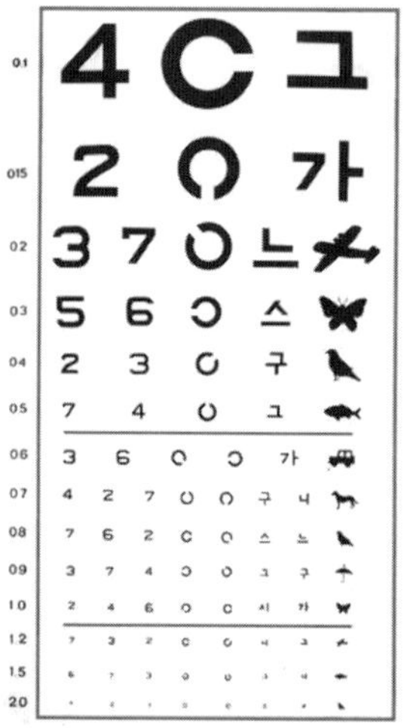

[그림 4-3] 한천석 시력표

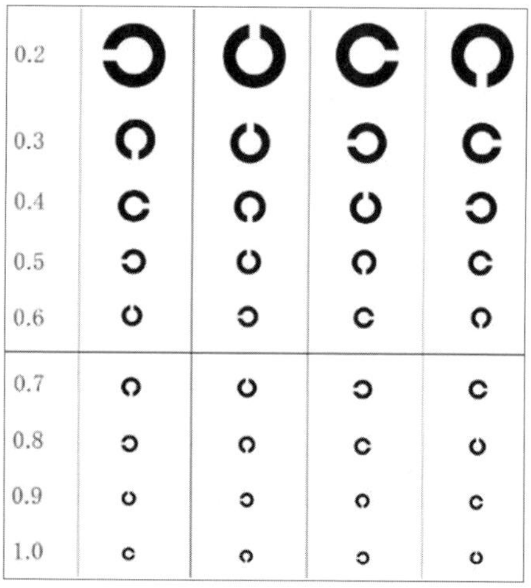

[그림 4-4] 란돌트 C 시력표

큰 시표인 0.1 시표를 보지 못하면 손가락 세기(안전지수, FC), 손흔듦(안전수동, HM), 빛 인지(광각, LP) 순으로 시력을 측정한다(이진학 외, 2012).

일반적으로 검사거리를 5m 혹은 20피트(약 6m)에서 하는 이유는 6m 혹은 그 이상 떨어진 대상에서 생기는 광선은 광학적으로 평행광선으로 무한하게 진행하기 때문이다.

6. 시각장애의 진단평가

시각장애학생을 발견하고 시각장애로 인하여 발생하는 요구에 적절한 교육을 제공하기 위해서는 반드시 평가가 선행되어야 한다. 필수적으로 실시해야 할 진단평가로는 기능시력 평가(functional vision assessment), 학습매체 평가(learning media assessment), 보조공학 평가(assistive technology assessment)를 생각할 수 있다(류현, 이해균, 2013; Presley & D'Andrea, 2009). 교사는 이와 함께 진단평가를 통하여 학생의 시각장애 원인 질환의 특성, 운동·감각 기능, 학습 능력, 사회성·감성, 일상생활 능력 등의 정보를 습득해야 한다(Pugh & Erin, 1999).

1) 기능시력 평가

시기능(visual function)은 형식적인 도구를 사용하여 측정한 시력, 시야, 대비감도, 색각 등 시각체계의 능력이며, 기능시력(functional vision)은 실제 생활에서 독서나 운전 등의 다양한 과제수행을 하는 데에서의 시력, 시야, 색각 등의 활용 능력이다. 따라서 기능시력 평가는 일상생활 활동이나 일정한 조건에서 학생이 기능시력을 활용하는 방법을 알기 위해 실시한다. 이는 비형식적 평가와 구조화되지 않은 활동에서 정보를 모으는 것이 근본적인 목적이다. 기능시력 평가는 학생 정보 수집(안과 검진 포함), 서로 다른 시간대와 다른 장소에서의 학생 관찰(3회 이상), 눈의 외모 및 반응 관찰, 요구되는 형식적 평가의 수행, 보고서 작성 등의 절차로 진행된다(Erin & Topor, 2010). 기능시력 평가의 결과는 학습매체 선정과 보조공학의 사용 여부나 종류의 결정에 기초 자료를 제공하는 중요한 평가다(류현, 이해균, 2013).

2) 학습매체 평가

학습매체 평가는 문자매체뿐만 아니라 학생에게 적절한 학습 형태와 학습 자료를 정하는 것이다. 이는 학생의 시각 특성, 흥미, 읽기 수준, 읽기 자료, 글자 크기, 글꼴, 자료 형태, 대비, 조명, 자료의 위치, 보조 기구의 사용 등 많은 요소를 고려해야 한다(Koenig & Holbrook, 1995; Topor, Leuck, & Smith, 2004). 우선 학생이 주로 사용하는 감각이 시각, 청각, 촉각 중 무엇인지를 평가하고, 일반적인 학습매체(교육자료, 교수방법 등)를 선정한다. 그리고 나서 문자매체 학습 준비도 평가, 기본 문자매체 선정, 계속적(최소 3년에 1회) 문자매체 평가, 여러 가지 매체의 상호 효율성 평가 등의 순으로 실시한다(Koenig & Holbrook, 1995).

3) 보조공학 평가

보조공학 평가는 학생의 학습매체, 학습환경 등의 특성에 적절한 보조공학을 지원하기 위해 실시한다(류현, 이해균, 2014). 평가 팀을 구성하고, 학생의 기초 정보(각종 의학적 · 심리적 · 학습적 평가들의 결과)를 바탕으로 학생이 현재 또는 가까운 미래에 성취해야 하는 과제인데 어려움을 겪을 것으로 예상되는 과제들을 선정한다. 그리고 평가에 필요한 각종 보조공학 기기나 자료들을 준비하여 평가를 위한 환경을 조성한다. 그런 다음 평가를 시행하고, 보조공학 추천서를 작성한다. 추천서에는 보조공학 평가 결과를 바탕으로 학생에게 적용할 기기나 자료에 대한 우선순위에 관한 내용을 기록한다. 이 우선순위는 해당 기기나 자료가 학생에게 얼마나 적합한지와 즉시 필요한지 여부에 따라 결정된다(Presley & D'Andrea, 2009).

7. 시각장애의 교육

시각장애학생을 지도하기 위해서는 눈의 질환에 따른 시각의 특성과 그에 적절한 교육적 지원에 관하여 알아야 한다. 이는 시각장애가 발생한 원인 질환에 따라 교육의 방법과 환경 구성의 요건이 다르기 때문이다. 따라서 시각장애학생 교육에 적용되는 주요 원리와 내용, 그리고 시각장애의 원인이 되는 주요 질환의 특성과 적절한 교육적 처치에 대해 살펴보면 다음과 같다.

1) 기본 지도 원리

시각장애학생은 시각장애로 인하여 발생하는 독특한 교육적 요구를 충족할 수 있는 방법과 내용으로 지도해야 한다. 하지만 모든 시각장애학생에게 적용할 수 있는 일반화된 방법은 없다(Presley & D'Andrea, 2009). 각 학생의 진단평가를 바탕으로 얻어진 정보를 근거로 교육적 지원을 계획해야 한다. 여기서는 시각장애학생을 지도하는 데 가장 기본이 되는 대표적인 두 가지 원리에 대해 살펴보고자 한다.

먼저, Cambourne의 우발 학습 촉진 모델이다. 교사는 시각장애학생의 학습을 촉진할 수 있는 기회를 마련하기 위해 사회적·심리적·물리적 환경을 제공해야 한다는 것이다. 그리고 학습 자료가 흥미 있고, 학생이 학습에 대한 책임 의식을 가져야 학습이 이루어진다고 했다(Lewis & Allman, 2014b). Cambourne(1995)에 따르면, 학생은 자신을 둘러싼 환경과 문화에서 다른 사람들도 자신이 학습하는 내용들을 활용한다는 것을 알게 되면 학습에 흥미가 생긴다. 또한 그는 학생에 대한 높은 기대, 발달과 연습을 위한 기회 제공, 신뢰하는 사람으로부터의 피드백 등이 학습에 대한 책임 의식을 고취시킨다고 했다.

다음으로 중요한 원리는 Lowenfeld의 학습 원리다. Lowenfeld(1973)는 첫째, 구체적인 경험(concrete experience)을 제공하여 주위 환경에 대한 지식을 습득하고 의미 있는 개념을 발달시키기 위해 사물에 대한 풍부하고 다양하며 일관성 있는 구체적인 경험이 필요하다고 했다. 둘째, 실천학습(learning by doing)을 통하여 단순히 강의나 토론을 하는 것보다 수업과제를 완성하는 데 보다 적극적으로 학생을 참가시켜 성취하도록 해야 한다고 했다. 셋째, 통합경험(unifying experience)을 제공하여 물체나 환경에 대한 전체성 또는 통일성을 얻을 기회를 주도록 하고 시각장애가 사물을 총체적으로 경험할 기회를 제한시키기 때문에 이러한 제한성을 보상하기 위해 특수한 전략을 사용해야 한다고 지도 원리를 제안했다.

이와 같이 시각장애학생은 눈으로 볼 수 없으므로 가능한 한 실물을 사용하고, 잔존감각을 최대한 활용하도록 해야 한다. 또한 어떠한 작업을 수행할 수 있게 되기 위해서는 실제로 그 작업에 참여하게 하여 지도해야 한다(Lewis & Allman, 2014b). 시각장애학생들이 학습을 통하여 습득한 경험은 단편적인 경우가 대부분이므로 어떠한 활동에 대하여 완전히 이해하게 하려면 구체적인 것을 지도하기 전에 전체에 대한 것을 먼저 이해시켜야 한다. 이러한 원리는 시각장애학생을 지도하는 데 기본이 되는 이론이다.

(1) 점자 지도

점자는 일정한 형태로 도드라진 점을 촉각으로 인지하여 읽는 문자다. 이와 대비되는 개념으로 눈으로 보고 읽는 문자를 묵자(墨字)라 한다. 한글점자는 가로 2점과 세로 3점의 한 칸이 6개의 점으로 구성되는데, 이러한 점자는 1824년 프랑스 파리맹학교 학생이었던 루이 브라유가 처음 고안한 것이다. 그리고 한글점자는 제생원의 교사였던 박두성이 1926년 '훈맹정음'이라는 이름으로 6개의 점을 조합하여 64(2^6)개의 점형을 창안하였다. 이 중 점을 하나도 찍지 않은 빈칸은 단어 사이를 띄는 데 사용되며, 이 외 63개의 점형은 〈표 4-2〉와 같이, 초성 자음 13자, 종성 자음 14자, 모음 21자, 약자 27자, 약어 7개, 숫자와 문장부호 등을 만들어 사용하고 있다.

점자는 부피를 줄이며 읽고 쓰는 속도를 증가시키기 위해 약자를 사용하는데, 한글점자에는 몇 가지 특성이 있다(임안수, 2010). 첫째, 초성 자음과 종성 자음이 다르게 제자(製字)되어 있다. 둘째, 점자에는 초성 'ㅇ'을 사용하지 않는다. 셋째, 초성 'ㄲ, ㄸ, ㅃ, ㅆ, ㅉ'을 적을 때, 앞의 'ㄱ, ㄷ, ㅂ, ㅅ, ㅈ' 대신 된소리표(6점)를 적는다. 넷째, 부피를 줄이고, 읽기와 쓰기 속도를 증가시키기 위해 27개의 약자와 7개의 약어를 사용한다. 다섯째, 약자 'ㅕ'은 그 앞에 'ㅅ, ㅆ, ㅈ, ㅉ, ㅊ'이 올 때, 'ㅕ'이 된다. 여섯째, 모음 겹글자 '얘'는 '야+이'가 아니라 '야+애'로, '위'는 '우+이'가 아니라 '우+애'로 쓴다. 일곱째, 모음 겹글자 '왜'는 '오+애'가 아니라 '와+애'로, '웨'는 '우+에'가 아니라 '워+애'로 쓴다. 여덟째, 점자는 모아쓰지 않고 풀어 쓴다. 예를 들면, '국'을 'ㄱ, ㅜ, ㄱ'으로

[그림 4-5] 점자판   [그림 4-6] 휴대용 점자판   [그림 4-7] 점자 타자기

표 4-2 **한글 점자 일람표**   * 읽을 때 기준

자음

		ㄱ	ㄴ	ㄷ	ㄹ	ㅁ	ㅂ	ㅅ	ㅇ	ㅈ	ㅊ	ㅋ	ㅌ	ㅍ	ㅎ	된소리
자음	초성 (13자)	4	1,4	2,4	5	1,5	4,5	6		4,6	5,6	1,2,4	1,2,5	1,4,5	2,4,5	6
		○● ○○ ○○	●● ○○ ○○	○● ●○ ○○	○○ ○● ○○	●○ ○● ○○	○● ○● ○○	○○ ○○ ○●		○● ○○ ○●	○○ ○● ○●	●● ●○ ○○	●○ ●● ○○	●● ○● ○○	○● ●● ○○	○○ ○○ ○●
		ㄱ	ㄴ	ㄷ	ㄹ	ㅁ	ㅂ	ㅅ	ㅇ	ㅈ	ㅊ	ㅋ	ㅌ	ㅍ	ㅎ	
	종성 (14자)	1	2,5	3,5	2	2,6	1,2	3	2,3,5,6	1,3	2,3	2,3,5	2,3,6	2,5,6	3,5,6	
		●○ ○○ ○○	○○ ●● ○○	○○ ○● ●○	○○ ●○ ○○	○○ ●○ ○●	●○ ●○ ○○	○○ ○○ ●○	○○ ●● ●●	●○ ○○ ●○	○○ ●○ ●○	○○ ●● ●○	○○ ●○ ●●	○○ ●● ○●	○○ ○● ●●	

노음 (21자)

	ㅏ	ㅑ	ㅓ	ㅕ	ㅗ	ㅛ	ㅜ	ㅠ	ㅣ	ㅡ
노음	1,2,6	3,4,5	2,3,4	1,5,6	1,3,6	3,4,6	1,3,4	1,4,6	2,4,6	1,3,5
	●○ ●○ ○●	○● ○● ●○	○● ●○ ●○	●○ ○● ○●	●○ ○○ ●●	○● ○○ ●●	●● ○○ ●○	●● ○○ ○●	○● ●○ ○●	●○ ○● ●○

ㅐ	ㅒ		ㅔ	ㅖ	ㅘ	ㅚ	ㅙ		ㅝ	ㅞ		ㅟ		ㅢ
1,2,3,5	3,4,5/1,2,3,5		1,3,4,5	3,4	1,2,3,6	1,3,4,5,6	1,2,3,6/1,2,3,5		1,2,3,4	1,2,3,4/1,2,3,5		1,3,4/1,2,3,5		2,4,5,6
●○ ●● ●○	○● ○● ●○	●○ ●● ●○	●● ○● ●○	○● ○● ○○	●○ ●○ ●●	●● ○● ●●	●○ ●○ ●●	●○ ●● ●○	●● ●○ ●○	●● ●○ ●○	●○ ●● ●○	●● ○○ ●○	●○ ●● ●○	○● ●● ○●

약자 (27자)

가	(나)	(다)	(마)	(바)	사	(자)	(카)	(타)	(파)	(하)	억	언	얼	연
1,2,4,6	1,4	2,4	1,5	4,5	1,2,3	4,6	1,2,4	1,2,5	1,4,5	2,4,5	1,4,5,6	2,3,4,5,6	2,3,4,5	1,6
●● ●○ ○●	●● ○○ ○○	○● ●○ ○○	●○ ○● ○○	○● ○● ○○	●○ ●○ ●○	○● ○○ ○●	●● ●○ ○○	●○ ●● ○○	●● ○● ○○	○● ●● ○○	●● ○● ○●	○● ●● ●●	○● ●● ●○	●○ ○○ ○●

열	영	옥	온	옹	운	울	은	을	인	것		ㅆ받침
1,2,5,6	1,2,4,5,6	1,3,4,6	1,2,3,5,6	1,2,3,4,5,6	1,2,4,5	1,2,3,4,6	1,3,5,6	2,3,4,6	1,2,3,4,5	4,5,6/2,3,4		3,4
●○ ●● ○●	●● ●● ○●	●● ○○ ●●	●○ ●● ●●	●● ●● ●●	●● ●● ○○	●● ●○ ●●	●○ ○● ●●	○● ●○ ●●	●● ●● ●○	○● ○● ○●	○● ●○ ●○	○● ○○ ○●

약어 (7개)

그래서	그러나	그러면	그러므로	그런데	그리고	그리하여
1/2,3,4	1/1,4	1/2,5	1/2,6	1/1,3,4,5	1/1,3,6	1/1,5,6
●○ ○● ○○ ●○ ○○ ●○	●○ ●● ○○ ○○ ○○ ○○	●○ ○○ ○○ ●● ○○ ○○	●○ ○○ ○○ ●○ ○○ ○●	●○ ●● ○○ ○● ○○ ●○	●○ ●○ ○○ ○○ ○○ ●●	●○ ●○ ○○ ○● ○○ ○●

숫자

수표	1	2	3	4	5	6	7	8	9	0
3,4,5,6	1	1,2	1,4	1,4,5	1,5	1,2,4	1,2,4,5	1,2,5	2,4	2,4,5
○● ○● ●●	●○ ○○ ○○	●○ ●○ ○○	●● ○○ ○○	●● ○● ○○	●○ ○● ○○	●● ●○ ○○	●● ●● ○○	●○ ●● ○○	○● ●○ ○○	○● ●● ○○

문장부호

.	?	!	,	—	~		*		" "		' '	
2,5,6	2,3,6	4,5,6	5	3,6	3,6/3,6		3,5/3,5		2,3,6/3,5,6		6/2,3,6	3,5,6/3
○○ ●● ○●	○○ ●○ ●●	○● ○● ○●	○○ ○● ○○	○○ ○○ ●●	○○ ○○ ○○ ○○ ●● ●●		○○ ○○ ○● ○● ●○ ●○		○○ ○○ ●○ ○● ●● ●●		○○ ○○ ○○ ●○ ○● ●●	○○ ○○ ○● ○○ ●● ●○

:		;		줄임표(…)			가운데점	
5 / 2		5,6 / 2,3		5 / 5 / 5			5	2,3
○○ ○○ ○● ●○ ○○ ○○		○○ ○○ ○● ●○ ○● ●○		○○ ○○ ○○ ○● ○● ○● ○○ ○○ ○○			○○ ○● ○○	○○ ●○ ●○

영어

a	b	c	d	e	f	g	h	i	j	k	l	m	n
1	1,2	1,4	1,4,5	1,5	1,2,4	1,2,4,5	1,2,5	2,4	2,4,5	1,3	1,2,3	1,3,4	1,3,4,5
●○ ○○ ○○	●○ ●○ ○○	●● ○○ ○○	●● ○● ○○	●○ ○● ○○	●● ●○ ○○	●● ●● ○○	●○ ●● ○○	○● ●○ ○○	○● ●● ○○	●○ ○○ ●○	●○ ●○ ●○	●● ○○ ●○	●● ○● ●○

o	p	q	r	s	t	u	v	w	x	y	z	영어 시작	끝
1,3,5	1,2,3,4	1,2,3,4,5	1,2,3,5	2,3,4	2,3,4,5	1,3,6	1,2,3,6	2,4,5,6	1,3,4,6	1,3,4,5,6	1,3,5,6	3,5,6	2,5,6
●○ ○● ●○	●● ●○ ●○	●● ●● ●○	●○ ●● ●○	○● ●○ ●○	○● ●● ●○	●○ ○○ ●●	●○ ●○ ●●	○● ●● ○●	●● ○○ ●●	●● ○● ●●	●○ ○● ●●	○○ ○● ●●	○○ ●● ○●

적는다. 따라서 시각장애학생을 지도하는 교사는 이러한 특성에 유의해서 점자지도를 해야 한다.

그 밖의 한글점자의 특성과 규정은 '한국 점자 규정'(문화관광부, 2006)을 보면 자세히 알 수 있다. 점자는 단순한 문자의 의미를 넘어서 시각장애인의 자신감과 독립성 및 동등권을 상징하기도 한다. 또한 점자를 사용하여 정안인이 접하는 정보에 동등하게 접근할 수 있는데, 이를 위해서는 모든 정보가 점자로 제공되어야 한다. 이러한 인식이 확산되어 현재 점자 투표용지 제공, 공공시설물 점자 표기, 점자 도서 출판, 각종 시험에서 점자 문제지 제공 등이 이루어지고 있다(이해균, 2007). 또한 점자 메뉴판을 제공하는 음식점도 있다.

(2) 보행 지도

시각장애인에게 체계적인 보행훈련은 1943년 미국의 Hoover가 처음으로 시작했다. 그는 실명한 상이용사들에게 지팡이 사용법을 고안하여 지도했는데, 흰색의 긴 지팡이를 사용했다. 보행은 방향정위(orientation)와 이동(mobility)으로 나눈다. 방향정위는 자신과 주변 환경 물체들의 위치 관계를 파악하고 이를 활용하여 목적지에 안전하게 도달할 수 있도록 계획하는 것이다. 이동은 계획한 대로 주변 환경 정보를 활용하여 목적지까지 움직이는 것이다.

보행은 생활의 여러 측면에서 가치를 가진다. 환경 속에서 독립적이고 효율적으로 보행할 수 있다는 것은 개인의 자아개념에 긍정적인 영향을 미친다. 또한 보행은 이동을 포함하므로 그 과정에서 신체적인 운동이 된다. 보행 기술을 습득한 시각장애인은 사회 참여의 기회가 많아지고, 고용 기회 역시 증대된다(이해균, 2007; 임안수, 2010). 독립적으로 보행할 수 있는 시각장애인은 자신의 계획을 직접 수립하고, 능동적인 생활을 영위하는 것이 가능해진다.

보행의 종류는 안내법, 지팡이 보행, 안내견 보행, 전자기구 보행에 의한 보행이 있다. 안내법은 안내자가 시각장애인의 옆에서 반 보 정도 앞서 걸으며 안내하는 방법이다. 이때 시각장애인은 안내자의 팔을 가볍게 잡고, 안내자의 행동을 통하여 보행 정보를 습득한다. 지팡이 보행은 지팡이를 사용하여 바닥이나 벽 등의 정보를 탐색하며 보행하는 것이다. 지팡이는 정보 탐색 이외에 시각장애인이 장애물에 충돌하기 전에 대신 충돌하는 범퍼의 역할도 있다. 지팡이는 흰색을 사용하는데, 이는 보호받아야 할 대상임을 상징하기 때문이다.

안내견 보행은 안내자의 역할을 훈련받은 안내견이 대신하는 것인데, 방향정위까지 안내견이 하지는 않으므로 시각장애인이 직접 해야 한다. 안내견은 체력이 강하고, 책임감 · 판단력 · 집중력이 높으며, 온순한 성격과 호감 가는 외모를 갖추어야 한다(임안수, 2010). 전자기구 보행은 전파나 초음파 또는 레이저 등을 발사하여 장애물에 반사되어 돌아오는 신호를 탐지하고, 시각장애인이 장애물에 대한 정보를 인지할 수 있도록 소리나 진동으로 알려 주는 장치다. 전자기구 보행은 다른 방법으로 보행 시 보조 수단으로 사용하는 경우가 대부분이다.

(3) 저시력학생 지도

시각장애학생 중 약 90% 이상이 잔존시력을 가지고 있다. 이들 중, 저시력학생은 시각장애가 있지만 학습이나 과제 수행에 시각을 활용할 수 있다. 단, 시각의 손상에 의하여 적절한 보조공학이나 학습매체가 제공되어야 시각적 과제수행을 할 수 있다. 과거에는 시력을 사용하지 않으면 보존된다고 생각하여 저시력학생에게 시력을 사용하지 못하도록 지도했다(이해균 외, 2006; 이해균, 2007; 임안수, 2010). 하지만 미국의 Barraga(1964)는 자신의 연구에서 시력이 증가하지는 않으나 잔존시력을 활용하면 시기능은 증가한다는 것을 입증했다. 이로 인하여 오늘날에는 저시력학생에게 시각을 최대한 활용할 수 있도록 지도하고 있다.

저시력학생이 시각을 적절히 활용할 수 있게 하려면 환경 조성이 중요하다. 그중 가장 중요한 부분으로 조명을 생각할 수 있다. 조명은 학생의 진단평가 결과에 따라 적절한 밝기를 사용해야 한다. 밝은 조명에서 시각적 과제 수행을 잘하는 경우도 있지만 녹내장, 홍채결손, 백색증, 추체이영양증(corn dystrophy) 등 눈부심을 일으키는 질환이 있는 경우는 그에 적절한 조도를 유지해야 한다. 저시력인 경우 가까이 보기 때문에 조명이 머리 위에 있으면 머리의 그림자에 가려 자료가 보이지 않을 수 있다. 따라서 조명의 밝기뿐만 아니라 위치 또한 중요하다. 모든 사람에게 적절한 조명의 위치는 존재하지 않으므로 눈의 상태, 작업의 종류, 조명 환경, 시간대, 개인의 선호를 고려하여 조명의 위치를 정해야 한다(Zimmerman, Zebehazy, & Moon, 2010).

또한 저시력학생에게는 적절한 학습 자료가 고려되어야 한다. 우선 학생의 진단평가 결과에 따른 적절한 크기의 문자로 자료를 제공해야 한다. 그림 자료 또한 필요한 만큼

[그림 4-8] 여러 가지 배율의 확대경

[그림 4-9] 탁상용 확대기

확대하여 제공해야 한다. 표와 그림에 글자나 선이 너무 많거나 겹쳐 있는 경우에는 확대뿐 아니라 자료를 단순화하여 제공해야 인지하기 용이하다. 단순화의 방법으로는 필요한 요소만 모아서 제시하거나 한 자료를 여러 자료로 나누어 제시하는 것을 생각할 수 있다. 저시력학생은 색각 이상이 있는 경우가 많다. 따라서 배경과 글자의 대비가 높아야 한다. 또한 눈부심을 일으키는 질환이 있는 경우에는 어두운 배경에 밝은 색으로 글자를 제시하는 것이 좋다. 이를테면, 어두운 색의 칠판에 흰색이나 노란색 분필로 판서를 하는 것을 생각할 수 있다(이해균, 2007).

저시력학생에게 필요한 광학기구나 기타 보조공학기기를 저시력기구라 한다. 대표적으로 확대경(magnifier), 확대기(video magnifier), 망원경(telescope)을 생각할 수 있다. 확대경은 렌즈를 자료에 대면 자료가 렌즈의 배율만큼 확대되어 보이는 도구로 휴대와 사용에 있어서 가장 간편하다. 확대기는 휴대용과 탁상용이 있는데, 휴대용은 휴대폰 정도 크기의 기기를 자료에 대고 보는 방식이고, 탁상용은 확대기의 테이블에 자료를 올려놓고 보는 방식이다. 확대기는 확대 배율을 조절할 수 있으며, 약 95배까지 확대되는 제품도 있다. 또한 확대기는 자료의 글자와 배경의 색을 원하는 대로 바꿀 수 있어 눈부심이 있거나 특정한 색을 잘 인지하지 못하는 경우 유용하다. 판서나 프레젠테이션 또는 보행 시 표지판이나 간판 등 멀리 떨어져 있는 것을 볼 때는 망원경을 활용한다.

2) 눈의 질환에 따른 교육적 처치

저시력학생은 잔존시력을 활용하여 정보를 입수해야 하므로 개인의 시력이나 시야

정도에 따라 다양한 학습방법과 교육 자료가 필요하다. 우리나라의 저시력을 의미하는 경중, 즉 시각장애 등급 3~6급이 전체 시각장애인의 84.4%를 차지하고 있으며(보건복지부, 2015), 학령기(만 3~17세) 시각장애학생은 2,831명으로 추정하고 있다(보건복지부, 2015). 따라서 학령기 시각장애학생 중, 별다른 교육지원이 필요 없는 제6급 시각장애학생 약 1,468명을 제외하면 약 1,363여 명 정도의 시각장애학생들은 자신의 시각적 특성에 맞는 교육지원을 필요로 한다(보건복지부, 2015). 이에 이들에게 적절한 지원을 위한 교육적 처치는 다음과 같다.

(1) 낮은 조도의 조명이 필요한 경우

각막에 세균이나 바이러스, 진균 등이 침투하면 신체의 방어 반응에 의하여 곪을 수 있는데 이를 각막염(keratitis)이라 한다. 이로 인하여 각막의 실질까지 손상되어 각막이 패이면 각막궤양이 된다(이해균 외, 2006; 임안수, 2010). 이러한 결과로 각막에 혼탁이 남게 되는 것을 각막반흔이라 한다. 이러한 경우에는 눈의 외모와 눈부심에 유의해야 한다. 필요한 경우 혼탁을 가리기 위해 착색렌즈를 사용하고, 실외 보행 시 차광용 색안경을 사용하는 것이 좋다.

또한 무홍채안(irideremia)이나 홍채의 기능에 이상이 있으면 동공이 조절되지 못하여 과다한 양의 빛이 눈으로 들어오게 된다(Schwartz, 2010). 이는 백색증(albinism)에서도 나타나는데, 멜라닌 색소가 부족하여 동공에 비친 망막의 색이 검붉게 보이고, 눈으로 들어오는 빛의 양이 과다해진다. 추체이영양증(cone dystrophy)은 망막 중심부에 있는 원뿔세포가 발달하지 못하여 중심시력이 저하되고, 색맹이 수반되며, 밝은 곳에서 잘 볼 수 없다. 이러한 경우에는 비교적 어두운 환경에서 과제를 수행하게 하고, 야외 활동 시에는 차양 모자와 차광용 색안경을 사용해야 한다(이해균 외, 2006). 특히 백색증의 경우는 야외 활동 자체를 지양해야 한다.

녹내장(glaucoma)은 방수의 유출이 잘 이루어지지 않아 안압이 상승하는 질환이다(Schwartz, 2010). 필요 시 주기적으로 안약을 사용하여 안압을 낮춰야 하는데, 안약에 의하여 안구가 팽창하면 눈부심을 유발한다(임안수, 2010). 따라서 이런 경우 낮은 조도의 환경에서 과제를 수행해야 한다. 또한 시야가 좁으므로 읽는 줄을 잘 찾도록 타이포스코프(typoscope)를 활용하는 것이 좋다(이해균 외, 2006; Schwartz, 2010). 좁은 시야에 의하여 보행 시에도 유의해야 한다.

(2) 바른 자세로 사물을 바로 보기 어려운 경우

백내장(cataract)은 수정체의 혼탁에 의하여 눈으로 들어온 빛이 망막에 도달하는 과정에서 방해를 받는 질환이다. 혼탁이 수정체의 중심부에 있을 경우에는 낮은 조도의 조명을 활용하여 동공을 산대시켜 혼탁이 없는 주변부로 볼 수 있도록 해야 한다. 이때 중심외보기(eccentric viewing)가 필요하다. 또한 수정체의 주변부에 혼탁이 있는 경우에는 비교적 높은 조도의 조명을 활용하는 것이 좋다(임안수, 2010).

황반변성(macular degeneration)은 망막의 중심인 황반부가 퇴행하는 질환이다(Schwartz, 2010). 따라서 중심시력과 색각 및 대비감도가 저하되고, 시야가 좁아진다. 중심시력 저하로 인하여 중심외보기를 활용할 수 있도록 지도해야 한다. 시신경염(optic neuritis)은 시신경에 발생하는 염증으로 중심 암점이 형성되는 질환인데(이해균 외, 2006), 이 역시 황반변성과 유사한 교육적 지원이 필요하다. 눈떨림(nystagmus)은 외안근의 이상으로 안구가 규칙적 · 반복적 · 불수의적으로 움직이는 질환이다. 이는 주시(fixation)에 문제가 발생하고, 스트레스에 의하여 심해질 수 있어 주시 훈련이 필요하다.

(3) 잔존시력이 있어도 점자나 음성 자료 활용이 권장되는 경우

베세트증후군(Behçet's syndrome)은 혈관계 이상으로 인하여 안저 출혈과 홍채염 및 모양체염이 주증이다. 이는 예후가 불량하여 실명에 이를 가능성이 높기 때문에 잔존시력이 있어도 점자를 활용하도록 지도하는 것이 좋다. 한편, 당뇨망막병증(diabetic retinopathy)은 당뇨병의 치료 과정에서 망막에 출혈이 발생하여 유리체로 침투하고, 녹내장을 유발하기도 하는 질환이다(임안수, 2010). 필요 시 인슐린을 투여할 수 있도록 지도해야 한다. 실명의 가능성이 높고, 감각이 둔화되므로 음성 자료를 활용할 수 있도록 지도한다.

미숙아망막병증(retinopathy of prematurity)은 보육기(incubator)에서 과도한 산소를 공급받은 신생아가 정상 공기 호흡 시 산소가 부족한 것으로 오인하여 망막에 혈관이 신생되고, 유리체와 수정체까지 침투하는 질환이다(Schwartz, 2010). 이는 망막박리로 인한 실명의 가능성이 높으므로 점자를 활용하도록 지도해야 한다. 또한 망막박리가 발생하지 않도록 머리의 충격을 주의해야 한다. 망막색소변성(retinitis pigmentosa)은 막대세포에서 시작하여 점차 중심부까지 흑색 색소가 생성되는 질환이다. 막대세포의 이상으로 터널시야와 야맹증을 수반한다(임안수, 2010). 시야가 좁으므로 학생이 볼 수 있는 가장 작은 크기의 글자를 활용해야 하지만 실명의 가능성이 높으므로 점자를 활용하도록 지도하는 것이 좋다.

　이 외에도 앞에서 언급하지 않은 시각장애 원인 질환은 다양하게 존재한다. 질환에 따른 특징적인 교육적 지원 방법이 있는 질환만 언급하였으며, 대부분의 시각장애 원인 질환에 대해서는 일반적으로 시각장애학생에게 필요한 지원을 적용할 수 있다.

8. 시각장애학생을 위한 교육과정

　시각장애학생의 교육 목표 및 내용은 정안학생이 학습하는 것과 같으나 학습매체나 교육방법이 다를 뿐이다(김요민, 2008; 류현, 2013). 따라서 시각장애학생은 정안학생이 학습하는 교과와 함께 시각장애로 인하여 발생하는 교육적 요구를 충족시키기 위한 별도의 내용을 학습해야 한다(「장애인 등에 대한 특수교육법」, 2013). 하지만 우리나라에서는 시각장애 특성을 고려한 교육과정이 없어, 이러한 교육이 제대로 이루어진다고 보기는 어려우며 시각장애학교 교육과정 개발이 시급한 실정이다.

　미국은 시각장애로 인하여 발생하는 교육적 요구를 충족할 수 있는 9개 교과의 필수 요소를 모아 구성한 교육과정인 시각장애학생 특수교육과정, 즉 확대 기본 교육과정(expanded core curriculum)을 시각장애학생의 교육에 도입하여 사용하고 있다(류현, 이해균, 2014; Lohmeier, Blankenship, & Hatlen, 2009; Pugh & Erin, 1999). 그 교육과정의 각 영역에 대해 살펴보면 다음과 같다.

1) 보상적 접근

　보상적 접근(compensatory access)은 시각장애학생이 학습 환경이나 자료에 접근하는 데 가장 중요한 영역으로 생각할 수 있다(Allman & Lewis, 2014). 보상적 접근은 시각장애학생이 주변의 환경 정보를 습득하는 데 필요한 기술로 정안학생과 같은 교육과정에 접근하기 위해서도 반드시 학습해야 하는 영역이다(eccadvocacy.org, n.d.). 나아가 학생이 성인이 되었을 때 학습뿐만 아니라 여러 가지 상황에 대처하는 데에도 기본이 되는 기술들이다. 보상적 접근은 다음과 같은 하위 요소로 나눈다(Allman & Lewis, 2014; eccadvocacy.org, n.d.).

- 개념 발달: 환경, 사람, 사물 및 주변에서 발생하는 여러 상황의 인식
- 공간 이해: 자신을 중심으로 사물의 상대적인 위치나 사물들 간의 위치 관계의 인식
- 문자 의사소통 양식: 의사소통을 위해 인쇄 매체에 접근하고 글을 쓰기 위해 필요한 기술이나 도구 사용 방법
- 말하기와 듣기 기술: 대화에서 다른 사람의 말을 듣는 적절한 방법과 들은 내용의 이해, 적절한 방법으로 말하기
- 학습 및 관리 기술: 자신이나 학교의 일정 관리, 주변 사물에 대한 관리 기술, 필기·강조·요약 등 학습에 필요한 기술
- 특화된 교육 자료의 활용: 확대경, 확대기, 점자 필기도구 등 자신에게 적절한 도구나 기기를 필요할 때 자발적으로 활용하는 방법

2) 감각 효율

시각장애인은 보지 못하는 대신 소리를 잘 듣거나 다른 감각이 예민한 것으로 생각하는 경우가 많은데, 이는 잘못된 것이다(임안수, 2010). 시각을 비롯하여 활용 가능한 모든 감각은 훈련을 통하여 효율적으로 사용할 수 있게 된다. 감각은 환경의 자극과 정보를 인지하는 첫 단계이므로 시각장애학생은 가능한 한 어릴 때 감각 효율(sensory efficiency) 훈련을 받아야 한다(Allman & Lewis, 2014). 이를 통하여 환경 자극에 대한 접근성을 최대한 높일 수 있다(eccadvocacy.org, n.d.). 감각 효율 훈련에는 흔히 말하는 오감에 대한 훈련이 모두 포함되는데, 그 내용은 다음과 같다(Allman & Lewis, 2014; eccadvocacy.org, n.d.).

- 시각 기능: 주사·추시·추적 등의 시기능 향상, 본 것에 대한 인식, 광학기구의 사용
- 청각 기능: 소리의 존재·방향·위치 인지, 청각 변별, 음성 양식(sound pattern) 활용
- 촉각 기능: 촉각 변별, 탐색, 조작 활동 등을 통한 촉각의 능숙한 활용
- 미각 기능: 음식의 인지, 음식 종류의 변별, 다양한 맛의 인지
- 후각 기능: 냄새의 존재·방향·위치 인지, 향의 호·불호에 대한 인지

3) 보조공학

보조공학(assistive technology)은 시각장애학생의 기능을 신장·유지·개선하는 기기 및 서비스다. 이는 시각장애학생에게 적절한 보조공학을 평가하고 지원하는 것은 물론, 보조공학 활용 능력이 향상될 수 있도록 지도하는 것을 포함한다. 보조공학은 시각장애인이 이전에는 접근할 수 없었던 환경에 접근할 수 있게 하는 중요한 수단이다(Allman & Lewis, 2014). 그런데 시각장애학생을 지도하는 교사는 보조공학의 중요성을 인식하지만 그만큼 보조공학을 지도하기 위한 능력을 갖추지는 못하고 있다(류현, 이해균, 2014). 학생이 성장함에 따라 필요한 보조공학이 달라질 수 있기 때문에(Presley & D'Andrea, 2009) 시각장애학생을 지도하는 교사는 특정한 기기의 기능과 활용 방법뿐만 아니라 다양한 보조공학에 대하여 숙지하고 있어야 한다. 학습에 관련된 보조공학을 접근 방법과 활용 목적에 따라 분류하면 다음과 같다(류현, 이해균, 2014; Presley & D'Andrea, 2009).

- 인쇄매체 접근 공학: 큰 문자, 휴대용·탁상용 확대경, 망원경, 스캔 문자 인식(Scanning and OCR systems), 점자, 촉각 그래픽, 수학 도구(math tools), 녹음, 토킹 북, 기타 오디오 자료
- 문자 의사소통 공학: 사인펜, 마커(bold markers), 굵은 줄 그래프 노트(bold-lined graph paper for math), 컴퓨터, 워드프로세서 단말기, 확대 지원 스마트기기, 음성 지원 워드프로세서, 화면 확대 워드프로세서, 점필과 점판, 점자 타자기, 전자 점자 타자기, 점역 소프트웨어, 점자 프린터, 점자 정보 단말기, 화면 낭독 소프트웨어와 워드프로세서, 음성 지원 스마트 기기
- 전자정보 접근공학: 컴퓨터, 화면 확대 하드·소프트웨어, 스캐닝 시스템, 확대 지원 스마트 기기, e-book 리더, 온라인 사전, 점자 디스플레이, 점자 정보 단말기, 음성 지원 워드프로세서, 텍스트 리더, 화면 낭독 소프트웨어, 음성 지원 스마트 기기, 스캐닝 시스템, 음성 지원 사전, 보이스 레코더
- 대체자료 제작 공학: 스캔 문자 인식, 워드프로세서, 프린터, 점역 소프트웨어, 점자 프린터, 점자 그래픽 소프트웨어, 촉각 그래픽 제작 도구, 캡슐페이퍼, 녹음기, 스캔 문자 인식

4) 보행훈련

시각장애학생에게 보행훈련(orientation and mobility: O&M) 지도를 하는 것은 학생이 목적한 장소까지 스스로 안전하고 효율적으로 품위 있게(gracefully) 이동하도록 하는 데 목적이 있다(Allman & Lewis, 2014; Hill & Ponder, 1976). 이에는 주변 환경과 목적지에 대한 정보를 바탕으로 머릿속에 지도를 그리는 과정, 즉 인지적 지도(mental map)와 현재의 위치에서 목적지까지 실제로 이동하는 것이 포함된다. 보행 지도는 자격을 갖춘 보행전문가(certified orientation and mobility specialists: COMS)에 의하여 이루어져야 한다. 보행 지도에 필요한 하위 요소들은 다음과 같다(Allman & Lewis, 2014).

- 신체 개념: 신체의 각 부위와 기능에 대한 이해
- 환경 개념: 가정, 건물, 숙소, 학교, 거리, 교차로 등의 환경과 관련된 개념(창문, 출입문, 차로, 신호등 등)의 이해
- 공간 개념: 자신과 사물의 위치 관계, 공간 관련 용어(오른쪽, 왼쪽, 방위 관련 용어, 다음, 랜드마크, 단서 등)의 이해
- 지각 및 감각 기술: 환경에서의 소리 인지 및 해석, 보행을 위한 소리의 의미 파악, 감각 정보의 특성 파악 및 적절한 활용
- 이동 기술: 임의의 장소에서 목적지 찾기(drop-off), 주변 탐색 기술, 구획(block), 모퉁이, 교차로의 형태, 길, 도로의 구조 등 부분적인 요소 이해
- 방향정위 기술: 건물 배치와 보행로의 이해
- 대인 기술(interpersonal skills): 도움 요청, 기사나 역무원 등의 직원에게 탑승 안내 요청, 전화를 이용한 도움 요청(적절한 전화 예절)
- 의사결정 기술: 날씨에 따른 여행 여부 결정, 적절한 의상과 도구의 선택, 보행로의 선택, 서로 다른 여행 방법에 따른 장단점의 이해, 대체 계획 수립

5) 자립 생활

자립 생활(independent living)은 개인의 생활환경을 유지하고 일상생활에 필요한 것들을 관리하는 기술로 구성된다(Allman & Lewis, 2014). 이는 공통 교육과정의 가정 교과와

유사한 내용이지만 시각장애학생에게 특화된 기술이라는 점에서 차이가 있다. 자립 생활에 포함된 기술들은 정안학생의 경우 모방과 우발 학습을 통하여 대부분 학습되는 것들이다(Lewis & Iselin, 2002). 또한 다른 영역보다 부모나 보모 등 양육자의 역할이 더 중요한 영역이기도 하다. 따라서 기본적으로 가정의 자연스러운 환경에서 학습이 이루어지도록 계획하고 지도해야 하며, 학교와 지역사회에서의 생활에 필요한 기술도 포함되어야 한다. 그 하위 요소는 다음과 같다(Allman & Lewis, 2014).

- 조직화: 필기와 학습 자료를 쉽게 찾을 수 있는 곳에 보관, 필요한 물건에 우선순위를 정하여 관리, 지정된 곳에 개인 물건 보관
- 개인위생: 목욕, 여성 및 남성에게 필요한 위생, 개인 위생생활의 이해와 보장
- 의생활: 자발적인 의복 선택, 날씨에 적절한 의복 선택, 상황에 적절한 의복 선택, 의복에 자신이 변별할 수 있는 표시를 하여 구분, 세탁
- 시간 관리: 수면 관리, 여러 가지 작업의 수행 시간 인지, 시계와 달력 사용
- 식생활: 식기 사용 및 관리, 음식 담기, 원하는 양념 사용, 요리, 액체 따르기, 섞기 · 펴바르기 · 뜨기 등의 식사 준비에 필요한 기술, 조리 기구 사용, 설거지, 음식과 관련된 개념, 영양 관련 지식, 여러 종류의 용기 개폐
- 생활공간 관리: 청소 등의 생활공간 유지와 관련된 기술, 집과 학교에서 필요한 일에 대한 책임 인식
- 전화 사용: 전화 걸기, 긴급전화 사용, 전화번호 검색
- 금전 관리: 화폐 구분, 입출금 자동화기기 사용, 수표에 서명하기, 수입 · 지출 계획

6) 사회적 상호작용

사회적 상호작용(social interaction)은 여러 가지 사회적 상황에 참여하고 사회적으로 분리되는 것을 방지하기 위한 기술이다. 이 영역은 필요한 사람과의 적절한 상호작용의 방법을 포함하므로 시각장애학생의 지도에서 기본이 된다. 사회적 상호작용 역시 정안학생은 다른 사람을 관찰하고 모방하여 자연스럽게 학습될 수 있는 영역이지만 시각장애학생에게는 체계적으로 지도해야 한다(임안수, 2010). 사회적 상호작용 영역에 포함되는 요소는 다음과 같다(Allman & Lewis, 2014; eccadvocacy.org, n.d.).

- 적절한 신체 언어: 비밀 대화 시 몸을 숙이기, 적절한 눈 맞춤, 대화자 쪽으로 향하기, 새로 알게 된 사람을 맞이하기 위해 서기, 집단 대화 시 적절한 자세 취하기
- 의사소통: 적절한 언어적 · 비언어적 상호작용, 대화의 시작 · 유지 · 종료, 필요한 것과 원하는 것 표현, 도움 요청, 초대
- 협동: 다른 사람과 함께 일하기, 봉사 활동, 집안일 돕기
- 상호작용: 농담에 대한 반응, 주어진 상황에서 사람 구분, 동료를 만날 때의 반응, 이성과의 만남에서 필요한 기술(dating skills)
- 에티켓: 예의 바른 행동, 선물에 대한 감사, 버스나 지하철에서 자리 양보, 다른 사람에게 미소 짓기
- 친분 관계: 차례 지키기, 친분 쌓기, 집단에서 효과적으로 일하기
- 자기 지식: 좋아하는 것과 싫어하는 것, 자신이 한 행동에 대한 책임, 개인의 신체 공간(body space)에 대한 개념, 작업 완료에 따른 자신감, 자신의 관점 표현
- 사회적 행동의 해석: 성인의 말을 따르지 않아야 할 때에 대한 인식, 질문하기 적절한 시기, 문제해결 능력, 대화 시 빈정거림의 인지, 친한 사람과 그렇지 않은 사람에게 반응 · 요구 방법이 다른 것의 이해

7) 여가 선용

여가(recreation)는 개인의 흥미에 따라 자유롭게 활용할 수 있는 시간을 의미하고, 오락(leisure)은 여가 시간에 즐길 수 있는 개인이 선호하는 활동을 의미한다. 시각장애학생은 관찰을 통하여 다른 사람이 즐기는 오락을 인지하기 어려우므로 다양한 오락을 알게 하고, 오락의 선택과 참여에 대한 결정을 할 수 있도록 지도해야 한다. 참가할 때는 가족과 함께할 수 있는 놀이에서부터 점차 형제나 동료와 함께하는 오락 활동, 지역사회 활동으로 범위를 넓혀 가는 것이 좋다(eccadvocacy.org, n.d.). 또한 수정 없이 시각장애인이 참여할 수 있는 활동, 시각장애인을 위해 수정된 활동, 시각장애인에게 특화된 게임 등에 참여할 수 있도록 지도하는데, 그 내용은 다음과 같다(Allman & Lewis, 2014).

- 놀이: 동료나 형제와 상호작용하며 놀기, 다양한 시간대에 할 수 있는 취미
- 신체 활동: 체육 수업이나 다양한 활동에 참여, 가족과 함께하는 여가 활동에 참여

- 건강: 체력·근력·지구력을 기르고 유지할 수 있는 운동, 육상, 레슬링, 근력 운동 등
- 스포츠: 경쟁/비경쟁 스포츠를 선수 또는 관객으로서 즐기는 방법, 풋볼, 야구, 축구, 골프, 농구, 골볼 등
- 취미: 선호하는 게임이나 책, 예술, 공예 등을 선택할 수 있는 기회, 박물관 방문, 영화 관람, 춤, 오페라, 음악 감상 등

8) 직업 교육

직업 교육(career education)은 학생이 어느 한 직종을 선택하고, 해당 직종에 대하여 준비하는 것으로 여기는 경우가 많은데(Allman & Lewis, 2014), 이 영역은 어떤 직종에 종사하든 필요한 기초 기술과 직업 선택, 고용 유지, 업무 해결 등에 관한 내용을 포괄적으로 담고 있다. 시각장애학생은 다른 사람을 관찰하지 못하므로 다양한 직종에 대하여 알기가 어렵다. 따라서 직종의 다양성과 각 직업의 특징을 지도해야 한다. 또한 시각장애학생은 미취업이나 불완전취업(underemployed)이 되는 경우가 많은데, 이는 직업에 대한 준비 부족으로 발생한다(Wolffe & Kelly, 2011). 직업 교육 영역에서 시기별로 지도해야 할 내용은 다음과 같다(eccadvocacy.org, n.d.).

- 초등학교: 자신과 자신의 소유물 관리, 가정과 학교에서 자신의 책임, 계획 세우기와 지키기, 개인의 일과 집단의 일을 위한 기술, 가정에서 사용하는 도구 활용, 주어진 과제 해결하기, 자신의 장점과 노력할 점 찾기
- 중학교: 학업·사회적 흥미와 취미 조명, 봉사활동 또는 아르바이트, 동료나 외부 인사의 피드백(정안학생과 같은 현실감 있는 피드백 필요), 정안학생과의 비교를 통하여 자신의 작업 수행 능력 파악
- 고등학교: 경험의 축적, 미래의 직업에서 필요한 능력에 대한 조명, 다양한 직무 상황에서 필요한 직무·사회적 기술, 자기 관리 기술, 학생의 장점과 요구 인지, 학생의 요구에 따른 진로 계획

9) 자기 결정

자기 결정(self-determination) 지도는 시각장애학생이 자신의 가치와 흥미 및 동기 등을 발견하며 자신의 능력과 제한점 등 개인의 특성에 대하여 이해하고, 삶 전반에 걸친 다양한 선택과 관련된 정보를 탐색하고 선택에 대한 책임을 인식하게 하는 데 목적이 있다. 무엇보다도 중요한 목적은 시각장애학생의 자신감을 발달시키는 것이다(eccadvocacy.org, n.d.). 성공과 실패를 통하여 교육과 고용 및 대인관계를 위한 전환기의 목적을 어떻게 성취할 것인가를 학습하고, 자신의 삶, 목표 도달, 사회 참여를 스스로 조정할 수 있도록 지도한다. 자기 결정 영역의 하위 요소는 다음과 같다(eccadvocacy.org, n.d.).

- 자기 이해: 타인에게 자신의 시각 특성 설명, 자신이 좋아하는 것과 싫어하는 것인지, 잘할 수 있는 것과 도움이 필요한 것인지
- 목표 설정: 과제나 수업에서 자신에게 맞는 목표를 정함
- 문제해결: 목표를 성취하는 데 방해가 되는 문제해결, 도움이 되는 동료 찾기
- 적절한 선택: 개인의 선호와 흥미에 따른 선택, 학교에서의 과제와 오락 간의 우선 순위
- 삶에 영향을 미치는 의사결정 참여: 개별화교육계획(IEP)에서 학생이 원하는 목표 결정
- 자기 옹호: 자신이 읽을 수 있는 형태의 자료 요청, 도움 요청 및 정중한 거절
- 계획 수립: 목표 달성을 위한 계획, 과제의 우선순위, 주어진 과제의 완료일 설정
- 자기 규제 및 자기 관리: 등교를 위한 기상, 옷 입기, 아침 식사, 그날 필요한 자료 수집, 일상생활의 유지 등
- 자신에게 필요한 보조공학 활용: 필요한 곳에서 필요한 때에 다른 사람의 영향을 받지 않고 활용

📖 참고문헌

국립특수교육원(2001). 특수교육 요구아동 출현율 조사연구. 안산: 국립특수교육원.

교육부(2015). 특수교육 연차보고서. 세종: 교육부.

김요민(2008). 시각장애특수학교의 조작교구를 활용한 중학생수학 함수단원 수업방법 개선 연구. 한국교원대학교 교육대학원 석사학위논문.

류현(2013). 시각장애학교 중ㆍ고등학생의 수학적 성향 분석. 대구대학교 특수교육대학원 석사학위논문.

류현, 이해균(2013). 근거리용 탄젠트 스크린 고안을 통한 저시력학생의 시야 검사. 특수교육학연구, 48(3), 1-20.

류현, 이해균(2014). 국제 학술지 분석을 통한 시각장애학생의 학습 관련 보조공학 도구 연구 동향 조사. 특수교육학연구, 49(1), 1-21.

문화관광부(2006). 한국 점자 규정. 서울: 문화관광부.

보건복지부(2015). 장애인등록현황(2014년 12월 기준).

이진학, 이하범, 허원, 홍영재(2012). 안과학. 서울: 일조각.

이해균(2007). 시각장애아 교육. 김윤옥, 김진희, 정대영, 김숙경, 안성우, 오세철, 이해균, 최성규, 최중옥. 특수아동 교육의 실제(pp. 237-284). 서울: 교육과학사.

이해균, 임안수, 이우관(2006). 저시력 교육. 경북: 대구대학교출판부.

임안수(2010). 시각장애아교육. 서울: 학지사.

日本 學校敎育法施行令(2015). 第2章. 東京: 文部省.

小中 雅文(1986). 視覺障害兒の運動發達に關する實踐的研究-1. 運動發達の特徵と指導效果. 日本特殊敎育學會第25回大會發表論文, 4-5.

Allman, C. B., & Lewis, S. (2014). A strong foundation: The importance of the expanded core curriculum. In C. B. Allman & S. Lewis (Eds.), *ECC essentials: Teaching the expanded core curriculum to students with visual impairments* (pp. 15-30). New York: AFB Press.

Barraga, N. C. (1964). *Increased Visual Behavior in Low Vision Children*. New York: American Foundation for the Blind.

Bower, T. G. R. (1977). *A primer of infant development*. W. H. Freeman and Company.

Cambourne, B. (1995). Toward an educationally relevant theory of literacy learning: Twenty years of inquiry. *The Reading Teacher, 49*(3), 182-190.

Corn, A. L., Depriest, L. B., Erin, J. N., Holbrook, M. C., Koenig, A. J., & Presley, I. (2000). Specialized Assessments for Students with Visual Impairments. In A. J. Koenig & M. C.

Holbrook *Foundations of education* (pp. 103-172). New York: American Foundation for the Blind, Inc.

Erin, J. N., & Topor, I. (2010). Functional vision assessment of children with low vision, including those with multiple disabilities. In A. L. Corn & J. N. Erin (Eds.), *Foundations of low vision* (2nd ed., pp. 339-397). New York: AFB Press.

Hill, E., & Ponder, P. (1976). *Orientation and mobility techniques: A guide for the practitioner.* New York: American Foundation for the Blind.

Individuals with Disabilities Education Improvement Act. of 2004, Sec. 602, 20 USC §1401, 300.8.

Koenig, A. J., & Holbrook, M. C. (1995). *Learning media assessment* (2nd ed.). Austin: Texas School for the Blind and Visually Impaired.

Lewis, S., & Allman, C. B. (2014a). Instruction and assessment: General principles and strategies. In C. B. Allman & S. Lewis (Eds.), *ECC essentials: Teaching the expanded core curriculum to students with visual impairments* (pp. 31-58). New York: AFB Press.

Lewis, S., & Allman, C. B. (2014b). Learning, development, and children with visual impairments: The evolution of skills. In C. B. Allman & S. Lewis (Eds.), *ECC essentials: Teaching the expanded core curriculum to students with visual impairments* (pp. 4-13). New York: AFB Press.

Lewis, S., & Iselin, S. A. (2002). A comparison of the independent living skills of primary students with visual impairments and their sighted peers: A pilot study. *Journal of Visual Impairment & Blindness, 96*(5), 335-344.

Lohmeier, K., Blankenship, K., & Hatlen, P. (2009). Expanded core curriculum: 12 years later. *Journal of Visual Impairment & Blindness, 103*(2), 103-112.

Lowenfeld, B. (1950). Psychological foundation of special method in teaching blind children. In P. A. Zahl (Ed.), *Blindness.* Princeton: University Press.

Lowenfeld, B. (Ed.). (1973). *The visually handicapped child in school.* New York: John Day.

Presley, I., & D'Andrea, F. M. (2009). *Assistive technology for students who are blind or visually impaired.* New York: American Foundation for the Blind, Inc.

Pugh, G. S., & Erin, J. N. (Eds.). (1999). *Blind and visually impaired students: Educational service guidelines.* Alexandria, VA: National Association of State Directors of Special Education.

Schwartz, T. L. (2010). Causes of visual impairment: pathology and its implications. In A. L. Corn & J. N. Erin (Eds.), *Foundations of low vision* (2nd ed., pp. 137-191). New York: AFB Press.

Smits, B. W., & Mommers, M. J. (1976). Differences between blind and sighted children on

WISC verbal subtests. *New Outlook for the Blind, 70,* 240-246.

Topor, I., Lueck A. H., & Smith, J. (2004). Compensatory instruction for academically oriented school-age students who have low vision. In A. H. Lueck (Ed.), *Functional vision: A practitioner's guide* (pp. 353-421). New York: AFB Press.

UN(2014). *2013 United nations demographic yearbook.* New York: Author.

Vander Kolk, C. J. (1982). A Comparison of intelligence test score patterns between visually impair subgroups and the sighted. *Rehabilitation Psychology, 27*(2), 115-120.

WHO(2012). *Global data on visual impairments 2010.* Geneva: Author.

Zimmerman, G. J., Zebehazy, K. T., & Moon, M. L. (2010). Optics and low vision devices. In A. L. Corn & J. N. Erin (Eds.), *Foundations of low vision* (2nd ed., pp. 192-237). New York: AFB Press.

교육부 홈페이지(n.d.). '교육부 교육 통계'. Available from http://www.moe.go.kr/web/107106/site/contents/ko/ko_0118.jsp?selectId=1085, accessed April 2, 2015.

보건복지 홈페이지(2014). '보건복지부 장애인 등록 현황(2013년 12월 말)'. Available from http://www.mw.go.kr/front_new/jb/sjb030301vw.jsp, accessed April 2, 2015.

행정자치부 홈페이지(2015). '행정자치부 주민등록 인구통계' Available from http://rcps.egov.go.kr:8081/jsp/stat/ppl_stat_jf.jsp, accessed April 2, 2015.

eccadvocacy.org. (n.d.). "Age-Appropriate Career Education and the Expanded Core Curriculum" Available from http://www.eccadvocacy.org/section.aspx?FolderID=13&SectionID=143&DocumentID=6100, accessed April 14, 2015.

eccadvocacy.org. (n.d.). "Compensatory Skills and the Expanded Core Curriculum" Available from http://www.eccadvocacy.org/section.aspx?FolderID=13&SectionID=143&DocumentID=6101, accessed April 14, 2015.

eccadvocacy.org. (n.d.). "Recreation, Fitness, and Leisure and the Expanded Core Curriculum" Available from http://www.eccadvocacy.org/section.aspx?FolderID=13&SectionID= 143&DocumentID=6107, accessed April 16, 2015.

eccadvocacy.org. (n.d.). "Self-Determination and the Expanded Core Curriculum" Available from http://www.eccadvocacy.org/section.aspx?FolderID=13&SectionID=143&DocumentID=6108, accessed April 14, 2015.

eccadvocacy.org. (n.d.). "Sensory Efficiency and the Expanded Core Curriculum" Available from http://www.eccadvocacy.org/section.aspx?FolderID=13&SectionID=143&DocumentID=6109, accessed April 14, 2015.

eccadvocacy.org. (n.d.). "Social Interaction Skills and the Expanded Core Curriculum" Available from http://www.eccadvocacy.org/section.aspx?FolderID=13&SectionID

=143&DocumentID=6110, accessed April 16, 2015.

who.int. (2015). "International Statistical Classification of Diseases and Related Health Problems 10th Revision (ICD-10)-2015-WHO Version for ;2015." Available from http://apps.who.int/classifications/icd10/browse/2015/en#/H53-H54, accessed March 31, 2015.

who.int. (2014). "Visual impairment and blindness." Available from http://www.who.int/mediacentre/factsheets/fs282/en/, accessed April 2, 2015.

제**5**장

청각장애

1. 청각장애의 정의

청각장애는 전통적으로 농(deaf)과 난청(hard of hearing)으로 구분된다. 농은 두 귀의 청력손실이 90dB 이상이며, 보청기를 착용하여도 청각을 통한 음성적 정보를 처리하는 데 한계가 있는 경우다. 난청은 두 귀의 청력손실이 90dB 미만으로 보청기를 하여 음성적 정보 처리가 부분적으로 가능한 경우로 정의된다. 그러나 최근의 특수교육 관련 법에서는 청각장애에 대한 정의를 농과 난청으로 구분하지 않고 있다. 다만 청각장애로 정의하면서 농과 난청의 두 정의를 합쳐서 제시하고 있다.

청각장애의 정의는 「장애인 등에 대한 특수교육법」(2013)과 「장애인복지법」에서 명시하고 있다. 먼저, 「장애인 등에 대한 특수교육법」 시행령(2014) 제10조에 명시된 청각장애를 지닌 특수교육대상자에 대한 정의는 다음과 같다.

> 청력 손실이 심하여 보청기를 착용해도 청각을 통한 의사소통이 불가능 또는 곤란한 상태이거나, 청력이 남아 있어도 보청기를 착용해야 청각을 통한 의사소통이 가능하여 청각에 의한 교육적 성취가 어려운 사람

이 정의에서는 청각장애를 정의하는 데 있어서 의사소통의 가능성 여부를 강조하여 청력을 교육적으로 활용 가능한가에 중점을 두고 있다.

「장애인복지법」시행령 제2조에서는 다음과 같이 정의한다.

가. 청력을 잃은 사람

제2급

두 귀의 청력을 각각 90데시벨(dB) 이상 잃은 사람

(두 귀가 완전히 들리지 아니하는 사람)

제3급

두 귀의 청력을 각각 80데시벨(dB) 이상 잃은 사람

(귀에 입을 대고 큰소리로 말을 하여도 듣지 못하는 사람)

제4급

1. 두 귀의 청력을 각각 70데시벨(dB) 이상 잃은 사람

(귀에 대고 말을 하여야 들을 수 있는 사람)

2. 두 귀에 들리는 보통 말소리의 최대의 명료도가 50퍼센트 이하인 사람

제5급

두 귀의 청력을 각각 60데시벨(dB) 이상 잃은 사람

(40센티미터 이상의 거리에서 발성된 말소리를 듣지 못하는 사람)

제6급

한 귀의 청력을 80데시벨(dB) 이상 잃고, 다른 귀의 청력을 40데시벨(dB) 이상 잃은 사람

나. 평형기능에 장애가 있는 사람

제3급

양측 평형기능의 소실로 두 눈을 뜨고 직선으로 10미터 이상을 지속적으로 걸을 수 없는 사람

제4급

양측 평형기능의 소실 또는 감소로 두 눈을 뜨고 10미터를 걸으려면 중간에

> 균형을 잡기 위하여 멈추어야 하는 사람
>
> 제5급
>
> 양측 평형기능의 감소로 두 눈을 뜨고 10미터 거리를 직선으로 걸을 때 중앙
> 에서 60센티미터 이상 벗어나며, 복합적인 신체운동은 어려운 사람
>
> －「장애인복지법」시행령 제2조

「장애인복지법」시행령에서는 이와 같이 정의를 내리고 있으며, 청력손실과 평형기능에 장애가 동시에 있는 중복장애를 1급으로 등급을 정한다.

2. 청각장애의 원인 및 출현율

1) 원 인

청각장애의 원인에 대하여 선행연구에서는 다양한 시각으로 제안하였다. 선천성, 후천성 그리고 유전성 등으로 구분하여 제시하기도 하였고, 의학적 시각에서 유전인자의 영향에 대하여 서술하기도 하였다. 그러나 청각장애아동의 원인은 유전성보다 후천적 요인에 의해 발생하는 경우가 대부분이다. 청각장애아동의 원인 중에서 가장 높은 비율을 보이는 요인인 원인불명이 약 1/3을 차지한다. 다음으로 고열에 의한 청각장애다. 그러나 원인불명을 차지하는 1/3이 사실은 고열에 의한 청력손실이라는 점을 감안한다면, 청각장애아동의 주된 원인은 고열로 정리될 수 있다.

청각장애의 원인에 대한 연구를 종합적으로 분석해 보면 풍진, 풍진의 바이러스로 알려진 CMV(Cytomegalovirus), 중이염, 뇌막염, 태내에서의 약물중독, 외상 등이 있다.

2) 출현율

우리나라 장애인의 출현율은 약 6% 정도다. 청각장애인의 출현율은 약 0.5~0.6%다. 우리나라 청각장애아동은 3,581명(4.1%)인데, 약 70%에 해당하는 2,180명의 청각장애아

동이 일반학교에서 통합교육을 받고 있다(교육부, 2014). 특수학교인 청각장애학교에 재학하는 학생의 수가 줄어드는 것은 통합교육의 영향이다. 청각장애의 출현율은 여전히 약 0.6%의 수치를 보이고 있다.

3. 청각장애의 특성

1) 청력손실 정도에 따른 분류

청력손실 정도에 따라서 청각장애를 분류하는 방법은 다양하다. 최근의 WHO 기준에 근거한 분류와 청력손실 정도에 따른 음의 인지 특성을 요약하면 〈표 5-1〉과 같다.

표 5-1 청력손실 정도에 따른 음의 인지 특성

분류	청력손실 정도	음의 인지 특성
정상	0~25dB	• 일상적인 의사소통에 지장이 없음
경도 (mild)	26~40dB	• 조그마한 소리를 인지하기 어려움 • 회화 거리를 유지하지 못하면 이해하기 어려움 • 말하는 사람의 입모양이 보이지 않는 경우 이해하기 어려움 • 고주파수에 청력손실이 있는 경우 자음을 듣기 어려움 • 교실에서의 토론을 따라가기 위해서는 노력이 요구됨
중도 (moderate)	41~55dB	• 보청기 사용이 필요함 • 집단 토의가 어려움 • 특정 발음이 어려움 • 일상적인 의사소통이 어려움
중등도 (moderately-severe)	56~70dB	• 큰 소리는 이해함 • 보청기가 없으면 이해하기 어려움 • 일대일 대화가 어려움 • 교육적 보조서비스 지원이 필요함
고도(severe)	71~90dB	• 환경음은 감지하지만 오류가 발생할 수 있음 • 어음명료도가 떨어짐 • 보청기 착용효과가 떨어짐
최고도 (profound) 농(deaf)	91dB 이상	• 일부 환경음을 들을 수 있음 • 특수한 프로그램이 요구됨 • 청력을 활용한 학습활동이 어려움

출처: 한국청각언어장애교육학회(2012).

2) 청력손실 시기에 따른 분류

청력손실 시기가 빠를수록 음성언어에 노출된 경험에 양적 · 질적인 한계가 있다. 음성언어의 폭발기 또는 팽창기로 설명되는 만 2세에서 만 3세가 청각장애아동의 음성언어 인지에 결정적인 영향을 미친다. 따라서 만 2세에서 만 3세 이전과 이후를 기준으로 언어 습득 전과 언어 습득 후로 구분한다. 청력손실 시기에 따라서 음성언어를 활용한 교수-학습 방법 및 전략에 차별성을 제공하기도 한다.

3) 청각기관 손상 부위에 따른 분류

소리는 청각경로인 외이-중이-내이-청신경으로 이어지는 인간의 귀의 통로를 통하여 소리를 듣게 된다. 이 중에서 외이와 중이는 전음기라고 하며 소리 에너지를 증폭시켜 내이로 전달하고, 내이와 청신경은 감음기라고 하며 소리 에너지를 감지하여 청각중추로 전달하는 역할을 한다. 이와 같이 소리의 전달 경로에서 청각기관에 손상을 입게 되면 청각장애가 나타나게 되는데, 손상 부위에 따라 전음성 청각장애와 감음신경성 청각장애로 구분한다. 전음성과 감음신경성이 함께 나타나는 경우는 혼합성 청각장애로 정의한다. 최근에는 신경계의 문제로 나타나는 중추성 청각장애가 또 다른 관심의 대상이 되고 있다.

전음성 청각장애는 외이나 중이의 장애로 인해 소리 에너지가 내이로 전달될 때 장애를 초래하는 상태를 말한다. 전음성 청각장애는 외이보다 중이의 문제가 결정적 원인이 된다. 전음성 청각장애는 청력손실의 정도가 60~70dB을 초과하지 않는다. 청력손실 정도에 따른 분류에서 경도에서 중등도 청각장애이며 의료적 처지가 가능하다. 대부분 말소리를 알아들을 수 있고, 보청기의 착용효과가 높다. 전음성 청각장애의 청력도는 [그림 5-1]과 같이 청력검사의 결과가 수평형으로 나타나는 경우가 일반적이다.

감음신경성 청각장애는 내이나 청신경에 장애가 있어서 소리의 감지 또는 청신경의 문제로 소리를 대뇌로 전달하는 데 어려움이 있는 경우다. 소리의 감지는 달팽이관에 있는 청신경유모세포의 문제이며, 청신경의 문제는 8개의 경로에 문제가 있는 경우다. 의료에서는 감음성과 신경성을 구분하지만, 교육에서는 감음신경성 청각장애로 정의한다.

감음신경성 청각장애는 청력손실도가 낮은 수준에서 높은 수준까지 다양하게 나타나

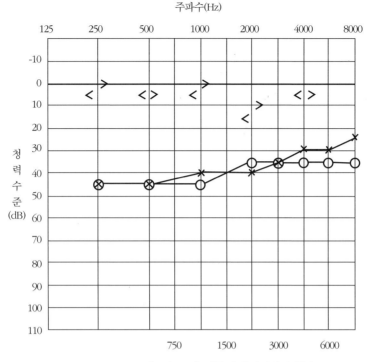

[그림 5-1] 전음성 청각장애의 청력도

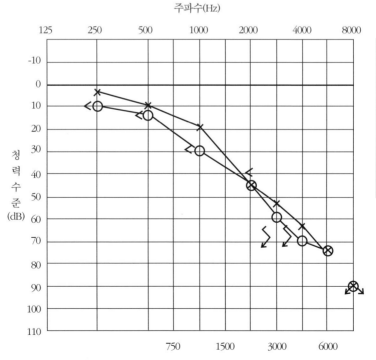

[그림 5-2] 감음신경성 청각장애의 청력도

며, 음의 왜곡현상이 나타나서 보청기 착용 효과가 적다. 또한 저주파수대보다 고주파수대로 갈수록 청력손실의 정도가 심화되는 현상에 노출된다. 저주파수대에 해당하는 모음보다 고주파수대의 자음을 인지하기가 어려운 이유가 여기에 있다. 감음신경성 청각장애의 청력도는 [그림 5-2]와 같다.

혼합성 청각장애는 전음기관과 감음기관에서 동시적 장애를 가지고 있는 경우다. 저주파수대에서는 전음성의 특징을 보이고 고주파수에서는 감음신경성의 특징을 나타내는 경우다. 혼합성 청각장애의 청력도는 [그림 5-3]과 같다. 기도검사와 골도검사에서 문제가 함께 나타나는 경우인데, 자세한 설명은 청력검사에서 기술할 것이다.

내이에서 생성된 전기적 자극이 청신경을 거쳐 대뇌피질까지 전달되는 경로에 문제가 발생하여 말소리를 처리하지 못하는 장애를 중추성 청각장애라고 한다. 자폐성으로 분류되기도 하고, 함묵증으로 오해되기도 하였지만, 현재는 다양한 검사를 통하여 진단·평가하여 AIT(Auditory Integration Training) 프로그램 등으로 치료 서비스를 지원하기도 한다.

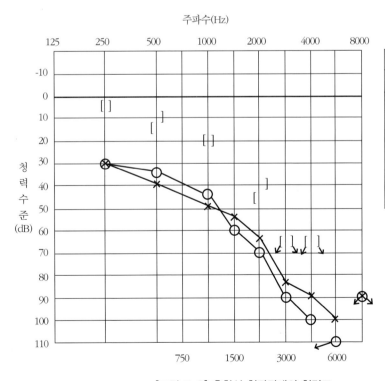

[그림 5-3] 혼합성 청각장애의 청력도

4. 청각장애의 평가

청각장애아동의 청력손실 정도와 유형을 파악하기 위해 청력검사를 실시한다. 청력손실 정도를 파악하기 위해 청각장애 아동의 반응을 측정하는 주관적 평가가 있고, 청각장애아동의 반응 없이 검사기기의 전기적 신호자극에 대한 반응으로 판단하는 객관적 평가가 있다(최성규 외, 2015).

1) 주관적 청력검사

주관적 청력검사는 순음청력검사와 어음청력검사 등이 있다. 순음청력검사는 인간이 들을 수 있는 주파수 영역(20~20,000Hz)을 기준으로 배음 주파수에 해당하는 순음을 들려주어서 감지하는 능력을 평가하는 검사다. 반면, 어음청력검사는 말소리를 직접 들려주는 방법을 사용한다. 어음청력검사는 순음청력검사와는 달리 주파수별로 소리를 들려주는 것이 아니다. 사람의 말소리, 즉 어음은 여러 주파수가 복합적으로 혼합되어 있고 말소리 자체가 주파수를 내포하므로 음압에 대한 감지능력을 측정하게 된다.

(1) 순음청력검사

순음청력검사는 기도검사와 골도검사가 있다. 기도검사는 외이-중이-내이-청신경의 청각경로에서 주파수와 강도를 조절하여 각 주파수별 청력수준을 검사하는 방법이다. 기도검사에서 주파수를 조절하여 제공하는 방법은 상승법과 하강법이 있다. 상승법은 1,000Hz에서 시작하여 고주파수로 올라가면서 검사하고, 다시 1,000Hz에서 낮은 주파수로 내려가는 방법이다. 하강법은 1,000Hz에서 검사를 시작하며 낮은 주파수를 검사하고 다시 고주파수를 검사하는 방법이다. 일반적으로 하강법보다 상승법을 이용한다. 1,000Hz-2,000Hz-4,000Hz-(8,000Hz)-1,000Hz-500Hz-250Hz-(125Hz)의 순으로 주파수를 결정하는 방법이 상승법이다. 골도검사도 동일하게 상승법을 사용할 경우에 8,000Hz를 측정하지 않는다. 또한 125Hz 등과 같은 저주파수도 기도검사와 골도검사에서 측정하지 않고 생략하는 경우도 있다. 각 주파수별로 강도(음압)는 40dB-70dB-90dB의 순으로 제공한다. 반응이 있을 경우는 5dB, 반응이 없을 경우는 10dB로 내려가

표 5-2		기도검사와 골도검사의 차이			

순음청력검사	검사 주파수	최대 출력 강도(dB)	청력손실 부위	명칭
기도검사	250~8,000Hz	110dB	외이 또는 중이	전음성
골도검사	250~4,000Hz	75dB	내이 또는 청신경	감음신경성

면서 측정한다. 예를 들면, 먼저 1,000Hz를 측정할 때, 90dB에서 반응이 없을 경우는 100dB로 내려간다. 만약 90dB에서 반응이 있을 경우는 85dB로 올라간다.

1,000Hz를 두 번 측정하는 이유는 사람의 말소리에서 가장 중요한 주파수 대역을 차지하는 영역이 1,000Hz 부근이기 때문이다. 1,000Hz 측정에서 앞의 강도와 뒤의 강도가 동일하면 문제가 없지만, 두 강도에서 차이가 5dB일 경우는 뒤에 측정한 1,000Hz의 수치를 따른다. 만약 10dB 이상의 차이를 보일 경우는 모든 검사를 마친 다음에 1,000Hz를 재측정하여 강도를 결정한다.

골도검사는 내이-청신경을 통하여 듣는 능력을 검사하는 방법으로 골도 진동기를 유양돌기에 착용하여 주파수에 대한 강도를 측정하는 방법이다. 검사 방법은 기도검사와 동일하다. 순음청력검사는 [그림 5-1] [그림 5-2] [그림 5-3]과 같이 청력도로 나타낼 수 있으며, 청력도를 해석하여 평균 청력 수준, 청력형, 청각장애의 부위, 차폐음 사용 여부 등을 알 수 있다.

순음청력검사의 실시 방법은 다음과 같이 요약된다. 두 귀의 청력손실 정도를 이미 알고 있는 경우는 청력이 좋은 쪽의 귀부터 먼저 검사한다. 그러나 어느 귀의 청력이 더 좋다는 것을 모를 경우는 오른쪽 귀부터 먼저 측정한다. 기도검사에서 두 귀의 청력검사를 모두 마치면, 골도검사를 실시한다. 기도검사와 골도검사의 차이점을 제시하면 〈표 5-2〉와 같다.

순음청력검사의 결과에 기초하여 평균청력손실 정도를 산출한다. 산출 공식은 다양한데, 크게 3분법, 4분법, 6분법 등이 있다.

$$3분법 = (a + b + c) / 3$$
$$4분법 = (a + 2b + c) / 4$$
$$6분법 = (a + 2b + 2c + d) / 6$$

a: 500Hz 청력손실 정도　　　　b: 1,000Hz 청력손실 정도

c: 2,000Hz 청력손실 정도　　　　d: 4,000Hz 청력손실 정도

(2) 어음청력검사

어음청력검사는 말소리를 지각하는 정도를 검사하는 방법으로 일상생활에서 의사소통능력을 이해하는 데 매우 유용한 검사다. 말소리를 듣고 인지하는 정도를 측정하는 어음청력검사는 특정 주파수를 선택하지 않고 강도만을 결정하여 음을 들려주고 청취 능력을 측정한다. 어음 자체가 다양한 주파수를 포함하기 때문이다. 어음청력검사의 종류는 어음변별력, 어음명료도, 쾌적역치, 불쾌역치 등으로 나눌 수 있다. 어음변별력은 음을 알아듣는 수준을 의미한다. 어음변별력에 사용되는 어음을 Spondee Word(SW)라고 하는데, 강강격 또는 장장격으로 번역하기도 한다. SW는 Cowboy, greyhound, icecream 등과 같이 두 개의 단어가 합쳐져서 또 다른 하나의 의미를 가진다. 어음변별력 검사 방법은 순음청력검사의 기도검사와 동일하지만, 주파수 없이 음의 강도만을 제공한다. 어음명료도는 발성의 정확도를 측정하는 방법이다. 청취한 말 또는 그림을 보고 단어를 발성하는 것을 평가하는 것이다. 쾌적역치는 보청기의 평균출력음압과 관련되며, 불쾌역치는 최대출력음압과 직결된다.

2) 객관적 청력검사

객관적 청력검사는 전기적 반응을 통하여 청각경로를 분석하는 방법으로 중이검사, 이음향방사검사, 청성뇌간반응검사, 신생아 청각선별검사 등이 있다.

(1) 중이검사

Impedance, acoustic immittance 또는 Tympanometry 검사라고 한다. 외이에서 고막으로 200mmHg 압력을 가하여 중이의 이소골의 작동을 측정하는 방법이다. 고막의 천공, 외이도의 귀지 정도, 이소골의 각화현상, 중이염 등을 측정한다.

겨울에 잦은 감기 등으로 이관이 막히면서 중이에 염증이 생기는 현상을 일반적으로 중이염이라고 한다. 이소골에 고여 있는 액체인 농으로 인한 고막의 저항에서 나타나는 수치를 통해 중이염 유무를 알아볼 수 있다. 그러나 중이검사는 문자 그대로 중이의 기능을 측정하는 것이지 내이의 문제점을 알아볼 수는 없다.

중이검사는 외이도의 부피, 고막의 탄성과 복원력 등을 통하여 정상을 나타내는 삼각형의 범위에 검사 결과가 그려지면, 정상으로 판정한다. 정상 삼각형보다 왼쪽에 검사

결과가 삼각형으로 나타나거나, 또는 삼각형 모양이 아닌, 평평한 그래프를 보이게 되면 중이염으로 의심하게 된다.

(2) 이음향방사검사

이음향방사검사는 1,000~8,000Hz 주파수를 들려주어서 청신경유모세포의 활성도를 측정한다. 달팽이관은 약 3cm의 길이에 18,000개의 청신경유모세포가 배열되어 있다. 달팽이관 앞부분에 배열된 청신경유모세포는 고주파수, 뒷부분에서는 저주파수를 인지하는 능력이 있다. 달팽이관 청신경유모세포 활성도에 따라서 난청의 유형 등을 예측할 수 있다.

또한 청신경 경로는 8개가 있다. 각 경로는 나름의 역할을 담당한다. 예를 들면, 상부 올리브 복합체(Superior Olivary Complex) 등과 같은 청신경 기관은 두 귀의 소리를 동일하게 인지하는 역할을 담당한다. 대뇌로 전달되는 소리의 시간차를 감지하여 청각문제의 유무를 결정하는 검사 방법이다. 물론 청성뇌간반응검사로도 청신경의 문제점을 찾아낼 수 있다. 이음향방사검사만으로는 청력에 대한 문제 등을 단언할 수 없으며, 청성뇌간반응검사 결과 등과 함께 고려되어야 한다.

(3) 청성뇌간반응검사

Auditory Brainstem Responses(ABR) 검사라고 한다. 신생아 등과 같이 순음청력검사에 반응할 수 없는 검사자를 대상으로 한다. 귀에 전기자극을 제공하여 대뇌에서 소리를 인지하는 V번 뇌파의 유무에 따라서 청력손실 정도를 측정한다. V번 뇌파가 활성도를 보이면 정상 청력이다. 뇌파의 활성도가 나타나지 않으면 청각장애가 있는 것으로 평가된다. 순음청력검사와 동일하게 주파수에 따른 음의 강도를 달리 제공할 수 있다.

음성언어에 반응하지 않는 자폐아동은 ABR 검사에서 정상으로 나타나지만, 청각장애 아동은 문제가 있는 것으로 나타난다. 따라서 유아기의 자폐 또는 청각장애를 구별할 수 있는 검사 방법으로 이해된다. 그러나 ABR은 저주파수에 대한 정확도가 떨어진다는 문제점이 있다.

8개 청신경 경로의 배치에 따라서 전방, 중방 및 후방으로 구분할 수 있다. 그러나 ABR 검사만으로는 8개 청신경 중에서 어느 부분에서 문제가 있는지를 알아보는 것은 한계가 있다. 그래서 ABR검사와 유사한 방법으로 적용하는 AER(early), AMR(middle), ALR(late) 등의 청성뇌간반응검사도 있다.

(4) 신생아 청각선별검사

신생아 청각선별검사는 일정한 강도의 음을 청각에 자극하여 반응의 정도 등을 측정하는 방법이다. 최근에는 이와 같은 방법에 문제점이 있으므로 ABR 검사 등을 이용하게 된다.

5. 청각장애의 교육

1) 통합교육을 위한 일반적 지침

특수학교에 재학 중인 청각장애아동의 수는 감소하는 반면 일반학교에 재학하는 학생은 점차 증가하고 있다. 청각장애아동의 조기 중재와 언어기술의 발달, 보청기 기술의 발달, 인공와우 착용 아동의 증가 등의 이유로 통합교육을 받는 청각장애아동이 증가하고 있다(최상배, 2012).

청각장애아동은 청각의 손실로 인하여 듣기와 말하기에 어려움이 있기 때문에 언어능력이 낮은 경우가 많고, 의사소통이 어려워 통합학급에서 교사와 일반아동의 말소리를 이해하는 데 어려움을 가진다. 청각장애학생을 위한 지원은 일반아동들과의 보편성을 추구하며, 청각장애아동의 언어적 정보를 고려한 수업설계가 필요하다. 따라서 청각장애아동의 통합교육을 위해 교실환경의 구성, 자리배치, 수화통역사 배치, 특수교육적 중재, 일반아동의 지원 등의 다양한 요소를 고려해야 한다. 청각장애아동의 통합교육을 위한 지원 요소 및 지원 방안은 〈표 5-3〉과 같다.

| 표 5-3 | 청각장애아동의 통합교육을 위한 지원 요소 및 지원 방안 |

지원 요소	지원 방안
교실환경의 구성	• 소음의 최소 환경 제공 • 식당, 급식실 등 소음이 많은 환경과 일정 거리를 유지하는 교실 제공 • 시각적 정보의 수용을 위한 광선과 조명의 밝기 조절 • 사회적 상호작용 지원을 보장하기 위한 환경 고려
자리 배치	• U자형 좌석 설계 고려 • 교사와 다른 아동의 입모양을 잘 볼 수 있는 좌석 배치 • 좌석 배치에 앞서 본인의 의사를 먼저 알아야 함 • 토의식 수업일 경우 자리를 이동할 수 있도록 함
수화통역사 배치	• 수화통역사와 정서적 공감대를 형성할 수 있도록 지원 • 수화통역사의 설명을 잘 볼 수 있도록 위치함 • 수업과 관련된 내용을 사전에 제공해 주어야 함 • 통역에 불필요한 말을 하지 않음
특수교육적 중재	• 특수교육 관련서비스 제공 • 수화 또는 속기 지원 • 보청기, 인공와우 등 보조공학 지원 • 보완·대체 의사소통 지원
일반아동의 지원	• 청각장애 이해 프로그램 실시 • 수화 배우기 • 또래교수, 협동학습 등

2) 청각장애아동 통합교육 전략

청각장애아동의 효율적인 통합교육을 지원하기 위해 학업적 통합(academic integration)과 사회적 통합(social integration)의 두 가지 사안을 고려해야 한다.

(1) 학업적 통합

학업적 통합은 교실 내에서 수업의 참여도와 학업성취도를 향상시키는 데 목적이 있다. 청각장애아동이 수업의 참여도와 이해도가 높을수록 학업성취도에 미치는 영향력도 정적 관계를 보인다. 청각장애아동이 통합교육 환경에서 수업 참여도가 일반아동과 유사한 수준에 도달할 수 있도록 다양한 교수-학습 전략 및 지원이 필요하다. 전략 및 지원 방안에는 청각장애아동 개인의 능력에 맞는 학업수행 능력을 파악하고 개별지도를 할 수 있는 구체적 학습목표가 제시된 개별화 수업방안을 구안해야 한다. 개별화 수업방안은 학습목표의 상세화와 보충 학습자료를 제시하는 방법 등이 있다.

학습목표의 상세화 방안은 수업 시간에 도달해야 할 목표를 구체화하여 제시함으로써 단위 시간에 학습해야 할 내용을 이해할 수 있도록 한다. 이는 학습수행 능력의 향상으로 연계시킨다. 또한 선행 학습과 후속 학습의 내용을 함께 제시하면 본시 학습의 내용을 이해하고 정리하는 데 효과적이다. 또한 수업과 관련된 보충 학습자료인 수업 노트와 시청각 자료 등을 제공하는 것은 청각장애아동의 학습동기를 향상시킨다. 특히 추상적 교과내용을 구체화하고 재구성하여 대의 파악과 이해력 향상을 촉진할 수 있다(김영기, 박상수, 1998). 통합교육 환경에서 수학하는 청각장애학생은 교수-학습에서 어려움을 경험하고 있다. 따라서 교육과정 재구조화, 학습목표의 상세화, 보조 교과서 개발 등을 위한 다양한 노력이 요구되고 있다. 무엇보다 중요한 것은 청각장애학생의 노력을 촉진하기 위한 교사의 관심과 노력일 것이다.

(2) 사회적 통합

사회적 통합은 학업적 통합과 함께 청각장애아동의 효율적 통합교육을 보장하기 위한 또 다른 중요한 요인이다. 청각장애아동은 학교 내의 사회적 활동에 자발적으로 참여하고, 친구들과 우정을 나누며, 정서적 교류를 통해 인성 및 다양한 가치 덕목을 형성할 수 있다. 청각장애아동에 대한 일반교사와 일반아동의 이해와 배려는 청각장애아동의 사회적 통합에 긍정적인 영향을 제공한다. 특히 일반교사의 청각장애아동에 대한 이해와 전문성은 일반아동의 청각장애아동에 대한 긍정적 인식에 결정적 영향을 미치는 요인으로 작용한다.

통합학급에 배치된 청각장애아동을 이해하기 위해서 일반교사는 특수교사와의 협력체계 구축, 교원 연수, 특수교육 워크숍 등에 적극적인 참여가 필요하다. 또한 일반아동은 장애 이해교육, 장애 체험교육을 통해 청각장애아동과 사회적 참여에 함께할 수 있는 기회를 통해 청각장애아동과 일반아동 간의 긍정적인 태도와 친밀감을 형성할 수 있도록 해야 한다(최연숙, 박원희, 2012). 함께한다는 것은 경쟁도 아니며, 득실 계산을 요구하지 않는다. 일반아동과 청각장애아동이 학교생활에서 사회적 통합에 함께 참여했다는 자체가 행복한 학교생활의 원동력이다.

3) 청각장애아동을 위한 언어교육방법

청각장애아동의 교육에 있어서 가장 중요한 요소는 의사소통 기술이다. 청각장애아동의 특성에 따른 언어교육방법을 선택하여 교육해야 한다. 전통적으로 청각장애아동을 위한 언어교육방법은 수화교육, 구화교육, TC 그리고 이중문화·이중언어적 접근법 등이 있다.

(1) 수화교육

수화는 손의 움직임과 비수지 신호를 사용하여 표현하는 시각언어다. 수화는 수어와 동의어로 사용되는데, 수어는 수화언어의 줄임말로 이해되기도 한다. 수화는 손짓, 몸짓, 표정 등을 이용하여 의미를 표현하고 이해하는 의사소통 방법이며 농인 중심의 언어다.

수화는 자연수화와 문법수화로 구분할 수 있다. 자연수화는 청각장애인 사이에서 자연스럽게 습득된 언어로 국어 문법체계의 영향을 받지 않으나, 지문자의 활용과 새로운 어휘의 조어에서는 한문 또는 한글의 영향을 받는 굴절현상이 나타나기도 한다. 예를 들면, {즐겁다}와 {기쁘다}의 수화소는 동일하지만, /ㅈ/과 /ㄱ/으로 구분한다. 또한 {서류}가 {한자}와 동일한 수화소를 보인다는 점에서 한국수화가 국어와 한문의 영향을 받았다는 것이다.

문법수화는 국어 문법체계에 기초하고 있으며 건청인과의 효율적인 의사소통과 어휘 또는 문장지도를 위하여 청각장애학교에 재직하는 청인교사에 의해 사용된다. 문법수화를 이해하는 학생은 국어 문법에 대한 이해력이 높으므로 학교교육에 큰 어려움이 없다. 그러나 국어의 문법체계를 모르는 청각장애아동을 위한 문법수화는 국어교과에 도움이 되지 못한다. 또 다른 언어체계가 전달되어 혼란만 가중시키는 결과를 제공하기 때문이다.

문화 계승은 언어, 자손, 영토 등과 같은 요소를 요구한다. 농문화는 수화언어, 청각장애의 출현율, 청각장애학교 등과 같은 독특한 문화적 요인으로 계승되는 특성을 보인다. 그래서 수화가 농문화의 중심에 있다. 청각장애아동은 자신의 듣고 말하기의 어려움을 장애(handicap)라고 인식하기보다 단순히 불편함으로 이해한다. 그러나 청각장애 자체는 농 정체성과 농문화 형성에 영향을 미치는 주요 요인으로 작용한다(최성규, 1997; 최성규, 이정우, 2015).

(2) 구화교육

구화교육이란 청각장애아동이 말하는 사람의 입술의 움직임과 얼굴표정 등을 통하여 말을 이해하고 음성언어를 학습하게 하는 방법이다. 구화교육은 청능훈련과 독화지도 등을 통해 청각장애아동이 정상적인 구어를 발달시키는 것을 강조한다. 청능훈련은 청각장애아동이 청취 가능한 모든 음향적 단서를 활용하는 방법이다. 보청기를 착용하여 언어를 청취하고, 음의인식-음의변별-음의확인-음의이해를 목표로 한다. 독화지도는 청각장애인이 시각을 통하여 말하는 사람의 입 모양과 조음기관의 움직임을 읽고 말을 이해하는 것이다. 독화지도를 위해서는 시지각 능력이 필요하며 모음과 자음 읽기지도가 있다.

미국의 경우, 'cued speech'가 개발되어 모음과 자음의 조음점을 제시하여 시각적으로 인지하게 한 다음에 발성이 제시되는 방법으로 구화교육을 시킨다. 그러나 발음지시법과는 차별이 있다. 발음지시법은 발음될 음성에 해당하는 문자를 지문자 형태로 제시하는 방법이지만, cued speech는 /m, n, hw/ 등과 같은 입술모양이 완전히 구분되는 발성을 하나의 묶음으로 제시하여 교사의 입술을 보고 해당하는 음운을 이해하는 방안이다. cued speech 등과 같은 방법으로 입술읽기를 학습하고 점차 음의변별, 확인, 이해 등으로 진행시킨다.

(3) TC

TC(Total Communication)는 수화와 구화 한 가지 방법을 강조하기보다는 듣기, 말하기, 독화, 수화, 지문자 등 모든 의사소통 수단을 활용하는 것을 말한다. 청각장애교육의 언어교육방법론에서 수화와 구화의 대립적 시각에 종지부를 찍기 위한 방안으로 이해된다. 모든 언어는 평등하므로 수화 또는 구화의 선택적 접근이 아니라, 수용자 중심에서 언어교육방법론이 지원되어야 한다는 시각이다. 특히 수화 또는 구화 중에서 어떤 방법으로 적용하여도 청각장애아동은 이해를 잘하고 있으며, 또한 이해가 되지 않으면 방법에 대한 문제가 아니라는 것이다. 1970년대 미국을 중심으로 보급된 TC는 옛 소련의 1950년대 'neo-oralism'을 벤치마킹하였다.

청각장애아동의 다양한 특성에 따라 교육적 요구가 달라지므로 수화와 구화를 아동 중심으로 선택하고 교사는 이를 중심으로 교수-학습을 실행하게 된다. 그러나 TC 적용의 방법적 차원에서 교사 중심의 선택이라는 비판을 받기도 한다. 또한 TC 적용이 청각

장애아동의 학업성취에 긍정적인 영향을 미쳤다는 증거를 제시하지 못하면서 이 언어교
육방법론에 대한 회의가 나타나게 되었다. 철학적 접근과 현실의 괴리로 이중문화·이
중언어접근법이 등장하게 되는 계기가 제공되었다. 우리나라에 영향을 미쳤던 TC는 문
법수화를 보급시키는 계기로 작용하였고, 초등학교 저학년은 구화교육을 고학년부터는
수화교육을 사용한다는 학교 중심의 선택적 언어교육방법론으로 이해되기도 하였다. 또
한 TC에 의한 초등학교 저학년의 구화교육은 큰 목소리로 설명하는 것이며, 고학년의
수화는 교사 중심의 문법수화가 강조되는 부작용에 노출되기도 하였다.

(4) 이중문화·이중언어 접근법

이중문화·이중언어 접근법(bicultural and bilingualr approach: 2Bi 접근법)은 청각장애
문화와 청각장애언어를 삶의 부분으로 이해하고 강조하는 언어교육방법론이다. 2Bi 접
근법은 농문화와 수화를 먼저 이해하고 다음으로 건청인 문화와 언어(국어)를 지도한다
는 언어교육방법론이다.

모국어의 중요성이 외국어 지도에 적용되어야 한다는 이중언어 접근법의 영향으로
태동된 2Bi 접근법은 이중문화(bicultural)와 이중언어(bilingular)의 합성어다. 이중문화는
농문화와 건청문화를, 이중언어는 수화와 국어를 의미한다.

청각장애아동에게 효율적으로 국어를 지도하기 위한 언어교육방법론인 2Bi 접근법은
1960년대에 태동하였다. 그러나 언어에 대한 이해 없이는 2Bi 접근법을 실현하기에 어
려움이 있으므로 자연수화에 대한 연구의 필요성이 부각되었다. 1980년에 미국수화에
대한 연구가 집대성되면서 2Bi 접근법의 필요성이 강조되기 시작하였다.

1995년에 미국의 New York School for the Deaf를 시작으로 2Bi 접근법을 적용하기
시작하여, 오늘날 미국의 47개 이상의 주에서 'star school project'라는 이름으로 2Bi 접
근법을 적용하게 되었다. 오늘날 유럽의 핀란드, 스웨덴, 덴마크 그리고 미국 등을 중심
으로 청각장애아동의 읽기 쓰기 능력이 '초등학교 4학년 수준을 넘어설 수 없다.'는 명
제를 불식시키는 연구결과를 2Bi 접근법에 기초하여 제안하고 있다. 우리나라의 경우
2Bi 접근법의 일환으로 이해되는 언어교육방법론의 적용은 서울애화학교 등에서 찾아
볼 수 있다.

지금까지 살펴보았듯이, 청각장애아동의 언어교육방법론은 수화, 구화, TC 그리고 이

중문화 · 이중언어 접근법 등으로 구분할 수 있다. 청각장애아동을 위한 언어교육방법을 학업성취의 수단으로만 볼 것이 아니라 청각장애학생의 삶에 있어서 중요한 요인이 된다는 점에서 올바른 교육적 방안을 모색해야 한다. 이에 대하여 최성규(2013)는 언어교육방법론의 중요성이 아니라, 청각장애아동 중심의 삶과 앎의 괴리를 이해하고 인간을 위한 교육과정의 적용이 우선되어야 함을 강조하고 있다.

4) 청각장애아동을 위한 보조공학

청각장애아동을 위한 보조공학기기는 보청기와 인공와우가 일반적이다. 보청기는 소리의 강도를 높여 주어 좀 더 잘 들을 수 있도록 돕는 보장구다. 인공와우는 보청기를 착용하여도 도움을 받기 어려운 고도 이상의 감음신경성 장애를 가진 청각장애아동에게 청력을 대신하여 들을 수 있는 보장구다.

(1) 보청기
보청기는 청력손실을 보상하기 위해 가장 보편적으로 사용되는 보장구다. 그러나 소리를 듣게 해 주는 것이 아니라 소리를 듣는 데 도움을 주는 보조기기임을 알아야 한다. 보청기는 송화기, 증폭기, 음량조절기, 수화기 등과 같은 기본 구조로 구성된다. 송화기는 마이크로폰이라고도 하며, 보청기로 입력된 음성신호를 전기신호로 바꿔 주는 역할을 한다. 증폭기는 송화기에서 바뀐 전기신호를 청각장애아동이 잘 들을 수 있도록 소리를 크게 해 주는 역할을 한다. 볼륨 조절기와 유사한 기능을 하는 음량조절기는 사용자에 따라 조절하여 사용할 수 있도록 하는 장치다. 수화기는 송화기와는 반대 역할로 전기신호를 음성신호로 변환해 준다.

보청기는 착용 위치, 음전도 방식, 신호 처리 방식에 따라 종류가 다양하다. 특히 학교 현장에서 많이 사용하고 있는 FM 보청기는 집단용 보청기다. FM 보청기는 개인용 보청기와는 달리 거리, 소음, 반향 효과 등에서 자유롭다는 장점이 있다. FM 보청기는 학교 교육 현장에서 많이 활용되고 있다. FM 보청기와 유사한 장점을 가진 Loop형 보청기는 FM 보청기보다 저렴하다는 장점이 있으나, 교실 환경을 벗어나면 효과가 없다는 단점이 있다.

최근에는 마이크로폰에 여러 개의 단자를 장착하여 방향인지와 소음제거를 할 수 있는 보청기, 음성을 주파수별로 여러 개의 채널로 배분하고 수합할 수 있는 DSP(digital signal processor)가 장착된 디지털 보청기가 생산되고 있다.

(2) 인공와우

인공와우는 와우에 병변을 가진 고도 이상의 감음신경성 청각장애아동을 위한 보장구다. 내이의 달팽이관은 약 3cm에 18,000개 이상의 청신경유모세포가 있다. 또한 앞부분은 고주파수를 담당하고, 내부로 들어갈수록 저주파수를 담당한다. 달팽이관의 청신경유모세포가 담당하는 주파수를 22개 또는 24개 쌍으로 배분하여 전극을 달팽이관에 삽입하는 방식이 인공와우 시술이다.

인공와우 장치는 체외부와 체내부가 있다. 체외 장치는 마이크, 어음처리기, 송신기로 구성되어 있고, 체내 장치는 수신기와 전극으로 구성된다.

체외 장치인 마이크는 외부의 소리를 감지하여 어음처리기로 음을 보내는 역할을 담당한다. 어음처리기는 마이크를 통해서 입력된 음성신호를 전기신호로 변환한다. 디지털 보청기와 동일하게 DSP가 내장되어 있다. 입력된 음성신호는 제조사의 방식에 따라서 특정 공식으로 음을 변환한다.

송신기는 체내 장치인 수신기로 전기신호를 전달하는데 어음처리기에서 변화된 전기신호를 전달해 주는 역할을 한다. 수신기와 전극으로 구성된 체내 장치는 머릿속에 내장시키는 장치다. 수신기는 송신기를 통해 들어온 전기신호를 전달받아 와우에 삽입된 전극으로 전달한다. 전달된 전기신호는 청신경을 자극하여 소리를 인식하게 된다.

인공와우를 착용하여도 여전히 30dB 이상의 청력손실은 남아 있다. 이와 같은 현상은 인공와우가 소리를 인지하는 데 장소론이라는 이론에 한정하기 때문이다. 인간은 소리를 인지하는 데 장소론과 연사론이 동시에 작용한다. 초기의 인공와우 연구에서 연사론으로 적용하였으나, 기술상의 한계로 장소론에 의존하게 되었다. 향후 의료공학의 발달로 인공와우의 전기신호 처리가 장소론과 연사론을 동시에 수용할 수 있게 되면, 감음신경성 청각장애아동은 인공와우 시술로 모든 소리를 정상인과 동일하게 인지할 수 있을 것이다.

6. 청각장애에 대한 최근 쟁점

청각장애아동의 교육을 위한 최근 쟁점에 대한 논의는 육하원칙에 기초하여 작성하고자 한다. 이와 같은 접근은 청각장애아동의 과거, 현재, 미래에 대한 논의를 일관되게 정리할 수 있는 방안으로 이해된다.

1) 누 가

청각장애아동을 누가 지도할 것인가? 청각장애학생을 위한 특수교사 자격증은 1999년을 기점으로 변화가 일어났다. 2000년부터는 각 장애영역별 자격증이 없어지고, 학교급별 자격증이 발급되었다. 특수교사 양성 대학교에서는 특수교사를 위한 광범위한 교육과정을 적용하게 되면서 청각장애아동을 위한 교사 양성에 어려움이 나타나게 되었다.

청각장애아동의 약 70%가 일반학교에 재학하고 있다. 통합교육의 영향으로 청각장애아동은 일반학교 교사에 의해 교육을 받게 된다. 또한 특수학교도 청각장애아동을 위한 특수교사가 아닌, 일반 특수교사에 의해 수업을 받게 된다. 물론 청각장애사립학교의 경우는 사정이 다르기는 하다. 청각장애교육은 제도적 체계에 의해 결정되는 문제점에 노출되어 있다.

2) 언 제

조기교육은 매우 중요하지만, 청각장애아동의 조기교육은 다른 장애유형에 비하여 한계가 있다. 진단 및 평가 시기가 늦다는 점이다. 만 2세경이 되어야 청각장애를 의심하게 되고, 진단 및 평가를 받고 나면 학령기에 해당하는 경우가 많다. 국가는 청각장애아동의 조기 진단 및 평가를 위한 제도적 장치를 마련하여 ABR 검사 등을 무상으로 실시하는 방안을 마련해야 한다.

3) 어디서

청각장애아동의 부모는 청각장애는 극복할 수 있는 장애라고 생각한다. 그리고 장차 성장한 다음에 사회에서 건청인과 함께 생활해야 한다고 인식한다. 그래서 많은 부모는 통합교육을 선호하게 된다. 과거에 비하여 통합교육 환경에서 수학하는 청각장애아동의 수는 지속적으로 증가하고 있다. 이와 같은 현상은 모든 국가에서 공통적으로 나타나는 현상이다. 따라서 통합교육 환경에서 효율적 교육을 보장받기 위한 방안에 대하여 고민해야 할 시점이다.

4) 무엇을

청각장애교육에서 교육과정에 대한 시각은 극단적이다. 일반학교 교육과정을 적용해야 한다는 시각과 청각장애학교 교육과정이 우선되어야 한다는 주장이다. 과거와는 달리 오늘날 청각장애학교 교육과정은 일반학교 교육과정을 적용하고 있다. 물론 통합교육 환경의 교육과정도 일반학교 교육과정이다.

교육과정에 대한 시각은 일반학교 또는 청각장애학교에 대한 선택적 결정이 아님을 알아야 한다. 교육목표에 대한 기본적 인식을 우선적으로 공유해야 한다. 교육을 통하여 바람직한 인간으로 성장하기 위하여 읽고 쓰기 등은 중요한 교과 내용이다. 그러나 읽고 쓰기가 부족하다고 해서 인간의 가치가 폄하되어서는 안 된다. 앎을 우선하는 교육과정이 청각장애아동의 인간의 가치를 폄하하는 척도가 되어서는 안 될 것이다.

5) 어떻게

최근 사회 패러다임은 객관적에서 주관적으로 이동되었다. 또한 미시적 시각에서 거시적 접근이 당연시되고 있다. 청력손실이 학업지체의 원인으로 인식되었던 과거 패러다임은 이제 당위성을 잃었다. 청력손실을 극복할 수 있는 교수-학습방법을 적용해야 한다는 패러다임이 우선되고 있다.

수화를 사용하였기에 또는 구화를 적용하였기에, 청각장애아동의 교수-학습의 수월성이 보장되는 것은 아니다. 어떻게 지도하였더니 학업성취 수준이 보장되었다고 보아야 한다. 또는 인성지도가 용이했다는 점에 주안점을 두어야 한다. 교육방법은 아동의 존엄성을 보장하는 접근법인 것이다. 언어교육방법론은 청각장애학교의 부산물도 아니고 다수 교사의 인식에 의해 결정되는 수월성도 아니므로 청각장애아동의 효율성을 증명할 수 있는 방안으로 '어떻게'라는 명제를 인식해야 한다.

6) 왜

앎과 삶은 다르다. 청력손실 정도가 심할수록 음성에 대한 청각적 정보력은 낮아진다. 그러나 인간의 가치가 낮아지는 것은 아니다. 지식을 알게 하는 것이 아니라, 인간의 가치를 알 수 있게 하는 것이 교육이다. 물론 지식의 중요성을 부정하는 것이 아니다. 지식의 중요성이 우선되어서 인간의 가치를 상실하는 것은 아닌가에 대한 의문을 가져야 한다.

미래의 지식 기반 사회에서 앎의 중요성은 더욱 강조될 것이다. 2020년이 되면 지식의 양이 두 배로 증가한다고 한다(최성규, 허명진, 송혜경, 김미희, 김태임, 2012). 빅데이터의 중요성이 부각되는 시대다. 그러나 말하기와 듣기 등에 제한적인 청각장애아동의 삶은 어떻게 평가되어야 하는가? 중요한 것은 사회의 도덕심이다. 또한 정의가 함께하는 사회의 가치는 청각장애교육의 앎에 대한 인식을 재평가하는 날이 있을 것이다. 청각장애아동의 앎을 삶과 함께 바라볼 수 있어야 하며, 또한 앎을 위한 목적을 분명하게 정의할 때 학교와 사회가 보호될 수 있다. 청각장애교육은 인간의 삶과 사회의 정의를 보호하기 위해 필요하다.

📓 참고문헌

김승국, 김영욱, 황도순, 정인호(1998). 청각장애 아동 교육. 서울: 교육과학사.
김영기, 박상수(1998). 교수 · 학습목표 상세화를 통한 청각장애아의 수학과 개별화교육. 한국
    수학교육학회, 11(37), 173-184.
이소현, 박은혜(2011). 특수아동교육(3판). 서울: 학지사.
최상배(2012). 청각장애학생 통합교육 실태와 개선방안-교육 수화통역을 중심으로. 특수아동

교육연구, 14(3), 55-77.

최성규(1997). 청각장애아의 심리. 서울: 도서출판 특수교육.

최성규(2013). 학문의 통섭과 청각장애교육의 정체성. 한국청각언어장애교육연구, 4(2), 87-100.

최성규, 이정우(2015). 청각장애대학생의 자아정체감, 자기효능감, 의사소통양식 간의 관계
　　연구. 특수교육학연구, 49(4), 1-26.

최성규, 허명진, 박찬희, 김정규, 박찬영, 김미희, 박은주, 송혜경, 이수연, 이정우, 정승희
　　(2015). 청각학과 언어. 파주: 양서원.

최성규, 허명진, 송혜경, 김미희, 김태임(2012). 청각장애학생의 교수학습 방법. 서울: 시그마프
　　레스.

최연숙, 박원희(2012). 지식커뮤니티 기반의 청각장애아동 통합교육전략. 디지털정책연구,
　　10(11), 579-588.

한국청각언어장애교육학회(2012). 청각장애아동교육. 파주: 양서원.

제 **6**장

정서·행동장애

1. 정서·행동장애의 정의

인간의 정서는 신체의 변화를 동반하고 표현적이며 경험적이다(이영자, 유효순, 이정욱, 2001). 이러한 정서의 특징에 비추어 보면, 정서장애란 정서에 따른 신체 변화가 정상적이지 않고 극단적인 수준으로 동반되는 경우를 말하며, 정서를 표현하는 양상이 상황이나 또래 수준에 맞지 않고 일탈된 경우를 의미한다. 또한 다양한 경험의 기회를 박탈당하거나 지속적인 부정적 경험으로 인하여 정서를 해석하는 경향이 일반적이지 않은 상태를 의미한다. 예를 들어, 월요일 아침마다 열이 오르고 복통을 호소하거나, 화가 나면 기물을 파괴하고 주변 사람을 해치거나, 일반적인 상황에서 불안감을 나타내는 등의 행동이다. 따라서 정서적으로 건강한 사람으로 양육하기 위해서는 자신의 정서를 적절히 표현하도록 가르치고 생의 초기부터 좋은 양육환경을 제공하여 건강한 경험을 하도록 돕는 것이 중요하다고 할 수 있다.

정서장애(emotional disturbance)라는 용어는 최근에 정서·행동장애(emotional and behavioral disorders)로 변경되었다. 이것은 학문적 흐름을 반영하는 것일 뿐만 아니라 정서·행동장애라는 용어가 이 집단에 속하는 아동의 특징을 더 잘 대표한다는 전문가들의 의견이 반영된 것이기도 하다. 따라서 우리나라의 특수교육 관련 법에서도 용어가 변경되었는데, 이전 법인 「특수교육진흥법」에서는 '정서장애'였던 것이 2008년 개정된 「장애인 등에 대한 특수교육법」에서는 '정서·행동장애'로 변경되었다.

「장애인 등에 대한 특수교육법」에는 각 장애에 대한 정의가 별도로 명시되어 있지 않아서 정서·행동장애의 개념을 파악하기 위해서는 이 법의 시행령에 명시된 특수교육대상자 선정 기준(같은 법 시행령 제10조 관련 별표)을 살펴볼 필요가 있다. 정서·행동장애를 지닌 특수교육대상자의 선정 기준은 다음과 같다.

> 장기간에 걸쳐 다음 각 목의 어느 하나에 해당하여, 특별한 교육적 조치가 필요한 사람
>
> 가. 지적·감각적·건강상의 이유로 설명할 수 없는 학습상의 어려움을 지닌 사람
> 나. 또래나 교사와의 대인관계에 어려움이 있어 학습에 어려움을 겪는 사람
> 다. 일반적인 상황에서 부적절한 행동이나 감정을 나타내어 학습에 어려움이 있는 사람
> 라. 전반적인 불행감이나 우울증을 나타내어 학습에 어려움이 있는 사람
> 마. 학교나 개인 문제에 관련된 신체적인 통증이나 공포를 나타내어 학습에 어려움이 있는 사람
>
> 　　　　　　　　　　　　　　　- 「장애인 등에 대한 특수교육법」 시행령 제10조 별표

이 법에서의 정서·행동장애를 지닌 특수교육대상자의 선정 기준은 '장기간'과 같은 명료하지 않은 내용을 포함하고 있으나, 정서·행동장애라는 명칭 자체가 질적으로 상당한 정도의 차이가 있는 하위 장애들을 포괄하고 있음을 고려할 때 객관성의 부재를 완전히 배제하기 어려운 측면이 있다. 더불어 이 선정 기준은 가~마의 모든 목에 학습에 어려움이 있는 사람을 지목하고 있어, 다른 문제가 있더라도 학습의 어려움을 겪지 않으면 정서·행동장애를 지닌 특수교육대상자로 선정될 수 없도록 규정하고 있다. 그러나 이것은 정서·행동장애학생을 과소의뢰하게 되는 문제를 초래할 수 있으므로 신중한 검토가 필요하다는 지적이 많다(신윤희, 이효신, 정대영, 이상훈, 2014; 이상훈, 2013; 이승희, 2012).

한편, 한국특수교육학회(2008)에서는 정서·행동장애를 다음과 같이 정의하였다.

> 정서 및 행동이 또래집단의 규준 혹은 기대수준을 심하게 벗어나 일반적인 환경
> 하에서 사회적 관계, 감정 조절, 활동 수준, 주의집중력 등의 곤란으로 자신 및 타인
> 의 기능을 방해하며, 학업, 대인관계, 일상생활에 부정적인 영향을 미치는 상태
>
> – 한국특수교육학회, 2008

미국의 경우, 이 분야의 전문가들이 모인 단체인 국립정신건강 및 특수교육연합회에서 연방정부가 제시한 정서장애 정의의 문제점을 지적하면서 다음과 같은 대안적 정의를 제안하였다.

> 1. '정서·행동장애'라는 용어는 학교 프로그램에서 행동적·정서적 반응이 해당
>   연령과 문화, 인종의 기준에 비추어 볼 때 매우 달라서 학문, 사회적 기술, 직
>   업, 개인 기술을 포함하는 교육적 수행에 불리한 영향을 미치는 장애를 의미한
>   다. 이것은 스트레스를 받는 환경에서 일시적이나 기대 이상의 반응을 나타내
>   고, 서로 다른 두 가지 장면에서 일관적으로 나타나는데 적어도 그중 하나는
>   학교와 연관된다. 또한 일반교육에서의 직접적인 중재에는 반응을 보이지 않
>   거나 일반교육의 중재로는 불충분한 아동의 상태를 의미한다.
> 2. 이 용어는 다른 장애와 함께 나타나는 장애를 포함한다. 이 용어는 1.에 기술
>   된 아동의 교육적 수행에 역으로 영향을 미치는 정신분열적 장애, 정동장애,
>   불안장애, 기타 품행 및 적응장애를 포함한다.
>
> – Webber & Plotts, 2013

이 정의는 문화와 인종의 기준을 적용한 점, 학교 상황을 중요하게 고려한 점 그리고 교육적 수행의 범위를 학습에만 국한시키지 않은 점 등이 기존 정의와의 차이점이다.

2. 정서·행동장애의 관련 요인 및 출현율

1) 관련 요인

정서·행동장애의 발생은 환경적 요인과 깊이 관련되어 있기 때문에 원인을 한 가지로 단정 짓는 것은 불가능하다. 따라서 〈표 6-1〉에 나와 있는 여러 가지 관련 요인이 정서·행동장애 발생과 상호 관련되어 있다는 것을 이해하는 것이 중요하다. 예를 들어, 기질적으로 취약성을 가진 아동이라고 하더라도 가족 관련 요인이 어떤 상황인가에 따라 장애 정도에 상당한 차이가 있을 수 있으며, 아동이 신체생리적 요인을 가지고 있지 않다고 하더라도 개인 내적 요인의 취약성과 병리적 가족관계를 가지고 있다면 심각한 정도의 장애를 가질 수 있다.

그러므로 정서·행동장애 발생 관련 요인은 기여 요인(contributing factors)의 개념으로 이해해야 한다. 아동의 내적 요소의 특성과 아동을 둘러싼 환경 요소가 톱니바퀴처럼 맞물려 정서·행동장애아동의 행동에 기여한다고 볼 수 있다.

표 6-1 정서·행동장애 발생 관련 요인

생물학적 요인	• 유전성 질병 • 타고난 성격	• 선천성 장애 • 타고난 기질 및 건강 상태
가족 관련 요인	• 부모의 정신병적 요소 • 양육 형태	• 가족관계 요소
사회문화적 요인	• 문화적 요소 • 물리적 환경	• 사회경제적 요소 • 사회적 지지 요소
학교 요인	• 아동의 기능 수준 • 교사의 태도	• 또래의 태도

(1) 생물학적 요인

아동의 유전적·신경학적·생화학적 요소 혹은 이들이 결합된 요소가 행동에 영향을 미친다는 것은 알려진 사실이지만 구체적으로 어떻게 영향을 미치는지에 대해서는 아직도 밝혀지지 않고 있다.

지금까지 밝혀진 바에 의하면 기질이 '까다로운' 아동은 성장하면서 정서·행동장애를 가질 위험이 상대적으로 높다. 까다롭다는 것은 아동과의 상호작용이 원활하지 않거나 긍정적이지 못함을 의미하며 이러한 부정적 관계가 아동을 고립적이거나 공격적으로 만들 위험이 크다고 볼 수 있다.

정서·행동장애 원인을 생물학적 요인과 관련지어 중요하게 생각해야 할 점은 첫째, 흔히 정서·행동장애라 하면 물리적 원인이 없는 것으로 인정해 버리기 쉬우나, 생물학적 역기능이 정서·행동상의 문제를 야기시킬 수 있다는 것을 기억해야 한다는 점이다. 둘째, 생물학적 요인과 심리학적 요인은 결코 각각 독립적이지 않다는 점이다. 즉, 생물학적 요인은 심리학적 요인을 낳고 심리학적 요인은 정서·행동장애를 낳는다. 셋째, 아동의 문제행동을 해결하기 위한 생물학적 혹은 의학적 처치가 충분히 이루어지지 않고 있다는 것을 상기할 필요가 있다는 점이다.

(2) 가족 관련 요인

아동발달 관련 연구자들은 영유아기의 아동-양육자 간 상호작용의 중요성에 대하여 공감한다. 이때의 부정적 상호작용은 아동의 올바른 성장을 저해하고 결과적으로 병리적 가족관계가 형성되는 기초가 된다. 따라서 영유아기의 아동 행동에 대하여 양육자가 민감하고도 반응적인 태도를 보이는 것은 무엇보다도 중요하다.

특히 이른 시기의 애착 발달은 아동의 정서·행동 발달과 깊은 관련을 가지는 요인이다. 애착은 사람을 밀접한 관계로 묶어 주는 강한 애정적 유대감으로(Bowlby, 1969), 애착관계에 있는 사람들은 상호작용을 하면서 거리상으로나 심리적으로 가까움을 유지하려고 노력하는 특징을 가지며, 애착 대상이 있는 영아는 심리적으로 안정되어 있어 자신의 정서표현이 쉽고 자유로울 수 있다.

애착의 유형은 네 가지로 구분되는데(Santrock, 1995), 첫째는 안정애착으로 영아의 약 65%가 이러한 유형의 애착을 발달시키는 것으로 알려져 있다. 안정애착된 영아들은 어머니와 둘이 있는 동안 적극적으로 탐색 활동을 하다가 격리되면 매우 괴로워한다. 그러나 다시 만났을 때 매우 반기며 신체적 접촉을 시도한다. 둘째, 저항애착으로 영아의 약 10%가 불안정한 저항애착을 보이며 이 영아들은 어머니와 둘이 있을 때도 어머니와 멀어지는 것을 싫어하여 탐색 활동을 거의 하지 않았다. 격리 시에는 매우 고통스러워하며 다시 만났을 때는 화를 내고 가까이 있으려고 하지만 어머니가 신체적 접촉을 하려 하면 뿌리치는 반응을 보인다. 셋째, 회피애착으로 영아의 약 20%가 이 유형에 속한다. 이 유형의 영아들은 어머니와 격리 시 별 고통을 보이지 않고 다시 만났을 때도 어머니와의 접촉을 피하거나 무시하는 듯 보인다. 이들은 낯선 사람에 대하여 특별히 불안을 나타내지 않으며 어머니와 낯선 사람의 구분이 뚜렷하지 않다. 넷째, 혼란애착으로 영아의 약 5~10%가 이 유형을 나타낸다. 이들은 저항애착과 회피애착이 결합된 것으로 보이며 어머니와 다시 만났을 때 얼어붙은 듯 멍한 모습을 보인다. 반응성 애착장애(reactive attachment disorder)는 이러한 애착 발달에 문제가 있어 나타나는 장애다.

(3) 사회문화적 요인

아동은 그가 속한 사회와 문화 속에서 자신의 역할과 기대를 터득하게 되므로 사회문화적 환경은 아동의 정서, 사회성 그리고 행동 발달에 결정적인 영향을 끼친다고 볼 수 있다. 사회와 문화 내에서 수용되지 못하는 행동이나, 기대에 못 미치는 행동은 대부분 일탈된 행동으로 간주된다. 이러한 가치나 행동 기준은 사회나 문화 특유의 관습, 사회경제적 수준 그리고 사회적 지지 등에 영향을 받는다.

(4) 학교 요인

학교에 입학하면서 문제를 가지고 들어오는 아동이 있는가 하면, 학교에 다니면서 없었던 문제를 가지게 되는 아동도 있다. 이들에게 있어 공통적으로 중요한 것은 학업 기능과 친구나 교사와 긍정적으로 상호작용할 수 있는 사회적 기능을 갖추고 있는가다. 기본적인 학업 기능과 사회 기능을 갖추지 않고 입학할 경우, 또래나 교사와 부정적인 상호작용을 하게 될 가능성이 크고 이것은 장애 기여요인으로 작용할 수 있다.

학교 상황이 문제가 되는 경우는 지나치게 방종적이거나 엄격한 경우, 일관성이 없는 경우 그리고 아동의 나쁜 행동이 강화되거나 모델로서 역할을 하는 경우다. 또한 아동에 대한 교사의 기대수준이 지나치게 낮거나 높은 경우에도 문제가 될 수 있다.

2) 출현율

출현율이란 모집단 인구 중 특정 대상자만의 인구 비율이다(국립특수교육원, 2009). 따라서 정서·행동장애아동 출현율은 발달기 아동 중 정서·행동장애를 가진 아동의 비율이라고 할 수 있다.

정서·행동장애는 앞서 정의에서 살펴본 바와 같이 한마디로 혹은 객관적으로 정의하기가 매우 어려운 장애 영역이다. 품행장애, 불안장애, 주의력결핍 과잉행동장애, 우울장애 등 매우 다양한 특성을 가진 장애들이 묶인 장애 영역이기 때문이다. 따라서 정서·행동장애의 출현율을 산출하는 것은 어려운 일이다.

다른 나라의 정서·행동장애 출현율을 살펴보아도 보고된 출현율의 편차가 크다. 정동영 등(2001)의 조사에 따르면 13개국의 정서·행동장애 출현율은 프랑스가 36.18%로 최고였으며 아이슬란드가 0.49%로 최저였다. 이러한 큰 차이는 앞서 언급한 개념과 관련된 어려움 외에도 검사도구의 차이, 문화적 차이 등에 기인한다고 볼 수 있다. 이 연구에서는 6~11세의 우리나라 정서·행동장애아동의 출현율을 0.15%로 보고하였고 이는 전체 장애 영역의 5.54%를 차지하는 것이라고 밝혔다.

3. 정서·행동장애의 특성

정서·행동장애아동은 일반적으로 싸우기, 때리기 등의 공격적 행동과 무례함, 불복종, 적대감, 거짓말 등의 특성을 나타내고, 주의집중 능력이 제한적이며, 두려움, 수줍음, 긴장, 좌절, 수동성 등의 특성을 보이기도 한다. 그러나 이 모든 특성은 정서·행동장애를 가지지 않은 아동에게서도 발견될 수 있다. 단지 정서·행동장애아동은 이 특성의 강도나 지속 시간이 훨씬 강하고 오랜 기간 동안 지속적으로 나타난다는 차이점을 가지고 있다. 정서·행동장애아동의 지능과 적응행동 그리고 학업 특성에 대해 살펴보면 다음과 같다.

1) 지능 특성

지능은 정서·행동장애를 진단하는 데 필수 요건이 아니다. 즉, 정서·행동장애아동은 지능이 높을 수도 있고 낮을 수도 있다. 정서·행동장애아동의 지능에 대한 연구는 과거로부터 지속적으로 이루어져 왔는데, 결과는 다소 차이가 있다. 과거에는 이들의 지능이 평균 수준 이상이라고 알려졌으나, 이후로 계속된 연구에서는 정서·행동장애아동의 지능이 일반아동에 비하여 다소 떨어지는 것으로 보고하고 있다. 또한 증상이 심한 정서·

행동장애아동의 경우에는 지적 기능이 지적장애 아동의 수준에 이른다고 밝혀졌는데, 이와 관련하여 Kauffman과 Landrum(2009)은 지능이 정서·행동장애아동의 학업성취 및 사회적응 능력을 가장 잘 예언해 줄 수 있는 변인이라고 하면서 지능 관련 연구 결과들을 토대로 하여 정서·행동장애아동의 가상적 지능 분포를 제시하였는데, 이들의 지능은 일반아동에 비해 약 5~10 정도가 낮은 것으로 보고하였다.

2) 적응행동 특성

정서·행동장애아동은 학교생활을 성공적으로 하기 위해서 필요한 주의해서 듣기, 지시 따르기, 도움 청하기, 무관자극 무시하기 등에 어려움을 겪고, 자신을 소개하기, 사과하기, 대화 나누기 등의 능력이 부족하다. 또한 분노나 좌절과 같은 극한 감정을 유발하는 상황에 적절히 대처하지 못한다. 이와 같은 무능력은 교실 내에서 교사나 친구들과의 관계에 부정적 영향을 끼치게 되고 나아가 자아개념 손상이나 주변인들로부터의 고립 현상을 가져와 문제는 악순환된다. 이러한 문제를 유발하는 요인은 정서·행동장애아동이 기본적인 사회 기술을 갖추고 있지 못하다는 점과 과다행동, 산만성, 충동성 등의 행동 특성을 갖기 때문인 것으로 알려져 있다. 특히 주의력결핍 과잉행동장애아동의 경우에는 과다행동과 산만성 그리고 충동성을 동시에 가지므로 다른 사람들로부터 긍정적인 반응을 얻기가 상당히 어렵다.

3) 학업 특성

앞서 언급한 정서·행동장애아동의 일반적인 특성 때문에 그들의 학업성취는 낮다. 정상적인 지능을 가진 아동이라고 하더라도 주변 환경과의 부정적인 상호작용으로 인하여 자신의 잠재능력이 학업성취에 완전히 반영되지 못한다고 볼 수 있다. 이처럼 자신의 잠재력과 성취도 간에 심한 불균형을 가지는 아동이 많기 때문에 많은 정서·행동장애아동은 학습장애를 동반하는 것으로 보고되고 있다. 이와 관련하여 정서·행동장애아동은 특히 읽기와 산수 학습에 있어서 또래에 비해 의미 있는 정도로 지체되어 있다고 알려져 있다.

4. 정서·행동장애의 평가

1) 「장애인 등에 대한 특수교육법」 상의 평가 관련 내용

「장애인 등에 대한 특수교육법」 시행규칙 제2조에는 정서·행동장애의 선별검사나 진단·평가를 실시하는 경우 시행해야 할 검사로 〈표 6-2〉와 같은 검사를 제시하고 있다. 그러나 정서·행동장애 여부를 판단하기 위해서는 다양한 정보가 필요하고 여러 가지 검사 결과의 통합적인 해석이 요구되므로 법에서 제안된 검사 외에도 더 많은 검사가 필요할 수 있다. 최근 전문가들을 대상으로 법에 제시된 검사의 적절성 여부를 조사한 연구(신윤희 외, 2014)에서는 미흡함을 보고하기도 하였다.

표 6-2 **정서·행동장애를 지닌 특수교육대상자 선별검사 및 진단·평가 영역**

정서·행동장애	1. 적응행동검사	2. 성격진단검사
	3. 행동발달평가	4. 학습준비도검사

2) 선별 체계

정서·행동상의 문제를 '의미 있는' 문제로 판단하는 데 영향을 끼치는 요인은 매우 많다. 예를 들어, 교사의 인내심이 정서·행동장애 진단에 영향을 끼칠 수 있다는 주장은 문제를 바라보는 사람의 성격에 따라서도 문제의 의미 여부가 달라질 수 있음을 뜻한다. 그러므로 정서·행동상의 문제를 장애로 선별하고 진단하는 절차에서는 다양한 검사자, 다양한 장소, 다양한 자료수집 방법을 적용해야 한다.

이와 같은 관점에서 제안된 정서·행동장애 선별 방법이 행동장애 선별체계(Systematic Screening for Behavior Disorders: SSBD)다(Walker & Severson, 1992). SSBD는 학교 상황에서 정서·행동상의 문제를 효과적으로 발견하고 의뢰할 수 있는 선별 시스템이다. 이것은 다관문(multiple gating) 절차에 기초하는 것으로서, 자료 수집에 사용되는 다양한 방법이 일정한 체계에 따라 순서대로 사용된다. [그림 6-1]은 SSBD 절차를 나타낸 것이다.

SSBD는 3개의 관문을 통과한 학생을 정서·행동장애로 선별하고 그들을 진단 절차로 의뢰하기 전에 '의뢰 전 중재'를 실시하도록 되어 있다. 이 절차를 구체적으로 살펴보면, 먼저 일반학급의 교사가 전체 학생을 대상으로 내재화 문제와 외현화 문제가 가장 의심되는 아동 3명씩을 각각 선정한다. 이것이 첫 번째 관문으로서, 교사가 많은 또래 아동과 상호작용하면서 갖게 된 교사 개인의 기준을 이용하는 것이다. Severson과 Walker(2002)는 이러한 교사의 판단이 매우 정확하고 유용한 것임을 확인해 주었다. 1차 선정된 6명의 아동은 두 번째 관문으로 의뢰되는데, 여기에서는 교사가 주요사건목록(Critical Events Index: CEI)으로 고강도의 저빈도 행동(예: 절도, 방화, 구토)을 측정하고 통합빈도목록(Combined Frequency Index: CFI)으로 저강도의 고빈도 행동(예: 지시에 따라 앉아 있기)과 부적응 행동(예: 골내기, 토라지기)을 평정한다. 여기에서 일정 기준을 초과하면 세 번째 관문으로 의뢰된다. 세 번째 관문에서는 두 번째 관문을 통과한 몇 명의 아동을 대상으로 일반교실과 운동장에서 행동을 관찰하는데, 그 결과 행동 수준이 일정 기준을 초과한 아동은 세 개의 모든 관문을 통과한 것으로 간주되어 의뢰 전 중재와 특수교육 평가의

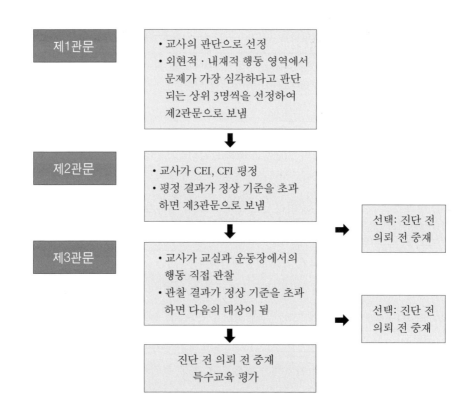

[그림 6-1] SSBD 절차

대상이 된다. 이들은 SSBD 절차에서 최종 선별된 아동으로서 임상전문가에게 의뢰되기 전에 먼저 학교에서 중재를 받아 봄으로써 문제를 호전시켜 장애 명칭을 부여받는 일을 예방할 수 있는 기회를 갖게 된다. 이러한 절차는 과도하게 임상전문가에게 의뢰되는 사례를 줄여 주고 장애 명칭 부여를 효과적으로 줄여 준다.

3) 검사도구

정서·행동 문제의 원인 중 기질적 요인이 명백한 아동일수록 보다 이른 시기부터 문제가 발현되는 경향이 있다. 그러므로 장애 위험 여부를 알아내기 위한 유아기 발달 검사에 행동 영역이 반드시 포함되어야 한다. 현재 우리나라에서 행동발달 문제를 검사하는 도구 중 유아기를 포함하는 표준화 검사는 K-DIAL-3과 CBCL1.5-5, CBCL6-18 등이다.

(1) K-DIAL-3

K-DIAL-3(Korean Developmental Indicators for the Assessment of Learning-Third Edition)은 한국판 유아발달선별검사로서, 미국에서 개발된 DIAL-3(Mardell-Czdnowski & Goldenberg, 1998)을 전병운 등(2004)이 재표준화한 검사다.

이 검사의 목적은 3세부터 7세 미만의 유아들을 대상으로 발달지체 혹은 발달 위험 유아를 선별하는 것이다. 따라서 검사의 구성은 운동, 인지, 언어, 자조, 사회 등의 5개 발달영역이 주를 이루며 행동은 보완영역으로 포함되어 있다. 기존의 발달선별검사가 행동 관련 문항을 전혀 포함하고 있지 않은 것에 비해 간단하게라도 유아의 행동 문제를 객관적으로 평가해 볼 수 있는 규준을 제시하고 있다는 점에 의미가 있다.

행동 문항은 검사자가 하도록 되어 있는데, 부모질문지 형식으로 구성된 자조, 사회 영역과는 달리 운동, 인지, 언어 영역은 검사자가 피검유아에게 직접 검사하도록 되어 있어 세 가지 각 영역에서 검사를 마친 후 검사자가 유아의 태도를 회상하며 9개의 행동 문항을 완성하도록 되어 있다. 문항 구성은 〈표 6-3〉과 같다. 앞서 언급한 바와 같이, 이 검사의 행동 영역은 비교적 간단하게 구성되어 있으므로 1차 선별검사로 활용하는 것이 바람직하다.

표 6-3 K-DIAL-3의 행동관찰 문항

1. 어른과 떨어지기 ⓪ 쉬움 ① 머뭇거림 ② 뗄 수 없음	4. 인내력(비언어성) ⓪ 과제지속 ① 과제시도 ② 과제거부	7. 참여 ⓪ 적극적 ① 격려필요 ② 하려고 하지 않음
2. 울기/징징거림 ⓪ 없음 ① 조금 ② 많음	5. 주의집중 ⓪ 처음부터 끝까지 주의집중 ① 부분적 주의집중 ② 잠깐만 주의를 기울임	8. 충동성 ⓪ 지시 기다림 ① 몇몇 과제 시작은 지시 전에 ② 거의 지시 전에 시작
3. 질문에 대한 언어적 반응 ⓪ 기꺼이 함 ① 마지못해 함 ② 무반응	6. 행동수준 ⓪ 조용히 않음 ① 조금씩 움직임 ② 지나치게 움직임	9. 지시이해 ⓪ 쉽게 이해 ① 반복 필요 ② 이해 못함

출처: 전병운, 조광순, 이기현, 이은상, 임재택(2004).

(2) CBCL1.5-5 / CBCL6-18

CBCL1.5-5(유아행동평가척도 부모용)와 CBCL6-18(아동청소년행동평가척도 부모용)은 Achenbach와 Edelbrock(1983)이 처음 개발했던 아동 · 청소년행동평가척도인 CBCL (Child Behavior Checklist)을 개정한 검사로서 우리나라에서는 오경자와 김영아(2009)가 재표준화하였다.

CBCL1.5-5는 1.5세부터 5세 유아를 그리고 CBCL6-18은 6세부터 18세 아동을 대상으로 한다. 이 검사들은 부모가 100여 개의 문항에 대해 그 정도에 따라 점수를 부여하는 평정척도 형식으로 구성되어 있으며, 합산된 원점수로 개인의 행동 수준을 규준집단의 평균과 비교하여 평균으로부터 많이 떨어진 점수를 받을수록 일탈된 행동을 보이는 것으로 해석하는 규준참조검사다.

각 검사는 부모용과 교사용으로 나뉘어 있으며 유아용인 CBCL1.5-5는 증후군 척도와 DSM 진단척도 그리고 언어발달검사로 구성되어 있고, 아동청소년용인 CBCL6-18은 적응척도, 증후군척도, DSM 진단척도, 문제행동특수척도로 구성되어 있다(http://www.aseba.or.kr). 이 검사들의 문항 예는 다음 〈표 6-4〉와 같다.

표 6-4 │ CBCL1.5-5 / CBCL6-18의 문항 예

척도	문항	
CBCL1.5-5	1. (뚜렷한 의학적 원인 없이) 몸이 여기저기 아프다.	⓪ ① ②
	2. 나이에 비해 너무 어리게 행동한다.	⓪ ① ②
	3. 새로운 것을 해 보길 겁낸다.	⓪ ① ②
CBCL6-18	1. 나이에 비해 너무 어리게 행동한다.	⓪ ① ②
	2. 부모님의 허락없이 술을 마신다.	⓪ ① ②
	3. 말다툼을 많이 한다.	⓪ ① ②

출처: 오경자, 김영아(2008); 오경자, 김영아, 하은혜, 이혜련, 홍강의(2010).

5. 정서·행동장애 이해를 위한 개념적 모델

정서·행동상의 문제에 대한 해석은 그것을 바라보는 관점에 따라 다르다. 즉, 어떤 개념적 모델에 근거해서 보느냐에 따라 문제의 원인과 중재가 달라진다. 어떤 일탈행동도 한 가지 관점만으로 모두 해석할 수는 없기 때문에 다양한 개념적 모델의 관점을 이해하는 것이 중요하다.

1) 신체생리학적 모델

신체생리학적 모델에서는 정서·행동장애 발생 원인이 아동 개인의 생물학적 구조에 있다고 본다. 이 분야의 연구는 대략 세 가지 분야로 나뉘어 발전되어 왔는데, 유전 관련 연구, 신체의 생화학적 특성 관련 연구 그리고 기질 관련 연구가 그것이다.

유전 관련 연구는 문제 발생이 유전적 요인에 근거한다고 보는 것이며, 주로 쌍생아 연구를 통해 그 사실을 입증하는 데 주력하였다. 신체의 생화학적 특성 관련 연구에서는 신체 내 내분비물, 신경전달물질, 신진대사 등의 불균형이 정서·행동상의 문제를 초래한다고 설명하며 문제를 완화시키기 위해서는 불균형을 이루는 물질을 균형적으로 조정해 줄 것을 제안하고 약물치료를 대표적인 중재 방법으로 설명한다. 예를 들어, 주의력결핍 과잉행동장애아동에게서는 도파민이라는 행동통제와 관련된 신경전달물질의 불

균형이 발견되었는데, 이를 위해 메틸페니데이트(methylphenidate)라는 약물을 처방함으로써 신체 내 물질을 균형적으로 조정하면 문제행동이 감소된다는 설명이다. 그러나 이러한 처방은 문제를 가진 모든 아동에게 일관된 효과를 나타내지 못했다. 기질 관련 연구는 선천적으로 가지고 태어나는 어떤 경향성이 행동발달에 영향을 미칠 수 있다고 설명한다. 일찍이 기질에 관한 연구를 수행한 Thomas와 Chess(1977)는 활동수준, 규칙성, 적응성, 반응역, 반응강도, 기분, 주의전환성, 지속성, 주의 기간 등의 9가지 특성을 보고하였다. 또한 Buss와 Plomin(1985)은 정서성, 활동성, 사회성으로 기질을 규정하면서 정서성은 공포나 분노에 대한 각성 역치이며, 활동성은 행동 수행 의욕 그리고 사회성은 다른 사람을 찾는 경향이라고 설명하였다. 기질을 연구하는 학자들은 기질이 어떤 행동의 발생 원인으로 정확하게 설명될 수 있는 것은 아니지만 환경 요인과 함께 상호작용하면서 행동 양상에 영향을 미친다는 점에 동의한다.

신체생리학적 모델은 장애 발생의 원인이 아동의 신체내부에 존재하고, 약물치료가 중재 방법으로 제안되고 있는 만큼, 교사의 역할이 없는 것처럼 이해될 수 있다. 그러나 약물치료를 하기 위해서는 약물의 가장 큰 문제로 지적될 수 있는 부작용에 대한 관찰이 지속적으로 이루어져야 하므로, 교사는 약물 처방 후의 아동의 행동을 면밀히 관찰하고 감지되는 변화나 부작용을 의사와 상의하여야 한다.

2) 심리역동적 모델

심리역동적 모델은 역동적으로 발달하는 아동의 심리가 어떤 발달단계에서 갈등을 겪고, 해결되지 못한 갈등이 있을 때 발달의 어느 시점에서 표출되는 것이 정서·행동장애라고 본다. 따라서 이 모델 역시 장애 발생의 원인은 아동 내부에 있다고 파악한다. 이 모델에서는 인간의 심리발달을 설명하는 여러 이론이 언급되는데, Freud의 심리성적 발달단계이론, Erikson의 심리사회적 발달단계이론 그리고 인본주의심리학자인 Rogers의 이론이 그 예다.

예컨대 Freud의 이론에 따르면, 인간의 건강한 정신발달은 성적발달단계인 구강기와 항문기 등을 거치면서 이드와 자아 그리고 초자아 간의 균형을 유지할 때 이루어진다. 이때 정신구조상의 불균형은 갈등으로 고착되어 건강하지 못한 성격발달을 이루게 되고 이러한 문제는 정서·행동장애로 표출될 수 있다. 또한 인본주의 심리학자인 Rogers는 모든 인간이 자기실현의 목표를 가지며 이것은 발달과정에서 무조건적 긍정적 관심(사랑, 연민, 동조, 지지 등)을 경험했을 때 가장 건강하게 이루어질 수 있는 것이라고 하였다. 이러한 경험을 갖지 못한 사람은 늘 불안하고 초조해하며, 자기실현을 위하여 자신 있게 전진하지 못하고 정서·행동상의 문제를 일으킬 가능성이 있다.

이 모델에서는 표출되는 정서·행동상의 문제를 중재하기 위하여 아동이 가진 갈등과 불안의 요소를 아동 스스로 극복하도록 돕는 방법을 적용한다. 그 대표적인 예가 놀이치료라고 할 수 있다. 아동이 쉽게 접근할 수 있는 놀이를 통하여 자신이 가진 갈등을 드러내고 그 과정에서 갈등을 극복할 수 있도록 도와줌으로써 건강한 정신발달을 회복할 수 있게 된다.

3) 인지적 모델

인지적 모델에서는 인간의 행동을 이끄는 것이 인지이므로 행동이 잘못되었다는 것은 인지가 잘못되었음을 의미하는 것으로 해석한다. 즉, 어떤 사건이나 자극에 대한 신념이 왜곡되어 있으면 왜곡된 행동을 하게 된다는 것이다. 이에 대한 설명을 Ellis는 ABC 모델로 설명하였는데, 예를 들면 다음과 같은 상황이 일어날 수 있다.

어떤 사건이나 자극에 대한 잘못된 신념은 인지적 결함에 기인할 수도 있고, 인지적 왜곡에 기인할 수도 있다. 인지적 결함인 경우는 결함을 보상할 수 있는 인지전략을 학습시키는 중재를, 인지적 왜곡인 경우는 사물을 인지하는 구조를 재구조화시키는 중재 방법을 적용한다. 합리적 정서·행동치료는 인지적 모델의 대표적인 중재 방법이다.

또한 행동주의적 접근과 접목하여 자신의 문제를 인지하도록 돕고, 스스로 행동을 평가, 교수 혹은 강화하도록 돕는 방법을 인지적 행동수정이라고 한다. 특히 자기교수법(self-instruction)은 언어의 내재화를 통하여 자신의 행동을 스스로 통제하도록 돕는데, 자기교수 절차는 5단계로 이루어져야 한다(Meichenbaum, 1986). 첫 번째 단계는 교사가 목표행동을 큰 소리로 말하면서 행동을 모델링하고, 두 번째 단계는 교사가 큰 소리로 목

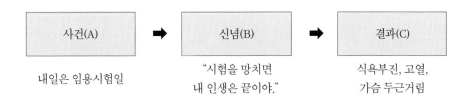

사건(A)	신념(B)	결과(C)
내일은 임용시험일	"시험을 망치면 내 인생은 끝이야."	식욕부진, 고열, 가슴 두근거림

표행동을 말하면 그에 따라 아동이 행동을 하고, 세 번째 단계는 아동이 큰 소리로 말하면서 행동을 한다. 네 번째 단계에서는 아동이 작은 소리로 말하면서 행동을 하고, 다섯 번째 단계에서는 아동이 생각하면서 행동을 한다. 이러한 단계를 거치면서 아동은 자신이 어떤 행동을 어떻게 해야 하고, 잘못되었을 때는 어떻게 하면 된다는 행동지침을 내재화시키고 최종적으로 보상받음으로써 바람직한 행동을 형성할 수 있게 된다.

자기점검법(self-monitoring)은 아동 스스로 자신의 행동을 직접 측정하게 함으로써 행동 수준을 인지하고 바람직한 수준으로 수정하도록 돕는 방법이다. 이 전략은 아동의 목표 행동 유형에 따라 다양한 방법으로 이루어질 수 있다.

4) 행동주의 모델

인간의 행동이 선제자극과 후속결과의 조절에 의해 통제될 수 있다고 보는 행동주의는 문제행동 역시 이러한 관계 속에서 학습되는 것으로 이해한다. 그러므로 문제행동 이전의 선제자극이나 이후의 후속결과를 변화시킴으로써 행동을 변화시킬 수 있다. 즉, 행동주의는 인간의 행동이 수동적 조건화와 조작적 조건화에 의하여 형성 및 유지되는 것인데, 문제행동이란 이러한 조건화가 잘못 이루어진 것이라는 설명이다.

행동주의 접근에서는 행동을 ABC 원리로 설명한다(Miltenberger, 2009). 즉, 모든 행동은 그 이전에 어떤 선제자극(Antecedent)이 존재하고, 행동(Behavior) 이후에는 후속결과(Consequence)가 뒤따른다는 것으로, 다음의 도식에 의한다.

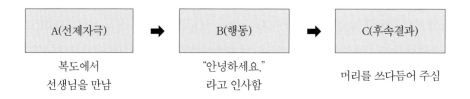

이 예에서 후속결과인 '머리 쓰다듬어 주는 것'이 좋은 학생은 미래의 동일한 상황에서 또 인사를 할 가능성이 크다. 그러나 '머리 쓰다듬어 주는 것'을 매우 싫어하는 학생이라면 앞으로는 인사를 하지 않거나 교사를 만나지 않기 위해 복도를 다니지 않을 수도 있다.

이처럼 행동의 주체자는 후속결과가 자신에게 좋은지 싫은지에 따라 자신의 행동을 변화시킨다. 따라서 선제자극을 조절하거나 후속결과를 변화시킴으로써 그것과 연관된 행동을 감소시킬 수도 있고 증가시킬 수도 있다. 즉, 이 모델에서의 중재는 어떻게 하면 행동이 성공적으로 나타나도록 선제자극을 조절할 것인가 그리고 어떻게 하면 바람직한 행동이 증가하고 바람직하지 않은 행동이 감소할 수 있도록 후속결과를 줄 것인가에 주력하게 된다. 결국 선제자극과 후속결과의 조절을 통해서 바람직한 행동을 형성하고 유지시키고자 하는 것인데, 선제자극을 조절함으로써 행동이 성공적으로 나타나도록 돕는 것을 자극통제라고 한다. 즉, 과제의 난이도를 낮추어 주기, 과제의 양을 줄여 주기, 도움말 주기, 환경을 재구성하기 등이 이러한 전략이다.

후속결과를 조절하는 전략은 다양한데, 기본적으로 행동 감소를 위해서는 벌 절차를, 행동 증가를 위해서는 강화 절차를 적용한다. 강화는 아동에게 좋은 자극을 제공하거나 아동이 가진 싫은 자극을 제거해 줌으로써 행동의 증가가 나타나는 것인데, 전자를 정적강화, 후자를 부적강화라 한다. 일반적으로는 미소 지어 주기, 스티커 주기, 안아 주기 등은 정적강화의 예로, 화장실 청소 감면해 주기, 숙제 분량 줄여 주기 등은 부적강화의 예로 볼 수 있다. 그러나 모든 자극이 모든 아동에게 좋은 자극으로 혹은 싫은 자극으로 인지되지는 않는다는 점에 유념해야 한다.

과거에 아동의 문제행동을 다루기 위해 가장 일반적으로 적용되었던 전략은 벌 절차였다. 즉, 혐오자극을 주거나(정적 벌) TV 보는 시간을 삭감(부적 벌)함으로써 문제행동을 감소시키고자 하였다. 그러나 최근에는 장애아동들의 문제행동이 단순히 문제행동으로만 해석되어서는 안 되고 각각의 기능을 가진다는 점이 밝혀지면서(Carr et al., 1994) 문제행동의 기능을 알아보는 것이 문제행동을 다루는 필수적인 절차로 인식되고 있다. 결국, 문제행동의 기능이 무엇인지를 알기 위해서는 그 행동을 유지시키고 있는 강화인자가 무엇인지를 알아야 하며, 특별히 어떤 상황과 조건에서 그 행동이 일관적으로 많이 나타나는지를 조사해야 한다. 이것은 결과적으로 행동 전후의 선제자극(A)과 후속결과(C)가 무엇인가를 밝힘으로써 이루어질 수 있다. 이러한 문제행동의 발생 조건과 기능을 파악해 보는 절차를 기능평가라고 한다. 문제행동의 기능은 보통 세 가지로 요약되는데, 관심 끌기, 과제 회피, 자기자극이 그것이다(Carr, 1994). 즉, 문제행동의 기능이 무엇인가를 정확히 파악하고 난 후, 기능에 맞게 대처하는 것이 필요하다.

5) 생태학적 모델

생태학적 견지에서 인간발달을 설명하고자 시도했던 Bronfenbrenner(1989)의 이론에 따르면, 장애는 한 개인을 둘러싼 환경의 여러 요소가 개인과 상호작용하면서 발생하는 갈등에 따라 초래된 부조화 상태다. 그는 개인을 둘러싼 환경이 [그림 6-2]에서 보는 바와 같이 네 가지 구조로 구성되어 있다고 설명하였다.

개인에게 가장 근접한 환경은 소구조로서 개인이 여러 요소와 직접적으로 상호작용하는 구조를 의미한다. 주 양육자, 교사, 가정, 학교 등이 이 구조에 속하며, 실제로 아동은 소구조의 여러 요소로부터 가장 큰 영향을 받는다. 교사는 소구조 내에서 아동과의 상호작용에 부조화가 발생하지 않도록 하기 위하여 기본적으로 아동의 발달을 이해해야 하고, 환경이 아동발달에 미치는 영향을 이해해야 하며, 아동이 긍정적인 발달을 이룰 수 있도록 그들과의 상호작용 기술을 습득해야 한다. 장애를 가진 아동이기 때문에 발달에

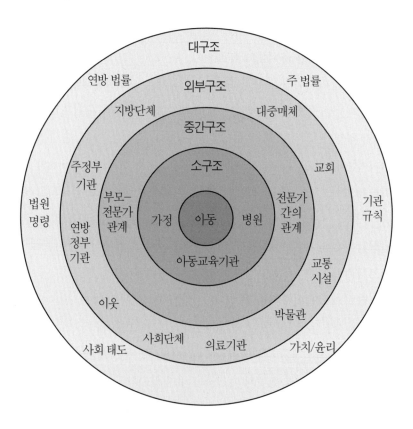

[그림 6-2] 환경의 네 가지 구조

한계가 있다는 그릇된 믿음이나, 아동의 발달수준이나 장애 상태를 고려하지 않은 부적절한 기대는 아동과의 상호작용을 부정적으로 유도하기 쉽다. 실제로, Bronfenbrenner가 각각의 구조에서 중요하게 생각하며, 또한 부조화를 초래할 수 있다고 보는 요인은 각 개인의 '기대'와 '역할'이다. 예를 들어, 한 가정에서 아기가 태어나면 그에 따라 부모는 일반적인 기대를 하게 되고 자신이 어떤 역할을 하게 될 것인지에 대하여 일반적인 예측을 하게 된다. 그런데 아기가 발달상의 문제를 가지고 태어났다면 부모가 가졌던 기대는 어긋나고 일반적인 부모로서의 역할 이외에 예상 밖의 역할을 수행하여야만 한다. 이러한 새로운 역할과 기대에 잘 '적응'하기 위해서는 주변의 요인에 의해 크게 영향을 받게 된다. 부부의 협조가 잘 이루어지는가, 아기의 양육을 도울 수 있는 가족 혹은 친인척의 자원이 있는가, 경제적 어려움이 없는가 등이 이러한 적응을 돕게 되는 요인이 될 것이며, 이러한 요인이 긍정적일수록 아기가 가진 문제는 최소화된다고 볼 수 있다. 반대로 예상 밖의 문제에 대처하지 못하면 그 가정에 속한 모든 구성원의 생활이 부정적인 악순환을 거듭하게 되고 구성원 개개인은 물론 가족의 기능이 상실될 가능성이 크다.

　인간발달 생태학의 두 번째 구조는 중간구조로서, 소구조 내 구성원 간의 관계를 의미한다. 아동의 교육을 담당하는 부모-전문가의 관계, 전문가 간의 관계가 이 구조의 요소다. 중간구조가 잘 기능하기 위해서는 의사소통 기술이 중요한 변수다. 중간구조는 교사가 아동의 교육 외에도 부모 상담 기술을 갖추어야 할 필요성을 잘 설명해 준다. 다음으로 외부구조는 이웃이나 의료기관, 사회단체 등의 환경요소를 의미하며, 대구조는 아동이 속한 사회의 법률, 가치관, 문화, 사회제도 등을 의미한다.

참고문헌

국립특수교육원(2009). 특수교육학 용어사전. 서울: 도서출판하우.

방명애, 이효신 역(2013). 정서행동장애 이론과 실제[Emotional and behavioral disorders]. Webber, J., & Plotts, C. A. 저. 서울: 시그마프레스. (원저는 2008년에 출판).

신윤희, 이효신, 정대영, 이상훈(2014). 포커스그룹인터뷰를 통한 정서·행동장애 개념 정립. 정서·행동장애연구, 30(1), 231-286.

오경자, 김영아(2008). 유아행동평가척도부모용 CBCL1.5-5. 서울: (주)휴노컨설팅.

오경자, 김영아(2009). CBCL1.5-5 한국판 유아행동평가척도-부모용 매뉴얼. 서울: (주)휴노컨설팅.

오경자, 김영아, 하은혜, 이혜련, 홍강의(2010). 아동·청소년행동평가척도부모용 CBCL6-18. 서울: (주)휴노컨설팅.

이상훈(2013). '정서·행동장애'의 명칭과 정의에 대한 특수교육학적 고찰. 정서·행동장애연구, 29(3), 1-29.

이승희(2012). 정서·행동장애 정의와 출현율의 개념 및 관계에 대한 체계적 고찰. 정서·행동장애연구, 28(3), 37-58.

이영 역(1992). 인간발달 생태학[Ecology of human development]. Bronfenbrenner, U. 저. 서울: 교육과학사. (원저는 1981년에 출판).

이영자, 유효순, 이정욱(2001). 유아사회교육. 서울: 교문사.

전병운, 조광순, 이기현, 이은상, 임재택(2004). 유아발달선별검사 검사 기록지. 서울: 도서출판 특수교육.

정동영, 김형일, 정동일(2001). 특수교육 요구아동 출현율 조사연구. 안산: 국립특수교육원.

한국특수교육학회(2008). 특수교육대상자 개념 및 선별기준.

Achenbach, T. M., & Edelbrock, C. S. (1983). *Manual for the child behavior checklist*. Burlington, VT: University of Vermont Department of Psychiatry.

Bowlby, J. (1969). *Attachment and Loss*. Vol. 1: Attachment. New York: Basic Books.

Bronfenbrenner, U. (1989). Ecological systems theory. In R. Vasta (Ed.), *Annals of child development* (Vol. 6, pp. 187-251). Greenwich, CT: JAI Press.

Buss, A. H., & Plomin, R. (1985). *Temperament: Early developing personality traits*. Hillsdale, NJ: Erlbaum.

Carr, E., Levin, L., McConnachie, G., Carlson, J., Kemp, D., & Smith, C. (1994). *Communication-based intervention for problem behavior: A user's guide for producing positive change*. Baltimore: Paul Brookes.

Kauffman, J. M., & Landrum, T. J. (2009). *Characteristics of Emotional and Behavioral Disorders of Children and Youth* (9th ed.). Upper Saddle River, NJ: Prentice-Hall.

Mardell-Czdnowski, C., & Goldenberg, D. S. (1998). *Developmental Indicators for the Assessment of Learning (DIAL-3)* (3rd ed.). Circlepines, MN: American Guidance Service, Inc..

Meichenbaum, D. (1986). *Cognitive-behavior Modification*. New York: Plenum Publishing.

Santrock, J. W. (1995). *Child Development* (7th ed.). Madison, WI: Brown & Benchmark.

Severson, H. H., & Walker, H. M. (2002). Pro-active approaches for identifying children at risk for socio-behavioral problems. In K. L. Lane, F. M. Gresham, & T. E. O' Shaughnessy (Eds.), *Interventions for students with or at-risk for emotional and behavioral disorders* (pp. 33-53). Boston: Allyn & bacon.

Thomas, A., & Chess, S. (1977). *Temperament and development.* New York: Brunner/ Mazel.

Walker, H. M., & Severson, H. H. (1992). *Systematic screening for behavior disorders (SSBD).* Longmont, CO: Sopris West.

제**7**장

자폐스펙트럼장애

1. 자폐스펙트럼장애의 정의

1) 개념의 변화

'autism(자폐증)'이란 그리스어의 'self'라는 의미인 'autos'에서 유래된 것으로, 아동의 행동적 증상을 설명하기 위해 이 용어를 처음으로 사용한 사람은 Kanner다. 미국의 정신과 의사였던 Leo Kanner는 1943년에 11명의 독특한 증상을 보이는 아동에 대한 임상보고를 하면서 '초기 유아 자폐증(early infantile autism)'이라는 용어를 사용하였다.

Kanner(1943)는 이 보고서에서 초기 유아 자폐증의 증상 및 특성으로 다음과 같은 점을 지적하였다. 즉, 초기 유아 자폐증은 유아기에 시작되며, 이들은 심하게 위축되어 있고, 무관심한 태도를 보일 뿐만 아니라 안기는 것을 싫어하여 부모에게조차 안기려 하지 않는다. 또한 이들은 혼자 있는 것을 더 좋아하며, 환경의 어떤 자극에 대하여도 반응을 보이지 않고, 장난감이나 주변의 사물을 다루는 방법이 적절하지 못하여 보통 아이들이 노는 방법과는 다른 형태를 나타낸다. 이러한 증상을 보이는 아동은 정상적인 언어를 습득하지 못한다고 보고하였는데, 그들의 언어적 특성으로 반향어 사용과 대명사 사용의 어려움을 들었다. 이 밖에도 환경의 동일성에 대한 심한 고집, 탁월한 기계적 기억력, 정상적인 외모 그리고 인지적 잠재력의 소유 등과 같은 특성을 보고하였다. 또한 이러한 특성을 가지게 된 원인을 부모의 양육태도로 설명하였는데, 냉장고처럼 차가운 양육자의 태도가 아동의 자폐 성향과 관련이 있다는 것이다. 이와 관련하여 Bettleheim(1967)은 심인성 이론으로 이 집단의 아동을 설명하기도 하였고, 이 시기에는 아동과 부모를 분리시키는 중재 방법이 제안되기도 하였다. 초창기 이러한 관점은 자폐증을 하나의 정신병적인 상태로 이해한 것이다.

이후로 진행된 연구에서는 자폐증의 원인과 관련하여, 자폐 자녀를 둔 어머니들의 성격이 일반 자녀를 둔 어머니들의 성격과 비교했을 때 유의미한 냉정함을 보이지 않는다는 점과 어머니를 분리시키지 않고 오히려 교육에 적극 참여시켰을 때 이 아동들의 성취와 태도가 더 긍정적이었다는 결과를 보고하였다. 또한 Rimland(1964)는 생리학적 견지에서 자폐 아동을 연구하여 새로운 관점으로 이들을 이해하는 계기를 마련하였다.

수십 년에 걸친 이와 같은 많은 연구 결과는 자폐증이 정신병적인 상태가 아닌 발달상의 심한 결함을 갖는 발달장애라는 개념 확립에 기여하였다. 1952년부터 정신장애에 대한 진단 분류 체계에 힘써 온 미국 정신의학회(American Psychiatric Association: APA)에서는 수많은 경험적 자료를 토대로 1980년에 이르러 『정신장애의 진단 및 통계편람 제3판(DSM-III)』에 자폐증을 자폐성 장애라는 명칭으로 전반적 발달장애 범주에 포함시켰고(APA, 1980), 이것은 정신병적인 상태로 이해되어 오던 자폐증이 발달장애의 개념을 확립하게 되는 전환점이 되었다.

2) 용어의 변화

1943년 처음 용어가 소개된 이후 심인성 이론으로 설명되었던 초창기에는 '자폐증(autism)'이라는 용어가 사용되었고, 발달장애의 개념이 확립된 1980년 이후부터는 '자폐성 장애(autistic disorder)'라는 용어가 사용되었다. 이때는 이 장애와 유사한 증상을 동반하는 여러 가지 장애에 대해 학자마다 다르게 명명하기도 하였다. 예를 들어, 고기능 자폐증(high functioning autism), 전반적 발달장애(pervasive developmental disorders: PDD), 아스퍼거장애(asperger syndrome), 반응성애착장애(reactive attachment disorder) 등이다.

2013년에 이르러 미국정신의학회에서는 『정신질환의 진단 및 통계편람 제5판

(*Diagnostic and Statistical Manual of Mental Disorders 5th Ed: DSM-5*)』(APA, 2013)에
이전까지의 '유아기, 소아기, 청소년기에 흔히 처음으로 진단되는 장애' 범주를 삭제하
고 '신경발달장애(Neurodevelopmental Disorders)'라는 범주를 새롭게 포함시키면서 여기
에 자폐스펙트럼장애(autism spectrum disorder)를 포함시켰다. DSM-5의 신경발달장애에
포함된 장애는 〈표 7-1〉과 같다. 자폐 영역에서 이전의 제4판 내용과 달라진 점은 '자폐
스펙트럼장애'라는 용어를 사용하는 것, 전반적 발달장애라는 분류 명칭을 사용하지 않
는 것 그리고 이전의 전반적 발달장애에 포함되었던 아스퍼거장애, 소아기붕괴성장애,
레트장애 등의 하위 분류 명칭을 사용하지 않고 자폐스펙트럼장애의 수준을 3단계로 나
누어 놓은 것 등이다.

표 7-1 | **DSM-5의 신경발달장애**

지적장애	지적장애(지적발달장애) 전반적 발달지연 명시되지 않는 지적장애(지적발달장애)
의사소통장애	언어장애 말소리장애 아동기발병 유창성장애(말더듬) 사회적(실용적) 의사소통장애 명시되지 않는 의사소통장애
자폐스펙트럼장애	자폐스펙트럼장애
주의력결핍 과잉행동장애	주의력결핍 과잉행동장애 　복합형 　주의력결핍 우세형 　과잉행동/충동 우세형 달리 명시된 주의력결핍 과잉행동장애 명시되지 않는 주의력결핍 과잉행동장애
특정학습장애	특정학습장애 　읽기 손상 동반 　쓰기 손상 동반 　수학 손상 동반
운동장애	발달성 협응장애 상동증적 운동장애 틱장애
기타 신경발달장애	예: 태아기 알코올 노출과 연관된 신경발달장애

출처: APA(2015), pp. x iv- x vi.

3) 선정 및 진단 기준

자폐성 장애가 어떤 상태를 의미하는 것인지를 좀 더 자세히 알아보기 위해 법에 명시되어 있는 선정 기준과 DSM-5 상의 진단 기준을 살펴보면 〈표 7-2〉〈표 7-3〉〈표 7-4〉와 같다.

표 7-2 「**장애인 등에 대한 특수교육법**」상의 특수교육대상자와 선정 기준

「장애인 등에 대한 특수교육법」 제15조 특수교육대상자의 선정	6. 자폐성 장애(이와 관련된 장애를 포함한다)
「장애인 등에 대한 특수교육법」 시행령 특수교육대상자 선정 기준 (자폐성 장애를 지닌 특수교육대상자)	사회적 상호작용과 의사소통에 결함이 있고, 제한적이고 반복적인 관심과 활동을 보임으로써 교육적 성취 및 일상생활 적응에 도움이 필요한 사람

표 7-3 「**장애인복지법**」상의 기준과 장애등급표

「장애인복지법」 시행령 별표 1의 장애인 종류와 기준 자폐성 장애인		소아기 자폐증, 비전형적 자폐증에 따른 언어 · 신체표현 · 자기조절 · 사회적응 기능 및 능력의 장애로 인하여 일상생활이나 사회생활에 상당한 제약을 받아 다른 사람의 도움이 필요한 사람
「장애인복지법」 시행규칙 별표 1의 장애인의 장애등급표 자폐성 장애인	제1급	국제질병분류 제10판(International Classification of Diseases, 10th version: ICD-10)의 진단 기준에 의한 전반적 발달장애(자폐증)로 정상발달의 단계가 나타나지 아니하고, 지능지수가 70 이하이며, 기능 및 능력 장애로 인하여 주위의 전적인 도움이 없이는 일상생활을 해 나가는 것이 거의 불가능한 사람
	제2급	ICD-10의 진단 기준에 의한 전반적 발달장애(자폐증)로 정상발달의 단계가 나타나지 아니하고, 지능지수가 70 이하이며, 기능 및 능력 장애로 인하여 주위의 많은 도움이 없으면 일상생활을 영위하기 어려운 사람
	제3급	제2급과 동일한 특징을 가지고 있으나 지능지수가 71 이상이며, 기능 및 능력 장애로 인하여 일상생활 혹은 사회생활을 영위하기 위하여 간헐적으로 도움이 필요한 사람

표 7-4	DSM-5상의 자폐스펙트럼장애 진단 기준

A. 다양한 분야에 걸쳐 나타나는 사회적 의사소통 및 사회적 상호작용의 지속적인 결함으로 현재 또는 과거력상 다음과 같은 특징으로 나타난다(예시들은 실례이며 증상을 총망라한 것이 아님, 본문을 참조하시오).

  1. 사회적-감정적 상호성의 결함(예, 비정상적인 사회적 접근과 정상적인 대화의 실패, 흥미나 감정 공유의 감소, 사회적 상호작용의 시작 및 반응의 실패)

  2. 사회적 상호작용을 위한 비언어적인 의사소통 행동의 결함(예, 언어적·비언어적 의사소통의 불완전한 통합, 비정상적인 눈 맞춤과 몸짓 언어, 몸짓의 이해와 사용의 결함, 얼굴 표정과 비언어적 의사소통의 전반적 결핍)

  3. 관계 발전, 유지 및 관계에 대한 이해의 결함(예, 다양한 사회적 상황에 적합한 적응적 행동의 어려움, 상상 놀이를 공유하거나 친구 사귀기가 어려움, 동료들에 대한 관심 결여)

  현재의 심각도를 명시할 것:

    심각도는 사회적 의사소통 손상과 제한적이고 반복적인 행동 양상에 기초하여 평가한다(표 2를 참조하시오).

B. 제한적이고 반복적인 행동이나 흥미, 활동이 현재 또는 과거력상 다음 항목들 가운데 적어도 2가지 이상 나타난다(예시들은 실례이며 증상을 총망라한 것이 아님, 본문을 참조하시오).

  1. 상동증적이거나 반복적인 운동성 동작, 물건 사용 또는 말하기(예, 단순 운동성 상동증, 장난감 정렬하기 또는 물체 튕기기, 반향어, 특이한 문구 사용)

  2. 동일성에 대한 고집, 일상적인 것에 대한 융통성 없는 집착, 또는 의례적인 언어나 비언어적 행동 양상(예, 작은 변화에 대한 극심한 고통, 변화의 어려움, 완고한 사고방식, 의례적인 인사, 같은 길로만 다니기, 매일 같은 음식 먹기)

  3. 강도나 초점에 있어서 비정상적으로 극도로 제한되고 고정된 흥미(예, 특이한 물체에 대한 강한 애착 또는 집착, 과도하게 국한되거나 고집스러운 흥미)

  4. 감각 정보에 대한 과잉 또는 과소 반응, 또는 환경의 감각 영역에 대한 특이한 관심(예, 통증/온도에 대한 명백한 무관심, 특정 소리나 감촉에 대한 부정적 반응, 과도한 냄새 맡기 또는 물체 만지기, 빛이나 움직임에 대한 시각적 매료)

  현재의 심각도를 명시할 것:

    심각도는 사회적 의사소통 손상과 제한적이고 반복적인 행동 양상에 기초하여 평가한다(표 2를 참조하시오).

C. 증상은 반드시 초기 발달 시기부터 나타나야 한다(그러나 사회적 요구가 개인의 제한된 능력을 넘어서기 전까지는 증상이 완전히 나타나지 않을 수 있고, 나중에는 학습된 전략에 의해 증상이 감춰질 수 있다).

D. 이러한 증상은 사회적, 직업적 또는 다른 중요한 현재의 기능 영역에서 임상적으로 뚜렷한 손상을 초래한다.

E. 이러한 장애는 지적장애(지적발달장애) 또는 전반적 발달지연으로 더 잘 설명되지 않는다. 지적장애와 자폐스펙트럼장애는 자주 동반된다. 자폐스펙트럼장애와 지적장애를 함께 진단하기 위해서는 사회적 의사소통이 전반적인 발달 수준에 기대되는 것보다 저하되어야 한다.

주의점: DSM-IV의 진단기준상 자폐성장애, 아스퍼거장애 또는 달리 분류되지 않는 광범위성 발달장애로 진단된 경우에서는 자폐스펙트럼장애의 진단이 내려져야 한다. 사회적 의사소통에 뚜렷한 결함이 있으나 자폐스펙트럼장애의 다른 진단 항목을 만족하지 않는 경우에는 사회적(실용적) 의사소통 장애로 평가해야 한다.

다음의 경우 명시할 것:

　지적 손상을 동반하는 경우 또는 동반하지 않는 경우

　언어 손상을 동반하는 경우 또는 동반하지 않는 경우

　알려진 의학적 · 유전적 상태 또는 환경적 요인과 연관된 경우

　(부호화 시 주의점: 관련된 의학적 또는 유전적 상태를 식별하기 위해 추가적인 부호를 사용하시오.)

　다른 신경발달, 정신 또는 행동 장애와 연관된 경우

　(부호화 시 주의점: 관련된 신경발달, 정신 또는 행동 장애를 식별하기 위해 추가적인 부호를 사용하시오.)

　긴장증 동반(정의에 대해서는 다른 정신질환과 관련이 있는 긴장증의 기준을 참조하시오)(부호화 시 주의점: 공존 긴장증이 있는 경우에는 자폐스펙트럼장애와 관련이 있는 긴장증에 대한 추가적인 부호 293.89[F06.1]을 사용할 것)

출처: APA(2015: 50-51).

표 7-5　**자폐스펙트럼장애의 심각도 수준(DSM-5상의 표 2)**

심각도 수준	사회적 의사소통	제한적이고 반복적인 행동
3단계 상당히 많은 지원을 필요로 하는 수준	언어적 · 비언어적 사회적 의사소통 기술에 심각한 결함이 있고, 이로 인해 심각한 기능상의 손상이 야기된다. 사회적 상호작용을 맺는 데 극도로 제한적이며, 사회적 접근에 대해 최소한의 반응을 보인다. 예를 들어, 이해할 수 있는 말이 극소수의 단어뿐인 사람으로서, 좀처럼 상호작용을 시작하지 않으며, 만일 상호작용을 하더라도 오직 필요를 충족하기 위해 이상한 방식으로 접근을 하고, 매우 직접적인 사회적 접근에만 반응한다.	융통성 없는 행동, 변화에 대처하는 데 극심한 어려움, 다른 제한적이고 반복적인 행동이 모든 분야에서 기능을 하는 데 뚜렷한 방해를 한다. 집중 또는 행동 변화에 극심한 고통과 어려움이 있다.
2단계 많은 지원을 필요로 하는 수준	언어적 · 비언어적 사회적 의사소통 기술의 뚜렷한 결함, 지원을 해도 명백한 사회적 손상이 있으며, 사회적 의사소통의 시작이 제한되어 있고, 사회적 접근에 대해 감소된 혹은 비정상적인 반응을 보인다. 예를 들어, 단순한 문장 정도만 말할 수 있는 사람으로서, 상호작용이 편협한 특정 관심사에만 제한되어 있고, 기이한 비언어적 의사소통이 뚜렷하게 나타난다.	융통성 없는 행동, 변화에 대처하는 데 극심한 어려움, 다른 제한적이고 반복적인 행동이 우연히 관찰한 사람도 알 수 있을 정도로 자주 나타나며, 다양한 분야의 기능을 방해한다. 집중 또는 행동 변화에 고통과 어려움이 있다.

| 1단계
지원이 필요한 수준 | 지원이 없을 때에는 사회적 의사소통의 결함이 분명한 손상을 야기한다. 사회적 상호작용을 시작하는 데 어려움이 있으며, 사회적 접근에 대한 비전형적인 반응이나 성공적이지 않은 반응을 보인다. 사회적 상호작용에 대한 흥미가 감소된 것처럼 보일 수 있다. 예를 들어, 완전한 문장을 말할 수 있는 사람으로서 의사소통에 참여하지만, 다른 사람들과 대화를 주고받는 데에는 실패할 수 있으며, 친구를 만들기 위한 시도는 괴상하고 대개 실패한다. | 융통성 없는 행동이 한 가지 또는 그 이상의 분야의 기능을 확연히 방해한다. 활동 전환이 어렵다. 조직력과 계획력의 문제는 독립을 방해한다. |

출처: APA(2015: 52).

2. 자폐스펙트럼장애의 원인과 출현율

1) 원 인

자폐스펙트럼장애의 원인론은 이 장애의 개념 변천 과정에 따라 크게 변화하여 왔다. 처음 이 장애가 소개되었을 때는 양육자의 바람직하지 못한 양육태도를 원인으로 보는 정신역동적 관점이 지배적이었으나, 이후의 수많은 경험적 연구는 이 장애가 신체생리학적 이상에 기인한다는 생물학적 관점을 지지하였다.

생물학적 관점의 연구자들이 자폐스펙트럼장애의 원인을 설명하는 요인은 다양하다. 즉, 유전적 요인으로 설명하거나 뇌의 기능적 문제 혹은 신체 내 화학적 불균형으로 설명하기도 한다. 조수철 등(2011)에 따르면, 자폐스펙트럼장애는 유전적 경향이 매우 높은 질환으로, 가족 구성원 중 이 장애를 가진 아동이 있는 경우에 다음 형제가 이 장애를 가질 위험도는 5~8%로, 이것은 일반 집단에 비해 25~40배 정도 더 높은 것이다. 이 장애와의 연관성이 비교적 일관되게 보고되는 유전자는 세로토닌 운반체 유전자(serotonin transporter gene)와 GABRB3 유전자 등이다.

신경생물학적 관점에서는 뇌의 연구가 활발한데, 자폐스펙트럼장애에서 나타나는 뇌의 이상 부위는 변연계와 측두엽, 전두엽 그리고 그와 연관된 영역 등으로 요약될 수 있다. 특히 자폐스펙트럼장애 아동은 사회적 인지 과제를 수행할 때 일반아동에 비해서 변

연계에 속하는 편도체가 저활성화된다고 보고되었다(조수철 외, 2011).

또한 자기공명영상(MRI) 연구에서는 전체 뇌의 크기가 증가되어 있음을 보고하였는데, 이로 인한 불균형이 정보의 통합적 처리를 불가능하게 하고, 사물의 일부에 집착하는 현상과 연관된 것일 수 있음을 보고하였다(조수철 외, 2011).

2) 출현율

자폐스펙트럼장애의 출현율은 국가와 연구자 그리고 연도에 따라 매우 다양하게 보고되어 왔다. 이 장애의 개념이 정신병적인 상태에서 발달장애로 변화되는 시기를 기점으로 출현율은 급증하였고, 최근 스펙트럼의 개념으로 유사장애를 포함하여 다루기 시작하면서 출현율은 더욱 높게 보고되고 있다. 이처럼 출현율이 다르게 보고되는 이유는 앞서 언급한 바와 같이 장애 개념이 확대된 점과 연구 방법 및 대상이 연구마다 다른 점 그리고 적용되는 도구가 다른 점 등을 들 수 있다. 1980년대 전반기까지의 연구결과는 1만 명 당 2~5명으로 보고되었고, DSM-III의 진단 기준이 적용된 1980년대 후반기 이후에 발표된 연구에서는 1만명 당 6~13명으로 보고되었다(이효신, 1997). 최근의 DSM-5(APA, 2013)에는 출현율이 1%로 보고되었다.

우리나라의 국립특수교육원에서 수행한 가장 최근의 출현율 연구(정동영, 김형일, 정동일, 2001)에서는 6~11세의 자폐성 장애 출현율을 0.15%로 보고하였는데, 이것은 1만명 당 15명을 의미하는 것으로, 1만명 당 10명 내외로 보고되었던 당시 다른 나라의 보고(예: Fombonne, 2003)보다 다소 높은 수준이며, 최근에 보고된 1%에는 훨씬 못 미치는 수준이다.

3. 자폐스펙트럼장애의 특성

1) 생물학적 특성

자폐스펙트럼장애는 다른 발달장애에 비해 의학적으로 다른 상태를 많이 동반하는 것으로 알려져 있다. 그중 가장 많이 동반되는 것은 간질이며, 이는 자폐스펙트럼장애

집단의 약 4~42%에게서 나타나는 것으로 보고되어 있다. 이 집단의 간질은 초기 아동기와 청소년기에 가장 많이 발현되며, 남아보다 여아에게서 더 많이 나타나는 것으로 알려져 있다(조수철 외, 2011).

자폐스펙트럼장애 아동 중 염색체 이상(chromosomal abnormality)을 가지는 아동은 약 10% 정도로 알려져 있고 대개 여린 X 증후군, 결절성 경화증, 신경섬유종증 등이다.

최근에는 거울 뉴런(mirror neuron)과 자폐스펙트럼장애에 관한 연구가 활발히 이루어지고 있다. 거울 뉴런은 전두엽과 두정엽 사이에 위치하는 신경회로로, 1996년 이탈리아의 신경심리학자인 Giacomo Rizzolatti가 원숭이에게서 처음 발견하였는데, 인간에게도 동일한 신경회로가 존재한다는 사실은 2010년에 이르러 미국의 신경생리학자들에 의해 보고되었다. 거울 뉴런은 자신이 행동하지 않고 다른 사람의 행동을 보는 것만으로도 마치 자신이 그 행동을 하는 것처럼 활성화되어, 다른 사람의 의도나 행동을 이해하는 것과 관련된 인간의 공감 능력을 설명할 수 있는 핵심적인 내용으로 추정되고 있다.

2) 인지적 특성

자폐스펙트럼장애 아동의 지능은 매우 다양하다. 이 집단의 75~80%는 지적장애를 동반하며, 약 20%만이 정상적인 지능을 가진다고 알려져 있다. 정상 지능을 가지는 집단을 과거에는 고기능 자폐 혹은 아스퍼거장애 혹은 비전형 자폐 등의 명칭으로 불러 왔지만, 최근 DSM-5에서는 이를 모두 통칭하여 자폐스펙트럼장애로 명명하면서 1~3단계로 지원 수준을 나누어 명시하고 있다.

자폐스펙트럼장애는 특히 정서인지 능력이 지체되는 것으로 알려져 있다. 지능이 동일한 자폐 집단과 지적장애 집단을 대상으로 정서인지 능력을 알아본 연구에서는 기본 정서에 관한 얼굴 표정을 알아내는 문제에서 자폐 집단이 지적장애 집단보다 유의미하게 낮음을 보고하였다. 나아가, Baron-Cohen 등(1985)은 이러한 정서인식 능력 부족을 마음이론(theory of mind)으로 확장하여 설명하고 이것은 반복적이고 체계적인 학습에 의하여 개선될 수 있다고 밝혔다.

마음이론은 다른 사람의 생각과 믿음, 바람, 의도 등과 같은 마음 상태를 알고 다른 사람의 말과 행동의 의미를 알아서 그들의 행동을 예측하는 데 그 정보를 사용하는 능력을 의미한다(Howlin, Baron-Cohen, & Hadwin, 2001). 정상 발달 아동의 경우 3~4세 무렵이

면 이 능력이 발달되지만, 기본적으로 다른 사람에 대한 관심을 가지지 못하는 자폐스펙
트럼장애 아동은 마음이론의 결함을 가질 수밖에 없다.

　이 밖에도 자폐스펙트럼장애 아동은 자극과잉선택(stimulus overselectivity)의 특성을
가져 과제와는 관련 없는 자극에 집중함으로써 문제해결에 어려움을 갖기도 한다. 따라
서 이들을 위한 교재 · 교구는 불필요한 자극이 포함되지 않도록 단순하게 제작할 필요
가 있다. 또한 이들은 청각적 자극보다 시각적 자극을 수용하고 해석하는 데 강점을 나
타내는데, 자폐인이면서 미국의 대학교수인 Temple Grandin은 자신이 시각적 사고
(visual thinking)를 하기 때문에 보다 창의적이고 집중적인 연구 활동을 할 수 있다고 주
장하였다.

3) 사회적 의사소통 특성

　영아기에 의사소통 의도의 발달이 3단계로 이루어진다고 설명한 Bates 등(1979)에 따
르면, 첫 번째 단계에서는 영아가 관심 있는 사물에 손을 뻗치는 행동을 발달시키고, 두
번째로는 관심 있는 사물에 손을 뻗친 후 상대방의 눈을 처다보는 행동을 하게 된다. 이
단계는 사회적 의사소통 능력과 관련되는 매우 중요한 단계인데, 영아는 상대방이 자신
의 의도를 이해하는지의 여부와 그에 대한 상대방의 의견을 파악하려는 시도로 이러한
행동을 하게 된다. 그리고 세 번째 단계에서는 자신의 뜻을 언어로 표현하는 능력이 발
달한다.

　이러한 의사소통 의도 행동은 영아기 발달과업인 관심공유 행동(joint attention
behavior)과 관련이 깊다. 대표적인 관심공유 행동은 가리키기(pointing), 보여 주기
(showing), 응시하기(gazing) 등인데, 정상 발달 영아의 경우 생후 9~14개월 무렵에 발달
된다. Baron-Cohen 등(1992)은 정상 발달 영아들이 늦어도 생후 15개월까지는 자신의
흥미나 관심을 전달하고자 하는 의도가 담긴 서술적 가리키기(protodeclarative pointing)
를 할 수 있게 되는데, 생후 18개월까지 이것을 할 수 없다면 발달상의 문제가 있는 것으
로 보고 영아기자폐증검목표(CHAT)에 서술적 가리키기를 포함한 관심공유 관련 문항을
포함시키기도 하였다.

　자폐스펙트럼장애 아동은 이 밖에도 대명사 반전, 신조어나 반향어 사용 등의 언어적
특성을 가지며, 억양이 어색하거나 언어를 은유적으로 사용하기도 한다. 이들의 약 50%

는 언어를 기능적으로 사용하지 못한다고 알려져 있는데, 언어의 기능적 사용이 가능한 아동이라고 하더라도 화용론적 측면에서의 언어 사용은 이들에게 가장 어려운 영역이다.

4) 행동 특성

무의미한 반복적 행동과 관심은 자폐스펙트럼장애의 핵심적 특성이라고 할 수 있다. DSM-5상의 4가지 항목(〈표 7-4〉의 B 항목 참조)에 나타난 특이한 행동적 양상은 상동적 행동, 의례적 행동, 제한적 흥미, 특이한 감각 등으로 요약해 볼 수 있다.

상동적 행동에는 단순 운동 상동증과 물체의 반복적 사용 그리고 반복적인 언어 등이 포함된다(APA, 2015). 단순 운동 상동증은 손을 들어 눈앞에서 펄럭거리기, 손가락 튕기기 등의 행동을 의미하고, 물체의 반복적 사용은 동전 돌리기, 장난감 나열하기 등에서 볼 수 있다. 또한 반복적인 언어는 반향어, 대명사 반전, 어떤 운율의 반복적 사용 등의 예로 나타난다.

의례적 행동에는 변화에 대한 저항과 의례적인 방식의 언어적 · 비언어적 행동이 포함된다. 변화에 대한 저항은 가구 배치의 변경에 대해 못 참는 것, 융통성 없이 규칙을 지나치게 고수하는 것 등의 행동을 의미한다. 의례적인 방식의 언어적 · 비언어적 행동은 반복적인 질문, 자기 전의 신발 정렬 등에서 볼 수 있다.

제한된 흥미는 특이한 물체에 과도하게 강한 애착을 드러내는 경우를 의미한다. 끈을 들고 다니는 아동이나 하루 종일 시간표를 만드는 자폐 성인의 행동에서 볼 수 있다.

특이한 감각은 DSM-5에서 처음으로 포함된 내용이다. 그동안 자폐스펙트럼장애를 가진 사람이 감각적 특이성을 가짐에도 불구하고 진단 기준에 포함되어 있지 않다는 점이 지적되어 오면서 처음으로 이 장애의 진단 기준으로 명시되었다. 그러나 B항의 4가지 목에서 2가지 이상이 나타나는 경우에 장애가 진단되는 것이기 때문에 감각적 특이성을 가지고 있지 않은 사람도 자폐스펙트럼장애로 진단될 수 있다. 이들의 감각적 특이성은 통증이나 온도, 소리에 대한 무관심으로 드러나기도 하고 어떤 감촉에 대해 일반적이지 않은 반응, 과도하게 냄새를 맡는 행동, 빛을 바라보는 특이한 시각 등으로 나타나기도 한다. 이들의 감각적 특이성은 자극 수용의 역치가 극도로 높거나 낮기 때문인 것으로 설명되기도 한다(Heflin & Alaimo, 2007).

이상에서 살펴본 자폐스펙트럼장애 아동의 특이한 행동에 대한 중재가 과거에는 행동 감소를 목표로 이루어져 왔으나 최근에는 이 행동의 기능을 알고자 하는 노력이 선행된다. 특히 어떤 상동행동은 자신에게 즐거움을 주는 수단이 되거나, 스스로 최적의 각성 상태를 유지하기 위해 자극을 생성하는 과정으로 이해되기도 한다(Heflin & Alaimo, 2007).

4. 자폐스펙트럼장애의 평가

자폐스펙트럼장애는 만 3세를 전후하여 증상이 뚜렷해지는 것으로 알려졌었으나 최근에 이 장애의 증상이 영아기에 충분히 변별 가능한 것으로 밝혀지고 영아기의 자폐적 증상을 선별하는 검사가 개발되면서(Baron-Cohen, Leslie, & Frith, 1992) 장애의 선별과 진단이 보다 이른 시기에 이루어지고 있다. DSM-5에서도 이 장애의 증상은 보통 생후 12개월에서 24개월 내에 나타나지만, 증상이 심각하면 12개월 이전에, 또한 증상이 가벼운 경우에는 24개월 이후에도 나타날 수 있다고 설명하였다(APA, 2013). 따라서 자폐스펙트럼장애의 영아기 선별검사는 이 장애의 조기중재와 관련하여 중요하다고 할 수 있다. 자폐스펙트럼장애를 선별하고 진단하는 훌륭한 검사도구가 많이 제작되어 있고 편리하게 사용하고 있지만 자폐스펙트럼장애 진단은 임상가에 의해 다양한 자료에 근거한 통합적인 해석을 통해서 이루어져야 한다. 다음에서는 영아기 선별검사를 포함하여 진단검사에 대해 살펴보기로 한다.

1) 개정 영아기자폐증검목표

개정 영아기자폐증검목표(The Modified Checklist for Autism in Toddlers: M-CHAT)는 Baron-Cohen 등(1992)이 개발한 CHAT를 기초로 하여, Robins 등(2001)이 자폐스펙트럼장애의 조기 선별을 목적으로 개발한 검사다. 연구자들은 자폐스펙트럼장애의 경우 조기발견이 중요함에도 불구하고 기존의 검사들(예: ASIEP, CARS, ADI-R, ADOS)이 일관적으로 높은 연령을 대상으로 하고 있어, 조기선별을 위한 검사를 개발하게 되었다고 밝히고 있다.

M-CHAT는 CHAT의 9문항을 포함하여 총 23문항으로 구성되어 있으며, 검사 대상은

18~24개월의 영아다. 문항 예는 〈표 7-6〉에 제시되어 있다.

2) 자폐스펙트럼선별질문지

자폐스펙트럼선별질문지(The High-Functioning Autism Spectrum Screening Questionnaire: ASSQ)는 Ehlers, Gillberg와 Wing(1999)이 자폐스펙트럼장애 중에서 고기능 집단을 선별하기 위해 개발한 검사다. 연구자들은 기존의 선별도구(예: CARS)가 중증 자폐성장애를 선별하는 데 유용하며, 고기능의 경우에는 맞지 않는 점이 있어 이 도구를 개발하게 되었음을 밝히고 있다.

ASSQ는 7~16세 아동의 아스퍼거 문제 혹은 고기능 자폐성 문제를 선별하는 도구이며, 27문항으로 구성되어 있다. 그중 11문항은 사회적 상호작용, 6문항은 의사소통 문제, 5문항은 제한적이고 반복적인 행동 그리고 5문항은 이상한 움직임(운동 및 소리-틱)에 관한 문항이다. 각 문항은 3점 척도(0점 정상; 1점 약간 이상; 2점 매우 이상)이며, 가능한 점수범위는 0~54점이다. ASSQ의 문항 예는 〈표 7-6〉과 같다.

3) 사회적 의사소통질문지

사회적 의사소통질문지(Social Communication Questionnaire: SCQ)는 Rutter, Bailey와 Lord(2008a)가 개발한 자폐스펙트럼장애 선별검사다. 만 4세부터(정신연령 2세 이상) 성인까지 사용할 수 있으며, 아동을 잘 아는 사람이 예 혹은 아니요로 답하는 형식이다.

SCQ는 '일생' 버전과 '현재' 버전의 두 가지 형태가 있다. 일생 버전은 개인의 발달력에 근거하는 것으로 결과에 따라 진단 절차로 의뢰 여부를 결정하는 데 유용하다. 현재 버전은 최근 3개월 동안의 행동특성에 근거하며 치료와 교육계획에 유용하다. 두 가지 버전은 각각 ADI-R에서 추출한 사회적 상호작용, 언어와 의사소통 그리고 제한적이고 반복적인 행동패턴 등의 3개 영역에 대한 40개 문항으로 구성되어 있으며, 문항에 따라 예 혹은 아니요가 1점으로 채점되는데, 일생 버전에서 15점 이상이면 자폐스펙트럼장애의 가능성이 있는 것으로 선별된다(Rutter et al., 2008a). SCQ의 문항 예는 〈표 7-6〉과 같다.

표 7-6 **M-CHAT/ASSQ/SCQ 문항 예**

M-CHAT[1]	• 다른 사람을 흉내 내는가? • 다른 아동에게 흥미를 가지는가? • 무엇인가를 보여 주기 위해 물건을 가져오곤 하는가? • 반대편에 있는 사물을 가리키면 그것을 보는가?
ASSQ[2]	• 고지식하고 당혹스러운 비평을 한다. • 자신만의 제한적이고 특이한 지적 관심사 속에서 생활한다. • 언어를 자유롭게 구사하지만 사회적 맥락이나 상대방의 요구에 맞게 사용하지 못한다.
SCQ[3]	• 다른 사람에게는 기이하게 보일 수 있는 것에 관심을 갖거나 집착/몰두하는가? • 대상자가 '예'라는 의미를 나타내려고 고개를 끄덕이는가? • 대상자는 당신이 슬프거나 아프면 당신을 위로해 주려고 애를 쓰곤 하는가?

출처: 1) Robins, Fein, Barton, & Green(2001).
2) Ehlers, Gillberg, & Wing(1999).
3) Rutter, Bailey, & Lord(2008b).

4) 아동기자폐증평정척도

아동기자폐증평정척도(Childhood Autism Rating Scale: CARS)는 미국 노스캐롤라이나 대학교의 Schopler 연구팀이 약 15년에 걸쳐 자폐 아동을 교육해 온 자료를 바탕으로 개발한 자폐증 선별 및 진단 도구다(Schopler, Reichler, & Renner, 1980).

CARS는 2세 이상의 모든 연령군에 적용할 수 있는 장점이 있으나, 오히려 그렇기 때문에 생애주기별 자폐적 특성을 민감하게 선별·진단해 내지 못하는 측면도 있다.

이 검사는 사람과의 관계, 모방, 정서 반응, 신체 사용, 물체 사용, 변화에의 적응, 시각 반응, 청각 반응, 미각·후각·촉각 반응 및 사용, 두려움과 또는 신경과민, 언어적 의사소통, 비언어적 의사소통, 활동 수준, 지적 기능의 수준과 항상성, 일반적 인상 등의 15개 척도로 구성되어 있는데, 각 척도는 주제어와 관련된 내용을 아동이 어느 정도로 나타내는지를 평정하도록 1~4점의 점수별로 행동에 대한 설명이 제시되어 있고, 중간 정도로 행동을 나타낼 경우 중간 점수(예: 2.5)도 부여할 수 있다. 1점은 정상발달의 아동이 나타내는 행동수준이며, 점수가 높아질수록 자폐적 성향이 강한 아동이 나타내는 행동수준이다. 따라서 15~60점의 점수 범위 중 높은 점수를 받을수록 자폐적 특성을 강하게 나타내는 것으로 해석되는데, 연구자들은 15~29.5점을 자폐증이 아닌 것으로, 30~36.5점을 경증 및 중간 정도의 자폐증으로, 그리고 37~60점을 중증의 자폐증으로 분류하는 규준을 제시하였다. 〈표 7-7〉은 CARS의 문항 예다.

| 표 7-7 | CARS 문항 예

척도	정상		경증 비정상		중간 비정상		중증 비정상
	1	1.5	2	2.5	3	3.5	4
사람과의 관계	연령상 적절한 수줍음, 부산함, 성가시게 한다.		어른과의 눈맞춤을 피하고, 상호작용을 강요하게 되면 어른을 피하거나 안달한다. 같은 연령에 비해 지나치게 수줍어하고 부모에게 다소 매달린다.		때때로(어른을 의식하지 못하는 듯이) 혼자 떨어져 있으며, 아동의 주의를 끌기 위해 지속적이고도 강력한 시도가 필요하다. 아동은 최소한의 접촉만 시도한다.		어른의 일로부터 지속적으로 떨어져 있고 알지 못한다. 어른에게 절대 반응하지 않거나 자발적으로 접촉을 시도하지 않는다. 아동의 주의를 끌기 위해서는 매우 지속적인 시도에 의해 아주 약간의 효과를 볼 뿐이다.
변화에의 적응	일상적인 변화에 대해서 알고 있고 무리 없이 변화를 받아들인다.		어른이 과제를 변화시키려 할 때 같은 활동을 고집하려 하거나 똑같은 물체만을 사용하려 한다.		적극적으로 일상 규칙에서의 변화를 싫어하고 예전 활동을 고수하려 하며, 간섭하기가 어렵다. 기존의 질서가 변화되었을 때 화를 내거나 못 참는다.		변화가 있을 때 제지하기 어려운 심한 반응을 보인다. 어떤 변화가 강요된다면 극도로 화를 내거나 불응 상태에 있게 되고 분노 발작을 일으키기도 한다.
비언어적 의사소통	연령과 상황에 적절한 방법으로 사용한다.		비언어적 의사소통 방법이 유치하다. 일반 아동들이 원하는 것을 가리키기 위해 명확히 행동하는 것에 비해 단지 원하는 것으로 다가가거나 애매하게 가리킨다.		대개 비언어적으로 요구나 갈망을 표현할 줄 모르며, 다른 사람들의 비언어적 의사소통 방법을 이해하지 못한다.		의미가 전혀 명백하지 않는 기묘하고도 특유한 몸짓만을 사용하고, 다른 사람들의 얼굴 표정이나 몸짓들과 관련된 의미를 전혀 알지 못한다.

출처: 김태련, 박랑규(1996).

5) 자폐증진단면담지-개정판

자폐증진단면담지-개정판(Autism Diagnostic Interview-Revised: ADI-R)은 Rutter, LeCouteur와 Lord(2003)가 개발한 자폐진단 검사도구로, 검사자가 아동의 양육자나 부모를 면담하여 자폐장애를 진단하는 반구조화 형식의 검사다.

만 2세 이상의 모든 연령군에게 적용할 수 있으며, 검사 소요 시간은 1시간 30분에서 2시간 30분 정도다. ADI-R은 면담자 중심의 표준화된 면담지로서 면담 정보를 점수 체계에 맞추어 점수화하는 과정이 필요하므로 면담자의 전문적인 지식이 매우 중요하게 작용한다. 따라서 이 검사를 수행하기 위해서는 별도의 워크숍에서 훈련 과정을 거치는 것이 좋다.

ADI-R은 언어와 의사소통, 사회적 상호작용 그리고 반복적이고 제한된 관심 및 상동적인 행동 등의 3개 주요 행동 영역에 초점을 맞춘 93개 문항으로 구성되어 있다. 채점은 3개의 주된 영역에 대해 0~3점으로 주어지며 점수가 높을수록 해당 영역의 문제가 많음을 의미한다.

6) 자폐증진단관찰스케줄

자폐증진단관찰스케줄(Autism Diagnostic Observation Schedule: ADOS)은 Lord 등(1989)이 개발한 자폐진단검사다. ADI-R이 양육자나 부모의 면담을 통해 자폐 문제를 진단하는 것에 비해, ADOS는 대상 아동을 직접 면담하거나, 표준 활동으로 미리 계획된 사회적인 상황을 제공한 후 놀이를 함께하면서 아동의 의사소통, 사회적 상호작용 그리고 반복적인 관심이나 행동 양상을 직접 관찰하여 평가하는 검사다. 5~12세이면서 최소 3세 이상의 언어표현 능력을 갖춘 아동에게 사용이 가능하다.

자폐성 장애의 진단 가능 연령이 점차 낮아지면서 보다 어린 나이의 유아들을 위해 ADOS보다 더 간단한 활동과 놀이를 사용하여 검사하는 PL-ADOS(Pre-Linguistic Autism Diagnostic Observation Schedule)가 개발되었고(DiLavore, Lord, & Rutter, 1995), 2012년에는 12~30개월의 영아 모듈이 추가된 ADOS-2도 개발되었다.

ADOS는 연령별, 언어 수준별로 사용이 구분되는 4개의 모듈로 구성되어 있다(ADOS-2는 5개 모듈). 이를 요약하면 〈표 7-8〉과 같다. ADOS의 채점은 보통 0, 1, 2점으로 이루어

| 표 7-8 | ADOS-2의 구성 |

모듈	적용 연령	언어 수준
T	12~30개월	무언어부터 간단한 어구 사용
1	31개월 이상	무언어부터 간단한 어구 사용
2	모든 연령	간단한 어구 사용부터 유창한 언어 구사
3	아동/초기 청소년	유창한 언어 구사
4	청소년/성인	유창한 언어 구사

지고 일부 항목은 3점으로 채점할 수도 있으며, 점수가 높을수록 자폐 문제가 심한 것을
의미한다.

5. 자폐스펙트럼장애의 교육

자폐스펙트럼장애 아동은 사회적 의사소통의 문제와 상동적인 행동이나 관심의 특성
을 가지는 매우 다양한 집단이라고 할 수 있다. 지금까지 이들의 학습과 문제행동 중재
에서 효과가 입증된 방법은 주로 행동주의 이론에 기초한 응용행동분석(Applied Behavior
Analysis: ABA)이었다.

다음에서는 자폐스펙트럼장애 아동을 위한 교수-학습전략으로서 효과성이 입증된 몇
가지 방법을 소개하고, 더불어 이들의 문제행동에 대한 최근의 관점과, 예방 차원의 포괄
적인 교육적 대처 방안이라고 할 수 있는 긍정적 행동 지원에 대해 살펴보기로 한다.

1) 교수-학습전략

(1) 비연속 시행 훈련

비연속 시행 훈련(Discrete-Trial Training: DTT)은 응용행동분석에 기초한 교수-학습전
략으로서, 자폐스펙트럼장애 아동에게 새로운 행동을 가르칠 때 매우 효과적인 것으로
입증되어 왔다. Frea(2000)는 특정 기술을 가르치기 위해 구조화된 교수 환경에서 응용행
동분석 원리를 집중적으로 적용하는 것이라고 DTT를 정의하였다. 여기서 응용행동분석

원리란 행동을 유도하는 선제자극이 존재함에 따라 행동 반응이 나타나고 이 행동에 대한 후속결과가 주어짐으로써 행동이 형성·유지되거나 감소 혹은 증가되는 것이라고 설명하는 행동에 대한 행동주의 관점을 의미한다. 따라서 DTT는 '자극'과 '행동' 그리고 '후속결과'라는 요인을 이용하여 정해진 자극에 대해 목표한 행동이 나타나도록 후속결과를 제시하는 시행을 반복함으로써 목표로 한 특정 기술을 습득하게 하는 것이다. Heflin과 Alaimo(2007)는 주의집중, 자극 제시, 학생 반응, 피드백, 시행 간 간격 등의 5가지가 DTT의 요인이라고 설명하였는데, 자극 제시와 학생 반응, 피드백은 각각 앞서 설명된 '자극' '행동' '후속결과'를 의미하며, 주의집중은 제시된 자극을 보거나 듣는 기본적인 능력을 의미하고, 시행 간 간격이란 자극-행동-후속결과라는 1회의 시행을 반복할 때에 시행과 시행 간의 시간적 간격을 의미한다.

DTT는 이처럼 어떤 자극에 대해 일정한 행동을 하도록 가르치는 것이다. 즉, DTT로 교육받은 아동은 특정 자극이 없으면 그 행동을 하지 않게 된다. 이러한 '자극 의존성'과 일반화의 어려움이 문제점으로 지적됨에도 불구하고 아동이 자극에 대해 반응하는 것을 배울 수 있다는 점과 변별자극을 확실하게 알 수 있다는 점 그리고 복잡한 기술도 학습될 수 있다는 점 등이 장점으로 인식되어 오늘날에도 자폐스펙트럼장애 아동을 위한 교수전략으로 이용되고 있다(이효신, 최효분, 2007).

(2) 그림교환의사소통체계

그림교환의사소통체계(Picture Exchange Communication System: PECS)는 의사소통에 대한 개념이 부족한 자폐스펙트럼장애 아동의 특성을 고려한 언어교수전략이다. 원저자인 Bondy와 Frost(1994)는 6단계로 제시하였고, 양문봉(2000)은 이것을 우리나라의 실정에 맞게 새로운 6단계로 재구성하여 소개하였는데, 5단계에 '기다리기 훈련'을 새롭게 삽입하고 원저자의 4단계와 5단계를 통합하여 6단계의 종합적 훈련을 구성하였다. 양문봉(2000)이 재구성한 6단계를 요약하면 〈표 7-9〉와 같다.

그림카드를 사용하여 의사소통을 가르치는 경우, 아동이 말하는 기회가 더욱 없어져서 발화가 더욱 늦어지는 것이 아닌가에 대한 우려가 있다. 그러나 연구자들은 PECS를 사용한 후 약 1년 시점부터 아동의 음성언어와 어휘력이 급격하게 증가함을 보고하면서 PECS 프로그램이 발화에 큰 영향을 끼친다고 밝혔다(Bondy & Frost, 1994; Silverman, 1995).

| 표 7-9 | PECS의 단계별 내용 |

단계	단계명	내용
1	자발의지 훈련	• 1단계를 시작하기 전에 선호도 조사를 통하여 아동의 행동을 강화할 강화물을 결정함 • 책상에 강화물과 강화물을 상징하는 카드를 준비한 후, 교사와 아동이 마주 앉고 촉구 교사는 아동의 옆에 앉음 • 1단계의 목표는 자발적으로 요구하는 기술을 가르치는 것임. 따라서 언어적 촉구를 주어서는 안 되며, 이것은 1단계의 가장 중요한 개념임 • 아동이 강화물을 가지려 할 때 촉구 교사는 아동의 손을 덧잡고 강화물 대신에 해당 카드를 쥐어 주면서 주 교사에게 주도록 신체를 촉구함 • 교사는 카드를 받고 적절한 말과 함께 해당 강화물을 아동에게 줌 • 아동은 교사로부터 자극이 제시되었을 때가 아닌, 자신이 원할 때 상징물을 상대방에게 건넴으로써 의사소통을 통하여 자신이 원하는 것을 가질 수 있게 된다는 것을 배우게 됨
2	자발의지의 일반화	• 1단계에서 습득한 자발성과 교환의 개념을 일반화하는 단계임 • 1단계는 책상에 앉아서 하는 반면, 2단계는 교사와 아동의 거리를 좀 더 멀리 하고 강화물과 해당 카드의 위치도 거리를 두어 수행함 • 교실 이외의 여러 환경에서 훈련하며, 교사도 다양하게 변경시킴
3	분별력 훈련	• 두 가지 사물을 준비하는데, 한 가지는 아동이 선호하는 것(예: 과자)으로, 나머지 한 가지는 비선호하는 것(예: 치약)으로 함 • 아동이 건네주는 카드에 맞는 사물을 주어 변별력을 키움
4	문장으로 표현하기	• 카드를 연결시켜 제시할 수 있는 판을 준비함 • 2개 이상의 단어를 조합하여 판에 제시하도록 훈련함(예: '고래밥' 카드와 '주세요' 카드를 판에 차례로 붙여서 교사에게 주기)
5	기다리기 훈련	• 자폐스펙트럼장애 아동의 많은 문제행동이 '기다리기'를 못하는 것에서 비롯되므로 별도의 훈련과정으로 삽입함 • 기다리기를 상징하는 카드를 제작하여 아동이 무언가를 요구하는 카드를 가져왔을 때 기다리기 카드를 주어서 일정 시간 동안 기다려야 원하는 사물을 얻을 수 있음을 학습시킴 • 기다리는 시간은 처음에 짧게 시작하여 점차 늘려가는 것이 바람직함
6	종합 훈련	• 이전까지 습득한 자발성, 요구 표현 능력, 기다리기 등의 의사소통 능력을 종합하여 사용하는 것을 훈련하는 단계임 • 감정표현, 의문문 등의 훈련도 가능함(예: 국수＋싫다/엄마＋어디＋가요?)

출처: 양문봉(2000: 377-386).

2) 문제행동 지도

(1) 환경의 구조화

환경의 구조화란 활동 간 혹은 활동 내에서 예측이 가능하도록 환경을 조성하는 것을 의미한다(Prizant, 1982). 자폐스펙트럼장애 아동에게 환경을 구조화시켜 주는 것은 매우 중요한데, 환경의 구조화를 통해서 아동이 선제자극과 후속결과를 예측할 수 있게 되고 따라서 자신의 행동을 통제하는 데 도움을 받아 문제행동을 줄일 수 있기 때문이다.

구조화는 물리적, 시간적, 상호작용 측면에서 가능하다(Bailey & Wolery, 1995). 물리적 구조화란 교실 구조를 활동영역별로 구분 짓거나 교재·교구의 배치를 일정한 장소에 정리하는 것을 예로 들 수 있다. 이러한 구조화는 아동이 어떤 활동을 하기 위하여 어떤 위치로 이동해야 한다는 것을 예측할 수 있도록 해 주므로 문제행동 없이 자신의 행동을 통제하는 데 도움이 된다.

시간적 구조화는 하루의 일정을 미리 계획하고 일정에 맞추어 진행하는 것을 예로 들 수 있다. 간식시간을 일정한 활동 뒤에 배치함으로써 그 활동이 끝나야 간식을 먹을 수 있다는 것을 아동 스스로 예측할 수 있게 한다. 특히 이러한 전략은 자폐스펙트럼장애 아동 교육을 위한 자료의 시각화 전략과 연계하여 효과적으로 활용할 수 있다. 하루 일과를 시각적 자료로 만들어 벽에 붙여 놓으면 아동이 수시로 다음에 어떤 활동을 하게 될지에 관하여 예측할 수 있다.

상호작용의 구조화란 아동의 어떤 행동에 대하여 일관적인 반응을 보이는 것을 의미한다. 예를 들어, 아동이 소리지르기 행동을 했을 때, 어떤 경우에는 무시하고 어떤 경우에는 벌을 주며 또 어떤 경우에는 부드러운 목소리로 타이르는 반응을 보인다면 아동은 자신의 행동이 어떤 결과를 초래할 것이라는 것을 예측할 수 없게 된다. 아동의 행동에 대하여 동일한 반응을 보여 줌으로써 아동은 자신의 행동이 어떤 결과를 가져온다는 개념을 확립할 수 있고 이를 통해 아동 스스로 자신의 행동을 통제할 수 있도록 도울 수 있다.

(2) 문제행동의 기능

자폐스펙트럼장애 아동이 나타내는 문제행동에 대한 대처는 주로 행동주의 관점에서 이루어져 왔다. 즉, 문제행동을 감소시키기 위하여 차별 강화 절차, 소거, 과잉 교정, 타

임아웃 등의 전략들이 적용되어 왔다. 그런데 1980년을 전후하여 같은 형태의 문제행동
에 대해 동일한 전략을 적용했을 때 동일한 결과가 나타나지 않는다는 점에서, 문제행동
이 아동마다 다른 기능을 가질 수 있다는 가정이 제안되었고(Carr, 1977), 이것이 입증되
면서 문제행동의 기능을 파악하는 것이 문제행동에 대처하는 첫 번째 절차로 인식되기
시작하였다. 문제행동에 대한 이러한 대처 방법의 변화는 문제행동을 기능적으로 대체
할 수 있는 대안적 방법, 즉 적절한 의사소통 방법을 가르침으로써 문제행동 중재가 효
과적으로 이루어진다는 연구결과를 이끌었고(Carr & Durand, 1985), 1990년대 이후 이러
한 관점은 긍정적 행동지원(Horner & Carr, 1997)으로 발전되었다.

　문제행동의 기능을 보고한 연구들을 살펴보면 학자에 따라 다르게 표현되고 있으나,
크게 보았을 때 무언가를 얻거나 무언가로부터 회피하고자 하는 목적을 가진 것이라는
행동주의 관점에서의 해석은 동일하다. Carr(1994)는 문제행동이 사회적 관심/의사소통,
선호 활동이나 물건 습득, 혐오 과제나 활동으로부터의 회피, 다른 사람으로부터의 회
피, 내적 자극 등의 5가지 기능 중 한 가지 혹은 두 가지 이상의 복합적 기능을 가진다고
설명하였다. 또한 Durand(1990)는 관심 끌기, 회피, 선호 물건/활동, 감각자극 등이 문제
행동을 유지시키는 변인으로 보고하였고, Miltenberger(2016)는 문제행동의 기능을 사회
적 정적강화(예: 관심, 선호물 습득), 사회적 부적강화(예: 과제 중단), 자동적 정적강화(예:
자기자극행동) 그리고 자동적 부적강화(예: 폭식)로 정리하였다.

(3) 행동기능평가

　행동기능평가(functional behavior assessment)는 문제행동의 선제자극과 후속결과에 관
한 정보를 수집하는 절차로서, 문제행동의 기능에 따라 적절한 중재를 하기 위한 필수
적인 절차다. 기능평가를 하기 위해서는 가장 먼저 문제행동에 대한 정의가 이루어져야
하는데 표적이 되는 행동에 대한 객관적인 기술을 의미한다. 정의된 행동에 대한 정보
를 수집하는 방법은 크게 다음과 같은 세 가지로 나누어 볼 수 있다. 첫째, 간접평가법
(혹은 면접법)은 아동을 잘 아는 사람이 질문지에 답함으로써 이루어지는 방법이다. 이것
은 실시가 쉽고 시간이 적게 들며, 다양한 질문지를 사용할 수 있다는 장점이 있는 반면,
보고자의 기억에 의존하므로 주관적이거나 부정확할 수 있다는 단점이 있다. 질문지의
내용은 주로 문제행동이 일어나기 직전 혹은 직후의 사건에 관한 것이다. 〈표 7-10〉은
질문지의 문항 예다.

표 7-10	간접평가법 문항 예
선행사건 관련 질문	• 문제행동은 주로 언제 어디서 발생합니까? • 문제행동이 발생할 때 거기에 누가 있습니까? • 문제행동이 발생하기 전에 어떤 활동이나 사건이 있었습니까?
후속결과 관련 질문	• 문제행동이 발생한 후 어떤 일이 발생하였습니까? • 문제행동이 발생할 때 당신은 무엇을 합니까? • 문제행동이 발생한 후 아동은 무엇을 얻게 됩니까?

출처: Miltenberger(2016: 250).

둘째, 직접관찰법은 문제행동이 발생할 때마다 선제자극과 후속결과를 관찰하고 기록하는 것이다. 따라서 이것을 ABC 관찰이라고도 한다. 이 방법은 정확한 정보를 얻을 수 있다는 장점이 있지만 시간과 노력이 많이 든다는 단점도 있다. 직접관찰법을 통하여 수집된 정보는 객관적이라고 할 수 있지만 행동과 환경 변인 간의 기능적 관계를 밝히는 것은 아니다. 단지 행동과 선제자극 및 후속결과 간의 관련성을 말해 주는 것으로 파악되어야 한다. 직접관찰은 문제행동이 가장 잘 일어나는 자연환경에서 수행하여야 한다. 이를 위해서는 문제행동이 언제 가장 잘 일어나는지에 대한 정보가 필요한데, 이때 활용되는 방법이 분포도(scatter plot)다. 분포도를 통하여 문제행동의 발생 시간 혹은 상황에 대한 파악이 이루어졌으면 그 시간대에 혹은 그 상황에서 ABC 관찰을 할 수 있다.

셋째, 실험법은 문제행동에 영향을 미치는 선제자극과 후속결과 변인을 조작하여 행동과 환경 변인 간의 기능적 관계를 밝히는 것이다. 따라서 기능분석이라고도 한다. 예를 들어, 철수의 물건 던지기 행동의 기능이 과제 회피로 의심되는 경우, 과제 제시 조건과 과제 철회 조건을 설정하고 문제행동을 측정해 볼 수 있다. 이때, 과제 제시 조건에서 문제행동 증가가 반복적으로 나타나면 문제행동의 기능은 과제 회피로 파악된다. 이러한 실험은 주로 반전설계나 교대중재 설계로 수행되는데, 반전설계의 가상적 그래프는 [그림 7-1] 및 [그림 7-2]와 같이 나타날 수 있다.

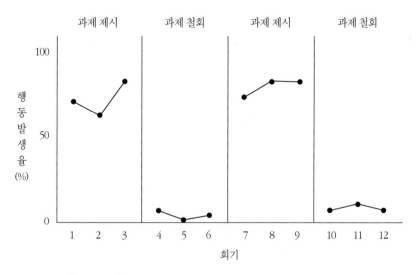

[그림 7-1] 문제행동의 기능이 과제 회피임을 나타내는 그래프

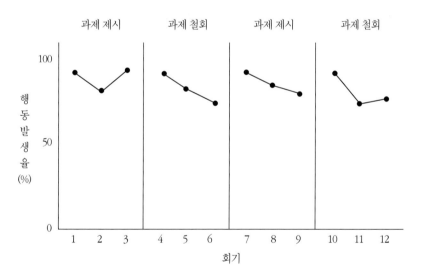

[그림 7-2] 문제행동의 기능이 과제 회피가 아님을 나타내는 그래프

(4) 긍정적 행동지원

긍정적 행동지원(Positive Behavior Support: PBS)은 행동 수정 기법을 적용하여 문제행동을 감소시키는 데 초점을 맞추어 왔던 전통적인 행동 중재 방법의 대안적 접근 방법이라고 할 수 있다. PBS는 모든 아동을 대상으로 환경의 재정비를 통하여 문제행동을 예방

하는 데 초점을 맞추는 단계별 행동중재 체제로서 다음의 내용을 강조한다(Dunlap, Sailor, Horner, 2011).

- 행동기능평가(Functional Behavioral Assessment: FBA)의 사용
- 환경의 재정비를 통한 문제행동 예방
- 문제행동과 동일한 기능을 갖는 바람직한 행동의 교수
- 후속결과의 조직화

PBS는 3단계 중재 체제로 중재 단계가 높아질수록 대상의 수는 적어지나 지원 수준은 강화된다(Anderson & Scott, 2011). 제1중재는 모든 학생을 대상으로 하는 학교 수준의 중재로 보편적(universal) 중재라고도 한다. 이 수준의 중재에서는 학교의 모든 학급에서 동일한 기대와 후속 결과를 정하고 학교의 직원을 포함한 모든 교사가 동일하게 적용하는 것이다. 일반 학교의 약 80~85% 학생이 이 수준의 중재에 반응하여 바람직한 행동을 하게 된다.

제2중재는 제1중재에 반응하지 않는 학생 개인이나 학급을 대상으로 제공되는 지원이다. 사회기술 훈련, 학교상담, 또래지도 등의 프로그램이 이 수준에서 운영될 수 있다. 학생의 약 10~15%가 이 수준의 중재를 필요로 하며, 이 수준의 중재에도 반응하지 않는 만성적이고 심각한 행동문제를 가진 학생은 더 집중적인 중재를 받아야 한다.

제3중재는 학생의 약 5~10%가 필요로 하는 단계로서 집중적이고 포괄적인 지원을 필요로 하는 학생을 대상으로 한다. 이 수준에 포함되는 학생이 모두 특수교육대상자가 되는 것은 아니다. 이 수준에서는 학생의 문제행동에 대한 기능평가와 분석을 통해 개별적인 중재가 이루어진다.

참고문헌

권준수, 김재진, 남궁기, 박원명, 신민섭, 유범희, 윤진상, 이상익, 이승환, 이영식, 이헌정, 임효덕, 강도형, 최수희 역(2015). DSM-5 정신질환의 진단 및 통계 편람(제5판)[*Diagnostic and statistical manual of mental disorders*]. APA 저. 서울: 학지사. (원저는 2013년에 출판).

김태련, 박랑규(1996). 아동기 자폐증 평정척도. 서울: 도서출판 특수교육.

김혜리, 유경 역(2001). 자폐아동도 마음읽기를 배울 수 있다[*Teaching children with autism to mind-read: a practical guide*]. Howlin, P., Baron-Cohen, S., & Hadwin, J. 저. 서울: 시그마프레스. (원저는 1999년에 출판).

양문봉(2000). 자폐스펙트럼장애. 서울: 도서출판 자폐연구.

유희정 역(2008a). 사회적 의사소통설문지 전문가 지침서[*Social Communication Questionnaire: SCQ*]. Rutter, M., Bailey, A., & Lord, C. 저. 서울: 학지사심리검사연구소. (원저는 2003년에 출판).

유희정 역(2008b). 사회적 의사소통설문지-현재[*Social Communication Questionnaire-Current*]. Rutter, M., Bailey, A., & Lord, C. 저. 서울: 학지사심리검사연구소. (원저는 2003년에 출판).

이소현 역(1995). 장애 영유아를 위한 교육[*Teaching infants and preschoolers with disabilities*]. Bailey, D. B., & Wolery, M. 저. 서울: 이화여자대학교 출판부. (원저는 1992년에 출판).

이효신(1997). 자폐유아 출현에 따른 가족문제 연구. 대구대학교 대학원 미간행 박사학위논문.

이효신, 최효분(2007). 자폐성 유아의 자발적 발화능력을 위한 DTT의 효과. 정서·행동장애연구, 23(2), 49-69.

정동영, 김형일, 정동일(2001). 특수교육 요구아동 출현율 조사연구. 안산: 국립특수교육원.

조수철 외(2011). 자폐장애. 서울: 학지사.

American Psychiatric Association (1980). *Diagnostic and Statistical Manual of Mental Disorders* (3rd ed.). Washington, D.C.: Author.

American Psychiatric Association (2013). *Diagnostic and Statistical Manual of Mental Disorders* (5th ed.). Washington, D.C.: Author.

Anderson, C. M., & Scott, T. M. (2011). Implementing function-based support within schoolwide positive behavior support. In W. Sailor, G. Dunlap, G. Sugai, & R. Horner (Eds.), *Handbook of Positive Behavior Support* (pp. 705-753). New York: Springer.

Baron-Cohen, S., Leslie, A. M., & Frith, U. (1985). Does the autistic child have a "theory of mind"? *Cognition, 21*, 27-43.

Baron-Cohen, S., Allen, J., & Gillberg, C. (1992). Can autism be detected at 18 months? The needle, the haystack, and the CHAT. *British Journal of Psychiatry, 161*, 839-843.

Bates, E., Benigni, L., Bretherton, I., Camaioni, L., & Bolterra, V. (1979). *The Emergence of Symbols: Communication and Cognition in Infancy.* New York: Academic.

Bettleheim, B. (1967). *The empty fortress.* Toronto, CA: Colier-Macmillan.

Bondy, A., & Frost, L. (1994). The Picture-Exchange Communication System. *Focus on Autistic Behavior, 9*, 1-19.

Carr, E. G. (1977). The motivation of self-injurious behavior. A review of some hypotheses. *Psychological Bulletin, 84*, 800-816.

Carr, E. G. (1994). Emerging themes in functional analysis of problem behavior. *Journal of Applied Behavioral Analysis, 27*, 393-400.

Carr, E. G., & Durand, V. M. (1985). Reducing behavior problems through functional communication training. *Journal of Applied Behavior Analysis, 18*, 111-126.

DiLavore, P., Lord, C., & Rutter, M. (1995). Pre-Linguistic Autism Diagnostic Observation Disorders. *Journal of Autism and Developmental Disorders, 25*(4), 355-379.

Dunlap, G., Sailor W., Horner, R. H., & Sugai, G. (2011). Overview and history of positive behavior support. In W. Sailor, G. Dunlap, G. Sugai, & R. Horner (Eds.), *Handbook of Positive Behavior Support* (pp. 3-16). New York NY: Springer.

Durand, V. M. (1990). *Severe behavior problems: A functional communication training approach.* New York: Guilford Press.

Ehlers, S., Gillberg, C., & Wing, L. (1999). A screening questionnaire for Asperger syndrome and other high-functioning autism spectrum disorders in school age children. *Journal of Autism and Developmental Disorders, 29*(2), 129-141.

Fombonne, E. (2003). Epidemiology of pervasive developmental disorders. *Trends in Evidence-Based Neuropsychiatry, 5*, 29-36.

Frea, W. D. (2000). Behavioral interventions for children with autism. In J. Austin & J. E. Carr (Eds.), *Handbook of applied behavior analysis* (pp. 247-273). Reno, NV: Context Press.

Heflin, L. J., & Alaimo, D. F. (2007). *Students with Autism Spectrum Disorders-Effective Instructional Practices.* Upper Saddle River, NJ: Person Prentice Hall.

Horner, R. H., & Carr, E. G. (1997). Behavioral support for students with severe disabilities: Functional assessment and comprehensive intervention. *Journal of Special Educaton, 31*, 84-104.

Kanner, L. (1943). Autistic disturbances or affective contact. *The Nervous Child, 2*, 217-250.

Lord, C., Rutter, M., Goode, S., Heemsbergen, J., Jordan, H., Mawhood, L., & Schopler, E. (1989). Autism Diagnostic Observation Schedule: A standardized observation of communicative and social behavior. *Journal of Autism and Developmental Disorders. 19*, 185-212.

Miltenberger, R. G. (2016). *Behavior Modification-principles and procedures* (6th ed.). Boston, MA: Cengage Learning.

Prizant, B. (1982). Speech-language pathologists and autistic children: What is our role? *Asha, 24*, 531-537.

Rimland, B. (1964). *Infantile autism: The syndrome and its implications for a neural theory of behavior.* Englewood Cliffs, NJ: Prectice-Hall.

Robins, D. K., Fein, D., Barton, M. L., & Green, J. A. (2001). The modified checklist for autism in toddlers: An initial study investigating the early detection of autism and pervasive developmental disorders. *Journal of Autism & Developmental Disorders, 31*, 131-144.

Rutter, M., LeCouteur, A., & Lord, C. (2003). *Autism Diagnostic Interview-Revised Manual.* Los Angeles: Western Psychological Services.

Schopler, E., Riechler, R. J., & Renner, B. R. (1980). *The Childhood Autism Rating Scale.* Los Angeles: Western Psychological Services.

Silverman, F. (1995). *Communication for the speechless* (3rd ed.). Boston: Allyn & Bacon.

제**8**장

의사소통장애

1. 의사소통장애의 정의

인간은 삶을 살아가는 동안 여러 가지의 능력을 필요로 하겠지만 그중에서 의사소통에 대한 능력이 가장 기본적인 능력이라 할 수 있을 것이다. 인간은 사회적 동물이며 개체와 개체 간의 유기적인 관계에 의존하여 살아가게 된다. 즉, 개체 간의 유기적인 관계를 통해 더 효율적인 삶을 살아가게 된다. 이러한 관계를 더욱 효과적으로 활성화시킬 수 있는 가장 보편적인 방법이 의사소통을 하며 사는 것이다. 모든 인간은 출생과 성장 과정을 통해 고유의 의사소통체계를 습득하게 된다. 대부분의 사람은 음성언어인 말(speech)을 보편적인 의사소통의 수단으로 사용하며 살아가게 된다. 그러나 선천적 및 후천적으로 장애를 가진 대다수의 사람은 말뿐만 아니라 다양한 의사소통 수단을 활용하여 의사소통하려고 노력하고 있다. 따라서 우리는 함께 더불어 살아가야 하는 사회에서 장애인과 비장애인이 다양한 의사소통 수단을 활용하여 적극적으로 의사소통할 수 있기를 기대해야 할 것이다. 이에 이 장에서는 의사소통의 다양한 개념과 의미를 이해하고 원인 및 출현율과 의사소통장애의 특성을 살펴보며 의사소통장애의 교육에 대해 고찰해 보고자 한다.

1) 의사소통장애 관점

의사소통장애의 기본 개념을 특수교육학과 언어재활학 관점으로 이해하고 기타 다양한 견해에서 제시되고 있는 정의를 살펴보도록 한다.

(1) 특수교육학 관점
① 「장애인 등에 대한 특수교육법」에서의 정의

특수교육학에서 의사소통장애에 대한 정의는 2007년에 제정된 「장애인 등에 대한 특수교육법」(이하 「장특법」)에서 '언어장애'라는 용어가 '의사소통장애'로 변경되면서 설명되었다. 이는 「장특법」 시행령에서 설명하고 있는 특수교육대상자 선정 기준에 대한 내용으로 정리할 수 있다.

의사소통장애를 지닌 특수교육대상자(특수교육대상자 선정 기준 中)

다음 각 목의 어느 하나에 해당하여 특별한 교육적 조치가 필요한 사람

가. 언어의 수용 및 표현 능력이 인지능력에 비하여 현저하게 부족한 사람

나. 조음능력이 현저히 부족하여 의사소통이 어려운 사람

다. 말 유창성이 현저히 부족하여 의사소통이 어려운 사람

라. 기능적 음성장애가 있어 의사소통이 어려운 사람

– 「장애인 등에 대한 특수교육법」 시행령 제10조 관련

---

② 미국 「장애인교육법(IDEA)」에서의 정의

미국 「장애인교육법(Individuals with Disabilities Education Act: IDEA)」(1990)에서는 의사소통장애를 '말더듬, 조음장애, 언어장애, 음성장애와 같은 의사소통장애가 학업수행에 부정적 영향을 주는 경우'라고 정의하였다.

(2) 언어재활학 관점
① 미국언어청각협회(ASHA)에서의 정의

미국언어청각협회(The American Speech-Language Hearing Association: ASHA, 1993)에서

는 의사소통장애에 대한 정의를 '개념의 구어 및 비구어, 그래픽 상징체계를 지각하고 전달하고 이해하는 데 손상을 가지는 경우'라고 설명하며, 말장애(speech disorder)와 언어장애(language disorder)로 분류하고 있다.

가. 말장애: 말소리의 조음, 유창성, 목소리의 장애다.

① 조음장애: 말소리가 내용 이해를 방해할 정도로 음소를 생략, 첨가, 대치, 왜곡시킨다.

② 유창성장애: 음절, 단어, 구를 말할 때 불규칙한 속도, 리듬, 반복에 의해서 말의 흐름을 방해한다. 이때 과도한 긴장, 고통스러운 행동 그리고 이차적인 버릇을 수반한다.

③ 음성장애: 개인의 연령이나 성에 적절하지 않은 음질, 높이, 크기, 공명을 나타낸다.

나. 언어장애: 구어, 문어, 기타 상징체계를 사용하거나 이해하는 데 장애가 있다. 이 장애는 언어의 형태(음운론, 형태론, 구문론), 내용(의미론), 기능(화용론)을 포함한다.

① 언어의 형태

a. 음운론: 언어의 소리 체계와 소리의 합성을 규정하는 규칙을 의미한다.

b. 형태론: 단어의 구조와 단어 형태의 구성을 규정하는 체계를 의미한다.

c. 구문론: 문장을 만들기 위한 단어의 순서와 조합 및 문장 내에서 요소들 간의 관계를 의미한다.

② 언어의 내용

a. 의미론: 단어와 문장의 의미를 규정하는 체계를 의미한다.

③ 언어의 기능

a. 화용론: 기능적이고 사회적으로 적절한 의사소통을 위해서 이상의 언어 요소들을 조합하는 체계를 의미한다.

– 미국언어청각협회(ASHA), 1993

② 한국언어재활사협회(KSLP)에서의 정의

한국언어재활사협회(The Korean Association of Speech-Language Pathologisis: KSLP, 2011)에서는 언어재활사의 역할에 대한 내용을 통해 의사소통장애에 대한 개념을 설명

| 표 8-1 | 언어재활이 필요한 주요 장애 |

장애 종류	설명
언어 발달장애	언어발달에 문제가 오는 이유는 기질적인 요인과 단순히 언어발달이 늦은 경우로 나누어 볼 수 있는데, 기질적인 요인으로는 전반적 발달장애, 청각장애, 정서장애, 뇌병변장애, 자폐증 등으로 인한 언어지체가 있으며, 단순히 언어발달이 늦은 경우는 환경적 언어자극의 결핍이나 유아기로부터 기질적 문제없이 운동 및 언어 발달이 늦어져 언어지체를 보이는 경우가 있다.
조음 음운장애	조음장애는 일정한 발음 발달 시기가 지났는데도 모국어의 특정 음소를 제대로 발음하지 못하여 의사소통에 지장을 초래하는 경우나 발음에 관여하는 혀, 입술, 치아, 입천장, 구강, 인두강, 비강 등 조음기관의 구조적 이상이나 기능적 이상에 의해 잘못된 소리를 내어 말을 할 때 알아듣기 힘든 경우 또는 다른 발음으로 말하는 경우에 말한다.
음성장애	목소리 장애인 음성장애는 성대의 이상으로 인한 목소리의 높낮이 문제, 목소리의 크기 문제, 쉰소리나 거친소리 등 음성의 질적인 문제를 말한다. 정상음성을 구성하는 4대 매개변수(음도, 강도, 음질, 유동성)와 개인의 성, 연령, 체구, 사회적 환경에 적합하지 않은 음성을 음성장애라고 말한다. 음성장애는 기능적 원인, 기질적 원인, 신경학적 원인 등으로 발생할 수 있으며, 언어재활사는 음성장애의 진단 및 치료를 담당한다.
말더듬	말더듬은 흔히 정상적인 아동이 언어발달을 하면서 일시적으로 거치기도 하고 또 아동기에 나타났던 말더듬의 증상이 성인기까지 지속되는 경우도 있다. 말더듬의 증상으로는 여러 가지가 있는데, 가장 초보적인 말더듬이들이 보이는 증상은 단어나 음절의 반복이다. 이것이 심화되면 중모음 /어/의 반복, 연장, 말의 막힘, 근육의 떨림, 말의 고조와 목소리의 커짐, 긴장과 고통, 두려움, 말의 회피 등이 나타나게 된다. 말더듬은 그 증상이 만성화되면 고치기 어렵고 본인이 갖는 심적인 고통도 크므로 조기 진단과 조기 중재가 중요하다.
신경 말·언어 장애	정상 언어 기능을 획득한 후에 대뇌의 언어중추에 장애를 받아 듣기, 말하기, 읽기, 쓰기, 계산 등 언어의 조작 능력 자체에 장애를 야기하는 언어장애를 신경언어장애 또는 실어증이라 하며, 언어표현 장애와 언어이해 장애로 대별한다. 청각적 이해 능력, 이름 대기, 따라 말하기, 유창성 등의 기능적 평가를 통해 하위 장애 영역으로 분류된다. 또한 신경학적 손상으로 인해 말과 관련된 운동 계획, 조직, 신경근육의 조절, 실행에 어려움이 있는 경우 말운동장애라 하며, 마비말장애와 말실행증으로 하위 분류된다. 이 두 가지 형태의 장애를 신경학적 이상으로 인한 의사소통장애라는 병인적 차원에서 신경말·언어장애라 한다. 삼킴장애란 삼킴 과정에 이상 또는 어려움을 가져오는 장애로 삼킴 기능에 관여하는 신경이나 근육의 이상으로 삼킴 기능이 저하된 경우, 특히 기도 흡인의 증상을 보이는 경우를 말한다. 구강기, 인두기, 식도기로 삼킴의 과정을 나누며 각 단계에 문제가 있는 경우 진단 및 치료를 제공하게 된다.
청각언어 장애	청력손실의 고통을 당하는 사람들은 많은 측면에서 장애를 가지고 있다. 가장 분명하게 나타나는 장애는 언어발달의 지체로 청력손실이 언어에 미치는 영향은 청력손실 정도에 따라 달라지는데, 경도의 난청일 경우 말과 언어의 지체가 특별히 나타나지 않지만 중도 난청은 어휘력이 한정되어 있을 수 있고 발음이나 공명상에 문제를 가질 수 있으며 언어이해와 사용에 부족함을 보일 수 있다. 고도 난청인 경우는 언어발달이 지체되고 말소리를 잘 구분하지 못하기 때문에 의사소통에 많은 어려움을 겪게 된다.

출처: 사)한국언어재활사협회 홈페이지(http://www.kslp.org)

하고 있다.

언어재활사란 "생애 중 발생할 수 있는 의사소통의 문제, 즉 언어와 말에 어려움이 있는 대상자들의 중재 및 재활을 담당하는 직업을 말한다."라고 설명하면서, 언어재활이 필요한 주요 장애에 대한 내용으로 정리하고 있다.

(3) 기타 관점
① 「장애인복지법」에서의 정의
「장애인복지법」(2008)에서는 언어장애인이란 '음성기능이나 언어기능에 영속적으로 상당한 장애가 있는 사람'으로 정의하며, 장애 정도에 따라 언어장애를 3급과 4급으로 분류하고 있다.

② 미국정신의학회(APA)에서의 정의
미국정신의학회(American Psychiatric Association: APA, 2013)는 DSM-5에서 의사소통장애를 언어장애(language disorder), 발화음장애(speech sound disorder), 아동기에 발병하는 유창성장애[child-onset fluency disorder, 말더듬(stuttering)], 사회적(실용적) 의사소통장애[social(pragmatic) communication disorder) 그리고 달리 분류되지 않는 의사소통장애(unspecified communication disorder)로 나누어 정리하고 있다.

2) 용어 정의

(1) 의사소통
① 정의
사람들 간에 상징기호 시스템을 통하여 자신의 경험이나 생각, 지식, 감정 등 다른 연관지을 수 있는 모든 수단을 의미하며, 주로 화자와 청자 사이에 이루어지는 정보의 상호작용 과정이다.

② 구성요소
의사소통의 주요 수단은 구어적 요소와 비구어적 요소로 분류할 수 있다. 즉, 사람들은 구어 및 비구어의 형식을 통해 자신의 생각과 감정을 표현할 수 있고, 동일한 언어코드를 사용하는 타인의 생각과 감정을 이해할 수 있다.

- 의사소통의 구어적 요소: 의사소통 수단의 가장 보편적이고 직접적이며 편리한 요소는 말(speech)과 문어(written language)라 할 수 있다. 말은 음성을 표현수단으로 하는 의사소통 요소이고, 문어는 문자를 표현수단으로 하는 의사소통 요소다.
- 의사소통의 비구어적 요소: 의사소통의 비구두적 요소는 의사소통의 구어적 요소를 제외한 모든 수단을 의미한다. 일반적으로 상징적 · 물리적 · 신체적 언어, 신체 접촉, 공간적 거리감 등으로 이루어져 있다. 사실 의사소통의 의미 전달에서는 구어적 요소보다 비구어적 요소들이 더 큰 비중을 차지하고 있다. 즉, 화자의 구어적 특성으로는 약 7%의 의미 전달을 이해할 수 있다면 화자의 얼굴 표정이나 목소리 및 자세, 한숨 등의 비구어적 언어들에서 약 93%의 의미 전달을 이해할 수 있다고 할 수 있다.

(2) 말과 언어
① 말
말(speech)은 언어를 구두로 의사소통하기 위한 수단이며, 언어를 소리로 형성시키게 된다.

② 언어
언어(language)는 의사소통에 사용되는 상징기호 체계이며, 음성기호를 조합하는 규칙이나 순서를 가진 체계를 의미한다.

(3) 정상적인 말산출 과정과 의사소통 연쇄 과정
① 정상적인 말산출 과정
말의 산출 과정은 호흡, 발성, 공명, 조음의 순서로 이루어진다.

- 호흡(respiration): 폐에서 숨을 들이쉬고 내쉬면서 기류를 만드는 과정이다. 말산출의 원동력이 된다.
- 발성(phonation): 폐에서 나온 기류가 성대를 울리면서 소리를 만들어 내는 과정이

다. 버즈(buzz) 이하의 잡음 섞인 소리다.

- 공명(resonation): 성대에서 발성된 소리가 증폭되고 여과된 음성으로 비강으로 갈 것인지(비음) 구강으로 갈 것인지(구강음)를 결정하는 과정이다.
- 조음(articulation): 공명된 음성이 구강에서 혀와 윗입천장 등 조음기관의 방해를 받아서 구체적인 소리를 만드는 과정이다.

② 정상적인 의사소통 연쇄 과정

의사소통의 연쇄 과정은 화자와 청자 간에 이루어지는 메시지(경험, 관념, 지식, 느낌 등)의 상호작용되는 연속적인 과정을 의미한다. 첫째, 화자(speaker)의 측면에서는 언어적 단계 → 생리적 단계 → 음향적 단계로 진행된다. 즉, 언어를 구상(뇌) → 호기류의 생성(폐) → 음성의 산출(성대) → 조음운동(입술 및 혀 등) → 유창한 발화의 공기입자 운동(음파)의 순으로 이루어진다. 둘째, 청자(listener)의 측면에서는 생리적 단계 → 언어적 단계로 진행된다. 즉, 소리를 지각(귀) → 의미를 해석(뇌)의 순으로 이루어지는 것이다. 정상적인 의사소통의 연쇄 과정은 [그림 8-1]과 같다.

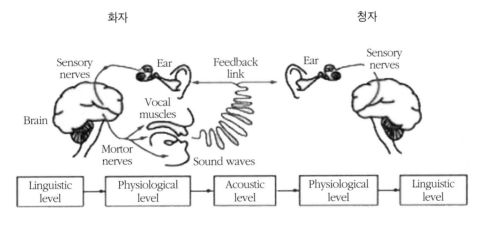

[그림 8-1] 의사소통 연쇄 과정

(4) 의사소통장애

의사소통장애(communication disorder)는 개념이나 구어, 비구어 및 그래픽 상징체계를 수용하고 전달하고 처리하는 능력에 있어서의 손상을 의미한다. 의사소통장애는 청각, 언어 또는 말의 처리 과정에서 나타날 수 있다. 의사소통장애는 말장애, 언어장애 및 기타 장애로 분류하며, 경도에서 최중도로 다양하게 나타난다. 또한 원인의 시기에 따라 선천적이거나 후천적으로 나타난다. 한 가지 이상의 의사소통장애가 중복으로 나타나기도 한다. 의사소통장애는 주 장애로 또는 기타 장애의 2차적인 장애로 나타날 수도 있다.

(5) 말장애 및 언어장애

① 말장애(speech disorder)

말소리의 조음, 유창성, 음성 등에 있어서의 손상을 의미한다.

- 조음장애(articulation disorder): 조음기관을 통하여 말소리가 만들어지는 과정의 결함으로 대치, 생략, 왜곡, 첨가 등의 조음 오류 형태로 특징지어지는 말소리의 비전형적인 산출을 의미한다. 조음기관의 구조적 문제로 나타나는 기질적 조음장애에는 뇌병변장애, 구개파열, 청각장애 등이 있으며, 기능적 문제로 나타나는 기능적 조음장애에는 단순조음장애가 있다.
- 유창성장애(fluency disorder): 조음이나 발성 기관의 기질적인 장애 없이 주로 생리적 요인, 심리언어학적 요인, 심리사회적 요인, 다중 요인 등으로 인하여 구어의 흐름, 즉 유창성에 방해를 받는 구어장애의 유형이다. 유창성장애는 속화와 말더듬으로 분류되며, 말더듬의 주요 핵심 행동은 반복, 연장, 막힘(폐쇄) 등으로 나타난다. 또한 말더듬의 부수행동으로 도피행동과 회피행동 등이 나타날 수 있다.
- 음성장애(voice disorder): 호흡, 발성, 공명 과정에서의 결함으로 인하여 음도, 강도, 음질, 유동성이 정상인의 목소리와 많은 편차를 보이는 구어장애의 유형이다. 음성장애는 음도장애, 강도장애, 음질장애 등으로 분류된다.
- 마비말장애(dysarthria): 뇌손상으로 인해 조음기관인 후두, 연구개, 인두, 혀, 입술, 턱 등을 조절하는 근육기제의 약화, 마비 또는 불협응을 초래하여 조음, 유창성, 음성 등에 장애를 보이는 구어장애 유형이다. 뇌병변장애 아동에게서 흔히 볼 수 있는 말장애 유형이며, 뇌손상을 가진 성인에게도 나타날 수 있다.
- 말실행증(verbal apraxia): 후천적인 뇌손상으로 인하여 근육 약화 없이 조음기관의 위치를 프로그래밍함에 어려움이 있거나 일련의 연속적인 조음운동을 체계적으로 수행함에 있어 장애를 나타내는 구어장애의 유형이다.

② 언어장애(language disorder)

말, 문자, 기타 상징체계의 이해 및 활용에 있어서의 손상을 의미한다. 언어장애는 언어의 형태(음운론, 형태론, 구문론), 언어의 내용(의미론), 언어의 기능(화용론)에 있어서의 손상을 포함한다. 언어를 이해하고 구상하고 표출하는 기능을 담당하는 뇌조직의 미성숙이나 손상으로 발생하며, 각각의 증상에 따라 다양한 언어장애유형을 나타낸다.

- 언어발달지체(delayed language): 같은 생활연령의 일반아동에 비해 언어 능력의 발달이 느린 속도로 이루어지는 언어장애 유형이며, 언어발달 속도는 느리지만 정상적인 발달 순서에 따라 언어를 습득하게 된다. 또한 언어발달지체를 갖는 아동은 첫 낱말의 출현 시기, 어휘량, 어휘 다양성, 단어 찾기, 단어 재인, 단어 인출 및 인출 속도 그리고 단어 학습 등과 같은 대부분의 어휘발달 측면에서 전반적인 지체 혹은 결함을 나타낸다.
- 실어증(aphasia): 입으로 소리를 내는 조음기관의 뚜렷한 기능 부전이나 의식의 혼탁 없이 언어기능에 장애가 발생하는 증상으로 흔히 뇌의 병적인 변화로 인해 발생하는 언어장애를 가리킨다. 실어증은 크게 브로카 실어증(Broca's aphasia, motor aphasia), 베르니케 실어증(Wernicke's aphasia, sensory aphasia) 그리고 전도 실어증(conduction aphasia, fluent aphasia) 등으로 분류할 수 있다.
- 자폐스펙트럼장애(autism spectrum disorder): 초기 아동기부터 상호 교환적인 사회적 의사소통과 사회적 상호작용에 지속적인 손상을 보이는 한편, 행동 패턴, 관심사 및 활동의 범위가 한정되고 반복적인 것이 특징인 신경발달장애의 한 범주다. DSM-IV와 ICD-10에서는 광범위성 발달장애 범주하에 자폐성장애, 아스퍼거장애, 레트장애, 소아기붕괴성장애, 달리 분류되지 않은 광범위성 발달장애 등으로 구분했다. 하지만 최근 출시된 DSM-5에서는 이들을 각기 독립된 장애가 아닌 동일한 연속선상에서 자폐 상태의 심각도나 지능 및 심리 사회적 발달의 정도에 따라 발현되는 임상 양상에 차이가 있다고 보아 자폐스펙트럼장애로 개정했다.
- 뇌성마비(cerebral palsy): 뇌병변장애의 일종으로 대뇌의 손상으로 인하여 발생하는 근육 조절의 이상 및 신체적 장애다. 이는 조음기관의 협응 문제, 적절한 조음기관의 움직임 등의 문제로 인한 조음장애와 호흡, 발성의 어려움, 느린 구어, 음성장애, 섭식의 문제 등을 수반한다.

• 정신지체(mental retardation): 지적 기능이 평균 이하로 낮고, 동시에 적응행동 가운데 두 가지 이상에서 관련된 제한성이 나타나는 경우로서 18세 이전에 나타나며 현재의 기능상에 실질적인 제한성이 있는 장애다. 정신지체는 감염, 뇌손상, 신진대사장애, 유전적 비정상 등 다양한 원인에 의해 나타날 수 있다.

2. 의사소통장애의 원인 및 출현율

의사소통장애는 두뇌 및 신경손상, 구개파열 등의 구강기관 이상, 입과 얼굴의 기형 등 밝혀진 생물학적 원인에 의해서 나타나기도 하지만 많은 경우에 있어서 그 원인이 정확하게 밝혀지지 않고 있다. 말이나 언어의 결함은 서로 관련된 수많은 요소의 상호작용에 의해서 영향을 받기 때문에 단편적으로 원인을 설명하기에는 더욱 힘들다.

1) 원 인

일반적으로 의사소통장애의 원인은 매우 다양하고 복잡한 것으로 알려져 있으나 크게 뇌손상과 구개파열 등과 같은 생리학적 결함과 관련되는 기질적 요인과 환경적인 스트레스, 잘못된 습관 등과 같은 신체적인 결함이 동반되지 않는 기능적 요인의 두 가지로 분류된다.

(1) 기질적 및 기능적 요인
① 기질적 요인
말 및 언어를 산출하기 위한 신체기관상의 결함으로 인해 의사소통에 문제가 생겨난 경우를 말한다. 의사소통장애를 일으키는 신체적인 원인은 다음과 같다.

• 중추신경계나 입, 후두 등에 손상을 가져오는 질병이나 사고에 의한 것으로 출산 전, 출산 시, 출산 후 또는 아동기나 성인기 모든 시기에 걸쳐서 발생할 수 있다.
• 뇌손상을 가지게 되면 그 시기와는 관계없이 비정상적인 반사운동이나 운동기능의 장애를 보이기도 하고, 정상적인 말을 위해서 필요한 움직임을 정확하게 할 수 없게

되며, 감각장애나 환경과의 제한된 시청각적 상호작용을 보이기도 한다.
- 실어증과 같은 신경언어장애는 뇌손상에 의하여 나타나며 만성적인 중이염도 결정적인 언어발달시기의 청각손상을 일으키면서 언어발달에 심각한 영향을 미치기도 한다.
- 많은 경우에 있어서 유전적인 요인이 언어장애를 일으키기도 한다.

② 기능적 요인

특정한 신체 구조상, 기관상의 뚜렷한 기능 이상이 발견되지 않으면서 의사소통에 문제를 보이는 경우를 말한다. 특히 언어발달기상에서 잘못 고착된 말 및 언어의 습관적인 형태가 대표적이며, 부모양육의 잘못된 강화의 과정에서 기능적인 오류를 일으키기도 한다.

(2) 의사소통에 영향을 미치는 요인

말이나 언어행동에 영향을 미치는 요인들은 신체적 요인(신체기관의 기능), 상황적 요인 그리고 환경적 요인의 세 가지로 나누어 살펴볼 수 있다.

① 신체적 요인

말 및 언어장애를 일으키는 신체적인 요인은 중추신경계나 입, 후두 등에 손상을 가져오는 질병이나 사고에 의한 것으로 출산 전, 출신 시, 출산 후 또는 아동기나 성인기 모든 시기에 걸쳐서 발생할 수 있다. 일단 이와 같은 손상을 입게 되면 그 시기와는 관계없이 비정상적인 반사운동이나 운동기능의 장애를 보이기도 하고, 정상적인 말을 위해서 필요한 움직임을 정확하게 할 수 없게 되며, 감각장애나 환경과의 제한된 시각적·청각적 상호작용을 보이기도 한다. 특수교사들이 관심을 보이는 말 및 언어장애의 원인 중에는 청각장애, 뇌병변장애, 정신지체, 자폐스펙트럼장애 등도 포함된다.

② 상황적 요인

상황에 따른 정신적 스트레스의 경중에 따라서 의사소통장애의 정도는 달라진다. 그러므로 아동의 말 및 언어장애의 정도를 진단하고 분류할 때에는 다양한 상황에서의 상호작용의 유형과 정도를 충분히 관찰해야 한다.

③ 환경적 요인

환경적인 요소 역시 어린 아동의 말이나 언어의 발달을 지연시키는 원인으로 작용할 수 있다. 예를 들어, 신생아의 울음이나 옹알이 등과 같은 의사소통 시도에 부모들이 적절히 반응해 주지 못할 경우에 좀 더 조직화된 의사소통적인 능력의 발달이 지체될 수 있다. 이러한 아동은 소리내기나 목소리를 이용한 놀이행동을 강화받지 못하기 때문에 나중에 구강기관을 움직이는 기술이나 다양성에 있어서도 지체되는 경향을 보이곤 한다. 또한 환경 내의 가까운 가족들이 신생아에게 말을 잘 하지 않는 경우에도 말이나 언어 습득의 속도가 지체될 수 있다.

2) 출현율

의사소통장애의 출현율은 시대와 문화의 차이에 따라 다양하게 나타나고 있지만, 대부분의 출현율 연구에 따르면, 과거에 비해서 최근의 출현율은 증가 추세에 있다. 이는 의사소통에 어려움을 나타내는 대상이 증가하고 있다는 것이며, 이에 의사소통장애와 관련된 교육의 필요성을 인식하게 된다. 또한 향후 의사소통에 어려움을 보이는 다문화 가정 아동과 노인인구의 증가 추세를 간과해서도 안 될 것이다.

(1) 말 및 언어장애의 출현율

말 및 언어장애의 출현율은 다른 장애 영역에 비해 매우 높은 편이다. 의사소통장애의 출현율 측정은 매우 다양하다. 말과 언어장애의 정의가 다르게 적용되고 표본 집단이 다르기 때문에 신뢰할 만한 자료를 얻기는 어려운 형편이다. 2014년 장애인 실태조사에 따르면, 우리나라 장애인구는 전체 인구의 5.59%인 것으로 추정되었으며 매년 장애인 출현율은 증가 추세에 있다고 보고한다. 언어장애인의 출현율은 전체 인구의 0.03%를 차지하며, 중복장애를 포함할 경우에는 0.25%로 보고하고 있다(보건복지부, 2015).

그러나 말과 언어장애가 있는 아동의 실제 수는 이것보다 훨씬 더 많다. 다른 주된 장애(예: 지적장애, 학습장애, 청각장애 등) 때문에 특수교육서비스를 받고 있는 아동의 약 50%는 의사소통장애를 수반하는 것으로 판단된다(Hall et al., 2001). 말 및 언어장애는 미국 전역에서 공통적으로 여자보다 남자의 출현율이 더 높다. 언어재활사에게 치료를 받는 학령기 아동의 약 2/3는 남자아이다(Hall et al., 2001). 말 및 언어장애 아동의 출현율은 저학년에서 학년이 올라갈수록 뚜렷하게 감소한다.

국립특수교육원(2001)의 특수교육 요구아동 출현율 조사 연구보고에 따르면, OECD 주요국의 특수아동이 일반학교에 통합된 언어장애아동의 비율은 미국이 1.46%, 독일 0.3%, 스위스 0.12%, 한국 0.05%, 일본 0.04%, 네덜란드 0.10% 순으로 나타났다. 미국의 경우 IDEA에 의해 말·언어 관련서비스를 받는 것과 말·언어장애 아동으로 분류되는 것은 개념상 다소 차이가 있음을 감안해야 할 것이다. 예를 들면, 우리나라에서 미국으로 이민 간 아동의 경우 말·언어장애로 분류하지는 않지만 말·언어서비스는 받게 된다.

또한 조음장애 중 구개/구순파열은 750명 중 1명이며, 구순파열의 경우 남자가 여자보다 2:1의 비율로 더 많이 발생하고, 구개파열은 여자에게서 더 많이 발생한다. 그리고 유창성장애의 발생률은 전체 인구의 약 5%를 차지하지만 자발적 회복을 감안하면 출현율은 약 1% 정도로 추산한다. 성비는 남자 대 여자의 비율 3~4:1 정도로 가족구성원 중 유창성장애를 가진 사람이 있다면 상대적으로 높은 가족 재현율을 보인다.

(2) 의사소통장애의 출현율

의사소통장애의 출현율은 국내외 많은 연구보고서를 확인해 보면 전체 인구의 약 5~10%로 추정된다. 일반적으로 전체 인구의 약 6% 정도를 차지하며, 학령기에 있는 아동만을 대상으로 할 경우에는 약 1~2% 정도를 차지한다. 뿐만 아니라, 최근 외국인 근로자의 입국이나 다문화 가정이 증가하면서 다문화 배경을 가진 아동 수가 많아져서 이들의 의사소통문제도 대두되고 있다(김영태, 2007).

3. 의사소통장애의 특성

1) 감각 및 운동 특성

(1) 말장애 특성

말장애의 경우 일반적인 감각과 운동의 특성을 나타내는 경우가 대부분이다. 경우에 따라서 조음장애, 마비말장애, 말실행증 등의 경우에는 감각과 운동의 기능 저하를 나타내기도 한다.

(2) 언어장애 특성

언어장애의 경우 다양한 원인에 기인하는 만큼 감각과 운동기능의 문제도 다양한 특성을 나타내게 된다. 기질적인 원인에 기인한 언어장애 유형의 경우에는 선천적으로 감각과 운동기능에 지체를 나타내는 경우가 많은 편이다. 반대로, 기능적인 원인에 기인한 언어장애 유형의 경우에는 감각과 운동기능에 전혀 문제를 나타내지 않는 경우가 대부분이지만 간혹 가벼운 문제를 수반할 수도 있다.

2) 인지 및 학업 특성

의사소통장애를 지닌 아동들 중에 언어발달지체, 학습장애, 지적장애 또는 기타 장애를 복합적으로 수반하고 있을 경우에는 인지 및 학업 성취에 부정적인 연관성을 가질 경향이 높다. 하지만 의사소통장애 자체가 지능이나 학업성취에 큰 영향을 주지는 않는다.

(1) 말장애 특성

말장애가 언어발달의 결정적인 시기에 발생할 경우에는 일반적으로 언어발달지체를 수반하는 경우가 있다. 언어발달지체가 학령기까지 지속된다면 학업성취에도 부정적인 영향을 줄 수 있다.

(2) 언어장애 특성

언어장애의 경우 다양한 원인에 기인하여 인지 및 학업에 다양한 문제를 나타내게 된다. 기질적으로 인지기능의 저하나 상호작용의 어려움 등을 나타내는 경우에는 학업성취에도 부정적인 영향을 줄 가능성이 높다.

3) 말 및 언어 특성

의사소통장애를 수반하는 많은 아동 중에는 자신의 생각을 표현하거나 자신이 듣게 되는 다른 사람의 생각을 이해하는 데 어려움을 가지게 된다. 즉, 표현언어의 결함은 음운, 문법, 구문, 유창성, 어휘, 따라하기 등에서 나타나며 수용언어의 결함은 반응, 추상, 암기, 기억 등의 기술에서 나타난다.

(1) 말장애 특성

말장애의 경우 말의 산출과 관련되어 나타나는 의사소통장애의 유형으로 조음장애, 유창성장애, 음성장애, 말마비장애, 말실행증 등의 증상으로 나타난다.

(2) 언어장애 특성

언어장애의 경우 언어와 관련되어 나타나는 의사소통장애의 유형으로 증상에 따라 단순언어발달장애, 지적장애로 인한 언어발달장애, 자폐스펙트럼장애로 인한 언어발달장애, 뇌병변장애로 인한 언어발달장애, 신경언어장애로 인한 언어발달장애 등의 증상으로 나타난다.

4) 사회성 및 정서 특성

의사소통장애를 수반하는 많은 아동 중에는 다른 사람과의 잦은 상호작용의 어려움과 실패의 경험으로 인해 낮은 자존감, 좌절과 분노, 적대감, 위축행동 등을 보이게 된다.

(1) 말장애 특성

말장애의 경우 인지 능력에는 큰 영향을 받지 않았기 때문에 말장애의 경험 기간이 길어질수록 타인과의 의사소통에 어려움을 겪게 되고, 의사소통에 대한 실패의 경험들이 증가할수록 사회성의 결여와 심리적 위축 및 자아정체성 등에 부정적인 영향을 끼칠 가능성이 높게 된다.

(2) 언어장애 특성

언어장애의 경우 인지 능력과 관련이 있어서 인지 능력이 지체된 경우, 사회성의 결여는 뚜렷하게 나타날 수 있지만 부정적인 정서에 대해서는 큰 영향을 받지 않는 경우도

표 8-2   의사소통장애의 일반적인 특성

장애 구분	감각 · 운동 능력	인지 · 학습 능력	말 · 언어 능력	사회성 · 정서 능력
말장애	양호	양호	말 미흡-언어 양호	양호
언어장애	미흡	미흡	미흡	미흡

있다. 반면에 인지능력이 양호한 경우, 사회성 결여를 나타냄과 동시에 부정적인 정서도 함께 가지는 경우가 더 많다고 할 수 있다.

4. 의사소통장애의 평가

의사소통장애의 정확한 평가를 실시하기 위해서는 체계적인 평가 절차가 필요하다. 첫째, 대상자에 대한 다양한 정보 수집을 실시하여야 한다. 둘째, 대상자의 의사소통장애에 대한 선별 및 판별이 되어야 한다. 셋째, 대상자에 대한 객관적인 진단 및 평가를 실시하여야 한다. 넷째, 진단과 평가 후 진단 보고서 및 교육 프로그램 작성이 이루어져야 한다. 의사소통장애 대상의 각 평가 절차에 대한 내용은 다음과 같다.

1) 정보 수집

의사소통장애의 평가를 위한 첫 번째 단계로, 대상자에 대한 일반적 정보와 배경 정보를 수집하는 과정이다. 즉, 의사소통장애인에 대한 주관적인 정보 수집과 객관적인 정보 수집을 함께 실시하여 종합적인 정보를 수집하게 된다.

(1) 주관적인 정보 수집

대상자에 대한 주관적인 정보 수집을 위해서는 사례조사와 인터뷰 및 행동관찰을 실시해야 한다.

- 사례조사: 서면을 통해 간접적으로 조사하는 방법이다.
  - 의사소통에 대한 많은 정보를 입수하여 의사소통의 문제를 철저하고 정확하게 평가하기 위해 미리 구조화된 사례지를 작성하게 한다.
  - 아동의 경우, 부모의 회고에 의해서 정보를 입수할 수 있다.
  - 장점은 직접 이야기하는 것에 대한 부담을 감소시키며 응답 시간을 충분히 줄 수 있다는 점이다.
  - 아동의 출생력과 발달력, 병력, 교육력, 지능, 성취검사점수, 학교의 적응과 같은

정보를 수집할 수 있다.

- 인터뷰 및 행동 관찰 과정: 치료사가 대상자 및 부모를 통해 직접 대면하여 조사하는 방법이다.
  - 장점은 질문의 의도나 내용에 대한 이해를 돕기 위해 부가적 설명이 가능하다는 것이다. 또한 질문의 순서나 내용을 융통성 있게 실시할 수 있으며, 대상자의 비언어적 측면까지도 파악할 수 있다.
  - 단점은 대상자가 인터뷰 상황에서 부담을 갖고 정확하게 응답하지 않을 수도 있다는 것이다. 또한 대상자의 상황을 정확하게 파악하기 위해서는 오랜 시간이 소요된다.

(2) 객관적인 정보 수집

대상자에 대한 객관적인 정보 수집을 위해서는 표준화 검사와 비표준화 검사를 실시해야 한다.

- 표준화 검사: 아동의 수준을 또래 아동 집단과 비교하여 현재 대상 아동이 얼마나 지체되어 있는지를 알 수 있다. 현재 우리나라에서 사용되고 있는 의사소통장애의 평가를 위한 표준화된 언어검사로는 영유아언어발달검사(SELSI), 취학전 아동의 수용언어 및 표현언어 발달척도(PRES), 수용표현어휘력검사(REVT), 구문의미이해력검사(KOSECT), 언어문제해결력검사, 언어이해인지력검사, 그림어휘력검사(PPVT), 파라다이스 유창성검사(P-FA), 우리말조음 · 음운평가(U-TAP), 3위치 조음검사 등이 있다.
- 비표준화 검사: 일반적으로 많이 사용하고 있는 자발화 언어표본 수집이 있다. 자발화 언어표본이란 아동이 평상시에 표현하는 언어를 자연스러운 활동을 통해 수집하여 분석하는 방법으로, 아동의 언어능력을 알아보기 위하여 여러 문맥에서 아동의 대표적이고 자발적인 언어의 표본을 수집하는 방법이다.

2) 선별 및 판별

의사소통장애의 평가를 위한 두 번째 단계로 대상자에 대한 의사소통장애의 유무와 유형에 대한 정보를 수집하는 과정이다. 즉, 의사소통장애인에 대한 의사소통 문제의 유무를 선별하고 대상자의 의사소통장애 특정 문제행동을 발견하여 어떤 언어장애 유형에 포함되는지를 판별(감별)하여야 한다.

- 선별검사: 일차적으로 의사소통장애의 유무를 판단하거나 심층적인 진단검사 또는 정밀검사가 필요한지 여부를 결정하기 위해 실시하는 검사로, 자작검사나 형식을 갖춘 검사도구를 사용하는 경우도 있다. 성인의 경우에 의사소통장애의 선별은 쉽지만, 언어발달기상에 있는 아동의 경우에는 의사소통장애의 선별이 어려울 수도 있다.
- 판별(감별)검사: 대상자의 의사소통 문제행동을 발견하여 어떤 의사소통장애에 포함되는지를 변별하는 과정으로 의사소통장애는 크게 구어장애와 언어장애로 구분하여 각 장애별 특성에 따라 판별될 수 있다.

3) 진단 및 평가

의사소통장애의 평가를 위한 세 번째 단계로 대상자에 대한 의사소통 정도를 객관적으로 평가하는 과정이다. 아동을 위한 언어교육 프로그램을 작성하기 위해 먼저 수행해야 할 일은 아동의 현재 의사소통 능력에 대한 정확한 진단 및 평가 과정이다. 현재의 의사소통 능력을 정확히 파악해야만 다음 단계에 지도할 내용을 결정할 수 있기 때문이다. 언어평가도구에는 공식 및 비공식 검사도구가 있는데, 우리나라 아동들의 언어평가를 위한 표준화된 공식 검사도구는 그다지 많이 개발되어 있지는 않다.

진단검사는 선별검사에서 장애가 의심되는 환자를 좀 더 깊이 있게 검사함으로써 장애를 판별하는 수단이 되며, 더 나아가 장애의 현재 상태를 밝히는 검사다.

4) 진단 보고서 및 개별화 교육 프로그램 작성

의사소통장애의 평가를 위한 마지막 단계로 대상자에게 진단 및 평가를 마치고 진단

보고서를 작성함으로써 개별화 교육 프로그램을 계획하는 과정이다. 즉, 대상자의 의사소통능력에 대해서 객관적으로 진술한 후 의사소통의 문제행동을 개선하기 위해 개별화 교육 프로그램을 작성하는 과정이다.

(1) 진단보고서에 포함되어야 할 내용

진단보고서에 포함되어야 할 내용은 다음과 같다.

- 일반적인 정보: 대상자의 성명, 생년월일, 연령, 진단날짜, 평가자 성명 등 기록
- 문제의 진술: 현재 의사소통장애인이 호소하고 있는 문제에 대해서 기록
- 배경 정보: 출생력, 말 및 언어 발달력, 병력, 교육력, 가정적 역사 및 성격 등 기록
- 평가 결과: 말과 언어샘플 및 의사소통장애 검사도구를 이용한 결과 기록
- 요약 및 권고사항: 의사소통장애의 심한 정도, 교육에 대한 권고사항, 예후, 요구되는 교육기간 등 기록

(2) 개별화 교육 프로그램

개별화 교육 프로그램(Individualized Educational Program: IEP)은 특수교육 분야의 기본적인 교육과정으로 언어지도에 있어서도 예외는 아니다. 각 대상에 맞는 장단기 계획을 설정하고, 구체적인 학습활동을 포함하는 교육계획안을 작성하는 것은 필수적인 과정이다. 계획안을 작성할 경우, 목표(goal) 설정, 구체적인 활동(activity) 및 형식(modality), 조건(condition)의 제시, 수행의 기준(criterion) 등을 기재하도록 하며, 아동의 장단점을 충분히 반영하는 지도 방법을 개발하여야 한다.

5. 의사소통장애의 교육

1) 말을 활용한 의사소통 기술 촉진

(1) 모델 제공

교사는 가장 중요한 모델의 역할을 수행하는 위치에 있기 때문에 항상 적절한 억양과

분명한 발음으로 유창하게 말하도록 주의를 기울여야 한다.

(2) 수용적인 환경 조성

아동이 말을 하는 도중에 실수했을 때 교사나 친구들이 그 실수에 대해서 어떻게 반응하는가에 따라서 아동의 말하는 행동은 큰 영향을 받기 때문에 편안한 분위기를 조성해 주어야 한다.

(3) 말을 통한 의사소통 기술의 연습

• 아동의 필요를 예측해서 미리 도와주지 않는다.
• 새롭거나 평범하지 않은 사건을 일으킨다.
• 다른 사람들에게 정보를 전달해야 하는 기회를 제공한다.
• 아동으로 하여금 선택하게 한다.

2) 언어기술 교수전략

의사소통장애를 지닌 아동들에게 적절한 문법의 사용을 시범 보이고, 말하기 기술과 듣기 기술을 필요로 하는 활동과 숙제를 적절히 수정함으로써 도움을 줄 수 있다.

(1) 자연적 중재
① 특징

지시적 언어중재의 대안으로 기능적인 의사소통을 지도할 수 있는 기회가 오면 자연적인 환경에서 학습하려는 시도를 분산하여 실행한다.

② 중재방법

• 중재는 간략하고 긍정적이어야 한다.
• 중재는 기능적 의사소통을 할 수 있는 기회를 가지기 위해 자연적 환경에서 실행되어야 한다.
• 중재는 주제에 대한 아동의 흥미에 근거해야 한다.

(2) 언어학적 접근법

① 특징

교사가 의사소통장애 아동이 의사소통에 대한 기본적인 규칙들을 발견하도록 제시하는 역할을 하면서 아동이 단어와 구가 의미를 나타내기 위하여 연결되는 방법이라는 것을 인식하도록 한다.

② 중재방법

- 모델링 제시: 교사는 아동이 인지하고 있거나 경험하고 있을 때 그 즉시에 해당하는 모델을 적절하게 제공해 주는 방법이다.
- 혼자 말하기: 교사는 아동이 들을 수 있는 상황에서 교사가 보고 생각하는 것을 말해 주는 방법이다.
- 병행 말하기: 교사는 아동이 하고 있는 행동과 생각에 대하여 아동에서 말해 주는 방법이다.
- 확대하기: 교사는 아동의 발화를 그대로 모방하지만 더 발달된 언어의 형식, 즉 문장 구조의 확대 형식으로 제공해 주는 방법이다.
- 확장하기: 아동이 빠뜨렸거나 혹은 간단하게 표현한 단어, 문장을 보다 분명하게 해 주는 구나 문장 등을 첨가하여 아동의 발화에 모델을 제시하는 방법이다.
- 모방하기: 아동의 발화를 강화하기 위해서 중재자가 아동의 문장을 그대로 따라하는 방법이다.
- 반응의 연계성: 아동의 발화에 행동이나 말로써 적절히 반응하도록 하는 중재자 반응의 연계성을 강조한다.
- 강화제 사용: 강화제를 체계적으로 사용한다.
- 언어자극 제시: 많은 시범을 보이며 아동의 반응을 촉구하는 언어자극을 많이 준다.
- 질문하기: 아동의 오류 문장을 반문함으로써 아동 스스로 고치게 한다.

③ 화용적 접근법

화용론적인 치료에 입각한 프로그램들의 원리 또는 기법에는 다음과 같은 것이 있다.

- 아동 중심의 중재: 화용론적 중재법에서는 아동의 관심이나 흥미를 중요시하며 교육

받은 언어를 실생활에서 자발적으로 사용할 수 있게 하는 데 그 목적을 두기 때문에 중재자는 아동의 의사대로 따라가도록 노력해야 한다. 교육 상황에서는 전적으로 아동의 의사대로 프로그램을 진행하는 것이 어려우므로 교육 교재나 활동 등을 아동이 선택하거나 교육 상황을 좀 더 일상생활과 유사하게 만들어 주는 것이 좋다. 더 나아가 아동의 가정에서도 언어 중재가 이루어질 수 있도록 유도하는 것도 중요하다.

- 우발적 학습 상황 제시: 모델–모방에 의한 언어학습 상황보다는 좀 더 자발적인 언어가 사용될 수 있도록 학습 상황을 유도하거나 아동에게 주어진 우연한 의사소통의 기회를 이용하여 언어를 학습시키는 것이다.

- 반응–요구 후 시범 제시: 아동이 언어를 사용할 상황에서 적절하게 사용하지 않고 있을 때 바로 언어 시범을 보이기보다는 아동에게 반응할 것을 요구하며 기다렸다가 아동이 반응하지 못하면 시범을 보이는 방법이다. 이러한 방법은 아동에게 학습한 언어를 사용할 기회를 증대시켜 주기 위한 것이다.

- 상황적 언어 목표 설정: 아동이 화용적 기능 및 상황에 따른 언어를 습득하게 하기 위해서는 교육 시에 목표 언어 자체를 상황과 연결시키는 것이 바람직하다.

- 자연스러운 강화제 사용: 화용론적 접근법에서는 음식물이나 토큰 또는 스티커와 같은 인위적인 강화물보다는 아동이 원하는 물건이나 활동 등과 같은 자연스러운 강화제를 사용한다.

- 스크립트 문맥이나 일상적 결합 활동을 이용한 언어교육법: 스크립트(script)에서 상황적 문맥은 그 즉각적인 상황에 대한 화자 간에 공유되는 상황 지식(event knowledge)을 제공해 주며 그 결과 아동에게 그 상황에서 늘 쓰이는 상황적인 언어를 배우는 학습의 기회를 제공해 준다. 즉, 익숙하고 일상화된 상황적인 문맥 속에서 아동은 쉽게 성인의 말을 예견할 수 있으며 이러한 성인의 언어와 그 상황과의 관계를 인지적으로 연결시킴으로써 상황적인 언어를 학습하게 된다.

6. 의사소통장애에 대한 최근 쟁점

다문화 사회는 정보화 사회, 지구촌 등으로 표현되는 21세기의 다양한 모습 중 하나다. 우리나라 역시 이러한 사회의 흐름에 따라 총인구 대비 약 3%의 비율을 다문화 가정이 차지하고 있다(법무부, 2004). 즉, 우리 사회도 지속적으로 다문화 사회에 근접하고 있다고 볼 수 있다. 다문화 가정의 유형은 국제결혼 가정, 외국인 이주노동자 가정, 새터민 가정으로 설명할 수 있다. 다문화 가정의 대부분을 차지하는 국제결혼 가정 자녀의 경우, 외국인 어머니의 언어문제로 안정적인 애착형성이 어려울 뿐만 아니라 한국어 능력에도 문제를 가지게 된다. 또한 대부분 어머니의 모국어로 소통하지 않기 때문에 이중언어 교육이 거의 이루어지지 않는다(최충옥 외, 2009).

우리 사회가 그동안 단일민족과 혈통을 강조했던 사회라는 점에서 다문화 사회로의 변화에 대한 적절한 대응이 필요하고, 그러한 대응의 하나로 대두된 것이 다문화 교육이라고 할 수 있다. 다문화 교육은 다양한 문화의 요소를 가진 학생들이 평등한 교육 기회를 가지고, 긍정적인 문화 교류 태도 및 인식, 행동을 발달시킬 수 있도록 하는 교육을 일컫는다. 과거 우리 사회의 다문화 교육은 타 문화에 대한 이해와 상호 존중보다는 다문화 아동이나 이주민의 한국어와 한국 문화 이해 등 주류 문화 학습에 초점을 두고 진행되었다. 다문화 교육은 유치원부터 대학교까지 학교 교육과정과 교육환경에서 다문화 감수성을 배양할 수 있는 프로그램을 적극 실행하는 것과 모두를 대상으로 다문화에 관한 교육을 대폭 확대하는 것으로 요구된다.

1) 다문화 아동의 특성

다문화 아동은 의사소통의 어려움, 피부색으로 인한 차별, 학업성적 저하, 또래관계 형성의 어려움과 왕따 등 다중적인 문제를 겪고 있다(이창호, 오성배, 정의철, 최승희, 2007). 이들은 언어 능력 및 학습 능력 부족 등 내적 요인에다가 다문화에 적절하지 못한 학습환경, 편견과 놀림, 교사의 인식 부족, 다문화에 맞지 않는 교육과정 등이 맞물려 학교생활에 어려움을 겪고 있다. 부모의 경제소득이 낮고, 맞벌이로 아이를 돌볼 시간이 부족하며 어머니의 한국어 능력 부족으로 인한 한국어 미숙과 학습부진으로 학교에서 왕따가 될 수도 있다(이성미, 2012). 이러한 환경에 대응해 다문화 아동과 내국인 아동 모두를 대상으로 한 다문화 교육이 조기에 실시되어야 한다. 문화적 가치관을 학습하고, 태도를 형성하며 내면화하게 되는 아동기에 모두를 대상으로 다양한 문화적 가치관과 행동을 포용하도록 가르치는 교육이 효과적이다.

2) 다문화 아동의 교육

(1) 다문화 아동 교육의 필요성

① 다문화 인식에서의 심리적 발달과 다문화 교육의 필요성

개인이나 사회가 다문화를 보는 관점은 자기중심적인 편협한 인식에서 다문화 공존 상황 및 문화 다양성 인식의 방향으로 변화되고 있다. 이에 다문화 교육의 관점 변화는 쉬운 일이 아니기에 발달 초기에 주류 문화와 소수 문화가 충돌하거나 갈등을 일으키는 과정에 문화 간 이해나 문화에서의 주류 문화와 소수 문화에 대한 편견 등을 교육 내용으로 다루는 다문화 교육이 필요하다.

② 소수 집단의 어려움과 인권 측면에서 다문화 교육의 필요성

소수 집단의 어려움과 인권문제를 살펴보면, 첫째, 낯선 문화에 대한 무시와 경멸의 시선이 있으며, 둘째, 자신의 고유한 문화를 누릴 권리를 인정받지 못하고 있다는 것이다. 이에 다문화 교육은 일종의 권리로서 소수 집단에게 자신의 문화를 누릴 권리를 인정하도록 하는 데 필요성이 있다.

③ 다문화 사회에서의 갈등 증가와 다문화 교육의 필요성

다문화 사회의 진행 과정에서 문화적 갈등이 증가하고 있으며, 이에 따라 사회적 비용도 증가하게 된다. 이에 다문화 사회 갈등을 줄이기 위한 다문화 교육이 필요하다. 즉, 다문화 사회 초기에 동화주의 관점을 넘어 주류 집단과 소수 집단 모두의 문화에 대한 편견을 걷어 내고, 그 내용을 함께 가르치며 문화 간 차이를 넘어 공존으로 나아가게 된다면 사회적 비용도 줄일 수 있게 된다.

(2) 다문화 아동의 학교교육

문화적 편견과 차별을 해소하고 다문화 교육이 성공하기 위해서는 학교교육의 역할이 매우 중요하다. 이를 위해서는 학교 사회에서 교장, 교감, 교사, 학부모 그리고 관련자들이 서로 협력함으로써 학교 다문화 교육 활동의 폭을 넓혀 가야 한다(서종남, 2010).

① 다문화 교육에서 교사의 역할

• 소수 집단 학생들에 대한 높은 기대의 형성: 학생에 대한 교사의 기대는 학생과 교사의 상호작용 방식을 변화시켜 학업 성취도에 영향을 미칠 수 있다. 교사는 소수 집단 학생들에 대해 높은 기대를 형성하는 것이 필요하다.

• 학습자의 문화적 특성을 고려한 교수 전략 선택: 학습자의 언어 코드 및 학습 양식은 학교에서의 학업 성취에 영향을 미칠 수 있다. 교사가 소수 집단 학생들의 학업 성취를 돕기 위해서는 문화적 차이가 학습에 미치는 효과를 이해해야 할 필요가 있다.

• 다문화적 교실 및 수업 환경 조성하기: 교사는 학교 및 교실의 교육 환경을 다문화적인 환경으로 조성하는 역할을 수행해야 한다. 다문화적인 환경에서 학생들은 동등한 학습 기회를 제공받을 수 있기 때문이다. 다문화적인 교육 환경 조성을 위해 교사 및 관리자의 인식, 태도, 교육과정, 교수-학습 전략, 평가, 전략, 학교 문화 등에서의 변화가 필요하다.

② 교사의 다문화 관련 인식 및 태도

• 교사의 인식 및 태도의 중요성: 교사의 다문화 관련 인식 및 태도는 교사의 교수 행위에 영향을 미치게 된다.

• 우리나라 교사들의 문화 다양성에 대한 태도: 문화 다양성에 대한 교사의 태도는 인지적·정의적·행동적 영역으로 구성되어 있다. 우리나라 교사들 중 여성, 30대, 읍·면지역, 초등학교 교사, 다문화 가정 학생을 담임한 경험, 다문화 교사 교육을 받은 경험이 있는 교사들이 상대적으로 다양성에 대해 더 긍정적인 태도를 지니고 있는 것으로 나타났다(박윤경, 성경희, 조영달, 2008).

• 문화 다양성 태도와 다문화 가정 학생에 대한 태도의 관계: 다문화 가정 학생에 대한 교사의 태도는 다문화 가정 학생에 대한 관심, 수용, 기대, 배려로 구성되어 있다. 교사의 문화 다양성에 대한 태도가 긍정적일수록 다문화 가정 학생에 대한 태도 역시 긍정적이다.

(3) 다문화 아동의 가정교육

다문화 교육은 일반 가정과 다문화 가정 모두에서 요구된다. 이는 모두가 우리 사회의 구성원이기 때문이다. 따라서 일반 학부모들에게는 자신의 자녀와 다문화 가정 자녀들이 함께 어울리는 것을 자연스럽게 받아들일 수 있도록 하는 것이 중요하다. 또한 외국인 주민 다문화가정 학부모에게는 한국 문화의 이해 교육을 통해 자녀들이 우리 사회에 잘 적응하도록 지도할 수 있게 해야 한다. 그리고 한국인 다문화가정 학부모는 외국인 배우자의 우리나라 생활의 적응을 돕고 배우자 나라의 언어와 문화도 익힘으로써 부부 간의 갈등을 줄이고 화합할 수 있도록 해야 할 것이다.

3) 다문화 아동 교육의 방향 및 과제

(1) 다문화 아동 교육의 방향
① 전 국민 대상 다문화 교육 필요
다문화 교육은 외국인이나 학생들에 한정되어서는 안 된다. 다문화 교육은 온 국민을 대상으로 하는 상호 이해 교육을 바탕으로 지역사회를 연계시킬 수 있는 보다 효율적이고 적합한 다문화 교육 방법을 활용하여 지역사회의 통합을 이루어야 할 것이다.

② 개방된 다문화 교육으로의 전환
오늘날 세계 여러 나라는 다문화 교육이 주요 교육개혁의 과제로 대두되면서 배타적 동화주의 교육에서 다문화 교육으로 방향을 전환하고 있다. 우리 정부가 입안하여 추진하고 있는 각종 정책과 많은 관련 부처의 다문화교육지원정책에도 불구하고 아직도 다문화 교육에 대한 준비가 부족하고 배타적 동화교육의 성향이 남아 있는 실정이어서 개방된 다문화주의 교육으로의 전환이 요구된다(서종남, 2010).

③ 다양성과 통합성 간의 균형 있는 다문화 교육 필요
이민자의 사회통합은 이민자와 한국 사회 쌍방의 노력을 필요로 하는 현상이다. 이민자와 한국인의 '차이'만을 강조하는 자세를 버리고, 그들이 가진 문화의 다양성에 주목하는 열린 사고방식으로 진정한 통합의 길을 추구하여야 한다. 이민자의 출신국에 따른 문화적 다양성을 존중하면서, 한국 사회의 문화 속으로 통합시키려는 방식이 타당하다(보건복지가족부, 중앙건강가정지원센터, 2008 재인용)고 본다.

④ 다문화 교육 프로그램의 개발 및 확대

일회성 및 이벤트성 다문화 행사만이 아닌, 교육 프로그램의 개발 확대가 필요하다. 각 학교에 다문화 상담 전담교사와 다문화 보조교사를 양성하여 배정하고, 다문화 교재와 교수-학습방법 및 다문화 생활지도를 해야 할 것이다. 급변하는 다문화 시대의 교육환경에서 교사와 예비교사는 변화를 보다 적극적으로 받아들일 수 있는 미래 지향적 사고를 가져야 한다. 특히 다문화 교육 프로그램에 대한 전문적인 지식과 방법의 습득이 요구된다(서종남, 2010).

⑤ 동등한 교육 기회 보장

우리나라의 외국인 이주근로자 가정 자녀, 그중에서도 미등록 근로자 가정의 자녀는 학교에 가는 것조차 쉽지 않다. 또한 외국인 이주근로자 가정 자녀의 방과 후 생활은 부모의 경제력에 따라 다르다. 부모가 미등록 근로자로 체류 신분이 불안정할 뿐만 아니라 일자리조차 얻지 못하는 경우, 자녀들은 방치되는 경우가 많다. 특히 학교를 다니지 않는 학령기 청소년의 경우 각종 유해한 사회 환경에 그대로 노출되고 있다. 따라서 이들에게 제도적 차원의 교육 기회를 제공하는 것은 한국 사회의 미래를 위해서라도 반드시 필요한 과제다.

⑥ 통합적 교육지원 체제 구축을 위한 연계망 강화

우리나라의 경우, 다문화 교육 지원 사업 등의 관련 사업 등이 있지만 현재 별개로 운영되고 있는 실정이다. 다문화 가족을 위한 교육도 부모와 자녀 각각을 대상으로 따로 운영되고 있으며, 지역 내 유관 교육기관 및 단체의 연계 협력도 미흡한 실정이다.

따라서 유사 정책 간, 유관 기관 간 그리고 교육 대상 등이 서로 연계되어 협력 운영되는 방안들을 탐색하고 실천하여 효과를 발휘할 필요가 있다(이재분, 공혜원, 2009).

⑦ 다문화 교육은 유아기에서부터 시작

다문화 교육은 유아기에서부터 실시되어야 한다. 유아기는 자신의 외형, 성 등에 대해 인지할 수 있는 시기이므로 다문화 교육을 실시하는 데 적절하기 때문이다. 3~5세에는 대부분의 인성이 형성될 뿐만 아니라 언어가 발달되는 시기이므로 취학 전 다문화 교육은 매우 중요하다고 본다.

(2) 다문화 아동 교육의 과제

① 가정에서 부모의 역량강화

다문화 가정 부모들의 자녀 교육에 관한 역량을 강화하기 위해서 다양한 정보 습득의 기회를 제공하고, 다문화 가정 부모 대상 언어교육을 통해 이들의 교육 지원을 강화하여야 할 것이다. 특히 한국인 아버지의 자녀에 대한 심리적 지지 역할을 강화하는 가족 단위의 정책을 마련하고, 어릴 때부터 어머니 나라의 언어와 문화에 노출시켜 어머니에 대한 긍정적 태도 형성을 돕고 세계화 시대의 인재로 양성할 필요가 있다.

② 학교에서 교사의 역량강화

교사의 다문화 가정 학생에 대한 관심 제고 및 이들 가정과 상호 교류 기회 확대 노력, 교사들의 다문화 교육에 대한 부담감 해소를 위한 연수 기회 확대, 다문화 교육 관련 학생상담, 교수 전략 등에 관한 정보 공유 등의 방법이 있다.

③ 또래집단의 강화

다문화 가정의 자녀들은 언어발달의 어려움을 보이는데, 학령기가 되어서 학습발달도 느린 경우가 많이 나타난다. 또한 이들은 학교생활 및 또래관계 적응에 대한 스트레스로 정신건강 문제를 겪게 될 수 있다. 따라서 이 시기의 아동들에게는 다양한 문화에 대해 올바르게 인식시키고 부모에게서 물려받은 문화적 정체성에 대한 자부심을 갖도록 하는 교육이 필요하다. 이를 위해 어렸을 때부터 또래들과 자주 접촉하도록 유도하는 프로그램이 효과적이다.

④ 미디어의 역할 제고

다문화 가정에 대한 선정적 보도 태도를 지양하고 균형감 회복, 성공적으로 살아가는 다문화 가정의 사례 확산 및 공유 노력, 외국의 사회경제적 현실과 문화적 전통에 대한 이해를 제고 프로그램 편성에 방영하는 등의 노력이 필요하다.

⑤ 시민단체의 교육 역량강화

다문화 가정 자녀의 학습권 보장을 위한 인권 보호 차원의 노력 그리고 중·고등학생의 자발적이고 활발한 학습 봉사 참여 유도 등이 있다.

⑥ 당사자 자조모임 역량강화

장기적으로 이주민 2세, 3세의 사회 진출과 내국인들과의 공존을 위해 다양성 속의 일치라는 공생의 논리 개발 및 지속적 추진 그리고 다문화 시민권의 이념에 입각해 이주민 가족의 경제적 · 문화적 · 정치적 자립 역량강화를 위한 정책적 지원이 필요하다.

참고문헌

고은(2014). 의사소통장애아 교육(2판). 서울: 학지사.

교육과학기술부(2010). 다문화가정 자녀 현황 보고서.

김선희(2002). 의사소통장애. 서울: 학지사.

김영태(2007). 한국 언어치료사 국가자격증제도 마련을 위한 대안. 한국청각장애연구, 12(3), 379-393.

김영태(2014). 아동언어장애의 진단 및 치료. 서울: 학지사.

김진호, 박재국, 방명애, 안성우, 유은정, 윤치연, 이효신 역(2007). 최신 특수교육(제8판) [*Exceptional Children: An Introduction to Special Education*]. Heward, W. L. 저. 서울: 시그마프레스. (원저는 2006년에 출판).

박윤경, 성경희, 조영달(2008). 초 · 중등교사의 문화다양성과 다문화가정 학생에 대한 태도. 시민교육연구, 40(3), 1-28.

법무부 출입국, 외국인 정책본부(2014). 2014년도 출입국 · 외국인 정책 통계연보.

보건복지부 한국보건사회연구원(2015). 2014년 장애인실태조사.

서종남(2010). 다문화교육: 이론과 실제. 서울: 학지사.

서종남(2011). 다문화교육의 필요성과 방향. 배움학연구, 3(2), 23-40.

성철재, 이숙향, 윤규철 역(2011). 의사소통장애[*Introduction to Communicative disorders*]. Hegde, M. N. 저. 서울: 학지사. (원저는 1994년에 출판).

심현섭(2005). 의사소통장애의 이해. 서울: 학지사.

심현섭, 김영태, 김진숙, 김향희, 배소영, 신문자, 이승환, 이정학, 한재순, 윤혜련, 김정미, 권미선(2010). 의사소통장애의 이해(2판). 서울: 학지사.

심현섭, 김영태, 이윤경, 박지연, 김수진, 이은주, 표화영, 한진숙, 권미선, 윤미선(2012). 의사소통장애의 진단과 평가. 서울: 학지사.

이성미(2012). 다문화정책론. 서울: 박영사.

이재분, 김혜원(2009). 다문화가족을 위한 통합적 교육지원방안 탐색 및 프로그램 개발. 서울: 한국교육개발원.

이창호, 오성배, 정의철, 최승희(2007). 소수집단 청소년들의 생활실태 및 지원방안 연구. 한국청소년정책연구원.

정동영, 김형일, 정동일(2001). 특수교육 요구아동 출현율 조사연구. 안산: 국립특수교육원.

조영달(2006). 다문화가정의 자녀교육 실태조사. 서울: 교육인적자원부.

최성규(2011). 장애아동 언어지도. 한국언어치료학회.

최충옥, 모경환, 김연권, 박성혁, 조난심, 오은순, 설규주, 차조일, 한용택, 우희숙, 서종남(2009). 다문화교육의 이론과 실제. 파주: 양서원.

행정안전부(2012). 2012년 지방자치단체 외국인주민 현황.

ASHA(2007). Incidence and Prevalence of Speech, Voice, and Language Disorder in Adults on the United States: 2008 Edition.

미국 연설언어 청각협회 홈페이지　http://www.asha.org

미국정신의학회 홈페이지　http://www.psych.org

사)한국언어재활사협회 홈페이지　http://www.kslp.org

제**9**장

지체장애 및 건강장애

지체장애

1. 지체장애의 정의

지체(肢體)는 체간(體幹)과 사지(四肢)를 의미한다. 체간은 척추를 중축으로 한 상반신으로 머리, 목, 몸통 부분을 가리키며, 내장기관은 이에 속하지 않는다. 이를 자세히 살펴보면, 척추는 목, 등, 허리의 세 부분으로 이루어져 머리를 지지하면서 운동 기능을 발휘하게 된다. 그리고 사지는 상지와 하지로 구분된다. 즉, 상지는 팔, 손, 손가락을 가리키는데 주로 일상생활 및 작업 활동과 관련이 있고, 하지는 다리, 발, 발가락 등을 가리키는데 주로 서기, 걷기 등과 같은 지지 및 이동 기능과 관련된다.

그러므로 지체장애(肢體障碍)란 신체의 골격, 근육, 신경 계통이 어느 정도 무능력한 상태를 말하는 것으로 일련의 운동손상에 기인하는데, 지체장애인 중에는 가벼운 보행 곤란만을 가질 수도 있고, 말하기, 먹기, 걷기와 같은 운동 기능과 관련된 모든 영역에서 곤란을 갖는 중도 및 중복 장애일 수도 있다. Hardy(박화문, 2001; 香川, 藤田, 2000)는 지체장애를 뇌손상에 의한 마비, 허약, 협응장애, 기타 운동 기능 장애로 특징지어지는 선천성 발달 신경운동장애라고 종합적으로 정의하고 있다.

한편, 우리나라의 경우 특수교육을 목적으로 하는 「특수교육진흥법」 제10조 제1항에서는 '지체부자유'라는 용어를 사용하여 지체장애를 정의했으나, 2007년 4월 30일 「장애인 등에 대한 특수교육법」 제15조에 의하여 지체부자유라는 용어가 지체장애라는 용어로 변경되었다. 그리고 「장애인 등에 대한 특수교육법」 시행령 제10조 특수교육대상자의 선정 기준에 따르면 보다 구체적인 정의를 알 수 있는데, 그 내용은 다음과 같다.

> **지체장애를 지닌 특수교육대상자**
> 기능·형태상 장애를 가지고 있거나 몸통을 지탱하거나 팔다리의 움직임 등에 어려움을 겪는 신체적 조건이나 상태로 인해 교육적 성취에 어려움이 있는 사람

2. 지체장애의 분류

지체장애는 손이나 발, 체간, 골격, 관절, 근육, 중추 신경계의 질환이나 이상에 의해서 발생하기 때문에 그 종류와 부위가 매우 다양하고 장애 상태도 복잡하게 나타난다. 이와 같은 지체장애의 분류에는 ① 상지의 절단, 상지기능의 장애, 하지의 절단, 하지기능의 장애, 체간 기능의 장애 등 장애 부위별 기준에 의한 분류, ② 뇌성마비와 같이 뇌손상에 기인하는 것과 척수 및 척추 질환, 관절의 이상 등과 같이 비뇌손상에 기인하는 것과 뇌손상의 유무의 기준에 의한 분류, ③ 신경성 질환 및 운동질환 등과 같이 기인 질환별에 따른 분류가 있다.

1) 신경장애

신경장애는 운동의 기능을 통제하는 신체 움직임이나 자세를 자유롭게 유지하는 데 장애를 가지는 증상인데, 신생아기 또는 유아기에 신체 여러 기능에서 나타난다. 중추신경계(대뇌와 척수)의 손상은 지체장애의 원인이 되는데, 뇌에는 손상이 없고 척수에만 손

상이 있을 경우에도 신경장애를 갖게 될 수 있다. 신경장애에는 뇌성마비, 이분척추증, 경련성 질환 등을 비롯한 여러 가지 장애가 있다.

특히 뇌성마비(cerebral palsy)는 뇌손상에 의한 마비, 약증(weakness), 협응장애, 기타 운동기능 장애로 특징지어지는 선천성 발달신경운동장애다. 즉, 뇌성마비는 발육하고 있는 대뇌 중추신경계(생후 4주까지의 신생아기)에 비진행성 병변이 발생하고 그 결과 주로 영속적인 중추성 운동 장애, 즉 자세 및 운동의 이상을 초래한 것을 총칭한 것이다. 그러므로 정신지체, 간질, 경련, 발작, 의사장애, 각종 감각장애 등을 수반할 때가 있다. 뇌성마비는 전염성이 아니며, 진행성도 아니지만 개선의 여지도 없다. 증상은 탐지하기 힘들 정도로 대단히 가벼울 수도 있고, 신체가 거의 완전하게 무력화될 정도로 대단히 심할 수도 있다.

뇌성마비의 분류에는 운동장애의 유형에 따른 분류와 마비 부위에 따른 분류가 있다. 먼저, 마비 부위에 따라 단지마비(한쪽 상지나 한쪽 하지의 마비), 양지마비(양쪽 상지나 양쪽 하지의 마비), 편마비(한쪽 상하지 마비), 대마비(우상지와 좌하지 또는 좌상지와 우하지 마비), 삼지마비(삼지의 마비), 사지마비로 분류한다. 그리고 운동장애의 유형에 따라서는 경직형(spasticity), 불수의운동형(athetosis), 운동실조형(ataxia), 강직형(rigidity), 진전형(tremor), 혼합형(mixed)의 여섯 가지로 분류한다.

이 중 가장 많은 부분을 차지하고 있는 경직형은 근육의 장력 혹은 근 긴장도의 항진을 나타낸다. 이것은 추체로, 즉 수의 운동을 담당하고 있는 대뇌피질로부터 하강하는 운동 신경 통로의 장애에 의한 것으로 수의 운동이 상실되면서 원시적인 공동 운동 패턴(synergic patterns of movement)을 동반한다. 즉, 경직형은 정상적인 운동 유형이 굴곡형 또는 신전형의 집단 운동으로 바뀐다.

| 경직형 | 운동실조형 | 불수의운동형 | 이완형 |

[그림 9-1] 뇌성마비의 유형

　　한편, 뇌성마비 학생 중에는 중복장애를 가지고 있는 경우가 많다. 이러한 선천성 운동장애 때문에, 뇌성마비아는 말하기와 쓰기에 곤란을 겪을 뿐만 아니라, 인지장애(60~70%), 시각장애(40%), 청각장애(20%), 간질(35~45%) 등의 중복장애를 가지고 있는 아동이 많다(Hardy, 1983).

　　이분척추증(spina bifida)은 태아의 발달기에 골척주(骨脊柱)가 완전하게 폐쇄되지 아니하여 생기는 선천성 중앙선 결함이다. 이 결함은 척추의 상부와 말단 사이 어디에서나 나타날 수 있다. 척추가 폐쇄되지 아니하였기 때문에 척수가 빠져 나와 신경 손상과 마비를 일으키고, 결함이 있는 쪽 밑에서 기능장애를 일으키게 될 수 있다. 경련성 질환의 간질(epilepsy)은, 주된 운동발작으로 인해 갑자기 넘어져서 격렬한 불수의 근육수축에 의한 경련을 일으키는 질환이다.

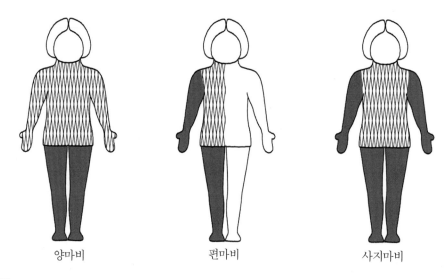

양마비　　　　　　　편마비　　　　　　　사지마비

▨▨▨ : 적게 마비된 부분　　■ : 많이 마비된 부분

[그림 9-2] 뇌성마비의 장애 부위별에 따른 분류

2) 근·골격장애

　　근육이나 골격의 결함 또는 질환으로 발생한 지체장애의 경우는 다리, 팔, 관절 또는 척추에서 발생하여 걷고, 서고, 앉고 또는 손을 사용하기가 곤란하거나 불가능하게 된다. 근·골격장애의 가장 보편적인 유형은 근이영양증(muscular dystrophy)으로 근 조직

의 퇴화에 기인하는 진행성 증상으로 특징지어지는 유전성 질환이다. 근이영양증은 걷기를 배울 때 처음으로 인지되며, 아동기를 통해서 진행된다. 사춘기 초기에 이르게 되면 보통은 휠체어를 사용하게 된다.

3) 외상성 손상

아동 중에는 외상성 손상으로 인하여 지체장애가 될 수 있으며, 출생 후에 신체에 가해진 충격을 의미하는 외상성 손상은 대부분 아동 학대와 사고로 인해 발생할 수 있다 (박화문 외, 2011). 척수손상(spinal cord injuries)은 청소년기에 많이 발생하는데, 그 원인은 주로 사고인 경우가 많다.

4) 선천성 기형

아동 중에는 어떤 신체 부위나 기관의 결함 또는 기형을 가지고 태어나는 아동이 있다. 이러한 아동을 선천성 기형 아동이라 한다. 일부 아동은 유전적 결함 때문에 기형으로 태어나고, 일부 아동은 태아 발달기에 바이러스, 박테리아, 방사선 또는 화학 물질이 부모의 염색체를 손상시키거나 태아의 정상적인 발달을 침해하여 기형으로 태어난다.

3. 지체장애아동의 특성

1) 지체장애아동의 지각특성

지체장애아동의 경우 신체의 감각기관에는 특이한 기능상의 장애가 보이지 않지만 정확한 지각이나 인지기능을 하지 못하는 아동이 있다. 이러한 아동의 지각장애의 원인은 아동 개개인의 개체적 문제와 환경적 문제에서 기인한다.

개체적 문제로는 뇌성마비로 인해 나타나는 감각기관 장애, 운동기능 장애, 뇌기능부전에 기초를 둔 행동문제를 들 수 있다. 감각기관 장애는 시각장애(사시, 약시, 시야결손, 안구진탕)와 청각장애(청력장애)가 있다. 운동기능 장애는 마비로 인한 조작, 쓰기, 만들기 등의 곤란으로 지각발달에 영향을 미친다.

환경적 문제로는 무엇보다 장애로 인한 경험 부족이 있다. 즉, 운동장애로 인해 유아기부터 신체활동에 제한을 받아 조작활동, 이동활동 등이 원활하지 못하므로 상대적으로 주변 환경으로부터 자극을 제한하고 탐색 활동과 같은 흥미 유발을 방해하여 사물에 대한 경험 부족을 초래함으로써 지각발달에 부정적 영향을 미친다. 대표적인 지각장애 아동의 지각특성은 시각-운동협응, 전경-배경지각, 항상성, 공간위치지각, 공간관계지각 등이 있다. 그 상세 설명은 다음과 같다.

(1) 시각-운동협응

시각-운동협응(Visual-Motor Movement: VM)이란 시각을 신체운동 혹은 신체 일부와 조정하는 능력이다. 예를 들어, 그리기, 쓰기를 하려면 눈과 손의 협응이 일어나야 한다. 이처럼 시각과 움직임이 연쇄적으로 자연스럽게 일어나야 원활한 그리기, 쓰기 학습의 기초가 된다. 뇌성마비의 경우 시각-운동이 어려우므로 문장을 읽을 경우 시각 추적이 원활하지 못해 문장을 다 읽지 못하거나 글자 혹은 문장을 빼고 읽는 경우, 그리기, 쓰기, 가위질, 착탈의가 미숙한 경우가 많다.

(2) 전경-배경지각

우리가 사물을 볼 때 전체를 한번에 지각하는 것이 아니라 주의를 기울일 부분을 불필요한 배경자극으로부터 떼어 지각한다. 이때 떼어 낸 부분을 전경 혹은 그림(圖)이라 하고 배경이 되는 부분을 바탕(地)이라고 한다. 예를 들어, 교실에서 수업을 할 때 교사의 설명을 듣기(圖)보다 옆 친구의 필통 여닫는 소리(地)에 주의를 더 기울이는 경우와 같다. 지체장애아의 경우 전경-배경지각(Figure-Ground Perception: FG)의 곤란으로 주 자극과 배경자극의 선택에 어려움을 겪으며, 이는 아동의 주의가 산만하고 혼란스럽게 한다. 또한 책의 페이지나 사물 찾기가 어눌하고 글의 행을 건너뛰곤 한다.

(3) 항상성

항상성(Perceptual Constancy: PC)은 5～7세에 급속히 발달하며, 사물을 보는 조건(크기, 밝기, 색, 형)이 변해도 대상물은 항상 그대로의 사물이라고 인지하는 능력이다. 사진의 토끼와 실물 토끼는 크기는 달라도 같은 토끼로 인식하는 것이다. 지체장애아의 경우 항상성에 어려움을 보여 같은 단어나 도형을 크기나 글자체를 다르게 나타내면 서로 다른 것으로 인식할 수 있다. 즉, 위치와 배경에 따라 크기와 형태가 달라 보이지만 같은 글자와 도형이라는 인지가 어렵다.

(4) 공간위치지각

물체가 있는 공간과 관찰자 간의 관계를 지각하는 것이므로 물체가 자신을 중심으로 앞, 뒤, 위, 아래, 옆에 있는 것을 지각하는 것을 공간위치지각(Position in Space: PS)이라고 한다. 지체장애아는 자신의 신체를 중심으로 좌우, 위아래와 같은 위치지각의 곤란으로 학습에 있어 아와 어, 오와 우, 6과 9의 혼동, 12와 21의 차이의 혼동 등이 빈번히 일어나기 때문에 읽기, 쓰기, 수 계산에 곤란을 겪는다.

(5) 공간관계지각

공간관계지각(Spatial Relation: SR)이란 둘 이상 물체의 위치 및 물체 상호 간의 위치, 즉 물체 상호 간의 관계를 지각하는 능력이다. 예를 들어, 저금통 그리고 동전을 넣는 아동은 자신과 저금통과 손에 잡은 동전의 위치뿐만 아니라 동전과 저금통의 위치도 지각할 수 있어야 한다. 공간관계지각이 덜 발달된 지체장애아의 경우, 구슬 꿰기, 적목 쌓기와 같은 활동에 어려움을 보인다. 또한 학습에 있어서도 글자를 바르게 읽기, 바르게 쓰기, 지도 찾기, 그래프 이해하기 등의 과제에서 어려움을 나타낸다.

이와 같이 지체장애아의 경우 시지각뿐만 아니라 촉지각, 청지각의 발달에 있어서도 어려움을 보인다. 따라서 학습과제를 수행함에 있어 그 과제를 왜곡된 형태로 지각하여 일상적 과제와 학습과제의 수행에 큰 어려움이 나타내는 원인이 되므로 아동의 감각지각 특성을 정확히 파악하여 학습전략을 세워야 한다.

2) 지체장애아동의 인지 및 행동 특성

지체장애아동, 특히 뇌성마비가 있는 아동은 신체적 활동을 통해서 외부의 세계와 관련짓는 능력이 비장애아보다 저하되므로 추상 능력과 개념적 사고의 발달이 늦어질 수 있고, 이동, 사지 간의 협응 동작, 언어(표현적 언어와 수용적 언어)들의 부자유에서 오는 사회적 결함과 대인관계의 활동의 폭의 제한을 초래하는 경향이 많다(정재권, 안병즙, 2001).

그들은 비장애아에 비해 감각 인지기능과 언어발달의 지체 현상이 현저하여 추상적 사고의 열등, 제약된 활동과 한정된 경험으로 인한 사고의 미성숙, 구체적 대상물에 대한 분석과 종합력 그리고 대상의 특징을 전체적으로 파악하려는 능력의 결함을 보인다(박화문, 2001).

뇌성마비아의 사고 특징으로 '전이(transfer, 한번 학습한 내용이 다음의 학습에 영향을 주는 현상)'와 '일반화(generalization, 학습한 내용을 다른 상황에 적용하는 현상)'를 들 수 있다. 뇌성마비아는 새로운 일이나 문제 그리고 자극 상황에 지식이나 기능을 잘 적용하지 못하며, 선행 경험을 미래의 비슷한 상황이나 문제해결에 효과적으로 활용하지 못한다(국립특수교육원, 1998, 1995). 香川과 藤田(2000)는 지체장애아의 사고와 관련된 경험 부족 및 뇌손상의 영향을 분석하기 위하여 실험한 결과, 개념 사고의 양적 측면에서는 비장애아와 별 차이가 없었으나, 질적 측면에서는 비장애집단보다 매우 낮게 나타났다. 이러한 운동장애로 인한 직접적 경험 부족이 뇌성마비아의 사고 능력에 미치는 영향을 살펴본 결과, 지체장애아도 비장애아와 함께 통합된 교육환경에서 생활 경험이 풍부하면, 사고가 향상될 수 있고, 간접적 경험 지도(예: 시청각 자료의 활용) 또한 지체장애아와 비장애아에게 효과적이라는 시사점을 제공하고 있다.

한편, 지체장애아의 성격 행동에 관한 일련의 연구를 살펴보면, 지체장애아에게서는 일반적으로 퇴행이라는 성격의 미성숙과 의존성이라는 사회성의 미성숙이 자주 나타남을 찾아볼 수가 있다. 그렇지만 이와 같은 성격발달의 왜곡은 지체장애에서 발생하는 생활 행동상의 제약과 그에 따른 가정의 과보호에서 생기는 경우가 많다.

일반적으로 지체장애아에게 이와 같은 고유의 성격 특성이 있다기보다는 개인차라는 범주의 측면에서 문제가 있다고 생각하는 것이 좋다. 다만, 뇌성마비아에게는 뇌손상으로 말미암아 다음과 같은 특이한 행동 특성이 나타난다.

- 피전도성: 주의산만성이라고도 하는 피전도성(distractibility)이라는 개념은 특정한 자극에 주의 집중을 할 수 없으며, 주위의 불필요한 자극에 곧잘 반응을 나타내는 경향을 말한다.
- 억제곤란: 충동성이라고도 하는 억제곤란(disinhibition)은 자극에 대하여 즉시 반응이 유발되는 운동이나 행위를 억제하는 것이 곤란한 것을 말한다.

- **고집성**: 고집성(perseveration)이란 자극에 대한 반응이 지속 또는 반복되는 것으로, 어떤 장면에서 다른 장면으로의 전환이 용이하게 이루어지지 않는 경향으로 인하여 한 가지 반응에만 고착되는 것을 말한다.
- **통합곤란**: 통합곤란(dissociation)이란 대상을 하나의 통합된 전체로서 또는 통일된 형태로서 인정하기 곤란한 것을 말한다.

이와 같은 특징은 각각 독립된 특성이 아니고 상호 관련성을 갖고 있다. 예를 들면, 피전도성과 억제 곤란은 과잉 활동이라는 면을 가지고 있으며, 또한 전경-배경 변별 장애가 피전도성과 통합 곤란에 깊은 관련을 갖고 있는 것처럼, 이들은 지각 장애와 밀접한 관련을 갖고 있다. 이와 같은 특성의 전부를 뇌성마비아가 가지고 있는 것은 아니지만, 이와 같은 특성은 학습과 그 외의 문제에도 장애를 가져오게 하는 경우가 많다.

3) 지체장애아의 성격 및 의사소통 특성

일반적으로 성격 형성에 관한 이론은 크게 유전적 요인과 환경적 요인으로 구분하지만, 같은 유전적 요인을 가지더라도 환경의 자극 조건과 경험에 따라 다르다고 할 수 있다. 지체장애아의 심리적 특성은 신체적 한계에 어떻게 적응하느냐와 그들이 어떤 사회적 위치에 있느냐 그리고 부모, 형제, 자매, 교사, 또래집단 등의 반응에 달려 있다.

昇地(1976)는 지체부자유아의 부적응의 원인을 '장애중적 심화 과정(障碍重積深化過程)'을 통해서 설명하고자 하였다. 개인이 신체적·정신적 장애를 갖고 있을 때, 그 증상을 제거하거나 감소시키지 않으면, 이러한 1차 증상이 원인이 되어 신경증적 정서불안이라는 제2차의 새로운 장애가 일어나기 쉽다. 제2차 증상은 제1차 증상 위에 중적되어 더욱 심화되고, 내면화 혹은 내부에 삼투됨으로써 심화된다. 이렇게 여러 차원의 증상이 중적되고 내면화되면 장애가 고정화되면서 더욱 심화되는 것이다. 이와 같이 장애가 심화되는 작용을 昇地(1976)는 장애중적 심화 과정이라고 하였는데, 이를 나타내면 [그림 9-3]과 같다.

한편, 지체장애아는 자기 자신을 수용하거나 부정하는 것을 나타내는 자신에 대한 가치 판단이라고 정의되는 자아개념에서도 신체적 기능 제한, 부모, 형제의 부정적인 영향, 사회적 경험의 부족으로 인하여 부정적인 자아개념을 가질 것이다. 자아개념을 갖기

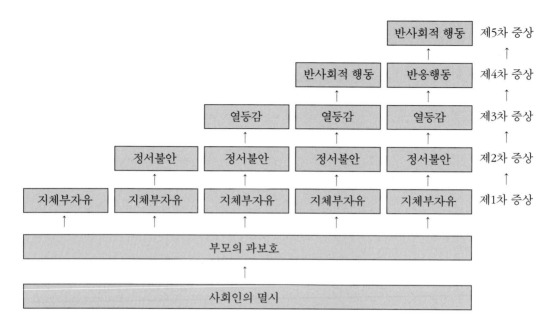

[그림 9-3] 장애중적 심화 과정

전에 먼저 자기 자신에 대한 감각을 발달시켜야 한다. 즉, 자기 신체와 다른 사람들을 구별하고 환경으로부터 사물을 구분하는 것을 알아야 한다. 사물, 사람들, 자기 자신의 신체로부터의 경험들을 해석할 수 있게 되면 아동은 자아개념을 발달시킬 수 있게 된다.

지체장애아의 자아실현의 목표를 사회적 참여와 고용이라고 하였을 때, 이러한 목표에 도달하기 위한 모든 과정을 재활(rehabilitation)이라고 할 수 있다. 그러나 재활의 과정에서 가장 먼저 부딪치는 것이면서도 가장 중요한 문제는 '장애 수용'의 문제다. 일반적으로 장애 수용이란 자신이 가진 장애에 대해 부정적인 측면에서 평가 절하하지 않고 긍정적으로 파악하며, 이를 통하여 자신의 장래나 재활의 의지를 갖는 상태라고 정의된다. 이러한 장애 수용은 한 개인으로서의 장애인이 행복한 삶을 영위하고 제공받는 서비스의 효과를 향상시키는 중요한 요소가 되며, 이를 통한 삶의 질 향상에 중요한 역할을 한다고 할 수 있다.

지체장애아의 성격 특성은 개인의 정신적·신체적인 여러 방면을 포괄한 것이며, 그것들이 긴밀하게 역학적으로 통일체를 이루고 있으며, 환경과 분리해서 여러 심리적 특성만을 생각할 수 없으며, 사회나 환경과의 관계 속에서 적응해 가는 상황으로 해석하여야 한다.

또한 지체장애아동의 대부분을 차지하는 뇌성마비아동의 50~70%가 다음에 진술하는 것과 같이 어느 정도 언어에 문제를 가지고 있다. 먼저, 뇌성마비아동은 발성 발어기관의 운동에 지장을 주어 발어기능의 발달이 저해되고 음성언어의 서투름 또는 음성언어의 명료도나 유창성이 낮은 말로 표현하고 있다. 뇌성마비아동의 대다수는 흉곽이나 복부의 움직임 또는 경부의 근 긴장 때문에 발성을 할 때 충분한 호흡을 하는 것이 그다지 능숙하지 못한 경우가 많다.

뇌성마비아동은 자발적인 감각운동 경험의 적절하지 못함이나 주위의 주어진 언어적·비언어적 자극의 부적절함 때문에 개념 형성이나 언어발달이 지체되기 쉽다. 또한 대인 접촉의 기회와 그 내용이 제한되기 때문에 다양한 의사소통 수단의 사용이나 여러 가지 상황 또는 사람에게 적절한 의사소통 기술의 미숙함을 보이기 쉽다. 뇌성마비아동의 음성언어가 주위에 이해되기 어려운 이유는 조음의 부정확성보다도 얼굴 근육의 긴장이나 사지의 불수의 운동, 소리의 질 등에 의해 청자 측의 주위를 끌게 되어 그 결과 음성언어를 알아듣지 못하는 경우가 상당히 있기 때문이다. 이러한 경험의 반복은 그들의 의사소통 발달을 크게 방해하고 있다.

4. 지체장애의 교육적 평가

지체장애아의 개별화교육계획(IEP)을 수립하기 위해 일차적으로 실행하여야 할 것은 학생의 개인 정보와 현재의 성취 수준을 진단하는 일이다. 이러한 진단을 위해서는 각종 심리검사 결과, 학부모와의 상담 내용 및 교육적 요구 수준, 생육력, 병력, 전 담임교사의 관찰 기록, 교과별 성취 수준, 진로상담 내용 등을 종합·분석해야 한다. 지금까지 보편적으로 지체장애아의 평가는 장애를 보상하고 보완해 주기 위해 그들이 가지고 있는 장애를 찾아내는 일에만 치중해 왔기 때문에 사실상 그러한 평가를 통해 그들이 가지고 있는 잠재능력을 찾아내는 일은 등한시되어 왔다. 이러한 학생의 잠재능력을 계발해 줄 수 있는 교육목표를 설정하고 교수-학습 방법을 계획하기 위해 교육적 평가는 매우 중요하다.

1) 교과활동 평가

교과활동의 평가는 교육과정 중심 평가로 한다. 교육과정 중심 평가란 각 교과 과목이나 기능을 교육과정에 선택한 평가 항목으로 직접 평가함으로써 평가받은 학생의 교육계획이 어느 수준에서 이루어져야 하고, 어떤 교수-학습방법을 사용해야 되는지를 결정하는 과정을 말한다. 교육과정 중심 평가의 실시 단계는 다음과 같다. ① 평가 목적을 분명히 밝힌다. ② 교과과정을 분석한다. ③ 행동 목표를 정한다. ④ 적절한 평가 과정을 정한다. ⑤ 자료를 모은다. ⑥ 모은 자료를 정리·요약한다. ⑦ 자료를 제시한다. ⑧ 자료를 해석하고 결론을 내린다.

2) 신체활동 평가

신체활동의 평가는 현재 스스로 수행할 수 있는 일상생활 활동을 평가하고, 앞으로 익혀야 하는 일상생활 동작을 알기 위해 물리치료사와 작업치료사뿐만 아니라 교사와 부모도 일상생활에서 관찰을 통해 평가하는 것이다. 평가 내용은 학생의 신체적인 제약이 무엇인가다. 신체적인 제약이 치료교육을 통해 나아질 것인가, 아니면 같은 상태를 유지할 것인가, 혹은 진행성 근이영양증의 경우와 같이 앞으로 더욱 나빠질 것인가 등이다. 평가방법에는 두 가지 단계가 있는데, 하나는 기초적인 선별을 위한 평가의 단계이고, 다른 하나는 선별평가에서 신체적 장애가 있다고 판별된 학생들만을 대상으로 실시하는 깊이 있는 평가의 단계다. 학생의 이동능력을 기초로 하여 기능적 활동을 선별평가하는 내용을 제시하면 〈표 9-1〉과 같다.

표 9-1 　**학교생활에 필요한 기능의 선별평가**

활동	운동 능력	개인생활 기능	몸자세	보조기구/자료
학급 내 활동	• 앉은 자세에서 교실바닥에 떨어진 연필을 집는다. • 선 자세에서 교실바닥에 떨어진 연필을 집는다.	• 공책을 열고 닫는다. • 스카치테이프를 뗀다. • 책상에서 물건을 꺼낸다. • 지철기를 사용한다. • 종이와 책을 정리한다.	• 의자에 앉는다. • 칠판 앞에 선다. • 줄을 선다. • 타자기를 쓰는 동안 바로 앉을 수 있다. • 의자에 앉고 일어서고 한다.	• 손 브레이스 • 휠체어 • 서 있도록 고안된 책상 • 가슴으로 기대고 서는 기구 • 높인 의자
이동 능력	• 이동한다. • 문을 열고 드나든다. • 장애물을 피해 돌아간다.	• 책상을 연다. • 브레이스, 클러치를 사용하고 정리한다. • 분수대에서 물을 마신다.	• 의자에 앉아 편한 자세로 고쳐 앉는다. • 바른 자세로 걷는다.	• 휠체어 • 바퀴가 달린 의자 • 브레이스

3) 사회 · 심리적 활동 평가

사회 · 심리적 활동의 평가는 환경 중심 평가를 사용하며, 학생이 사회 환경 속에서 일어나는 활동에 참가하는 데 필요한 실질적인 기능을 과제분석을 통해 부분 과제로 나눈 후 부분 과제들을 순서대로 적은 기능 평가를 말한다. 학생이 현재 가지고 있는 기능의 수준과 학습을 필요로 하는 부분이 어디인가를 알아보기 위해서는 환경 중심 평가를 실시해야 하는 가정, 학교 및 지역사회에서의 활동을 고려하여 한 가지 환경에서만 필요한 기술보다는 여러 환경에서 필요로 하고 또 활용이 가능한 기술과 동작들을 알아내야 한다.

환경 중심 평가의 실시 단계는 다음과 같다(Fletcher et al., 1990). 첫째, 일반생활의 영역을 가정생활, 직업생활, 취미생활, 지역사회 생활의 네 가지 교육과정으로 나눈다. 둘째, 교육과정의 네 가지 영역 내에서 일반학생의 생활환경을 조사한다. 셋째, 각 생활환

| 표 9-2 | **사회생활에 필요한 기능 측정** |

학생명	○○○	학습영역	지역사회 활동	부속환경	커피숍
날짜		환 경	병원	교사명	
일반학생의 기능		장애학생의 기능	차이 분석	교육적 결정	
〈활동 내용〉 • 빈자리를 찾는다. 〈기 술〉 • 문에 들어선다. • 빈자리가 있는지 둘러본다.		+ −	• 둘러보는 방법을 모름 • 둘러보는 능력의 부족	• 둘러보는 방법을 가르친다. • 둘러보는 방법을 가르친다.	
〈활동 내용〉 • 차림표를 읽는다. 〈기 술〉 • 차림표의 항목을 본다. • 음식과 음료수를 정한다. • 차림표를 제자리에 놓는다.		− − +	• 둘러보는 방법을 모름 • 읽는 능력의 부족	• 둘러보는 방법을 가르친다. • 그림으로 된 차림표를 만들고 사용법을 가르친다.	

* + : 학생이 바르게 반응했던 항목, − : 학생이 수행할 수 없었던 항목

경을 이루고 있는 부속 생활환경을 조사한다. 넷째, 각 부속 생활환경 중에서 일어나는
활동을 조사한다. 다섯째, 각 활동에 참여하기 위해 필요한 기술이 무엇인가를 조사한
다. 지체장애아의 사회생활 능력을 평가하는 환경 중심 평가의 한 예를 들면 〈표 9-2〉와
같다.

5. 지체장애아동 교육의 내용

1) 신체적 처리와 조치

신체적인 문제들은 예견되거나 발견되는 순간부터 조치를 취하는 것이 중요하다. 조
치에 관련된 많은 영역 중 몇 가지만을 제시하면 다음과 같다.

첫째, 자세와 앉기로서 지체장애를 가진 아동의 앉기는 어려운 과제다. 앉기는 손을
사용할 수 있고, 눈-손 협응이 쉬우며, 균형 유지에 어려움이 적을 때 가능하다. 책상다
리, 옆으로 앉기, 의자에 앉기 등의 자세는 불안하지 않아야 한다. 보장구를 통하여 자세
를 개선시키기 위해서는 바람직한 자세와 움직임이 발달되도록 도와주어야 하고, 바람
직하지 않은 자세나 움직임은 억제해 주어야 한다. 휠체어를 사용하는 아동은 휠체어용
책상을 사용하기 때문에 책상에 앉기가 어렵지 않다. 그러나 테이블을 이용하여 작업을
할 때에는 테이블 위에 팔을 놓을 수 있도록 테이블의 높이를 조정해야 한다. 학생이 휠
체어 책상이나 다른 책상을 사용한다고 해도 책이나 물건을 놓을 수 있어야 하고, 물건
의 배치도 팔 운동의 범위, 힘 조작이 가능한 범위 내에 있어야 한다. 만약 학생이 서랍
이나 칸막이가 있는 책상을 가지고 있지 않다면 사무용 책상을 제공할 수 있다.

둘째, 지체장애아동은 가능한 한 혼자서 이동할 수 있어야 한다. 재활담당 의사와 치
료사들은 아동의 신체기능에 나쁜 영향을 주지 않는 범위 내에서 스스로 이동할 수 있는
적당한 방법을 지도해야 한다. 혼자 걸을 수 없는 유아에게는 구르기, 기기, 클러치 사용
법, 보행기 사용법 등을 가르쳐야 한다.

셋째, 지체장애아동이 학교에서 직면하게 되는 어려움은 건축물의 출입과 이용이므
로 이용이 편리하도록 이러한 장애물을 개선해야 한다. 휠체어나 클러치를 사용하는 아
동이 건물 안으로 쉽게 들어가기 위해서는 경사로(ramp)가 설치되어 있어야 하며, 지체

장애아동이 이용할 수 있는 곳에 화장실, 놀이터, 수도 등을 설치해야 한다. 또한 수돗가, 화장실, 칠판 근처 등에는 잡을 수 있는 봉이나 지지 레일을 설치해야 한다. 교실의 책상과 의자는 휠체어가 다닐 수 있도록 배치되어야 하고, 발판 조절 기구 등의 장치도 필요하다. 특수 높이 조절 테이블이나 곧추선 테이블은 앉거나 서기에 특별한 문제를 가진 아동들에게 도움을 준다.

넷째, 지체장애아동은 그들의 장애 특성으로 인하여 특수 보장구의 도움을 많이 필요로 한다. 필요한 보장구의 선정에서부터 그것을 사용할 수 있기까지는 교사, 치료사, 부모 등이 함께 노력해야 한다. 그리고 아동 자신의 노력도 있어야 한다. 학생들은 조기에 연필, 종이와 같은 것의 조작을 배워야 한다. 특히 연필 잡기, 물체 떨어뜨리기, 미끄러지기, 찢기, 종이 구기기, 읽기, 쓰기를 할 때에는 특수 테이블, 클립보드, 손잡이 달린 컵, 특수 손잡이가 부착된 연필 등을 사용할 필요가 있다. 이러한 특수 보장구의 사용 방법을 익히는 것은 신체기능의 재활뿐만 아니라 심리적 재활에도 도움을 준다.

2) 수업적 조치

지체장애아동을 위한 수업적 조치 내용을 살펴보면 다음과 같다. 첫째, 학령전기에 각 전문가들의 활동은 서로 다른 상황에 처해 있는 아동들을 돕고 그들의 능력을 증가시키는 데 초점을 두고 있다. 화장실을 가야 할 때 말(언어) 이외의 방법으로 다른 사람에게 표현하는 것도 자립기능을 향상시키는 것이다. 식사, 용변, 착의·탈의 등 실제 과정의 훈련이 포함되는 자립기능 향상 프로그램은 조기에 적용할수록 그 효과가 크다. 다른 특수아동들은 주로 이동이나 수업 참여에만 어려움을 겪는 데 비해 지체장애아동은 이 밖에도 학습에 필요한 읽기, 쓰기, 말하기, 셈하기와 같은 기본적인 수행 능력에도 상당한 어려움을 지니고 있기 때문이다(김영한, 2009).

이들은 소근육운동의 발달지체나 심한 마비로 인해 말하기는 물론 손으로 쓰기도 곤란하므로 문자 습득에 필수적인 쓰기와 읽기 연습이 부족하여 문자의 완전한 해득 기간이 길고, 기본적인 셈하기 능력 또한 쉽게 향상시키기 어렵다. 그리고 초등교육에 서는 유아기의 지도가 계속되어야 하지만, 기초 교과의 학습도 첨가되어야 한다. 아동의 학습 속도가 느리기 때문에 지체장애아동의 교육과정은 기초 교과에 중점을 두어야 하지만, 직업, 사회, 과학, 음악, 미술, 체육 등의 과목도 지도해야 한다. 컴퓨터 지도는 손의 협응이 부족하거나 허약한 아동에게 많은 도움을 줄 수 있는데, 키를 누르는 것은 손으로 쓰는 것보다 쉽고 빠르며 신체적으로 문제가 있는 학생도 이용할 수 있기 때문이다.

그리고 중등교육에서는 초등교육처럼 학습을 수행할 수 있는 방법적 대안을 찾아주는 것이 중요하다. 손바닥에 올려놓을 수 있는 컴퓨터는 신체적인 긴장의 원인으로 글씨를 쓰지 못하는 아동에게 유익하다. 또한 언어장애를 가지는 지체장애아동은 언어합성기가 부착된 가정용 컴퓨터에서 생성되는 언어의 녹음을 통하여 구두 보고서를 만들 수 있다. 중등교육에서는 교과의 학습뿐만 아니라 직업 준비 기능의 학습, 직업에 대한 기초 능력도 갖게 하여야 한다. 그리고 교사는 지체장애아동을 교내외 활동에 참여시키는 일에 보다 적극적으로 개입하지 않으면 안 된다.

3) 전환교육

「장애인 등에 대한 특수교육법」(2007)에서는 '진로 및 직업교육'을 특수교육대상자가 학교에서 사회 등으로의 원활한 이동을 위하여 관련 기관의 협력을 통하여 직업재활훈련·자립생활훈련 등을 받을 수 있도록 명시하고 있다.

지체장애아동을 위한 전환교육이 유아기부터 노년기까지의 변화를 대비해 준비하는 교육이라고 생각할 때, 나이가 들어감에 따라 변화하는 것은 종적 전환으로 보고 상황이 바뀜에 따라 변화하는 것은 횡적 전환으로 본다. 전환교육은 일반적으로 두 가지로 나눌 수 있다. 읽기·쓰기·말하기 등 기초 학문 중심의 교육과 지역사회 내에서 살아가는 데 필요한 기능과 생활에 중점을 두는 교육을 들 수 있다. 직업생활을 위한 직업 인식 및 탐구, 실습, 훈련, 취업에 이르는 과정에 필요한 것을 조기교육에서부터 특수교육의 학과목에 반영시켜 가르쳐야 한다. 또한 읽기·쓰기·셈하기·말하기뿐만 아니라 학습계획 세우기, 학습습관, 일정 짜기, 수업 듣기, 대학 입학 정보, 대학 진학 및 졸업에 이르기까지 필요한 기초 교과 내용과 올바른 학습습관을 조기부터 가르쳐야 한다.

4) 부모교육

부모교육은 자녀의 장애 특성, 발달 특성, 가정지도 방법을 바로 이해하고 지금까지의 자녀 양육에 대한 사고, 행동 등 습관적인 태도와 방법을 재검토하며, 자녀에게 부정적 문제가 발생하지 않도록 하는 예방적 입장과 이미 발생한 문제를 치료하는 치료적 입장을 모두 포함한 것으로 부모역할에 변화를 주기 위한 일체의 교육활동을 말한다(김영한, 2009 재인용).

지체장애아동을 둔 부모를 위한 부모교육의 필요성을 제시하면 다음과 같다(박화문, 2001). 첫째, 지체장애아동이 지닌 독특한 특성에 대한 지식을 얻음으로써 이들을 이해하고 도움을 줄 수 있어 가정에서의 효과적인 지도가 가능하다. 둘째, 부모에게 위안과 자신감을 심어 주어 조기교육의 효과를 높일 수 있다. 셋째, 학교와 가정 간의 일관성 있는 지체장애아동 교육을 실시하기 위해 필요하고, 학교에서의 학습내용과 가정에서의 지도 방법이 연계가 되어 일관성이 있을 때, 효과가 크다. 넷째, 이차적인 장애를 예방하는 데 도움이 된다. 다섯째, 사회에서 긍정적인 특수교육관의 확립에 가정이 모범이 될 수 있다.

지체장애아동의 부모교육 내용은 자녀를 가정에서 돌보는 방법, 학습시키는 방법, 자녀에게 도움이 될 수 있는 각종 사회 정보 제공 등이 있다. 보다 적극적인 방법에는 교사들을 관찰하여 그 행동을 배우는 방법, 직접 가르쳐 보고 토의하는 방법, 학습 교재 및 자료를 만들어 제공하는 방법 등 교사의 보조자 역할을 하는 것들이 해당된다.

이러한 체계적인 부모교육이 이루어진다면, 학교교육과 가정교육의 일관성이 유지되어 지체장애아동의 학습에 대한 이해가 높아지고, 지체장애아동의 문제점을 조기에 발견하여 실행할수록 효과가 클 것이다. 그리고 부모의 지체장애아동에 대한 태도는 형제, 친척 및 이웃의 지체장애아동에 대한 태도에도 영향을 준다. 따라서 부모교육을 통하여 보다 적극적인 장애인관을 확립시키는 데 도움을 제공해야 한다.

건강장애

1. 건강장애의 정의

2001년 세계보건기구(WHO)가 발표한 '기능성, 장애 및 건강의 국제분류(ICF)'의 영향을 받아 사회정책의 맥락에서 신체적 장애 중심의 장애 개념이 기능적 장애로 바뀌는 세계적 추세에 있다(황수경, 2004). 이러한 세계적 추세와 함께 우리나라에서도 그동안 만성질환이 있는 학생들을 '병허약 아동'으로 구분하여 지체장애아동과 비슷한 맥락에서 지원해 왔으나 2005년 「특수교육진흥법」 일부가 개정되어 '건강장애'를 특수교육대상자로 규정함으로써 소아암, 백혈병, 심장질환 등 만성질환으로 인해 학교생활이나 학업에 어려움이 있는 학생들이 특별한 교육지원을 받게 되었다(김영한, 변갑순, 2010; 김은주, 2008).

이후 「장애인 등에 대한 특수교육법」(2007)이 제정됨에 따라 건강장애는 그 개념의 재정립을 통해 그동안 만성질환이 있는 병허약 아동은 새롭게 건강장애아동으로 정의되었는데, 구체적으로 살펴보면 다음과 같다.

> 건강장애를 지닌 특수교육대상자
> 특수교육대상자로서 만성질환으로 인하여 3개월 이상의 장기입원 또는 통원치료
> 등 계속적인 의료적 지원이 필요하여 학교생활 및 학업 수행에 어려움이 있는 사람

2. 건강장애의 분류

1) 천 식

천식(asthma)이란 숨 쉴 때 들어오는 여러 가지 자극 물질에 대한 기관지의 과민반응으로 기관지를 비롯한 기도점막에 염증이 생겨 부어오르며 기관지가 좁아져서 천명(쌕

쌕거리는 호흡음)을 동반한 기침과 호흡곤란이 발작적으로 나타나는 질환이다. 소아기에 흔한 만성질환으로 소아의 입원과 학교 결석의 주된 원인이 되며, 소아 천식의 절반은 성인에 이르기까지 이어져 성인 천식으로 지속된다.

약 80%의 환자가 6세 이전에 첫 증상이 나타나며 1세 이전의 영아 시기에도 천식이 발병할 수 있으나 비교적 드물고, 돌이 지나면서 천식 발생률이 증가하며 대부분은 5세 전후가 되어야 전형적인 천식 증상이 나타나게 된다. 천식은 아동의 3~10% 정도 발생하고 여자보다 남자에게 더 보편적이다.

2) 신장질환

소아의 주된 신장질환(nephritis of children)에는 급성 사구체신염, 만성 사구체신염, 네프로제 증후군, 자반병성 신장염, 요로 감염증 등이 있지만, 그 외 최근 학교 소변검사에 의해 많이 발견되는 무증후성의 단백뇨 및 혈뇨도 문제가 된다.

3) 소아당뇨

소아당뇨는 신진대사의 만성적 장애로 아동에게 흔히 나타나는 질병으로 0~14세에 발병하는데, 당뇨로 인하여 신경체계의 손상도 올 수 있으며 당뇨병을 앓는 아동은 손 또는 발에 감각을 느끼지 못한다(박화문 외, 2012). 또한 인슐린 과잉일 경우에는 두통, 구역질, 구토, 흥분, 얕은 호흡, 감기, 습한 피부 등의 건강문제를 갖게 된다.

4) 간 질

간질(epilepsy)은 뇌성마비나 뇌종양과 같이 신체적인 문제를 가지고 있지 않더라도 발작이 나타나는 것이다. 발작은 뇌에서 비정상적인 전기적 배출을 함으로써 오는 운동, 감각, 행동 그리고 의식의 혼란이라고 할 수 있으며, 발작 증상이 만성적으로 되풀이될 때 그 상태를 발작장애라고 하거나 더 일반적으로는 간질이라고 한다. 간질은 발작이 실질적으로 진행 중인 동안에만 장애라 한다. 일반적으로 인구의 1%가 간질을 앓고 있다고 알려져 있다.

5) 심장질환

심장질환(heart disease)은 아동의 0.2~0.6%에서 발견되는 비교적 높은 빈도의 질환이다. 그 종류는 선천성 심장질환과 후천성 심장질환인 류머티즘성 판막 질환, 부정맥 등까지 다방면에 걸쳐 있지만 아동마다 정도가 다르다.

3. 건강장애아동의 특성

대부분의 건강장애아동은 질병 자체의 원인으로 인해, 혹은 치료 과정으로 인해, 혹은 장기결석, 장기간의 입원, 가족 구성원의 기능 변화 등으로 인해 인지적 · 사회정서적 적응에 어려움을 나타낼 수 있다(김영한, 최용재, 2010; Brown & Cavalier, 1992). 그러므로 건강장애아동의 질병 특성을 이해하는 것이 필요하며 이들의 인지 및 사회정서적 특성은 각 개인이 질병으로 인해 겪게 되는 치료 과정과 그 밖의 다양한 경험을 통해 개인별로 다르게 나타날 수 있다는 점을 인식할 필요가 있다. 그러나 개별 질병에 따라 분류하여 접근하기보다는 오히려 만성적 질병 상태가 갖고 있는 특성이나 그로 인해 영향을 받는 여러 영역을 살펴봄으로써 만성적 건강장애를 가진 학생들의 경험을 좀 더 정확하게 파악할 수도 있다.

1) 학업과 관련된 특징

선천성 심장질환 아동은 대부분 태어날 때부터 건강 상태가 취약하고 이로 인해 학업 수행에 어려움을 갖고 있지만, 학습에 대한 욕구는 강한 것으로 나타났다(이선정, 1995). 소아 천식 아동의 경우, 질병으로 인해 학교 결석이 잦거나, 비록 학교에 등교했더라도 기분이 불쾌하거나 집중할 수 없어 새로운 기술과 정보를 익히는 데 어려움을 겪을 수 있지만 천식 자체가 학업 저하의 원인이라고 보는 것은 무리가 있다.

오히려 천식 치료를 위한 약물 복용이 침체된 기분, 두려운 느낌 등의 심리적 · 정신적 문제를 포함하여 학업 수행에 영향을 미치는 단기기억의 장애를 일으키는 등 큰 부작용이 있는 것으로 알려져 있다.

이러한 질병의 특성으로 인해 각기 다른 인지적 특성이 나타나기도 하지만, 전반적으로 건강장애아동은 만성적인 질병에 대한 치료 과정에서 장기간의 약물 복용과 단기간의 스테로이드제 복용 등으로 인해 불면증과 주의력결핍 및 인지처리 과정에서의 손상이 유발되어 인지적 어려움을 가져온다고 볼 수 있다. 또한 모든 치료 과정에서 공통적으로 나타나는 부작용이라고 볼 수 있는 피곤함은 학업 수행에 지장을 주고, 학교생활에 적응하지 못하게 하는 요인이 된다. 그리고 만성질환으로 장기 입원이나 장기 통원치료를 받는 대부분의 건강장애아동은 장기 결석을 하게 되는데, 이는 학업능력 저하를 설명하는 직접적 이유가 될 수 있다.

2) 심리 및 사회정서적 어려움

건강장애아동은 입원이라는 경험을 통해 자신의 신체와 정서상의 균형을 가능하게 했던 일상으로부터 소외되고 질병과 치료에 따른 고통과 재발에 대한 염려로 스트레스를 경험하게 된다(오진아, 2004). 소아암을 비롯하여 장기 입원을 요하는 만성질환 아동은 불안, 우울, 어머니에 대한 지나친 의존성, 대인관계의 회피, 자존감 저하 등의 정서적 문제를 겪게 된다. 그리고 장기간의 결석은 출석 일수를 채우지 못해 학교생활로부터 단절됨에 따른 사회심리적인 문제를 초래하기도 한다. 또한 신장질환 아동은 장기간에 걸친 투석치료 과정에서 여러 가지 정서적·심리적 스트레스를 경험하게 된다. 이들의 가장 큰 스트레스 요인은 인공적인 방법에 의해 생명을 연장시키고 있다는 점이다. 이에 대한 부작용으로 우울 및 자살기도, 불안, 공포, 강박적 사고와 부정적인 신체 개념 등과 같은 부적응적인 정서 반응이 나타나기도 한다(차하나, 2001).

한편, 만성질환을 갖고 있는 건강장애아동은 그 질병의 유형에 상관없이 또래보다 두려움과 우울함을 더 많이 경험하고 있으며, 치료과정에서 처방되는 약물 복용의 부작용도 겪게 된다. 즉, 단기간의 스테로이드제 복용으로 인해 기분이 저하되거나 두려움 및 슬픔 등의 정서적인 변화가 발생할 수 있다는 점도 만성질환이 있는 건강장애아동의 심리적·사회정서적 특성으로 볼 수 있다.

(1) 자기효능감

어떤 결과를 얻고자 하는 행동을 성공적으로 수행해 낼 수 있는 개인의 신념으로 상황적·구체적 자신감의 강도를 의미한다. 자신감이란 자신의 가치와 능력에 대한 개인의 확신 또는 신념의 정도라고 할 수 있으나, 자기효능감을 구성하는 요소로서의 자신감은 자신의 능력에 대한 개인의 확신 또는 신념의 정도라는 축소된 의미를 적용할 수 있다. 이는 실제로 자기가 할 수 있다고 하는 자신의 능력에 대한 예측이 높은 것을 의미하고 있어서, 오늘날 건강장애아동의 심리 연구 분야에 주목되고 있는 개념이다. 질환의 정도에 따라서도 자기효능감에 영향을 받지만, 스스로가 할 수 없다고 하는 아동은 높은 자기효능감을 갖기가 곤란하다는 견해도 있다. 이는 자기 건강에 관한 통제감이 낮은 것으로 질환에 대한 대처 능력과 스트레스 상황에서의 부정적 영향이 시사된다. 그러나 자기효능감은 다양한 장면(場面)에 여러 과제에 따라 이루어지는 것으로 자기효능감을 증진할 수 있는 가능성은 있다.

(2) 통제감

어떤 행동에 선행하거나 후속하는 내적·외적 요인들을 파악하여 통제함으로써 자신의 인지, 정서 및 행동을 자신의 의지대로 관리하고 조절할 수 있는 능력을 통제감이라고 한다. 특히 건강장애아동의 행동정서를 파악할 때 건강에 관한 통제감이 중요하게 된다. 이것은 자기 건강 상태를 어느 정도 자기의 내적 통제 아래 놓고 있는가 하는 신념에 있는 것이다. 건강장애아동에 관한 통제감을 건강 아동과 비교하면, 건강장애아동은 자신의 건강에 대해서 내부적으로 통제할 수 있기보다는 외부적 영향이나 우연 그리고 회피 행동에 의해 결정된다고 지적하고 있다.

내적 통제는 자기 자신을 보호하려는 것과 관련하여 밀접하게 결부되어 있으며 의료 방향도 자기 치유력의 강화 또는 자기보호의 촉진으로 이행되고 있는 현재의 추세를 본다면 내적 통제의 함양은 무엇보다 중요하다고 생각할 수 있다.

(3) 학습된 무기력

자신의 환경에 대해 통제할 수 없다고 느끼며 그 결과로 스스로를 통제하려는 시도를 포기하는 것을 학습된 무기력(learned helplessness)이라고 한다. 이에 대해서 심리학에서는 많은 연구가 이루어져 있지만 건강장애아동 영역에서는 많지 않다. 건강장애아동에 있어서 학습된 무기력은 입원과 계속된 치료, 질환에 의한 병의 진행으로 인해 통제가 불가능한 경우도 있지만 그것을 건강장애아동의 특징이라고만 말할 수는 없다. 하지만 일상생활 장면에서 실패를 두려워하고 연속된 실패 경험이 쌓여 생활 자체가 무기력하게 되는 면은 있다(김영한, 2004).

3) 가족과의 관계

아동의 건강문제는 아동의 성장·발달에 부정적 결과를 초래하게 할 가능성이 있을 뿐만 아니라 가족에게 미치는 파급 효과도 크다. 즉, 가족 내의 역할 변화 내지는 역할 과중을 가져온다고 할 수 있다. 이는 가족 내 장기적인 긴장 상태를 유발하고 정상적인 가족 기능의 장애를 초래하기도 하여 이들 아동과 가족에 대한 지속적인 관심과 관리가 중요한 이슈로 대두되고 있다(김은주, 2008).

건강장애아동의 부모들은 자녀의 미래에 대한 걱정으로 인해 가장 많은 스트레스를 받고 있으며, 그다음으로 교육비와 치료비 등으로 인한 생활의 어려움, 건강장애 자녀에게 화를 낸 후 겪는 후회감, 개인생활을 포기하고 생활해야 하는 점 등을 양육 경험에서 받는 스트레스로 지적한다. 이러한 문제점을 개선하기 위한 방안으로, 건강장애아동의 부모들은 치료비 지원 등 경제적 지원을 교육 및 복지에 대한 제언으로 가장 많이 제시하며, 정서적 지원 프로그램의 필요성도 요구하고 있다.

4) 교사와의 관계

건강장애아동의 학교생활에서 매우 중요한 것은 일반아동과 마찬가지로 교사-학생 간의 관계 형성일 것이다. 그렇지만 건강장애아동을 맡고 있는 담임교사는 건강장애아동의 질병에 대한 지식 부족이나 오해 등과 같은 문제들과 함께, 결석 일수의 증가로 인하여 교사가 어떻게 대처할 수 있을지에 대한 불안감, 건강장애아동이나 학급 친구들의 질문에 어떻게 답변해야 할지에 대한 고민, 건강장애아동이 학급 친구들과 생활하면서 건강 상태가 나빠지거나 학교에서 건강장애아동이 감염될 위험에 대한 걱정 그리고 건강장애아동과 다수의 반 친구들과의 조화로운 관계형성을 위한 갈등 속에서 고민하는 경우가 많다(진주혜, 2001).

건강장애아동과 교사는 지침을 통해 교육과 건강전문가들의 의사소통을 촉진하고 격려하는 것이 필요하며, 병원과 학교가 긴밀한 협력 관계를 가질 때 적절한 교육적 지원을 받을 수 있다. 따라서 의료진은 또래나 담임교사에게 건강장애아동의 질병에 대한 올바른 정보와 응급 상황에 대한 대처 방법을 알려 주어야 한다. 또한 건강장애아동 본인에게는 자신의 질병에 대해 정확하게 알려 주고 주변 사람들의 다양한 반응에 대처하는 방법을 알려 주는 등 건강장애아동이 학교생활에 잘 적응할 수 있도록 하기 위해서는 본인에 대한 자기 이해 프로그램 적용, 학교 복귀 프로그램 개발 및 적용 등이 필요하다(김은주, 2008). 교사는 병에 대한 정확한 정보를 가지고, 학생의 신체적·정서적·인지적 상태에 적합한 교육을 제공하도록 노력해야 한다.

5) 친구와의 관계

아동기에는 원하는 또래집단에 소속되기를 원하고 친구들과의 관계를 열망하며, 또래관계 안에서의 인정을 바탕으로 심리적 안정감과 자존감을 키워 나가게 된다. 건강장애아동은 다양한 이유로 인해 또래들과 의사소통하고 상호작용하는 데 어려움을 나타내며, 또래들에게 거부당할까 봐 학교로 되돌아가는 것을 두려워한다. 건강장애아동에게도 친구의 지지와 격려는 매우 중요한데, 또래집단의 소속감으로부터 오는 안정감은 부모에 대한 애착에서 오는 안정감과는 차원이 다른, 서로에게 가치 있는 사회적 자원을 제공해 준다(이영환, 박성옥, 1991).

Lightfoot 등(박화문 외, 2012 재인용)의 연구에 따르면, 만성질환을 가지고 있는 건강장애아동은 친구들과의 관계에서 어려움이 있었지만 학교에서 몇몇 친구들과 친밀한 우정 관계를 발전시킬 수 있었으며, 이들을 이해하는 친구들은 다른 친구들에게 건강장애아동의 상태를 설명해 줌으로써 과도한 호기심의 대상이 되지 않도록 도와주고, 항상 동행해 줌으로써 이들이 괴롭힘을 당하는 것을 막아 주는 역할을 수행하기도 하였다. 이는 학교적응에 있어서 같은 반에 자신과 친하게 같이 놀 수 있는 친구가 있는지의 여부가 성공적인 학교 적응에 중요한 변수로 작용하며 그런 친구가 같은 반에 있는 것이 학교 적응에 관련된 기타 부정적인 영향까지도 보상해 줄 수 있다는 의미가 있다(김영한, 최용재, 2010).

4. 건강장애아동을 위한 교육지원 방법

1) 병원학교 운영을 통한 교육지원

병원학교는 건강장애아동이 장기간 치료를 받으면서도 공부할 수 있는 기회를 제공함으로써 건강장애아동의 유급문제를 해결하는 교육지원 방법이다. 뿐만 아니라 장기간 입원 기간 중에 병원학교에서의 학교생활 경험이 치료에 대한 긍정적 경험을 하게 해 치료 효과를 증진시킨다는 측면에서 의료진들은 병원학교의 설치·운영에 매우 적극적이다. 우리나라 일부 병원의 경우 정책적 차원에서 지원하기 이전에 이미 의료진들의 자발적인 참여로 어린이 병원학교를 설치·운영하기 시작하였다. 또한 병원학교는 아동이 입원하고 있는 병원 내에서 학교교육을 제공함으로써 해당 아동의 불안과 스트레스를 감소시키고, 특히 퇴원 후 학교로 복귀했을 때 학업 능력의 차이나 심리적 불안감 등을 감소시키는 데 효과가 있다.

(1) 병원학교의 개념

병원학교란 장기 입원이나 장기 통원치료로 인해 학교교육을 받을 수 없는 학생들을 위해 병원 내에 설치된 학교라 정의할 수 있으며, 현재 병원학교는 교사 1인이 운영하는 파견학급 형태이나 여러 학교, 학급, 학년의 학생이 함께 공부하기 때문에 병원학교로 통칭되고 있다. 그리고 장기 치료를 받는 학생들에게 학업의 연속성 및 또래관계를 유지시켜 주고 심리적·정서적 안정으로 인한 치료 효과 증진에 병원학교 운영의 목적이 있다고 명시하고 있다.

병원학교는 다른 특수학교의 유형과는 달리 장애에 대한 특수교육서비스보다는 장기간의 입원 치료가 요구되는 아동·청소년의 교육적 손실을 중요하게 다루어야 하는 특징을 가지고 있다. 건강장애아동은 장기간의 질병으로 인하여 혹은 그 결과, 학교를 지속적으로 다닐 수 없는 경우, 즉 병원에서 치료를 받아야 할 경우에는 질환 등으로 인하여 원적학교로 더 이상 복학할 수 없거나 병원을 통한 치료가 외래 형식으로 진행되는 경우 및 건강 회복을 기대할 수 없는 경우에는 병원학교에서 교육을 받아야 한다.

건강장애아동을 위한 수업은 질병에도 불구하고 성공적으로 배울 수 있는 가능성을 제공하며 아울러 장기 결석으로 인한 학력의 퇴보를 최소화시킬 수 있어야 한다. 또한 수업은 질병을 가진 학생의 신체적 · 심리적인 부정적 상황을 경감시켜서 질병에 대하여 대처하는 능력을 배우는 동시에 회복에 대한 의지를 더욱 강화시킬 수 있어야 한다(김기홍, 2005).

(2) 병원학교의 현황 및 지원 내용

2015년 건강장애아동 교육지원을 위해 설치 · 운영하는 병원학교는 〈표 9-3〉과 같이 현재 32개교다. 지역별로 살펴보면 2015년 현재 서울에 10개교, 부산 3개교, 인천 1개교, 대구 3개교, 대전 1개교, 울산 1개교, 경기 1개교, 강원 2개교, 충남 2개교, 충북 1개교, 전남 2개교, 전북 1개교, 경남 3개교, 제주 1개교 등 대부분의 지역에서 1개 이상의 병원학교를 운영하고 있으나, 광주, 경북과 같이 아직 병원학교가 운영되지 않는 곳도 있다.

한편, 병원학교 교육운영을 살펴보면, 배치된 특수교육교사 외 인근 학교 교사자원 봉

표 9-3　전국 병원학교 현황(2015년 현재)

No	지역	병원학교명	No	지역	병원학교명
1	서울	가톨릭대학교 서울성모병원학교	17	대구	대동병원학교 나래교실
2	서울	고려대학교 구로병원학교	18	대전	충남대학교병원학교
3	서울	한국원자력병원학교	19	울산	울산대학교병원 다솜병원학교
4	서울	연세암병원학교	20	경기	국립암센터 병원학교 밝은교실
5	서울	서울아산병원학교	21	강원	강원대학교 병원학교
6	서울	서울시 어린이병원학교	22	강원	강릉아산병원학교 희망교실
7	서울	서울대학교 병원학교	23	충남	국립공주병원학교
8	서울	삼성서울병원학교	24	충남	단국대학교 병원학교
9	서울	국립서울병원학교	25	충북	충북대학교 병원학교 사랑의 꿈터
10	서울	한양대학교 병원학교 누리봄교실	26	전남	국립나주병원(느티나무학교)
11	부산	인제대학교 부산백병원학교	27	전남	화순전남대학교병원 여미사랑병원학교
12	부산	부산대학교 병원학교	28	전북	전북대학교 병원학교 한누리학교
13	부산	동아대학교 병원학교	29	경남	경상대학교 병원학교 희망교실
14	인천	인하대학교 병원학교	30	경남	양산부산대학교 병원학교
15	대구	경북대학교 병원학교	31	경남	국립부곡병원학교 도담교실
16	대구	영남대학교 병원학교	32	제주	제주대학교 병원학교

사단, 예비교사도우미 등의 방문교육, 사이버 가정학습 서비스, 화상 강의 시스템 등을 적극 활용하고 있다. 그리고 학사 관리는 병원학교의 수업 참여를 출석으로 인정하도록 조치하고, 정규 교사 미배치 병원학교의 경우에는 수업확인 증명서 발급을 통해 출석으로 인정하며 최소 수업시간은 유치원생·초등학생 1일 1시간 이상, 중·고등학생 1일 2시간 이상으로 한다(김영한, 2009).

2) 학교복귀 지원

건강장애아동은 장기 입원 혹은 장기 통원치료로 인해 장기결석을 하더라도 다시 학교로 돌아가길 원하며, 가능하면 같은 또래와 상급 학교나 학년으로 진학 혹은 진급하기를 원하고 있다. 이는 학령기와 청년기에 학교가 차지하는 비중을 보더라도 학교에서 경험하는 모든 일이 학생의 삶에서 가장 의미 있는 것이기 때문이다. 학생들은 또래집단에 소속되기를 원하고 또래들의 인정을 통해 심리적 안정감과 자존감을 키우게 된다. 이처럼 만성질환으로 인해 학교에 오랫동안 출석하지 못했던 건강장애아동의 성공적인 학교생활 복귀는 학생의 삶을 정상적으로 만드는 데 가장 크게 작용하므로 건강장애학생이 성공적으로 학교에 복귀할 수 있도록 도울 수 있는 다양한 프로그램이 필요하다(박은혜, 이정은, 2004).

병원학교를 포함하여 건강장애아동의 교육지원을 제공해야 하는 담당자들이 건강장애아동에게 학교복귀를 사전에 준비시켜야 건강장애아동이 학교생활에 쉽게 적응하고 긍정적인 학교생활을 경험하게 된다. 건강장애아동의 학교복귀 지원에는 학생의 건강상태나 학력 수준에 맞게 개별화된 교육계획 수립, 보건실 기능 강화나 급식 개선 등을 포함하는 학교의 물리적 환경 개선, 질병 관리 및 신체 변화 수용을 위한 상담, 학교 적응을 위한 상담, 지역사회 자원 연계, 교사 및 또래를 대상으로 한 정확한 정보 제공과 건강장애아동에 대한 인식 개선 교육, 부모 및 학생 상담, 학교와 병원 간의 체계적인 연계 등이 포함된다.

특히 건강장애아동이 학교생활을 긍정적으로 경험할 수 있도록 하기 위해서는 교사의 준비도와 또래와의 관계가 중요하므로 교사는 학생의 질병이나 질병 관련 문제에 대한 지식과 기술을 갖추는 것과 함께 기본적인 인성과 태도를 갖추어야 한다(유일영, 김동희, 2006). 또한 교사의 과잉보호나 과잉 서비스에 대해 건강장애아동이 부담을 느끼므로 이런 점을 고려하여 적절히 대응해야 하며, 학생들은 또래로부터 받을 질문과 놀림에 대비하게 하고, 어쩔 수 없는 결석이나 특별한 학업문제 그리고 신체적 제약과 사회적 고립감 등 예측할 수 있는 학교문제를 계획하는 것과 더불어 필요한 도움을 제공하는 것이 필요하다.

3) 학교 내에서의 지속적인 지원

건강장애아동이 학교에서 학업을 수행할 뿐만 아니라 학교 내의 다양한 활동에 참여하고 또래나 교사와 원만한 관계를 유지하며 건강하게 학교생활에 적응할 수 있도록 하기 위해서 학교 내 지속적인 지원이 이루어져야 한다. 그러기 위해서는 먼저 학교에서 학생의 건강관리 서비스가 지속적으로 제공되어야 하며, 따라서 교사와 의사 등 건강전문가 간 의사소통도 원활하게 이루어져야 한다. 건강장애를 유발할 수 있는 환경 요소와 대응책에 대한 장학지침을 작성 및 배부하고 교사들의 재교육과정에도 그 내용을 포함한다. 그리고 또래를 대상으로 건강장애아동에 대한 이해 교육이 제공되어서 또래와 건강장애아동의 관계가 원만하게 유지될 수 있도록 해야 한다.

건강장애아동에 대한 이해와 이로 인한 학교에서의 어려움 및 친구로서의 역할과 행동에 대해 또래를 대상으로 사전 교육을 실시하여 학교로 복귀한 건강장애아동을 놀리거나 피하는 일이 없도록 하고 출결이나 성적 등에 있어 부당하게 특별대우를 받는다고 느끼지 않도록 한다. 우리나라에서는 2006년 건강장애에 대한 인식 개선 프로그램이 개발되었고, 2007년부터 모든 시·도 교육청 홈페이지에 탑재되어 일반교사들이 쉽게 이용할 수 있게 되었다.

또한 건강장애아동이 자기 자신을 바르게 이해하도록 하는 교육이 제공되어야 한다. 캠프 등을 이용하여 건강장애아동이 공통적으로 가지는 죽음에 대한 불안, 질병으로 인한 신체상의 변화 등에 대처할 수 있는 교육기회를 제공할 수도 있다.

4) 화상강의 등 통신매체를 통한 교육지원

통원치료 혹은 요양 중인 건강장애아동의 경우 화상강의 등 통신매체를 통한 교육지원은 매우 유용한 교육지원방법이 된다. 김영한과 변갑순 등(2010)의 연구결과에 의하면 건강장애아동의 부모들은 자녀에게 필요한 교육제도 형태 중 순회교육 다음으로 인터넷을 통한 사이버 교육을 선호하였다. 사이버 교육 형태라도 검정고시나 방송통신대학처럼 대안적인 형태의 공교육이 되어야 한다고 보았고, 이를 통해 자신의 학년을 유지하면서 개별적 학습 수준에 따른 보충 교육, 상급 학교로의 진학 준비를 시켜 줄 수 있는 교육이 통합적으로 필요하다는 것을 제시하고 있다.

5) 순회교육

우리나라에도 건강장애아동들이 학교에 나가지 못하는 기간 동안에도 계속적인 교육기회를 제공하기 위해 순회교육을 제공하도록 하고 방문의 횟수는 다른 특수교육대상자의 순회교육 경우에 준하도록 하고 있다(박화문 외, 2012). 즉, 부모의 동의를 포함하여 특수교육운영위원회에서 종합적으로 판단한 후 순회교육 여부를 결정하게 되면 소속 학교의 일반교사와 특수교사가 순회교육을 담당하거나 해당 교육청에서 건강장애아동 순회교육 협력학교를 지정하여 운영하고 있다. 일반학교, 교육청, 특수교육지원센터 등에서 순회교육 내용을 관리 감독함으로써 자원봉사 등에 의한 순회교육도 수업으로 인정하도록 하고 있다.

참고문헌

국립특수교육원(1995). 지체부자유 교수-학습 모델. 안산: 국립특수교육원.

국립특수교육원(1998). 중도·중복장애 학생지도의 실제. 안산: 국립특수교육원.

김기홍(2005). 우리나라와 독일의 건강장애학생을 위한 병원학교의 운영체제에 관한 비교 연구. 특수아동교육연구, 9(3), 25-54.

김영한(2004). 귀인피드백 학습전략이 수업장면에서의 뇌성마비아의 학습된 무력감과 자기효능감에 미치는 효과. 특수교육저널: 이론과 실천, 5(4), 297-316.

김영한(2009). 구체물 활용의 활동중심 프로그램 적용이 뇌성마비아의 수 연산 과제해결에 미치는 효과. 학교교육연구, 5(1), 111-140.

김영한, 변갑순(2010). 재택 순회 담당교사의 직무 스트레스 및 소진 특성. 정신지체연구, 12(1), 73-196.

김영한, 최용재(2010). 병원학교 입급 학생의 교육목적과 교육방법에 대한 병원학교 교사의 인식 특성. 시각장애연구, 26(2), 173-190.

김은주(2008). 건강장애학생을 위한 병원학교 운영 지원체계의 타당화 연구. 이화여자대학교 대학원 박사학위청구논문.

박은혜, 이정은(2004). 건강장애학생의 학교적응 지원을 위한 기초연구. 특수교육학연구, 39(1), 143-168.

박화문(2001). 지체부자유아의 심리. 경북: 대구대학교출판부.

박화문, 김영한, 김창평, 김하경, 박미화, 사은경, 장희대(2012). 건강장애아동 교육. 서울: 학지사.

박화문, 전헌선, 김영한, 김정희, 김창평, 김하경, 도성화, 민강기, 박순길, 박정식, 조홍중, 주현숙, 한경임(2011). 지체부자유아 교육. 경북: 대구대학교출판부.

오진아(2004). 학령기 아동의 입원생활 적응증진 프로그램 개발 및 효과. 대한간호학회지, 34(3), 525-533.

유일영, 김동희(2006). 아토피 피부염 환아 어머니의 양육경험 내용 분석. 한국모자보건학회지, 10(2), 169-179.

이선정(1995). 선천성 심장병 아동이 있는 가족의 기능에 관한 연구. 이화여자대학교 대학원 석사학위청구논문.

이영환, 박성옥(1991). 아동의 친구관계. 서울: 양서원.

정재권, 안병줍(2001). 지체부자유아 심리이해. 서울: 학지사.

진주혜(2001). 소아암 초기 생존 아동의 학교생활 경험. 연세대학교 대학원 석사학위청구논문.

차하나(2001). 만성신부전환자 가족의 적응에 관한 연구. 이화여자대학교 대학원 석사학위청구논문.

황수경(2004). 학교장의 지도성과 갈등관리 유형이 학교 효과성에 미치는 영향. 연세대학교 대학원 석사학위청구논문.

昇地三郎(1976). 腦性マヒ兒の治療敎育. 東京: ミネルブア書房.

香川 邦生, 藤田 和弘(2000). 自立活動の指導. 東京: 敎育出版.

Brown, C. C., & Cavalier, A. R. (1992). voice recognition technology and persons with severe mental retardation and severe physical impairment. *Journal of Special Education Technology, 11*, 197-198.

Fletcher, J. M., Ewing-Cobbs, L., Miner, M. E., Levin, H. S., & Eisenberg, H. M. (1990). Behavioral changes after closed head injury in children. *Journal of Consulting and Clinical Psychology, 58*, 93-98.

Hardy, J. C. (1983). *Cerebral palsy.* Englewood Cliffs, NJ: Printice-Hall.

Harry, B., Torguson, C., Katkavich, A., & Guerrero, M. (1993). Crossing social class and cultural barriers in working with families. *Teaching Exceptional Children, 26.*

제**10**장

학습장애

1. 학습장애 정의와 분류

1) 학습장애의 정의

(1) 미국의 학습장애 정의
① 미국학습장애연합회

미국은 Kirk의 정의 이후 학습장애에 대한 많은 관심으로 다양한 연구가 이루어져 왔다. 미국의 학습장애와 관련한 여러 전문적인 조직과 학자로 이루어진 미국학습장애연합회(National Joint Committee on Learning Disabilities: NJCLD)는 학습장애의 정의에 대한 오랜 연구 결과를 바탕으로 학습장애의 정의를 발표하였다. 미국학습장애연합회가 발표한 정의는 「전장애아교육법」(PL 94-142)에 제시된 학습장애 정의의 문제점을 수정하여 제시한 정의로, 이후 미국학습장애기관협의회(Interagency Committee on Learning Disabilities: ICLD)가 1987년에 제안한 정의를 수용하여 1988년에 다음과 같이 수정된 정의를 발표하였다.

> 학습장애란 듣기, 말하기, 읽기, 쓰기, 추론하기 또는 수학적 능력을 획득하고 사용하는 데 심한 어려움을 나타내는 이질적인 장애 집단을 의미하는 포괄적인 용어다. 이 장애는 개인 내적인 것으로 중추신경계 기능장애에 의해 생애 전반에 걸쳐 나타날 수 있다. 자기조절행동의 문제, 사회적 지각과 사회적 상호작용의 문제가 학습장애와 함께 나타나지만 이러한 문제들만으로 학습장애를 구성하지는 않는다. 학습장애가 다른 장애 조건(예: 감각장애, 정신지체, 사회적 불안과 같은 정서장애)이나 외적인 영향(예: 문화적 차이, 불충분한 혹은 부적절한 교육, 심인성 요인들)과 함께 나타날 수 있다고 하더라도 이러한 조건과 영향의 직접적인 결과는 아니다.
>
> – NJCLD, 1988

② 「장애인교육법」의 학습장애 정의

미국은 1975년 「전장애아교육법」에서 학습장애를 독립된 장애 영역으로 명시하였다. 이후 장애인 교육 관련 법의 여러 차례 개정 과정을 거쳐 2004년 「장애인교육법」에서는 학습장애를 다음과 같이 정의하고 있다.

> • 일반적으로 '특정학습장애'란 용어는 '언어, 즉 구어와 문어의 이해와 사용에 포함된 기본적인 심리과정 중 한 가지 또는 그 이상의 장애를 의미하는 것으로 듣기, 생각하기, 말하기, 읽기, 쓰기, 철자 쓰기 혹은 수학 계산에서의 불완전한 능력'을 의미한다.
> • 포함장애: 특정학습장애는 지각장애, 뇌손상, 미세뇌기능장애, 난독증, 발달적 실어증 등의 조건을 포함한다.
> • 비포함장애: 특정학습장애는 주로 시각장애, 청각장애 또는 운동장애, 지적장애, 정서장애, 또는 환경적 · 문화적 및 경제적 실조에 의해 일차적으로 일어나는 학습문제는 포함시키지 않는다.

이 정의에서는 '특정학습장애'란 용어를 사용하고 있는데, 대상 아동이 자신의 나이에 적절한 학습 경험이 제공되었음에도 불구하고 말하기, 듣고 이해하기, 쓰기, 기본적

읽기 기술, 읽기 유창성 기술, 읽기이해, 수학 계산, 수학 문제해결 중에서 한 영역 혹은 그 이상의 영역에서 자신의 나이에 비하여 성취하지 못하거나, 주(州)에서 인정한 기준을 충족시킬 만한 학업 성과를 이루지 못하는 것을 의미한다. 또한 진단위원회에서 적절한 평가도구를 사용하여 평가를 실시한 결과 다른 장애나 문화적 · 환경적 요인을 제외하고 위의 영역을 충족시킬 때 학습장애로 규정할 수 있다(김애화, 이동명, 2005).

이러한 IDEA(2004)의 정의는 세계 여러 나라의 학습장애 정의에 영향을 주고 있다. 그러나 최근 Kavale 등은 "IDEA 정의와 NJCLD 정의는 일반적이어서 의미가 분명하지 않으며, 다양한 유형의 학습장애를 판별하는 데 도움이 되지 않는다."(Kavale & Forness, 2000; Kavale, Spaulding, & Beam, 2009; Shaw, Cullen, McGuire, & Brinckerhoff, 1995; Siegel, 1999)고 지적하였다. 이에 Kavale 등(2009)은 학습장애를 판별하는 '조작적 정의'에 초점을 두어 다음과 같은 학습장애의 정의를 제시하였다.

특정학습장애는 학교 인구의 2~3% 내로 학업성취의 정상적인 진전을 심각하게 방해하는 이질적인 장애 집단(군)을 말한다. 이러한 진전의 결여는 질 높은 교수를 제공했음에도 불구하고 생활연령과 정신연령에서의 기대치에 비해 여전히 낮은 학교 수행으로 나타난다.

진전으로의 실패의 가장 명시적인 징후는 기본기술 영역(예: 읽기, 수학, 쓰기)에서의 심각한 미성취(underachieve)이며, 이는 불충분한 교육, 대인관계, 문화 · 가정 그리고/또는 사회적 · 언어적 경험과는 상관이 없다. 일차적인 능력-학업성취 간의 심각한 불일치는 언어 능력(수용 그리고/또는 표현), 인지 기능(예: 문제해결, 사고능력, 성숙), 신경심리 처리(예: 지각, 주의, 기억)의 결함, 또는 이들 결함의 조합과 동시에 일어날 수 있으며, 이러한 결함은 중추신경계의 기능장애로 인한 것으로 추정한다. 특정학습장애는 평균 또는 그 이상(90 이상)의 인지 능력과 학습 기술 프로파일에서 강점과 약점이 심각하게 분산되는 것으로서 일반적인 학업 실패와는 차별화되는 별개의 현상이다. 특정학습장애는 이차적 학습 곤란(secondary learning difficulties)을 수반할 수 있으며, 이것 역시 일차적인 문제를 위한 더욱 강도 높고, 개별화된 특수교육 교수를 계획할 때 고려할 수 있다.

– Kavale et al., 2009

(2) 우리나라의 학습장애 정의

① 「장애인 등에 대한 특수교육법」의 학습장애 정의

1977년에 제정된 「특수교육진흥법」에서는 학습장애에 대한 내용이 명시되어 있지 않았으며 이후 1994년에 개정된 「특수교육진흥법」에 처음으로 '셈하기, 읽기, 쓰기 등 특정분야에서 학습상 장애를 지니는 자'로 정의되어 지금에 이르고 있다. 「장애인 등에 대한 특수교육법」에서는 학습장애를 지닌 특수교육대상자를 다음과 같이 규정하고 있다.

> 개인의 내적 요인으로 인하여 듣기, 말하기, 주의집중, 지각(知覺), 기억, 문제해결 등의 학습기능이나 읽기, 쓰기, 수학 등 학업 성취 영역에서 현저하게 어려움이 있는 사람

② 한국특수교육학회의 학습장애 정의

우리나라에서 학습장애는 1994년 개정 「특수교육진흥법」에서 정의된 이후 학계에서 많은 관심을 보여 왔는데, 한국특수교육학회(2008)에서는 전문가들의 협의를 통해 학습장애를 다음과 같이 정의하였다.

> 학습장애란 개인 내적 원인으로 인하여 일생 동안 발달적 학습(듣기, 말하기, 주의집중, 지각, 기억, 문제 해결 등)이나 학업적 학습(읽기, 쓰기, 수학 등) 영역 중 하나 이상에서 심각한 어려움을 겪는 것을 말한다. 이 장애는 다른 장애 조건(감각장애, 정신지체, 정서장애 등)이나 환경 실조(문화적 요인, 경제적 요인, 교수적 요인 등)와 함께 나타날 수 있으나, 이러한 조건이 직접적인 원인이 되어 나타난 것은 아니다.

우리나라의 법적 정의에서는 학습장애의 원인에 대해 개인 내적인 요인과 인지적 기능 및 기초학습 영역의 문제로 보고 있으나 기타 장애로 인한 것이나 문화적·환경적·경제적 요인으로 인한 어려움에 대해서는 언급하지 않고 있다. 이에 비해 한국특수교육학회에서는 학습장애를 연령 수준에 따라 발달적 학습장애와 학업적 학습장애 두 유형

으로 구분하여 기술하고 있으며, 학습장애의 원인을 개인 내적인 것으로 보고, 다른 장애나 환경적인 불리한 상태와 중복으로 나타날 수 있음을 인정하고 있다.

2) 학습장애 정의의 공통 요소

(1) 기본 심리적 처리장애

기본 심리적 처리장애란 기억, 청각적 지각, 시각적 지각, 구어, 사고와 같은 정보를 받아들이고 장기기억에 저장하기까지 그리고 장기기억에 저장된 정보를 인출하고 표현하기까지의 인지적 기능이 일련의 과정에서 이들 중 한 가지 혹은 그 이상에서의 결함으로 인해 학습장애가 유발되는 것을 의미한다.

심리적 과정의 문제를 의심하는 이유는 정보의 습득 및 처리에 있어 중추적인 역할을 담당하고 있는 중추신경계의 이상은 인간이 정보를 습득하고 처리하는 과정에 이상을 유발하고 이로 인해 성취에 어려움을 보이는 것으로 알려졌기 때문이다. 이러한 인지기능의 측정을 통해 학습장애아동과 저성취 아동을 구분할 수 있다(Mather & Gregg, 2006).

(2) 중추신경계 기능장애

여러 정의에서는 학습장애의 원인을 중추신경계의 기능장애로 명시하고 있다. 이는 기본 심리적 처리의 문제는 주로 관찰을 통해 추정하는 것(Lerner, 2003)이기 때문에 학습장애의 원인으로 보기는 어렵다는 입장이다. 따라서 특정 영역에 있어서만 평균 이하의 성취도를 보이는 학습장애의 이유를 여러 측면에서 측정하고 확인하려 했으나 여전히 그 이유는 명확하지 않다. 그럼에도 여러 가지 상황을 고려했을 때 학습장애가 나타내는 특성들은 중추신경계의 이상에 의한 것으로 유추하고 있으며, 최근 양전자 단층촬영(Position Emission Tomography: PET), 자기근원영상(Magnetic Source Imaging: MSI), 자기공명영상(fMRI)을 사용한 연구를 통해 실제적으로도 밝혀지고 있다. 이러한 중추신경계의 기능장애를 '미세뇌기능장애(Minimal Brain Dysfunction: MBD)'라고도 한다.

(3) 평균 이하의 성취도와 주요 문제 영역

여러 가지 학습장애 정의에서는 구어, 읽기, 쓰기, 수학, 사고 등을 학습장애의 주요 문제 영역으로 제시하고 있으며, 우리나라의 정의에서는 기억, 주의, 지각과 같이 학습장애를 유발하는 인지적 기능을 학습장애의 주요 문제 영역으로 보고 있다.

아동마다 학습에 대해 곤란을 겪는 영역은 다양하게 나타난다. 어떤 아동은 읽기와 쓰기에서 또 다른 아동은 수학을 학습하는 데 어려움을 겪는다. 즉, 정상 수준의 지능에도 불구하고 대부분의 영역에서는 정상적인 학업성취를 보이나 특정한 영역에 대해서 평균 이하의 성취를 보이는 것이다. 그러나 읽기, 쓰기, 수학 영역과 같은 특정 영역에서 평균 이하의 학업성취도를 보이는 모든 아동이 학습장애를 가진다고 할 수는 없다.

(4) 다른 장애의 배제

학습장애 정의의 대부분은 배제 조항을 제시하고 있다. 이는 시각, 청각 또는 기타 장애로 인해 낮은 학업성취도를 보이는 것은 학습장애로 인정하지 않는다는 것이다. 또한 환경적·문화적·경제적 어려움, 충분한 교육기회의 부재로 인해 학습문제가 유발되었을 때도 해당 아동을 학습장애로 판별할 수 없다. 그러나 IDEA와 같은 정의들은 학습장애가 다른 장애와 중복해서 나타날 수 있다고 제시하고 있다. 이러한 차이는 다른 장애 및 외적 요인과 중복 가능성을 인정하느냐에 대한 차이로서, 학습 곤란의 원인을 다른 장애나 외적 요인에 인한 것으로 보지 않는다는 것과 같다.

아동들 중에는 환경적·문화적·경제적인 어려움으로 인해 학습의 기회나 환경이 제공되지 못할 수 있다. 가정의 경제적 곤란으로 인한 학업 중단, 가정 결손에 따른 보호자의 무관심, 시설에서의 방치, 건강상의 이유로 인한 잦은 결석 등으로 인해 학업상의 결손을 가져올 수 있는데, 이러한 아동들을 학습부진아(under achiever)라고 부른다. 이와는 달리 경계선급의 지적장애는 학습지진아(slow learner)라고 한다. 이들은 지능에 있어서 지적장애와 정상의 경계(대략 IQ 70 전후)에 걸쳐 있으면서 동시에 학업 전반에 걸쳐 낮은 학업성취도를 보이는 것이 특징이다. 이 외에도 여러 가지 학습장애의 정의에서 학습장애가 발달 단계와 환경의 요구에 따라 상태나 정도가 다르게 나타날 수 있기는 하지만, 학령기뿐 아니라 성인기에도 지속될 수 있고 평생에 걸쳐 영향을 미치는 장애로 명시하고 있다.

3) 학습장애의 분류

(1) 발현 시기에 의한 분류

① 발달적 학습장애

학령 이전 학습과 관련된 기본적 심리과정에 현저한 어려움을 보이는 경우로 주의집중장애, 지각장애, 기억장애, 사고장애, 구어장애로 나뉜다. 발달적 학습장애에 대한 조기중재의 부재는 학령기 이후의 학업적 학습장애의 판별로 이어지게 될 가능성이 크다.

② 학업적 학습장애

학령기 이후 학업과 관련된 영역에서 현저한 어려움을 보이는 경우, 즉 지능을 통해 가늠되는 학습 잠재력에 비해 학업성취 수준이 현저히 떨어지는 경우로 읽기장애, 쓰기장애, 수학장애 등이 이에 속한다.

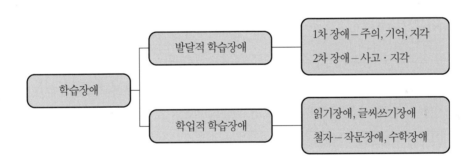

[그림 10-1] 발달적 학습장애와 학업적 학습장애

출처: Kirk & Chalfant(1984).

(2) 대뇌의 기능장애에 의한 분류

① 언어성 학습장애

언어성 학습장애(Verbal Learning Disabilities: VLD)는 말하기, 듣기, 읽기 및 쓰기 등의 언어 사용 기능에서 문제를 가지는 것으로 이 중 한 가지라도 문제가 있으면 다른 언어 영역에도 영향을 미치게 된다. 언어성 학습장애는 좌반구의 기능장애로 인해 언어 능력에 심각한 문제를 갖게 된다. 대부분의 학습장애 정의에서는 언어성 학습장애, 즉 구어(말하기, 듣기)와 읽기, 쓰기를 학습장애의 주요 장애 영역으로 명시하고 있다.

② 비언어성 학습장애

비언어성 학습장애(Nonverbal Learning Disabilities: NLD)란 학습장애의 진단 기준을 모두 만족시키면서 운동, 시공간적 지각, 심리운동적 협응 등과 같이 주로 비언어적 영역에서 뚜렷한 결손을 보이는 장애를 말한다. 뇌 우반구의 지속적인 발달적 장애가 그 원인으로 추정되기 때문에 신경심리학적 분야에서는 발달적 우반구 증후군(Developmental Right-Hemisphere Brain Syndrome: DRHS)이라는 용어도 함께 쓰인다.

Pierangelo와 Giuliani(2006)는 NLD 아동이 결함을 보이는 주요 영역은 운동기능장애, 시각-공간-조직화 기능장애, 사회성 기능장애, 감각기능장애로 제시하였다.

4) 학습장애의 특성

(1) 인지 능력

학습장애 학생들은 최소 평균의 지능지수를 갖지만 인지처리 과정에서 결함을 보인다. 기억력 중에서도 단기기억과 작동기억에서 문제를 가지고 있다. 단기기억의 문제는 입력된 정보를 짧은 시간 후에 정보를 다시 인출하는 데 어려움을 갖는 것인 데 비해, 작동기억은 다른 인지적 과제를 수행하는 동안 동시에 머릿속에 정보를 유지할 수 있는 능력에 영향을 끼친다(장혜성, 김수진, 김호연, 최승숙, 최윤희 역, 2014). 이와 같은 단기기억과 작업기억의 문제로 인해 학습장애 학생들은 수동적인 인지전략 사용을 주요 특징으로 한다. 따라서 이를 보완해 줄 수 있는 인지전략 혹은 학습전략을 사용해야 한다(김동일, 이대식, 신종호, 2009).

(2) 개인 간 차이와 개인 내 차이

학습장애 학생들은 학업성취 영역에 있어서 개인 간 차이와 개인 내 차이가 나타난다. 개인 간 차이는 학습장애 학생 집단에서 어떤 학생은 수학에서 어려움을 보일 수 있고, 어떤 다른 학생은 읽기에서 낮은 학업성취를 보일 수 있다. 이러한 개개인의 다양성을 이질성이라고 한다. 덧붙여 학습장애 개인 내에서 또한 차이를 보이는데, 예를 들어 한 학생이 수학 성적은 우수한 반면, 쓰기 성적은 평균 이하일 수 있다. 이러한 특정 영역에서 어려움을 겪는 장애를 특정학습장애라고 한다(장혜성 외, 2014).

(3) 평균 이하의 학업성취도

학습장애 학생들은 특정 교과 영역에서 어려움을 보이는데, 주로 읽기, 쓰기, 수학, 이해 영역에서 한 가지 혹은 한 가지 이상의 문제를 보인다. 읽기 능력에서 학습장애 학생들은 읽기 과제를 수행할 때 생략, 첨가, 대치, 도치 등과 같은 외형적 특징이 나타나며, 낮은 독해력을 보인다(김동일 외, 2009). 또한 읽기 유창성이 낮아 읽는 속도와 정확성이 또래에 비해 현저히 떨어진다.

쓰기 영역의 경우 글씨 쓰기, 철자, 작문의 영역에서 하나 혹은 그 이상의 어려움을 가진다(Hallahan et al., 2005: 장혜성 외, 2014 재인용). 뿐만 아니라 전반적으로 글자의 크기, 간격, 글자 간의 조화가 불균형하고 왜곡된 글자 모양이 나타나기도 하며 받아쓰거나 베껴 쓰는 속도가 느리다(김동일 외, 2009). 철자 쓰기에서는 불필요한 글자를 삽입하거나 생략하거나 다른 소리로 대체하거나 소리나는 대로 적는 경향이 있다(강대옥, 강병일, 김기주, 김남진, 김창평, 2012). 작문에서는 구두점, 맞춤법 등과 같은 기술적 측면은 물론 주제와 일관되게 글을 조직화하거나 적절하면서도 충분한 어휘를 구사하는 데 어려움을 보인다(김동일 외, 2009).

수학 영역에서 어려움을 보이는 수학학습장애 학생은 대부분 숫자를 쓰거나 읽는 데 어려움을 보이고 단순 연산뿐만 아니라 수학 응용 문제 해결, 기본 수학 개념 이해 등 여러 수학 영역에 걸쳐 매우 낮은 학업성취도를 보인다(강대옥 외, 2012; 김동일 외, 2009).

이해 영역은 말을 듣고 이해하는 능력으로 학습장애 학생들은 일상적인 대화에서 적절한 단어를 적절한 억양과 속도로 표현하는 데 어려움을 겪는다. 또한 여러 가지 변수를 동시에 고려해야 하는 과제 수행에 어려움을 보이며 추상적인 개념을 파악하고 획득하는 능력이 부족하다(김동일 외, 2009).

(4) 주의집중

학습장애 학생의 1/3 정도는 주의집중에 문제를 보인다. 쉽게 주의가 산만해지고 선택적 주의집중이 어렵다. 또한 충동적이고 과잉행동을 보이는 주의력결핍 과잉행동장애(ADHD)와 학습장애가 함께 나타나는 경우는 약 25%에 이르는 것으로 보고되고 있다. 이러한 주의집중의 문제로 학습장애 학생들은 주의집중을 의식적으로 해야 하므로 과제를 수행함에 있어 더 많은 어려움을 보인다(한국특수교육연구회, 2009: 강대옥 외, 2012 재인용).

(5) 사회정서 및 행동 문제

학습장애 학생들은 계속되는 실패의 경험으로 부정적 자아개념, 불안, 위축, 우울 등의 사회정서적 문제를 보인다. 이러한 문제는 또다시 학습에 부정적인 영향을 미쳐 쉽게 좌절하게 되는 학습된 무기력으로 나타난다. 인지적 결함으로 인해 사회적 단서들을 잘못 알아차리고 다른 사람들의 감정과 정서를 잘못 해석할 수도 있다. 또한 다른 사람의 입장이 되어 생각하는 조망수용 능력이 낮아 대인관계가 원만하지 못한 경향이 있다(장혜성 외, 2014). 모든 학습장애 학생이 대인관계에서 문제가 있는 것은 아니며, 학자에 따라 다르지만 일반적으로 25~75%가 사회정서적 문제를 보이는 것으로 나타난다(Heward, 2009: 강대옥 외, 2012 재인용).

이러한 사회적 상호작용의 어려움이 수학, 시공간적 과제, 촉각적 과제, 자기조절과 조직화에 어려움을 보이는 아동들에게서 더욱 많이 나타나는 경향이 있다고 제시하였는데(Rourke, 1995; Worling, Humphries, & Tannock, 1999: 장혜성 외, 2014 재인용), 이러한 특징을 보이는 사람들을 비언어적 학습장애라고 한다.

2. 학습장애 진단

1) 학습장애 진단 모델

(1) 불일치 모델

초기의 불일치 모델에서는 개인 내 차(intra-individual difference)와 발달적 불균형(developmental imbalances) 등 '인지적 불일치' 개념을 적용하였다(Gallagher, 1966; Kirk, 1962). 인지적 불일치 개념에 대한 비판으로 '능력-성취 불일치' 개념이 대두되었다. Bateman(1965)이 처음 소개한 능력-성취 불일치 개념은 현재까지 학습장애를 진단하는 데 가장 많이 사용된 전통적인 학습장애 진단 모델(Mercer, Jordan, Allsopp, & Mercer, 1996)로 판별 기준을 요약하면 다음과 같다.

- 학년수준에 의한 판별은 또래들로부터의 지체 정도를 학년 수준으로 나타내는 것으로 초등학교 고학년은 1.5학년, 중학교는 2.0학년 정도 실제 학년보다 뒤처질 경

우 학습장애로 판별된다.

- 표준점수에 의한 판별은 보통 표준편차 간 차이가 1~2 이상이면 학습장애로 간주한다.
- 회귀분석을 이용하는 방식은 지능지수 점수에 대해 회귀방정식을 사용하여 기대되는 성취도를 계산한 후, 실제 성취도와의 차이를 비교한 후 판별한다.

그러나 능력-성취 불일치 모델의 적용은 그 타당성에 대해 오랫동안 논쟁거리가 되어 왔는데(Catts, Hogan, & Fey, 2003; Hallahan & Mercer, 2002; Schrag, 2000; Vaughn, Linan-Thompson, & Hickman, 2003), 구체적으로 살펴보면 다음과 같다.

- 현존하는 지능검사를 통해 얻어진 아동의 지능은 아동의 잠재 능력의 척도가 아니다.
- 불일치 점수의 신뢰성 문제와 불일치 공식 및 판단 기준에 따라 학습장애 적격성 여부가 다르게 나타나는 문제다. 따라서 어떤 공식을 이용하여 불일치를 산출하는가에 따라 학습장애로 판별된 아동의 수 역시 달라진다.
- 불일치 공식은 단지 일관성을 얻기 위해 고안된 통계적인 방법이며, 진단 과정에서 학생의 교육적 요구 및 특성에 대한 파악을 의미 있게 고려하지 못하고, 진단 결과가 교수-학습을 개선하는 데 큰 도움을 주지 못한다.
- IQ가 낮은 아동은 학업성취 수준이 매우 떨어짐에도 불구하고 낮은 IQ로 인해 불일치를 증명하지 못하는 경우가 있다. 이에 반해 IQ가 높은 아동은 이와 반대의 경우가 나타난다.
- 학생의 학교교육 이전의 교육 경험에 대해 통제할 수 없으므로 내적인 원인으로 인한 학습의 어려움과 교육 경험의 부족으로 인한 학습의 어려움을 차별화하는 것이 어렵다.
- 표준화 검사도구의 심리측정적 특성(psychometric properties)상 학령기 이전에 학습장애로 진단하기 어렵기 때문에 조기 중재에 어려움이 있다.

(2) 중재반응 모델

중재반응 모델(response to intervention model)은 불일치 모델의 문제점을 보완한 학습장애 진단 모델로 조기선별과 조기중재를 강조한다. 교육과정 중심 평가를 통해 조기에 읽기 문제를 진단하고 읽기 문제를 사전에 예방할 수 있도록 효과적인 읽기 교수 프로그램을 제공할 수 있는 모델(Haager, Klinger & Vaughn, 2007)로 학업문제를 가진 아동(학습장애 위험군 아동)을 조기에 선별하여 조기중재를 실시하고, 중재에 대한 학생 반응에 따라 학습장애 적격성을 결정하는 모델이다.

중재-반응 모델의 구체적인 목적은 다음과 같다(Mellard & Johnson, 2008). 첫째, 선별과 예방을 통하여 위기에 처한 아동들을 선별하고 그 진전도를 분석함으로써 조기예방을 하도록 하고, 둘째, 모든 아동을 위한 일반교육 교육과정이 가능하도록 하고 효과적인 중재를 제공함으로써 조기중재를 가능하도록 하는 것이며, 셋째, 효과적인 중재에 대한 아동의 반응을 통해 학습장애를 결정하는 것이다.

이와 같은 목적을 구체적으로 실현하기 위한 방법으로 3층 모형이 적용된다. 미국 학습장애연합회(2005)가 제시한 3층 모형의 내용을 살펴보면 〈표 10-1〉과 같다.

표 10-1 **중재반응 3층 모형의 중재 절차**

단계	중재 절차
1단계 (Tier 1)	읽기 표준화 검사를 실시하여, 유치원 입학 시 유치원 수준에 있는가를 결정한다. 만약에 또래 수준보다 낮으면 일반교육 교사가 과학적으로 검증된 (혹은 연구에 기반을 둔) 교수-학습방법으로 일정 기간 가르치는 단계다.
2단계 (Tier 2)	1단계에서 과학적으로 검증된 교수-학습방법에 아동이 반응을 보이지 않으면, 일반교육 교사가 다시 과학적으로 검증된 읽기 중재 프로그램을 집중적으로 실시하고 진전도를 관찰한다.
3단계 (Tier 3)	아동이 2단계에서도 중재-저항(혹은 미반응)을 보이면 특수교육 교사가 과학적으로 검증된 읽기 중재를 일정 기간 동안 하면서 과학적으로 아동의 향상을 관찰하며, 만약에 아동이 중재에 반응을 하지 않으면 학습장애가 있는 것으로 평가한다.

조기중재 및 반응에 근거한 중재를 강조하는 중재반응 모델에 대해 지적되고 있는 문제점은 다음과 같다. 첫째, 중재-반응 모델은 주로 읽기 문제에 치우치고 있기 때문에 비언어적 학습장애에 대해서는 적용이 어렵다. 둘째, 중재-반응 모델은 읽기 기초능력을 강화하기 위해 음운인식 접근을 강조하고 있기 때문에 독해에 어려움을 보이는 이들에게는 효과를 장담할 수 없다. 셋째, 과학적으로 증명된 중재 혹은 연구에 기반을 둔 중재의 기준(혹은 의미)이 불분명하다. 그리고 성공적인 반응의 의미 역시 모호하다. 넷째, 거짓-긍정의 수를 줄이고자 했으나 결국 중재-반응 모형도 거짓-긍정으로 학습장애아동

의 수를 증가시킬 수 있다(김동일 외, 2009; 김윤옥, 2006).

(3) 저성취 모델

저성취 모델은 지능-성취 불일치를 보이는 학생과 지능-성취 불일치는 보이지 않으나 학업성취도가 낮은 학생(이하 저성취 학생)은 차이점보다 공통점이 많다는 일련의 연구 결과에서 나온 모델이다(예: Fletcher, Francis, Rouke, Shaywitz, & Shaywitz, 1992; Siegel, 1992; Ysseldyke et al., 1982). 이러한 연구 결과를 토대로 저성취 모델에서는 학업성취도 결과 자체를 진단의 중요한 기준으로 활용한다.

학업성취도를 기준으로 학습장애를 판별하는 저성취 모델은 적용하기 용이한 장점이 있지만, 학습장애로 인해 기대하지 않은 저성취와 다른 요인(예: 교육경험, 사회경제적 요인 등)으로 저성취를 차별화하기 어렵다는 단점이 있다. 또한 학업성취도 평가 과정에서 하나의 검사도구만을 활용할 경우 저성취 모델의 신뢰성에 관한 문제를 제기할 수 있다(Francis et al., 2005). 저성취 모델은 한 차례 실시한 학업성취도 평가의 결과가 정해진 기준(절선점수)보다 낮은 학생을 학습장애로 판별하기 때문에 평가도구의 측정 오류(measurement error)에 관한 문제와 학습장애 판별 기준이 임의적이라는 점 등에서 능력-성취 불일치 모델과 비슷한 문제점을 지닌다(Francis et al., 2005; Stuebing et al., 2002).

(4) 학업성취 및 인지처리를 통한 진단 모델

최근 국내외의 여러 학자에 의해 학습장애 진단을 위한 '학업성취 및 인지처리를 통한 진단 모델'이 제안되었다(김애화, 김의정, 유현실, 2011; 김자경, 2005; Fuchs, Hale, & Kearns, 2011). 학업성취 및 인지처리를 통한 진단 모델은 학습장애아동이 인지처리 결함을 지니고 있기 때문에 학습장애 진단 과정에서 인지처리 능력의 평가가 필요하다고 제안한다. 또한 학습장애아동의 중재에 대한 반응 여부는 중재 이전에 실시한 사전평가 점수로 예측이 가능하므로 학습장애를 진단하기 위해서는 '형식적이고 포괄적인 평가'를 실시하여 학업성취 및 인지처리 능력을 파악하는 것을 중요하게 보고 있다.

학업성취 및 인지처리를 통한 진단 모델에서 제안한 진단 과정은 다음과 같다.

- 학습장애를 진단하기 위해서는 형식적이고 포괄적인 평가를 실시하여야 한다.
- 형식적이고 포괄적인 평가를 할 때는 학업성취 평가와 인지처리 평가를 실시하여

야 하며, 평가 결과에서 낮은 점수(16백분위 이하)를 보이는지를 확인하여야 한다.

- 지능은 전체 지능지수 70 이상을 기준으로 한다.
- 학업성취 평가와 인지처리 평가에서의 낮은 점수는 다른 장애의 결과로 나타나는 것이 아니어야 한다(김애화 외, 2011).

2) 우리나라 학습장애아동 선정 조건 및 절차

국내 학습장애 진단 모델을 분석한 결과에 따르면, 국내에서는 불일치 모델이 가장 빈번하게 사용되었고, 저성취 모델이 그 뒤를 잇는 것으로 나타났다(김애화, 이동명, 2005).

한국특수교육학회(2008)에서는 국내에 적용 가능한 학습장애 진단 모델로 불일치 모델(또는 저성취 모델)과 중재반응 모델을 제안하였다. 한국특수교육학회에서 제안한 학습장애 진단 모델을 구체적으로 살펴보면 〈표 10-2〉와 같다.

현재 우리나라는 교육과학기술부가 제시한 '학습장애아동 선정 조건 및 절차'(교육과학기술부, 2010)에 따라 학습장애의 선정이 이루어지고 있다. 학습장애로 선정하기 위해 고려되어야 할 사항은 다음과 같다.

- 1조건-선별 및 중재: 학습장애 선별검사 등을 이용한 선별검사 결과 학습에 문제가 있는 것으로 의심되는 아동을 대상으로 최소 3개월 이상의 집중적이고 효과적인 소규모의 보충학습이나 방과 후 학습 등 체계적인 서비스를 제공받은 후에도 학업성취도(학교 단위 학력평가나 교육과정 중심 평가) 평가 결과 동학년의 하위 15~20%에

표 10-2 한국특수교육학회의 학습장애 진단 모델

진단 모델	진단 기준
불일치 모델 (저성취 모델)	개인의 표준화 학력검사 또는 표준화 발달검사의 결과가 동일 학년집단이나 연령집단에 비해 −2 표준편차 이하에 속한 경우 또는 −2 ~−1 표준편차에 속하면서 전문가에 의해 학습상의 문제가 심각하다고 판정되는 경우에 학습장애로 진단할 수 있음
중재반응 모델	개인 내적 요인으로 인하여 듣기, 말하기, 주의집중, 지각, 기억, 문제해결 등의 기본적 심리 과정이나 읽기, 쓰기, 수학 등 학업성취 영역에서 현저하게 어려움이 나타나고 이러한 문제가 6개월 정도의 집중적인 교육에도 불구하고 해결되지 않는 경우에 학습장애로 진단할 수 있음

해당되는 아동이어야 한다. 중재반응 실시 기간 동안은 최소 3회 이상의 평가를 실시하고, 부모의 동의하에 학습장애 선정 의뢰 시 평가 결과를 특수교육지원센터에 제출하여야 한다.

- 2조건-지능: 최소 2가지 이상의 지능검사도구로 측정한 지능의 평균이 75 이상(±5)에 해당하여야 한다.
- 3조건-학력: 기초학습기능검사나 KISE 기초학력검사, 읽기검사, 기초학습기능수행평가 등을 통한 검사 결과 동학년 수준의 평균으로부터 최소 -2표준편차(또는 2학년) 이하의 학력 수준을 보여야 한다.
- 4조건-배제 요인: 지적장애, 정서·행동장애, 감각장애 등의 다른 장애나 가정불화, 폭력, 학교생활 부적응, 탈북 혹은 국내 이주 등으로 인한 문화적 기회 결핍 등 개인의 내적 원인이 아닌 외적 요인으로 인해 학업에 집중하지 못할 만큼의 뚜렷한 이유가 있을 경우는 학습장애로 선정하지 않는다.

앞서 살펴본 '학습장애 선정 조건 및 절차'에서 '선정과 중재'의 조건은 학습장애를 선정함에 있어 중재반응 모델을 적용한 것이다. 이로 인해 특수교육대상자로 선정되기 전에 최소 3개월 이상 별도의 중재를 받도록 하고 있어 선정에 어려움이 있는 것이다. 이러한 선정의 어려움은 결국 특수교육서비스를 받지 못하는 결과를 가져왔다.

이러한 문제에 대안으로 2014년 5월 한국학습장애학회에서는 '학습장애 선정 조건 및 절차' 중 '선별 및 중재' 시행의 어려움과, 이와 같은 조건으로 학습장애를 지닌 특수교육대상자의 지속적인 감소를 이유로 하여 다음과 같이 학습장애 선정 조건 및 절차의 개정을 요구하였다.

학습장애를 지닌 특수교육대상자로 선정하기 위해서는 〈표 10-3〉의 4가지 조건을 만족시켜야 한다.

| 표 10-3 | 한국학습장애학회의 학습장애 선정 조건 |

조건	내용
1조건: 선별 및 의뢰	각급학교의 장 또는 보호자는 아래의 1) 또는 2) 중 하나의 경로로 교육장 또는 교육감에게 진단·평가를 의뢰함. 단, 보호자가 진단·평가를 의뢰할 경우, 진단·평가 의뢰서를 작성하여 교육장 또는 교육감에서 직접 의뢰할 수 있음 1) ① 기초학력 진단평가, 교과학습 진단평가 또는 국가수준 학업성취도 평가에서 부진학생으로 선별된 결과, ② 학습장애 선별검사에서 학습장애 위험군으로 선별된 결과, ③ 학생의 학업 수행이 또래에 비해 낮다는 것을 증명할 수 있는 교사의 관찰 결과 중 하나 제출 2) 외부 전문기관(의료기관, 상담실, 아동센터, 클리닉 등)의 학습장애 관련 검사 결과 제출 ※ 기존 지침의 중재반응(3개월 이상의 집중적이고 효과적인 소집단 규모의 보충학습이나 방과 후 학습)과 최소 3회 이상의 중재반응 평가 결과는 요구하지 않음 ※ 각급 학교의 장이 의뢰하는 경우에는 보호자의 사전 동의를 받아야 함
2조건: 지능	표준화된 개인별 지능검사 결과에서 전체 지능지수가 70 이상인 자
3조건: 학력	표준화된 개인별 학업성취도 검사 결과에서 하위 16%(백분위 16) 혹은 -1 표준편차에 해당하는 자
4조건: 배제 요인	다른 장애(예: 감각장애, 정서·행동장애)나 외적 요인(예: 가정환경, 문화적 기회 결핍)이 학습 문제의 직접적인 원인이 되는 경우는 제외(단, 학습의 문제가 다른 장애나 외적 요인의 직접적인 결과인 것으로 명확하게 밝혀지지 않은 경우, 위의 1~3조건을 만족시키면 학습장애로 진단하여야 함)

이와 같은 조건을 반영한 학습장애아동의 구체적인 선정 절차는 〈표 10-4〉와 같이 3단계를 따르도록 되어 있다.

| 표 10-4 | 한국학습장애학회의 학습장애 선정 절차 |

단계	관련 대상 및 기관	내용
1단계: 선별 및 의뢰	각급 학교의 장 및 보호자	※ ①, ②, ③, ④, ⑤, ⑥, ⑦ 중 하나를 제출함 ① 기초학력 진단평가에서 부진학생으로 선별된 결과 ② 교과학습 진단평가에서 부진학생으로 선별된 결과 ③ 국가수준 학업성취도 평가에서 부진학생으로 선별된 결과 ④ 학습장애 선별검사에서 학습장애 위험군으로 선별된 결과 ⑤ 학생의 학업 수행이 또래에 비해 낮다는 것을 증명할 수 있는 교사의 관찰 결과 ⑥ 외부 전문기관의 학습장애 관련 검사 결과 ⑦ 부모가 직접 의뢰할 경우, 진단평가 의뢰서를 작성하여 제출

2단계: 진단 · 평가 실시 및 결과 보고	특수교육 지원센터	※ ①+②+③을 모두 제출함 ① 지능검사 결과 ② 학력진단검사 결과 ③ 배제 요인 검토 결과
3단계: 특수교육대상 학생 선정	교육장 또는 교육감	교육장 또는 교육감은 해당 특수교육운영위원회의 심사(검사 결과 및 제출 자료 등 검토)를 거쳐 학습장애를 지닌 특수교육 대상자로 최종 선정

3. 학습장애 원인과 출현율

1) 원 인

(1) 신경생물학적 요인

　과거 학습장애의 신경학적 측정의 정확성에 대한 의문과 행동주의와 환경주의의 강
조로 인해 신경학적 원인에 대해 회의적이었다. 그러나 컴퓨터화된 신경학적 측정의 발
달로 신경학적 원인론은 설득력을 얻게 되었다. 자기공명영상(MRI), 양전자방사 단층촬
영(CAT-scan), 뇌전기활동도(PET-scan), 기능적 자기공명영상(fMRI)과 같은 기술들은 뇌
연구의 영역을 확장했다(김용욱 외, 2002). 학습장애는 뇌의 영역 중 대뇌의 어느 한 부분
의 이상 혹은 손상으로 나타난다. 대뇌는 전두엽, 두정엽, 측두엽, 후두엽으로 나뉘는데,
전두엽은 인격기능, 언어표현, 주의, 이성적 사고의 기능을 하고, 두정엽은 각종 감각정
보의 통합, 연상 기능을 담당한다. 측두엽은 청각과 감정의 표현의 기능을, 후두엽은 시
각기능을 한다(강대옥 외, 2012).

　학습장애의 주요 증상이 두뇌 특정 부위의 손상과 관련이 있다는 주장은 Pierre Paul
Broca와 Carl Wernicke에 의해 이루어졌다. 이들은 실어증세가 과잉행동 및 충동, 절제
부족, 자폐증세, 행동적 부적응, 정서불안 등의 정서적 문제나 골상학적 특징 때문이 아
니라, 실어증 환자의 좌측전두엽 부근의 결함 때문임을 발견했다. 현재까지 그 부분은
'Broca's area' 혹은 '브로카의 실어증 영역'으로 불리고 있다. 한편, Carl Wernicke는 측
두엽 부근에 언어를 듣고 이해하는 능력과 관련된 '베르니케 영역'이 있음을 발견하였
다(김동일 외, 2009).

(2) 유전적 요인

학습장애가 유전적 요인의 영향을 받는다는 것은 가계 연구와 쌍생아 연구를 통해 알수 있다. 학습장애아동의 가계를 조사한 결과 부모가 읽기 장애를 가지고 있을 경우 자녀도 읽기장애의 특성을 보일 확률은 30~50%인 것으로 나타났다(Smith, 2004: 강대옥외, 2012 재인용). 따라서 가계에서 학습장애를 지닌 사람이 있을 때 학습장애가 나타날확률은 그렇지 않은 가계보다 크다고 할 수 있다. 유전적 요인을 증명하는 가장 확실한연구는 쌍생아 연구다. 연구자들(DeFries, Gillis, & Wadsworth, 1993; Lewis & Thompson, 1992)에 따르면 학습장애가 이란성 쌍둥이보다 일란성 쌍둥이에서 더 많이 나타나는 것으로 조사되었는데, 이를 통해 학습장애가 유전적인 요인의 영향을 받는다는 것을 알수 있다.

(3) 의학적 요인

학습장애를 유발하는 주된 의학적 요인을 간략히 제시하면 다음과 같다.

- 미숙아: 미숙한 출생은 아동이 신경학적 손상, 학습장애 그리고 다른 장애를 수반하게 할 위험이 있다. 한 연구에 따르면, 심한 저체중으로 태어난 미숙아의 19%는 학습장애를 지니고 있다고 하였다(Ross, Lipper, & Auld, 1991: 김용욱 외, 2002 재인용).
- 당뇨병: 당뇨병은 신경심리학적 문제들과 학습장애를 유발할 수 있는 것으로 알려져 있다. 한 연구에 따르면, 5세 이전의 조기 당뇨병 발병 아동은 학습장애가 될 가능성이 있다(김용욱 외, 2002).
- 뇌막염: 다양한 바이러스에 의한 뇌 감염으로 뇌손상을 초래할 수 있다. 이러한 뇌손상은 학습장애로 나타난다(Tayler & Schatschneider, 1992: 김용욱 외, 2002 재인용).
- 소아 에이즈: 아기가 모체로부터 가장 빠르게 전염될 수 있는 전염병으로 이는 신경학적 손상을 초래하여 학습장애를 초래할 수 있다.
- 심장박동 정지: 아동에게는 거의 발생하지 않지만, 심장박동 정지 시 산소와 혈액이 뇌로 유입되지 않아 뇌손상을 일으킬 수 있다(강대옥 외, 2012).

(4) 환경적 요인

환경적 요인에는 가난, 영양실조, 출생 전·후의 건강 상태, 약물 오남용 등이 해당된

다. 예를 들어, 임산부가 경제적 이유로 태아 발육에 필요한 영양분을 충분히 섭취하지
못했을 경우 태아의 발육에 부정적 영향을 끼칠 수 있다. 또한 학대나 폭력적인 환경 속
에서 성장하는 경우도 포함한다(김동일 외, 2012). 특히 학교환경에서 주어지는 교육을 정
상적으로 받지 못하여 학습을 제대로 할 수 없고 이러한 학업적 곤란은 학령기와 성인기
에도 영향을 미치게 된다.

2) 출현율

2010년에서 2014년까지 최근 3년간 학습장애아동의 변화 추이를 살펴보면, 점차 그
수가 감소하고 있음을 알 수 있다(〈표 10-5〉 참조). 특수교육대상자의 수는 매년 증가하는
추세이나 학습장애의 출현율이 감소하는 이유는 학습장애 선정 조건 및 절차에 '선정과
중재'의 조항 때문인 것으로 볼 수 있다. 즉, 학습장애 선정에 있어 중재반응 모델을 적
용함으로써 학습장애의 선정이 적절하게 이루어지지 못한 것이라 할 수 있다.

한편, 학습장애 학생의 배치 현황을 살펴보면, 학습장애 학생 대부분은 일반학교의 특
수학급과 일반학급에 배치되어 있는 것으로 나타났다(〈표 10-6〉 참조). 이는 기타 다른
장애가 특수학교를 중심으로 배치되는 것과는 상이한 점이라 할 수 있다. 이러한 점은
학습장애의 특성상 일상생활이나 학교생활 전반에 영향을 주는 것이 아니라 특정 학업
영역에서 문제를 가지고 있기 때문에 다른 장애보다 일반학교에서 통합교육이 가능하기
때문인 것으로 볼 수 있다.

표 10-5　**연도별 학습장애아동 현황**　(단위: 명, %)

구분	2010년	2012년	2014년
전체 특수교육대상아동	79,711 (100)	85,012 (100)	87,278 (100)
학습장애아동	6,320 (7.9)	4,724 (5.6)	3,362 (3.9)

출처: 교육과학기술부(2010: 14; 2012: 13; 2014: 14). 수정하여 인용함

표 10-6 **학습장애아동의 배치 현황**   (단위: 명, %)

구분	특수학교	일반학교		계
		특수학급	일반학급	
2010년	15(0.2)	4,996(79.1)	1,309(20.7)	6,320(100)
2012년	12(0.2)	3,418(72.4)	1,294(27.4)	4,724(100)
2014년	23(0.7)	2,321(69.0)	1,018(30.3)	3,362(100)

출처: 교육과학기술부(2010, 2012, 2014).

4. 학습장애아동의 교육

1) 읽기

읽기는 글의 의미를 얻기 위해 다양한 지식 및 음운인식과 같은 읽기 선수 기술, 단어 인지, 읽기 유창성, 읽기이해의 기술 습득이 필요하다. 이러한 읽기는 크게 해독과 독해로 구성되어 있으며, 이는 다시 해독, 단어 재인, 읽기 유창성, 읽기 이해의 네 가지 요소로 세분화할 수 있다.

학습장애아동의 80% 이상이 읽기 영역에서 문제를 보이는데, 이는 가장 보편적인 문제일 뿐만 아니라 다른 장애를 가진 아동들에게서도 많이 나타나는 학습의 영역이다. 특히 읽기는 학습을 위한 필수 학습 능력으로 읽기에 어려움을 가지면 교과에 내용을 이해하기 어려워 정상적으로 학업을 성취하기 힘들다. 이는 학교 내의 사회성에도 부정적인 영향을 미치며 학령기뿐만 아니라 성인기에도 곤란이 지속된다. 따라서 읽기 기술을 가르치기 위해서는 이들 요소들 중 어떤 요소에 결함이 있는지를 파악하는 것이 우선시되어야 한다. 학생들의 장애 특성과 다양한 학습양식을 고려하여 시청각적인 접근을 포함한 다양한 언어적 접근을 효과적으로 활용할 필요가 있다. 〈표 10-7〉은 장애의 유형과 관계없이 읽기 문제를 보이는 아동들의 읽기 기술을 향상시키기 위해서 사용할 수 있는 방법들을 제시한 것이다.

이 외에도 읽기 학습장애아동의 읽기 능력을 향상시키기 위한 방법은 전통적인 읽기 교수법, 단어인식 능력 향상을 위한 교수법, 읽기 이해력 증진을 위한 교수법 등이 있다.

| 표 10-7 | 읽기 기술을 향상시키기 위한 일반적인 방법들 |

방법	내용
언어 경험 접근법	학생의 경험과 자신의 언어경험을 읽기 자료로 사용함
예측 가능한 책	반복되는 패턴이나 후렴구를 이용하여 아동은 빠르고 효과적으로 읽을 수 있고, 다음 내용을 예측할 수 있게 됨
다양하고 흥미 있는 자료	다양한 흥미로운 이야기, 설명문, 수필 등의 읽기, 즐거움, 정보를 얻기 위해서 하는 것으로 읽기를 즐기는 독자의 독해에 효과적
예견 전략	사전 지식을 활성화하는 방법으로 예견하기, 텍스트, 예견의 맞고 틀림을 확인함
이야기 지도	그래픽 형태나 사건 요소들 사이의 관계를 묘사하여 제시함. 중요한 아이디어나 읽고 있는 주제의 세부 사항들 사이의 관계를 묘사함
이야기 감상	아동의 이야기 지식의 이해 개발 및 텍스트 읽기의 목적을 설정하도록 하기 위함
K-W-L	아동의 사전 지식(know)을 강조, 읽고 질문할 거리(want)를 만들고 질문에 대한 답(learned)을 찾도록 함
QAR 전략(질문 전략)	읽기 전 · 중 · 후에 적절한 질문을 함으로써 내용을 이해하는 데 도움을 줌
읽기 텍스트에 대한 자기점검(메타인지)	아동이 자신의 이해력을 점검하고 평가하는 것은 읽기에서 매우 중요함
상호 질문	교사와 아동이 서로 질문을 주고받는 것으로 암시적 이해 질문을 만들고 답하는 방법을 보여 주기 위함
SQ3R 방법	• 개관하기(Survey of preview)-질문하기(Question)-읽기(Read)-외우기(Recite)-복습하기(Review)의 순서 • 내용 중심 교과의 설명문으로 구성된 교재를 읽을 때 도움이 되는 방법

2) 쓰 기

쓰기 기술은 듣기, 말하기, 읽기 기술에 바탕을 둔다. 쓰기 기술은 글씨 쓰기(이하 필기), 철자, 작문으로 나눌 수 있다. Beminger 등(2002)은 쓰기의 궁극적인 목표를 작문으로 보고, 작문을 하기 위해 맞춤법에 맞게 쓰는 것과 쓰기 과정에서 필요한 계획, 작성, 검토 등의 실행적 기능이 필요하다고 하였다. 쓰기는 발달상 필기와 맞춤법에 맞게 쓰는 것을 강조하였으나, 연령이 증가함에 따라 점차적으로 작문 능력 향상에 맞추어 쓰기 교육을 실시하게 된다.

과거에는 쓰기 기술을 가르칠 때 이와 같은 쓰기를 통해 자신의 생각을 표현하는 기술이 무시되는 경향이 있었으나, 총체적 언어교수법이 보급되면서 쓰기도 언어 교육과정의 한 부분으로 인식되기 시작하였다(이소현, 박은혜, 2011 재인용).

(1) 필기

필기는 쓰기의 하위 영역 중 하나로 손으로 글씨를 쓰는 것을 말한다. 따라서 연필이나 펜을 정확하게 잡는 능력이 부족하거나 소근육 운동에 문제를 가진 아동들은 쓰기에 어려움을 가진다. 또한 손으로 글씨를 종이에 쓰는 것은 시지각과 근육운동 사이의 정교한 협응을 통해 이루어지는 것이다. 학습장애아동들은 자주 필기에 어려움을 겪는데, 필기를 위해 사용되는 시지각 운동의 어려움은 수업시간에 베끼는 과제나 자신을 표현하는 작문에 크게 영향을 미칠 수 있다. 뿐만 아니라 청소년 또는 성인들이 취업 이력서와 다른 양식들을 알기 쉽게 쓰는 능력을 방해할 수 있다(McNamara, 2009). 따라서 올바른 필기를 하기 위해 명시적이고 직접적으로 필기를 지도하고, 아동에게 반복적으로 필기 연습의 기회를 부여하여야 하며, 올바른 필기에 대한 바른 시범을 충분히 제공해야 한다. 또한 필기를 위한 안내된 연습과 학생이 스스로 필기 연습을 할 수 있는 기회 및 그에 대한 피드백이 제공되어야 한다. 특히 필기에 어려움을 지니는 학습장애아동의 필기 지도에는 추적하기, 줄 사이에 긋기, 점 잇기, 칸과 줄이 그어진 종이 이용하기, 단서를 줄이며 추적하기, 언어단서 이용하기 등이 효과적이다. 또한 원이나 직선, 기하학적인 도형, 문자, 숫자 등을 어깨나 팔, 손 및 손가락의 근육을 이용해서 크게 자유로운 운동으로 그릴 수 있게 하는 칠판 활동, 점토판이나 모래판에 손가락 그림이나 글씨 쓰기 활동 등은 근육운동과 함께 다감각적 필기 교수 전략으로 활용할 수 있다.

(2) 철자

단어 쓰기는 단어를 읽는 것보다 더 어렵다. 단어를 정확하게 쓰기 위해서는 읽기를 바탕으로, 해당 단어를 기억 속에 저장해야 하며 시각적 단서의 도움 없이 기억으로부터 그것을 완전하게 인출할 수도 있어야 한다. 이렇게 단어를 정확하게 맞춤법에 맞추어 쓰는 것을 철자라고 한다. 철자는 많은 학습장애아동이 어려움을 겪는 쓰기의 영역이며, 쓰기의 다른 영역이자 최종 목표라 할 수 있는 작문 능력에도 영향을 준다.

철자 능력에 영향을 주는 요인으로는 낱자 또는 글자와 소리의 대응관계를 나타내는 음운처리, 낱자나 글자의 형태에 대한 인식을 나타내는 표기처리, 형태소에 대한 인식을 나타내는 형태처리가 있으며, 이러한 요인을 중심으로 철자 능력을 지도하는 방법에는 음운처리 중심 교수법, 표기처리 중심 교수법, 형태처리 중심 교수법이 있다.

이러한 철자 능력 교수법은 철자 교수의 특성을 반영한 것으로 여러 연구자가 제시한 효과적인 철자 지도는 학생이 바르게 쓰도록 명확하게 지도하며, 쓴 단어에 대해 피드백을 제공하는 것이다. 또한 한번에 3~5단어 정도를 지도하는 것이 적당하며, 자신이 쓴 단어를 스스로 검토할 수 있도록 시간을 주어야 하고, 읽기교수나 작문교수와 함께 철자 지도를 하는 것이 효과적이다.

(3) 작문

작문은 쓰기 영역의 최종적인 목표로서 자신이 쓰고자 하는 것을 글로 표현하는 것이다. 작문능력은 쓴 글의 양과 질에 대하여 평가하게 된다. 그러나 많은 학습장애아동은 글쓰기로 표현하는 기회가 적고 작문을 해 본 경험이 거의 없기 때문에 일반학생에 비해 작문 능력의 성취도가 낮은 특성을 보인다.

학습장애아동은 쓰기 유창성이 낮고, 불완전한 문장이나 복잡한 문장 쓰기에 어려움을 보이며 같은 단어를 반복하거나 단순한 단어 사용이 많다. 또 글쓰기를 위한 계획이나 조직적으로 쓰는 것과 글을 검토하고 수정하는 데 어려움이 있다.

학습장애아동의 작문 문제를 최소화하기 위해 명시적·직접적·체계적인 작문교수가 요구되며, 쓰기 과정에 대한 명시적 전략, 자기 조절 전략, 글의 구조에 대한 명시적 교수, 계획하기 활동, 요약하기의 명시적 교수, 목표 설정과 자기 점검, 안내된 피드백, 또래 교수법 등이 활용되고 있다. 또 다른 방법으로 계속적인 쓰기 기회의 제공, 쓰기 공동체의 확립, 쓰는 기회 자주 부여하기, 현재 아동의 관심사 이용하기, 풍부한 글감 제공하기, 워드프로세서의 교정 프로그램 활용하기 등이 있다.

3) 수 학

수학 학습에 어려움을 나타내는 아동은 수를 순서대로 말하지 못하거나, 계산 기호를 혼동하여 계산에 자주 어려움을 보이고, 암산의 어려움, 수학적 개념이나 공식 등의 수학적 규칙을 이해하고 기억하는 데 어려움이 있다. 또한 시간의 개념이 미흡하고, 일상생활에서 물건 값을 계산하거나 거스름돈을 확인하는 것 등에서 어려움을 보인다

(NJCLD, 2005).

이러한 수학과 관련된 광범위한 학습장애를 포괄하는 용어로 수학학습장애(mathematics learning disabilities)를 사용하며, 자신의 연령이나 지능 수준에 비해 기대되는 것보다 현저히 낮은 수학 학업성취를 보인다. 수학학습장애 학생들을 위한 효과적인 교수 원리는 다음과 같다(우정한 외, 2013).

(1) 학습 위계 및 기초학습을 중시하는 학습

수학 교과는 다른 교과에 비해 위계성과 계통성이 강한 교과다. 수학 영역에서 학습장애아동을 지도할 경우에도 학습 요소들 간의 위계성을 고려하여 낮은 단계에서 높은 단계로 지도가 이루어져야 한다. 또한 사전지식과 선수학습 바탕 위에 다음 단계로의 학습이 진행될 수 있도록 기초학습이 중요시되어야 한다.

(2) 구체적인 것에서 추상적인 것으로의 지도

학습장애아동은 처음부터 연역적 방법이나 추상적인 방법으로 수학적 내용의 개념을 이해하는 것이 어렵기 때문에, 인지 경로에 따라 구체적인 것에서 반구체적인 것으로 또는 영상적인 것으로 나아가 추상적인 것으로 점진적인 학습이 이루어지도록 해야 할 것이다(NJCLD, 2005).

(3) 적절한 범례의 제시를 통한 학습

수학적 용어 및 개념 형성에 어려움을 가진 학습장애아동은 범례를 통하여 수학적인 개념을 보다 의미 있게 이해할 수 있으므로, 구체적이고 적절한 범례를 제시하여 학습하는 것이 필요하며 이를 숙달하도록 훈련시켜야 한다.

(4) 다감각적 단서를 이용한 학습

학습장애아동은 감각을 통한 정보의 수용과 처리에 어려움을 가진다. 따라서 수학 학습에서도 하나의 감각이 아닌, 보고 듣고 움직임과 촉감 등을 이용한 다감각적 방법을 활용함으로써 보다 효과적인 수학 학습을 할 수 있다.

(5) 학생의 개인차(강점과 약점)를 고려한 학습

학습장애아동의 수학 학습에 개인이 가진 강점과 약점을 고려한 학습을 제공함으로써 효과적으로 수학을 지도할 수 있다. 예를 들어, 학생의 교육적 요구에 부합하기 위해 표준 교과서의 내용이나 학습 순서를 변경하거나 과제의 양을 조절할 수 있다. 또한 학생의 강점과 약점에 따라 선호하는 학습 양식 등에 기초하여 교수학습을 제공할 수 있다.

(6) 연습과 검토를 통한 학습

학습장애아동이 수학 문제해결을 위해서는 수학의 개념이나 원리를 알고 계산을 거의 자동적으로 할 수 있어야 하는데, 이를 위해서는 수학 학습에서 많은 연습과 검토가 필요하다(Bley & Thornton, 2001). 매일 일정 시간의 연습 기회를 제공하고 주요한 요점을 정리하며, 간단한 수학 시험 등의 방법들을 통하여 학습장애아동이 수학 학습을 보다 확실하게 하도록 해야 할 것이다.

(7) 학생의 흥미와 관심을 통한 동기를 유발하는 학습

학습에서 학습 동기는 효과적인 교수-학습을 위해서 대단히 중요하다. 이러한 학습 동기를 유발하기 위해서는 학생이 흥미와 관심을 가져야 하는데, 수학 학습에서 학습의 흥미와 관심을 통한 동기 유발을 위해서는 실생활의 상황이나 사례를 활용한 방법이나 학생들의 학습에 대해 강화를 제공하는 것이 효과적이다.

5. 학습장애에 대한 최근 쟁점

1) 학습장애학생의 출현율 감소

『특수교육 연차보고서』에 따르면, 특수교육대상자의 수는 매년 증가하고 있는 추세다. 최근 증가율을 분석해 보면, 현재 87,287명이 특수교육대상자로 등록되어 있는데, 이는 2009년의 75,187명과 비교해 볼 때 약 15%의 증가율이다. 이와 같이 전체적으로 특수교육대상자의 수가 증가함에도 불구하고 학습장애로 진단되는 아동의 수는 오히려 감소하고 있다. 학습장애아동의 수는 2009년 6,526명에서 2014년 3,362명으로 약 48%의 감소율을 나타낸다. 즉, 특수교육이 발달적으로 기질적 장애를 갖고 있는 장애아동에 대한 진단과 지원의 폭은 넓어지고 있지만, 학습장애아동에 대한 진단과 지원의 폭은 오히려 줄어들고 있는 것이다. 특히 2010년 5월 교육과학기술부에서 제시한 '학습장애 선정 조건 및 절차'에서 '선정과 중재'의 조건은 학습장애를 선정함에 있어 중재반응 모델을 적용한 것이다. 이로 인해 특수교육대상자로 선정되기 전에 최소 3개월 이상 별도의 중재를 받도록 하고 있기에 선정에 어려움이 있는 것이다. 이러한 선정의 어려움은 결국 특수교육서비스를 받지 못하는 결과를 가져오고 있다.

이와 같은 문제를 인식하고 2010년 교육과학기술부가 제시한 학습장애아동 선정 조건 및 절차가 학습장애아동을 선별하는 데 부적합하여 2014년 5월 한국학습장애학회에서 학습장애를 지닌 특수교육대상자 선정 조건을 마련하여 교육부에 선정 절차의 개정을 요구하였다.

한국학습장애학회에서는 개정 이유를 다음과 같이 들고 있다.

(1) 현행 '학습장애 선정 조건 및 절차' 시행의 어려움

> 1. 1조건: (선별 및 중재) 선별 검사결과 학습에 문제가 있는 것으로 의심되는 학생을 대상으로 최소 3개월 이상의 집중적이고 효과적인 소집단 규모의 보충학습이나 방과후학습 등 체계적인 서비스를 제공받은 후에도 학업성취도(학교 단위 학력평가나 교육과정 중심평가) 평가결과 동학년의 하위 15~20%에 해당되는 자

'선별 및 중재'에서는 최소 3개월 이상의 중재를 권장하고 있으나, 현재 각급 학교의 사정으로 볼 때, 3개월 이상의 중재를 제공할 수 있는 학교는 거의 없다.

(2) 1조건의 시행으로 학습장애를 지닌 특수교육대상자의 지속적 감소 초래

1조건(선별 및 중재)의 시행 결과로 학습장애를 지니고 있음에도 불구하고 학습장애로 선정되지 않거나, 다른 장애로 선정되는 경우가 있다. 그 결과, 2010년 이후 학습장애를 지닌 특수교육대상자의 수는 매년 감소하고 있다.

한국학습장애학회에서 제시한 학습장애아동의 특수교육대상자 선정 조건은 각급 학교에서 학습장애 선정을 위해 실시할 수 있도록 하는 방향으로 하고 그 내용을 제1조건의 '선별 및 중재'를 '선별 및 의뢰'로 변경하도록 한 것이다.

이러한 선정 조건과 절차의 문제와 더불어 학습장애는 장애가 외적으로 잘 드러나지 않기 때문에, 장애로 진단되기보다는 방과 후 학습이나 지역아동센터와 같은 기관을 통해서 필요한 학업적 지원만 받는 것을 더욱 선호하기 때문인 것으로 유추해 볼 수 있다.

2) 난독증에 대한 관심의 증가

난독증(dyslexia)은 최근 대중매체를 통해 대중에게 많이 알려져 있는 단어다. 그러나 실제는 사회나 교육기관에서조차 많은 혼란과 오해를 불러일으키고 있다(Williams & Lynch, 2010).

난독증은 읽기장애의 한 부류로, 1887년 Rudolf Berlin이 처음으로 난독증이라는 용어를 사용하였다. 그 이후 난독증 연구는 Samuel Orton에 의해 시작되었다. 미국 학계에서는 읽기장애와 난독증에 대해 1990년대부터 다각적인 측면으로 연구해 왔으며, 난독증은 읽기장애의 독특한 한 유형으로 연구되고 지원되어 왔다.

우리나라에서는 1990년대에『한국심리학회지』에 발표된 난독증 논문들은 주로 난독증을 소개하는 연구였다(이옥경, 1995; 이홍재, 1998). 2000년대부터 최근까지의 연구 동향을 보면, 몇몇 연구자가『안과학회지』에 난독증 학생 지원 연구를 발표하였으나 난독증의 정의에 대해 각주만 달고 논문 속에서 난독증의 선별 및 진단에 대한 언급이 없었다.

2011년 10월부터 교육부는 기초학력 미달의 주요 요인임에도 불구하고 그동안 전문적 지원이 미흡하여 사각지대에 있었던 ADHD, 우울, 난독증 등에 어려움을 겪는 기초학력 미달 학생을 지원하는 시스템을 갖추어 나가고 있다. 2013년도부터는 학습종합클리닉센터가 전국 17개 시·도 교육청으로 확산 운영되고 있으며, '학습의 문제＋문제행동'을 지닌 대상 학생들을 지원하기 위한 각 시·도의 노력이 지속되고 있으나(한국교육과정평가원, 2014), 난독증 학생들에 대한 전문적 지원을 촉구하는 국회의원, 로비스트, 학부모들의 요구를 충족시키지는 못하였다. 이에 교육부에서는 2014년 6월부터 전국 600개교를 선정하여 단위 학교 차원에서 학습부진 학생을 지원하기 위하여 600개교를 '두드림(Do-dream)학교'로 지정(시·도별 공모)하고, 지정된 학교는 교감, 담임, 특수교사, 상담교사, 보조교사 등을 활용하여 다중 지원팀을 조직한 후, 학습부진 학생의 원인 진단과 학습 코칭, 외부 치료 등 맞춤형 지원을 통하여 학습부진 학생의 기초학력을 향상시키고자 하고 있다(교육부 보도자료, 2014).

이와 더불어 기초학력부진 학생들 가운데 심각한 읽기부진과 난독증 현상을 동반한 학생들의 특수요구교육의 현황을 진단하기 위한 선수 조사로서 교육부는 전국 600개 '두드림(Do-dream)학교'에 난독증 선별 체크리스트를 실시하여 난독증 학생의 추정치를 파악하고자 한국학습장애학회에 난독증 선별 체크리스트를 개발해 줄 것을 의뢰하였다. 이러한 상황과 함께 난독증 학생들에 대한 전문적 지원을 요구하는 이해 당사자들이 한 목소리로 난독증에 대해 이야기하고 있으나, 난독증이 읽기장애에 속한다는 사실조차 정확하게 알지 못하는 실정이다. 이러한 현상은 난독증이 읽기장애 유형 속에서도 하위유형에 속하는 전문적인 영역이기도 하나, 난독증의 정의 및 특성에 대해 연구 검증된 결과들이 국내에서는 미흡한 결과로 인하여 이러한 혼란이 더욱 가중되고 있다(김윤옥, 변찬석, 강옥려, 우정한, 2014).

이러한 최근의 상황들은 읽기장애를 포함하고 있는 학습장애 관련 학회에 새로운 이슈를 가져다주고 있으며 난독증에 대한 많은 연구가 이루어져야 할 것으로 본다.

◀ 과제 ▶

1. 여러 나라의 학습장애의 정의를 비교하시오.

2. 읽기에 문제를 가진 학습장애아동을 위한 교육적 조치에 대해 설명하시오.

3. 학습장애의 출현율이 감소하는 이유를 기술하시오.

📖 참고문헌

강대옥, 강병일, 김기주, 김남진, 김창평(2012). 특수교육학개론. 서울: 학지사.

교육과학기술부(2008). 특수교육 연차보고서. 서울: 교육과학기술부.

교육과학기술부(2009). 특수교육 연차보고서. 서울: 교육과학기술부.

교육과학기술부(2010). 특수교육 연차보고서. 서울: 교육과학기술부.

교육과학기술부(2012). 특수교육 연차보고서. 서울: 교육과학기술부.

교육부(2013). 특수교육 연차보고서. 서울: 교육부.

교육부(2014). 특수교육 연차보고서. 세종: 교육부.

국립특수교육원 (2009). 특수교육대상아동 선별검사 개발. 안산: 국립특수교육원.

김동일, 손승현, 전병운, 한경근(2010). 특수교육학개론. 서울: 학지사.

김동일, 이대식, 신종호(2009). 학습장애아동의 이해와 교육(2판). 서울: 학지사.

김동일, 홍성두(2005). 학습장애의 진단을 위한 불일치 판별모델: 개관과 전망. 아시아교육연구, 6(3), 209-237.

김소희(2006). 학습장애 하위유형으로서 비언어적 학습장애에 관한 고찰. 특수교육학연구, 41(1), 59-78.

김애화, 김의정, 유현실(2011). 한국형 학습장애 진단 모형 탐색: 읽기 성취와 읽기 심리처리를 통한 읽기장애 진단 모형. 학습장애연구, 8(2), 47-64.

김애화, 이동명(2005). 학습장애 선별 및 진단에 관한 문헌분석. 특수교육학연구, 40(3), 191-230.

김용욱, 변찬석, 우정한, 김남진, 이창섭, 이근용, 박정식 역(2009). 현장 중심의 학습장애아동 교육 [*Learning disabilities: Bridging the gap between research and classroom practice*]. McNamara, B. E. 저. 서울: 시그마프레스. (원저는 2007년에 출판).

김용욱, 이성환, 안정애, 김영걸(2011). 수학 학습곤란 아동의 연산능력 향상과 학습장애 위험학생의 선별을 위한 학교기반 중재반응모델 개발에 대한 연구. 특수교육저널: 이론과 실천, 12(1), 229-260.

김윤옥(2006). 학습장애 판별을 위한 중재반응모형의 이상과 함정. 특수교육학연구, 41(3), 141-161.

김윤옥, 변찬석, 강옥려, 우정한(2014). 난독증 선별 체크리스트 개발 연구. 학습장애연구, 11(2), 99-128.

김자경(2005). 초등학교 학습장애 판별 준거에 관한 논의: 불일치 준거와 대안적인 방안을 중심으로. 특수아동연구, 7(4), 255-276.

김종현, 윤치연, 이성현, 이은림(2007). 특수아동의 이해와 지도. 고양: 공동체.

박원희, 김기창, 김영일, 김영욱, 이은주, 신현기, 한경근, 이숙정, 김애화, 윤미선, 김은경, 송병호, 이병인, 김송석, 양경회(2009). 함께하는 사회를 지향하는 특수교육학. 서울: 교육과학사.

신민섭, 조수철, 홍강의(2007). 한국판 학습장애 평가 척도(K-LDES). 서울: 학지사 심리검사연구소.

우정한, 김용욱, 김경일(2013). 수학학습장애아동교육. 서울: 시그마프레스.

이나미, 윤점룡(1990). 학습장애아의 특성분석과 진단 도구 개발. 서울: 한국교육개발원.

이미숙, 구신실, 노진아, 박경옥, 서선진(2013). 예비교사를 위한 특수교육학 개론. 서울: 학지사.

이소현, 박은혜(2011). 특수아동교육(3판). 서울: 학지사.

장혜성, 김수진, 김호연, 최승숙, 최윤희 역(2014). 특별한 학습자를 위한 특수교육[*Exceptional Learners: An Introduction to special Education* (12th ed.)]. Hallahan, D. P., Kauffman, J. M., & Pullen, P. C. 저. 서울: 학지사. (원저는 2005년에 출판).

정대영(1998). 학습장애의 개념, 분류, 진단. 현장특수교육, 1998년 여름호.

한국교육과정평가원(2014). 학습종합클리닉센터 요원연수 자료집.

한국특수교육연구회(2009). 최신 특수아동의 이해. 파주: 양서원.

한국특수교육학회(2008). 특수교육대상자 개념 및 선별기준. 한국특수교육학회.

Bley, N. S., & Thornton, C. A. (2001). *Teaching Mathematics to students with learning disabilities.* Austin, TX: Pro-Ed.

Bradshaw, J. (2001). *Developmental disorders of the fronto-striatal system.* Philadelphia: Psychiatric Press.

Catts, H. W., Hogan, T. P., & Fey, M. E. (2003). Subgrouping poor readers on the basis of individual differences in reading-related abilities. *Journal of Learning Disabilities, 36,* 151-164.

Gargiulo, R. (2004). *Special education in contemporary society: An introduction exceptionality.* CA: Thompson.

Haager, D., Klinger, J., & Vaughn, S. (2007). *Evidence-Based Reading Practices for Response to Intervention.* Baltimore, MD: Paul H. Brookes Publishing co.

Hallahan, D. P., & Kauffman, J. M. (1994). Introduction to the Special Issue. *The Journal Of Special Education, 27*(4), 373-374.

Hallahan, D. P., Kauffman, J. M., & Lloyd, J. W. (1985). *Introduction to learning disabilities* (2nd ed.). NY: Prentice-Hall.

Hallahan, D. P., Lloyd, J. W., Kauffman, J. M., Weiss, M. P., & Martinez, E. A. (2005). *Learning disability: Foundation, characteristics, and effective teaching* (3rd ed.). NY: Pearson Education.

Heward, W. L. (2009). *Exceptional children: An introduction to special education* (9th ed.). NY: Pearson Education.

Individuals with Disabilities Education Improvement Act(IDEA) of 2004, PL 108-466, Sec. 602(301).

Interagency Committee on Learning Disabilities(1987). Learning disabilities: A report to the U.S. Congress. Bethesda, MD'- National Institute of Health.

Kavale, K. A., & Fomess, S. R. (2000). What definitions of learning disability say and dont's say: A critical analysis. *Journal of Learning Disabilities, 33*(3), 239-256.

Kavale, K. A., Spaulding, L. S., & Beam, P. (2009). A time to define: Making the specific learning disability definition prescribe specific learning disability. *Learning Disability Quarterly, 32*, 39-48.

Kirk, S. A. (1962). *Educating exceptional children.* Boston: Houghton Mifflin.

Kirk, S. A., & Chalfant, J. C. (1984). *Academic and developmental learning disabilities.* Columbus, OH: Love Pub. Co.

Lerner, J. W. (2003). *Learning disabilities: Theories, diagnosis, and teaching practices.* Boston: Houghton Mifflin Company.

Lerner, J. W. (2006). *Learning disabilities and related disorders: Characteristics and teaching strategies* (10th ed.). Boston: Houghton Miffilin Co.

Mather, N., & Gregg, N. (2006). Specific learning disabilities: Clarifying, not eliminating, a construct. *Professional Psychology, 37*, 99-106.

Mellard, D. F., & Johnson, E. (2008). *RTI: A practitioner's guide to implementing response to intervention.* Thousand Oaks, CA: Corwin Press.

Mellard, D. F., Byrd, S. E., Johnson, E., Tollefson, J. M., & Boesche, L. (2004). Foundations and research on identifying model responsiveness-to-intervention sites. *Learning Disability Quartery, 27*(Fall), 243-256.

National Joint Committee on Learning Disabilities(1988). [Letter to NJCLD member organizations].

National Joint Committee on Learning Disabilities(2005). Responsiveness to intervention and learning disabilities. *Learning Disability Quarterly, 28*(Fall), 249-260.

Pierangelo, R., & Giuliani, G. (2006). *Learning disabilities.* Boston, MA: Allyn & Bacon.

Schrag, J. A. (2000). *Discrepancy approaches for identifying learning disabilities.* Alexandria, VA: National Association of State Directors of Special Education, Project Forum, Quick Turn Around.

Shaw, S. F., Cullen, J. P., McGuire, J. M., & Brinckerhoff, L. C. (1995). Operationalizing a definition of learning disabilities. *Journal of Learning Disabilities, 28*(9), 586-597.

Siegel, L. S. (1999). Issues in the definition and diagnosis of learning disabilities: A perspective on Guckenberger v. Boston University. *Journal of Learning Disabilities, 32*, 304-319.

Silver, L. B. (1988). *The misunderstood child-A guide for parents of learning disabled children.* Mount Vernon, NY: Consumers Union.

Smith, C. R. (2004). *Learning disabilities: The interaction of students and their environment* (5th ed.). Boston: Pearson Education.

Smith, T. E., Pollaway, E., Patton, J. R., & Dowdy, C. A. (2004). *Teaching students with special needs in inclusive settings.* Boston: Allyn & Bacon.

Thompson, J. B., & Raskind, W. H. (2003). Genetic influencies on reading and writing disabilities. In H. L. Swanson, K. R. Harris, & S. Graham. (Eds.). *Handbook of learning disabilities* (pp. 256–272). NY: Guilford Press.

제11장

유아특수교육

1. 유아특수교육의 정의

우리나라 현행 특수교육법인 「장애인 등에 대한 특수교육법」 제2조 제1호, 제2호, 제3호, 제15조, 같은 법 시행령 제10조 관련 별표 제10호를 통하여 유아특수교육에 관한 정의를 살펴보면 다음과 같다.

> '특수교육'이란 특수교육대상자의 교육적 요구를 충족시키기 위하여 특성에 적합한 교육과정 및 제2호에 따른 특수교육 관련서비스 제공을 통하여 이루어지는 교육을 말한다.
>
> – 「장애인 등에 대한 특수교육법」 제2조 제1호
>
> '특수교육대상자'란 제15조에 따라 특수교육을 필요로 하는 사람으로 선정된 사람을 말한다.
>
> – 「장애인 등에 대한 특수교육법」 제2조 제3호

교육장 또는 교육감은 다음 각 호의 어느 하나에 해당하는 사람 중 특수교육을 필요로 하는 사람으로 진단·평가된 사람을 특수교육대상자로 선정한다.

　1. 시각장애 2. 청각장애 3. 정신지체 4. 지체장애 5. 정서·행동장애 6. 자폐성장애(이와 관련된 장애를 포함한다) 7. 의사소통장애 8. 학습장애 9. 건강장애 10. 발달지체 11. 그 밖에 대통령령으로 정하는 장애

－「장애인 등에 대한 특수교육법」 제15조 제1항

신체, 인지, 의사소통, 사회·정서, 적응행동 중 하나 이상의 발달이 또래에 비하여 현저하게 지체되어 특별한 교육적 조치가 필요한 영아 및 9세 미만의 아동

－「장애인 등에 대한 특수교육법」 시행령 제10조 관련 별표 제10호(발달지체)

　이러한 법적 내용을 통해, 우리나라에서 말하는 유아특수교육은 "「장애인 등에 대한 특수교육법」 제15조 제1항 제1호에 언급된 장애 중 어느 하나에 해당하는 사람 중에서, 특수교육을 필요로 하는 사람으로 진단·평가된 0세 이상 유치원 과정 연령의 사람에게 특성에 적합한 교육과정 및 특수교육 관련서비스 제공을 통하여 이루어지는 교육을 말한다."라고 정의할 수 있다.

　이와 같은 정의에서 보면 유아특수교육은 ① 교육과정, ② 특수교육 관련서비스를 제공받는 것으로 되어 있어, 치료 지원이나 가족상담 및 지원 등의 전문적인 지원 및 다학문적 지원이 불가피하므로 다른 관련 부처나 기관 그리고 전문가 간의 밀접한 협력 체제가 필요하다(김성애, 2007).

　미국에서의 유아특수교육을 Kirk 등(강창욱 외 역, 2004)은 '유아기 중재'와 '조기중재'로 구별하여 Shonkoff와 Meisels(2000) 그리고 Dunst(1996)의 인용에 근거하여 그 특징들을 기술하고 있는데, 이를 정리해 보면 다음과 같다.

유아기 중재는 주로 0~5세의 장애를 가진 영유아와 그의 가족을 체계적이고도 지속적으로 지원하기 위하여 고안되어 있다. 특히 조기중재(early intervention) 서비스는 임신에서부터 유아기까지 보다 광범위하게 지원되는 용어로 사용된다. 조

기중재의 내용으로는 치료적 지원을 포함한 각종 지원 내용을 가지고 강점 중심의 교육을 지향한다.

Kirk 등이 밝힌 유아특수교육 특징은 ① 0~3세, 3~5세 영유아기의 발달지체 유아들을 위한 중재, ② 특히 조기중재의 대상은 임신기의 태아, 부모 및 가족 등도 포함됨, ③ 조기중재는 결손을 막거나 장애를 개선하는 목적 그리고 ④ 유아기 중재 프로그램은 가족중심으로 이루어지는 경향 등의 내용으로 요약해 볼 수 있다. 이러한 내용은 우리나라 유아특수교육 정의가 가지는 내용과 유사한 점이 있는데, 그것은 지원 대상이 0세 이상이며, 가족이 지원에 포함되는 것이라는 점, 다학문적인 지원을 필요로 한다는 점 등이다.

2. 유아특수교육의 법적 근거

1) 우리나라 법적 근거

유아특수교육의 주요 법적 근거로는 「교육기본법」 「장애인 등에 대한 특수교육법」 「유아교육법」을 들 수 있다. 그리고 유아특수교육이 효율적으로 이루어지기 위해서는 이와 같은 법들에 연계하여 「장애인복지법」 「모자보건법」 「영유아보육법」 「장애아동복지지원법」 등도 함께 고려되어야 할 것이다.

교육 관련 법으로는 「교육기본법」[제3조(학습권), 제9조(학교교육), 제18조(특수교육)], 현행 유아특수교육의 근거가 되는 「장애인 등에 대한 특수교육법」 그리고 「유아교육법」[제3조(책임), 제15조(특수학교 등), 제17조(건강검진 및 급식) 시행령 제17조의2(유치원 취학 수요조사), 시행령 제25조(특수학교의 교직원)] 등이 있다.

보건복지 관련 법으로는 장애 발생 예방, 조기발견, 특수교육 제공, 보조공학 등의 제공에 대한 내용을 담은 「장애인복지법」[제9조(국가와 지방자치단체의 책임), 제10조(국민의 책임), 제17조(장애발생 예방), 제20조(교육)], 영유아의 건강관리와 장애발생 예방 및 관리 내용을 규정한 「모자보건법」[제8조(임산부의 신고 등), 제9조(모자보건수첩의 발급), 제9조의

2(미숙아등에 대한 등록카드), 제10조(임산부·영유아·미숙아등의 건강관리 등), 제10조의2(신생아 집중치료 시설 등의 지원), 시행규칙 제7조의2(미숙아등의 출생보고 등)] 등이 있다. 그리고 유아특수교육과 보육은 상호 밀접한 관련이 있다는 점에서의 「영유아보육법」 전체 내용과 「장애인아동복지지원법」 전체 내용 등이 있다.

2) 법적인 근거가 유아특수교육에 주는 의미

우리나라 유아특수교육은 다양한 법적인 근거와 연계되어 있다고 할 수 있다. 이 법들은 장애를 예방하고 관리하는 것에서부터 유아특수교육의 대상자를 선정·배치하고 교육하는 내용 범주에 이르기까지 그 관련성이 있다. 그러므로 유아특수교육대상자들이 효율적인 교육 지원을 통해 발달의 극대화를 이루려면, 이 법들이 제공하는 내용을 잘 연결할 수 있는 지원 체계와 그것을 가능하게 할 관련 기관의 협력이 필요하다. 또한 현재의 유아특수교육이 무상교육이면서 의무교육인 점, 통합교육을 강조한 점, 교육과정을 일반유아교육과 같은 누리과정으로 운영하는 점, 보호자의 편의를 위해 의무교육을 간주하는 점과 그것을 위해 대통령령이 정하는 기준에 합당한 어린이집에서의 유아특수교육 등이 가능하다는 점 등을 감안하여, 유아특수교육이 효율적이고도 효과적으로 이루어질 수 있도록 각 법들 간의 내용이 연결되어, 실행에 차질이 없게 할 체계적 방안이 강구되어야 한다. 그 방안과 관련하여 몇 가지를 정리하면 다음과 같다(김성애, 2009: 233-234).

- 유아특수교육이 의무교육인 만큼, 그것을 위해 교육기관과 교사의 수급이 원활하게 이루어져야 한다. 따라서 「유아교육법」에 통합교육의 강조와 그 운영 방안을 보다 상세하게 규정할 의무조항이 필요하다.
- 의무교육 대상자 확정과 관련한 전문적인 진단·평가에 대한 보다 상세한 규정이 필요하다. 아울러 특수교육 관련서비스 지원에 관하여 교육부와 보건복지부의 연계가 필요하다.
- 장애 발견에 관한 정보를 부처 간에 교환할 시스템을 구축해야 한다.

3) 미국의 법적 근거

우리나라 유아특수교육의 전반에 걸쳐 많은 영향을 미친 미국의 법적 동향을 소개한 Kirk 등(강창욱 외 역, 2004: 77-78)의 내용을 요약·정리하면 다음과 같다.

- 「유아특수교육지원법(Early Childhood Special Education Assistance Act)」이 1968년에 통과되었다. 이 법은 미국 전체의 주에서 장애 영역별로 장애 아동의 교육과 생활을 개선할 모델 서비스 프로그램을 만들었다.
- 1986년에 PL 99-457(Part H)이 제정되었다. 이 법에는 신생아를 포함하여 5세 이하의 영유아에게 서비스를 지원하도록 하는 내용이 포함된다. 여기서 강조되는 구체적인 내용으로는 가족과 서비스 제공자가 파트너십을 가질 것, 지원의 질을 보장할 것, 지역사회 중심의 완전통합 상황에서 지원할 것 그리고 0~2세 교육과 3세 이상 유치원교육(학령 전 교육)의 자연스러운 전이를 강조하는 것 등이다.
- 이 법은 이후에 IDEA가 제정되었을 때 Part C에 속하게 되었다. 이 대상은 0~3세인데, 1991년의 IDEA 수정(PL 102-119)은 Part H와 학령 전 교육 연구 프로젝트 사이의 효과적인 전환을 제공하도록 고안되었다. 미국의 반 이상의 주에서는 그 프로그램 사이의 협력적인 전환을 제공하도록 특별법을 통과시켰다.
- IDEA는 1997년 PL 105-17로서 재권한을 받았고, 교육적/발달적 프로그램뿐 아니라 이웃과 지역사회 활동에서도 완전통합교육(inclusion)을 독려하고 있다(Guralnick, 2001).

O'Shea 등(박지연 외 역, 2006: 167)은 유아특수교육과 관련하여 미국 특수교육의 법적 동향을 〈표 11-1〉과 같이 소개하였다.

표 11-1 미국 특수교육 관련 법 동향

1965 PL 89-10 초·중등교육법(ESEA)	경제적으로 어려운 아이들에게 동등한 교육기회를 제공
1965 헤드스타트 프로그램	경제적으로 어려운 가정 및 4세까지의 유아들을 위해 설립된 프로그램
1966 PL 89-313 초·중등교육법 개정안	장애아들에게 서비스를 제공하는 대학 및 주교육기관에 인센티브를 제공

1966 PL 89-750 장애아조기교육법(HCEFA)	어린 장애아들을 위한 실험적인 서비스 모델 프로그램 개발을 위한 자금 제공
1972 PL 92-424 헤드스타트	헤드스타트 프로그램에 최소한 10%의 장애유아들을 배치하도록 의무화
1974 PL 93-380 초·중등교육법 개정안	장애아 교육을 위한 연방 지원과 교사 훈련을 위한 자금 제공 규정의 전조가 됨
1975 PL 94-142 전장애아교육법	5~18세의 모든 장애아에게 무상의 적절한 공교육을 제공하는 입법, 서비스 범주와 관련 서비스를 규정함
1983 PL 98-199 전장애아교육법 개정안	유아특수교육과 조기개입 관련 연구 및 시범 프로젝트를 위한 기금 제공 및 부모훈련센터 지원
1986 PL 99-457 전장애아교육법 개정안	학령전기 장애아(3~5세)에게 공교육 제공, 장애영아(0~2세) 및 그 가족에게 지원 프로그램을 제공하는 주에 인센티브 제공, 18~21세의 장애아에게도 확장된 서비스를 제공
1990 PL 101-476 장애인교육법(IDEA)	EHA 수정안, 전이 지원과 보조공학 기술 명령, 자애 범주와 부가적 관련 서비스를 첨가
1991 PL 102-119 장애인 교육법 개정안	적격성 및 관련 서비스에 대한 IDEA의 용어 변화. 학령전기 아동을 위해 IEPs나 IFSPs의 사용 허용. LRE와 기금 문제를 다룸
1997 PL 105-17 개정된 장애인교육법	장애영아(0~2세)를 Part C(이전에는 Part H)에 포함하기 위한 IDEA의 개정안. 유아 프로그램이 가족의 참여를 더욱 강화하도록 요구함

출처: 박지연 외 역(2006).

3. 의무교육과 무상교육으로서의 유아특수교육

우리나라 「장애인 등에 대한 특수교육법」 제3조에서는 유아특수교육을 무상교육과 의무교육으로 제공하도록 규정하고 있다. 더 자세히 언급하면, 0세부터 만 3세 미만의 특수교육대상 영아에게는 무상교육을, 만 3세 이상의 유치원 과정 유아에게는 의무교육을 제공한다. 무상교육은 유아특수교육을 제공받는 당사자가 국가나 지방자치단체로부터 무상으로 교육을 제공받을 수 있되, 보호자나 국가가 해당 영아를 의무적으로 교육해야 할 필요는 없다. 하지만 의무교육은 국가나 지방자치단체 그리고 보호자는 의무적으로 특수교육대상 유아에게 교육의 기회를 제공해야 하고, 해당 유아는 의무교육을 제공받을 권리를 부여받는다. 그런데 같은 법 제3조 제3항에는 의무교육 및 무상교육에 드는 비용은 국가 또는 지방자치단체가 부담하도록 되어 있어, 법상의 의무교육은 사실상 무상의무교육이라고 할 수 있다.

특히 의무교육으로서의 유아특수교육에 대해 국가 및 지방자치단체가 그 시행과 관련하여 고려해야 할 주요 내용은 다음과 같다. 즉, 부모의 양육 행복권이 침해되지 않는 범위에서 교육의 중요성, 교육내용 및 특수교육 관련서비스 지원 내용을 부모들에게 홍보하고, 의무교육을 위한 교육기관의 인프라 확보를 위하여 기존의 공교육기관의 활용도를 높이는 방안과 아울러 엄정한 프로그램 인증 기준을 마련하며, 교사 자원 인프라 구축, 교육지원의 질적인 성장 방안 마련 그리고 재정지원 확보 등이 성실하게 이행되어야 한다(김성애, 2007: 121-122 참조).

4. 유아특수교육의 중요성

유아특수교육에서 중요한 것 중 첫 번째로 손꼽아야 할 부분은 '발달'이라고 할 수 있다. 여기서 말하는 발달은 특수교육대상 영유아가 가진 장애를 경감하는 부분에서, 발달이 지체된 부분이 최소화되거나 일반발달 수준으로 되는 부분에서, 발달지체 혹은 장애의 위험으로부터 벗어나는 부분에 이르기까지 다양한 의미를 가진다.

김성애(2007: 113-116)는 현행 「장애인 등에 대한 특수교육법」이 유아특수교육의 중요성과 관련하여 가지는 의미를 발달과 자기결정 차원에서 정리하였는데, 그 내용을 요약하여 제시하면 다음과 같다.

- 유아특수교육의 중요성이 대두되는 것은 장애 혹은 발달지체를 가진 영유아의 발달을 극대화하는 차원에서다. 그렇기 때문에 특수교육대상 영유아에게 제공되는 교육내용은 '호흡할 공기'와 같다. 그들이 제때에, 질 높은 전문적인 교육지원을 받지 못하면 그들의 발달 패턴은 미발달 혹은 왜곡된 발달의 양상을 낳아 이후의 삶의 길을 훨씬 '더디 가게' 할 것이다.
- G. Feuser(1982, 1989)는 생물학적인 손상이 장애가 아니라 사회가 가진 편견으로 인

해 그 사람에게 적절한 시기에 교육을 제공하지 않음으로 인해 생기는 결과적인 결손을 장애로 보고 있다. 이를 통해 영유아가 가진 저마다의 교육적 요구에 따라 필요한 교육을 아무런 편견 없이 다양하고 풍부하게 제공해 주는 것이 매우 중요하다는 것을 알 수 있다.

• 유아특수교육의 중요성은 장애 당사자의 자기결정과 사회 참여 차원에서 찾을 수 있다. 여기서는 장애를 가진 사람을 더 이상 의학적인 병리적 차원에서 이해하는 것이 아니라 생물학적으로 다른 또 하나의 온전한 개인으로 인정하는 만큼, 발달기에 있는 장애 혹은 발달지체를 가진 영유아에게 유아특수교육을 제공함으로써 그들이 자신의 삶 속에서 행복과 자아실현을 추구할 역량을 강화하고 다양한 지원 속에서 자신의 자기결정력을 신장하여 삶의 질을 높일 수 있게 한다.

한편, Kirk 등(강창욱 외 역, 2004)도 조기중재를 해야 하는 필요성으로 발달지체를 피하는 것과 부가적인(이차적인) 장애를 예방하는 것을 들면서, 유아특수교육의 효과성을 긍정적으로 높이 평가하고 있다. 즉, 그들은 농, 지적장애, 의사소통장애 등 다양한 유형의 장애를 가진 영유아들의 장애에 따른 문제들이 감소되거나 교육의 수월성이 좋아지고, 발달의 여러 영역에서 문제들이 없어지거나 축소된다는 것이다.

또한 Dodge와 Heroman(1999)이 인간의 발달은 곧 뇌의 발달이라는 강조와, 이러한 뇌 발달은 0~6세에 가장 잘 이루어진다는 설명에서, 앞서 언급한 내용에 더하여 유아특수교육의 중요성을 한층 더 인지할 수 있게 한다.

결국, 발달지체를 가진 영유아는 교육지원을 통해 자신의 발달과업을 최대한으로 달성시켜야 그 이후의 자신의 생을 더욱더 성공적으로 영위할 수 있다. 그러므로 유아특수교육은 이들에게 필수적인 '생명의 양식'(김성애, 2007)이 아닐 수 없다. 신체적·정서적·사회적·언어적·인지적으로 장애 혹은 발달지체를 가지고 태어난 영유아는 자기가 가진 장애를 극소화하고 자신의 능력을 극대화할 수 있는 교육적 지원을 제공받아야 한다. 이러한 내용은 장애의 위험을 가진 영유아에게도 해당된다. 조기에 이러한 장애의 위험 요소를 제거하거나 최소화함으로써 장애를 예방하고 축소하며 발달지체의 폭을 줄이거나 없애려면 교육은 필수적이다.

5. 발달지체 유아의 발생 원인

「장애인 등에 대한 특수교육법」에는 유아특수교육의 대상이 0세부터로 나와 있다. 앞에서 언급되었듯이, 특수교육대상 영유아는 장애를 가지거나 발달이 지체되었다. 이소현(2008)은 발달지체의 원인의 시기를 출생 전, 출생 시, 출생 후로 나누고 있는데, 그 시기별로 좀 더 구체적인 요인을 살펴보면 〈표 11-2〉와 같다.

　Kirk 등은 장애 혹은 발달지체의 원인을 세 가지로 분류하는데, 유전적 이상, 임신과 출생 시 발생한 사건들, 환경적인 위험이다. 이들이 언급한 세 가지의 내용을 간략하게 정리하면 다음과 같다(강창욱 외 역, 2004: 81-84).

- 유전적 이상: 여기서는 주로 지적능력이나 발달이 낮은 것과 관련이 있는데, 테이-삭스 증후군, 터너 증후군 등이다.
- 임신과 출생 시 발생한 사건들: 임신과 출생 시 자궁에서 발달지체 혹은 장애를 유발하

표 11-2　**출생시기를 기점으로 한 발달장애의 원인 분류**

시기	위험 요인
출생 전	선천성 위험 요인
	임신상의 위험 요인
	부모의 생물학적 위험 요인
	출생 전 환경적 위험 요인
출생 시	조산 및 저체중
	질식
	분만 중 손상
출생 후	질병 및 감염
	독극물 오용 · 남용
	사고로 인한 손상
	영양 결핍
	환경 박탈

출처: 이소현(2008: 158).

는 요인들이 있다. 예를 들어, 산모의 감염이나 질병, 특정 약물중독, 당뇨 등이다.
- 환경적인 위험: 장애 발생 가능성이 높은 환경적 위험으로는 아동폭력이나 방치, 가난, 임신 중의 부모의 알코올 혹은 약물 남용, 흡연 등을 들 수 있다. 또한 저체중이나 미숙아로 출산된 경우에도 장애의 가능성이 높다.

6. 유아특수교육의 평가

유아특수교육에 있어서 가장 중요한 일은 대상 유아를 가능한 한 빠른 시기에 찾아내는 것이다. 되도록 빨리 대상 유아의 장애나 발달지체 혹은 그 위험성을 발견해야 적절한 중재가 가능하기 때문이다. 「장애인 등에 대한 특수교육법」 시행규칙 제2조 제1항 관련 별표에서는 발달지체를 진단하는 평가 검사 유형으로 ① 사회성숙도검사, ② 적응행동검사 그리고 ③ 영유아발달검사를 하도록 규정짓고 있다.

이소현(2008)은 유아특수교육 대상 유아의 진단은 그 기능과 목적에 따라서 다양하게 분류된다고 하면서, 발달지체 영유아의 선별과 진단을 위한 평가도구는 선별·진단하고자 하는 목적에 따라 적절하게 사용하여야 한다고 언급하고 있다. 기능과 목적에 따라 분류되는 다양한 진단을 구체적으로 살펴보면, 대상 연령층 접근 및 의뢰 부탁을 위한 대상자 발견, 정밀진단의 필요성 확인을 위한 선별, 장애의 성격 및 정도 분석을 위한 장애 진단, 현재 능력과 학습 요구 파악을 위한 교육 진단, 학습 진전의 지속적인 평가를 위한 진전 점검 그리고 프로그램의 효율성을 진단하는 프로그램 평가다(이소현, 2008: 188의 [그림 5-1] 참조).

대상자 발견, 선별, 진단, 교육 진단 등의 단계에 따른 내용을 이소현(2008)과 허계형(2009)을 참고하여 요약·정리하면 다음과 같다.

1) 대상자 발견

대상자의 발견은 진단의 첫 단계라고 할 수 있는데, 그야말로 이 단계에서는 유아특수교육대상자를 발견하는 것이다. 여기서 대상자란 당장 유아특수교육의 대상자는 아니다. 다시 말하면, 이 단계에서는 대상자가 유아특수교육 대상자 여부를 가리는 첫 단계로서, 그 목적은 선별이나 진단을 의뢰하는 수준에 있다고 볼 수 있다(이소현, 2008: 187-188 참조).

2) 선 별

선별은 장애 혹은 발달지체를 가진 영유아를 진단하는 본격적인 시작 단계라고 할 수 있다. 이 선별의 대표적인 특징으로는, 비용이나 시간이 절약된다는 경제성과 이용이 간편하다는 점을 들 수 있는데, 그 대신 선별의 정확도가 높아야 할 것과 그 도구가 영유아를 모니터링하는 것이 가능할수록 선별의 효과성이 높다고 하겠다(허계형, 2009). 또한 선별의 목적은 말 그대로 선별이어야 한다는 것과, 그 과정에 가족 구성원이 참여할 것 그리고 이 선별이 중재의 일부로도 사용할 것을 권장하고 있다(이소현, 2008: 190).

영유아기 선별평가의 도구는 여러 가지가 있으나 그중 주요 도구의 종류는 다음과 같다(허계형, 2009: 90).

- 바텔발달선별검사(Battelle Developmental Inventory Screening Test, 1984)
- K-ASQ 부모작성형 유아모니터링체계(허계형, Squires, 이소영, 이준석, 2007)
- 한국형 Denver II(K-DDST)(신희선, 한경자, 오가실, 오진주, 하미나, 2002)
- K-DIAL 3 유아발달선별검사(전병운, 조광순, 이기현, 이은상, 임재택, 2004)

3) 진 단

장애를 진단하는 것은 선별을 통해서 좀 더 구체적이고 정확한 진단을 필요로 하는 대상 영유아에게 장애의 종류와 상태, 발달이 지체된 정도를 정확하게 판별하여 어떤 지원이 필요한지를 결정하는 단계다.

(1) 장애진단 과정 및 내용
장애진단 과정에 필요한 정보수집 내용은 다음과 같다(Cross, 1977: 이소현, 2008: 193 재인용).

- 부모나 주 양육자와의 면담: 유아의 행동과 가정환경 정보 수집
- 임신 기간부터의 생육사, 병력에 관한 정보 수집
- 특정한 환경에서의 유아행동 관찰: 사회성, 의사소통 기술 등 일반적 능력에 대한 정보 수집
- 표준화 검사: 지능검사, 사회성 검사, 발달검사 등 각종 능력 검사

Kirk 등(2004)은 미국에서의 평가를 소개하면서 대부분의 유아는 교육적인 배치가 되기 전에 포괄적인 평가를 거친다고 하였는데, 그 구체적인 내용은 다음과 같다(강창욱 외 역, 2004: 101).

교사와 치료사들은 운동발달, 소운동 발달, 언어발달, 사회 및 정서적 발달 그리고 자조능력에 관한 유아의 발달을 평가한다. 특수교육교사의 역할은 각종 치료를 연결하고 유아의 나이에 적절한 교실 경험을 제공하며, 아동이 가능한 한 같은 나이의 비장애 아동의 능력들을 달성하도록 자기의 능력을 이용하도록 지원하는 것이다.

또한 Kirk 등(2004)은 평가 방법 중에서 Linder(1993)의 놀이 중심 초학문적 평가(play as Assessment, play-based assessment)와 초학문적 놀이 중심 중재(transdisplinary play-based intervention)를 추천하고 있는데, 이것은 유아들이 자신들의 놀이 환경에서 자연스러운 놀이를 하는 동안에 평가하려고 고안된 것이기 때문에(강창욱 외 역, 2004: 102) 평가의 질적인 제고로 크게 추천할 만하다.

한편, 이소현(2008)은 미국특수아동협의회 유아교육분과(Division for Early Childhood: DEC)가 1993년 추천한 내용에 의거하여 앞서 제시한 표준화 검사 외에도 생태학적 진단을 통해 자료를 수집할 것을 언급하고 있다. 그 내용을 구체적으로 요약해 보면 다음과 같다(이소현, 2008: 194).

그것은 장애 진단 시 유아의 생활 환경 내에 있는 교사, 보육사, 양육자 등 다양한 정보 제공자로부터 자료를 수집하며, 가족을 진단팀의 일원으로 포함시켜야 한다는 것이다. 또한 선별에서 장애 진단의 필요성이 있다고 판단되면 가능한 한 빠른

시간에 진단과 아울러 교육 프로그램을 제공하여야 장애로 인한 2차, 3차적인 문제 예방 및 장기적인 차원에서의 경제적 효율성을 보장할 수 있다.

(2) 영유아기 진단평가 도구의 종류 및 특성

주요 영유아기 진단평가 도구의 종류를 보면 다음과 같다(허계형, 2009: 94-95).

- 한국 베일리 영유아발달검사(박혜원, 조복희, 최호정, 2003)
- 개젤 발달도구(개정)(Gesell Developmental Schedules Revised, 1987)
- 한국판 카우프만 아동용 개별지능검사(K-ABC, Kaufman Assessment Bodtery for Children)(문수백, 변창진, 1997)
- 한국 웩슬러 유아지능검사(K-WPPSI)(박혜원, 곽금주, 박광배, 1996)

4) 교육진단

유아특수교육 현장에서 가장 중요한 부분 중의 하나는 교사가 유아들을 대상으로 무엇을 어떻게 가르칠 것인가를 정확하게 파악하는 것이다. 그것을 위해서 적절한 정보나 자료들의 확보가 필요한데, 그것을 위한 평가가 바로 교육진단이다. 유아특수교육의 효과성을 위해서 진단되어야 할 발달 영역은 다음과 같다(이소현, 2008: 195).

- 감각 및 신체적 발달
- 언어 및 의사소통 발달
- 운동발달(대근육 운동 및 소근육 운동)
- 인지발달
- 자조 및 적응 기술
- 사회 및 정서적 발달

이와 같은 발달 영역 외에도, 유아특수교육의 교육과정인 누리과정에 나타난 내용으로 평가가 이루어질 필요가 있다. 이와 같은 발달 영역의 진단과정은 유아가 어떤 교육과정 내용을, 어떤 교육방법으로 활동할 수 있을 것인가를 결정하도록 돕는다. 그래서

활동을 계획하는 단계에서부터 활동 중에 그리고 활동을 마친 단계에 이르기까지 교사
는 대상 유아를 교육적으로 진단할 수 있다.

5) 평가를 위한 전문가 및 보호자의 개입

영유아기의 발달은 정기적으로 모니터링되어야 한다. 그렇게 함으로써 이상이 나타
나는 부분을 찾아내야 한다. 이러한 부분은 전문가와 부모를 포함한 보호자가 함께 노력
해야 하는데, 전문가는 발달의 지표를 제시하고 부모는 그 지표에 근거하여 정기적으로
영유아의 발달 상태를 체크한다. 그리고 이상 부분이 발견되면 전문가의 지원을 받는다.

Drew와 Hardman(2008: 256)은 0~2세 영유아기의 발달 상태는 정기적으로 살펴보려
면 다음과 같은 발달지표를 가지고 살펴야 한다고 제안하고 있다.

- **운동**: 앉기, 걷기, 삼키기, 서기, 기기, 기어다니기, 배변 조절, 소변 조절, 머리(늘어
  뜨림), 머리(움직이기)
- **심리사회**: 웃기, 상대방에게 반응하기, 먹기, 사회화
- **언어**: 울기, 소리내기, 옹알이(1음절), 단어의 음 모방하기, 일부단어 이해(아빠, 엄
  마), 어휘목록

그 밖에 Drew와 Hardman(2008)은 신체발달에서는 신경운동의 발달과 환경의 영향력
을 살펴야 하며, 심리사회적 발달에서는 신뢰감/주도성 및 자율성, 애착발달 그리고 환
경과 자존감 등이 지적장애의 원인이 되는 부분이 있는지 살펴볼 것을 장려하였다.

이와 같이 평가에 대한 보호자의 개입은 매우 중요하다. 이를 위해 김성애(2009)는 다
음과 같이 주장하고 있다(김성애, 2009: 218-219).

대상자를 발견하는 단계에서부터 부모의 개입이 이루어져야 할 것이다. 그러한
부모의 개입을 위해 보호자를 대상으로 한 구체적인 홍보가 필요하다. 홍보 내용으
로는 유아특수교육의 중요성 및 효과성에 관한 부분, 진단·평가의 의뢰에서부터
적격자 판정 등에 관한 내용과 그 결과에 따른 후속 조치(교육, 의료 및 치료 중재)
내용 등이다(김성애, 2009: 218-219).

특히 특수교육대상자의 발견과 진단·판별의 시기는 조기교육의 중요성에 입각하여 빠를수록 좋다. 그래야만 유아특수교육의 조기화에 입각한 만 3세 이하의 특수교육대상자의 무상교육 확대가 현실화될 가능성이 높아진다. 김성애(2007: 123)는 여기서 진단·판별의 중요성이 부각된다고 하면서 그것을 위한 질적 제고 방안이 다음과 같이 마련되어야 한다고 주장하고 있다.

- 대상자의 발견 및 진단체제를 마련하되, 다양한 관련 기관과의 네트워크 형성을 체계적으로 구상하고, 각 기관에서의 역할과 의무사항 등을 규정하여 관련 기관의 구성원들을 교육할 방안을 구안한다. 병을 앓거나 출산 즉시 장애를 가진 것이 판명되는 경우를 제외하고는 교육 대상자가 발견되기가 쉽지 않으므로 전문가의 정기적인 개입(예: 정기진단, 혹은 발견을 위한 다양한 조치 등)이 필요하다.
- 다양한 발견 및 진단도구를 우리나라의 실정에 맞게 개발하여 유아들의 지원을 최대화해야 한다.
- 발견 및 진단체제를 총체적 시스템으로 구축하여 효율적인 진단평가가 이루어지도록 방안을 강구한다.
- 발견 및 진단평가를 실시할 전문가 자격을 법적으로 규정하고 전문인 양성 방안에 힘써야 한다.
- 보호자와 국가 및 지방자치단체 사이에 발생할 각종 갈등을 최소화하고 부모의 자의적인 참여를 유도할 방안을 강구한다.
- 특수교육대상자 조기발견 및 진단·판별을 위한 각계 각층의 홍보체계를 구축할 방안을 마련해야 한다.

7. 교육지원

1) 우리나라 유아특수교육 내용

발달기는 인간에게 있어 성장·발달의 최적기다. 이러한 시기에 있는 특수교육대상 유아를 위해서는 발달기에 가장 적합한 교육과정 내용이 가장 풍부하게 그리고 다양하게 제공되어야 한다(김성애, 2007). 그 교육과정은 다름 아닌 일반교육과정이다. 독일의 통합교육 연구자인 Feuser(1982) 역시 장애를 가진 유아의 교육 내용은 일반교육과정이라고 단정하는데, 그가 그렇게 말하는 이유는 그것만이 유아기의 발달을 최대화할 수 있는 것이며, 그러한 교육적 제공이 부족할 때 '장애'가 발생하기 때문이다.

그뿐 아니라, 이 연령대의 특수교육대상자 교육현장에서 이루어지는 "학습이 인지적 발달과정으로 국한되어서는 인지에 제한성을 가진 발달지체 영유아의 교육과정이 축소될 가능성이 크다. 그러므로 모든 학습자의 학습을 가능하게 할 하나의 학습활동으로, 다양한 능력을 가진 학습자가 함께 학습할 학습 방안으로 지각 영역의 체험 과정을 학습으로 인정해야 할 것이다."라고 김성애(2007)는 Merleau-Ponty(C. Smith 역, 1999)의 내용에 근거하여 강조한다. 아울러, 영유아는 몸으로 움직이는 것이 그들의 삶의 전체라고 해도 과언이 아니다. 이 시기에는 움직여야 발달하고, 움직임을 통하여 표현하며, 움직임으로 인하여 행복하다. 그래서 그들의 학습은 당연히 움직임 가운데 이루어져야 한다.

현재 우리나라 유아특수교육현장에서 이루어지는 교육내용이 유치원교육과정 누리과정인 것은 앞서 설명하였다. 게다가, 유아에게는 다양한 인적 환경이 학습 공동체가 되어 그들의 인성발달과 창의성을 포함한 인지발달을 도모하는 통합교육이 중요하게 대두되고 있고, 현재의 교육제도 역시 통합교육을 강조하고 있는 만큼, 유아교육과 유아특수교육이 유아통합교육으로 새롭게 그 교육의 지평을 환원하는 것도 필요하다고 볼 수 있다. 그러한 다양한 학습자가 함께하는 교육 공동체 안에서 다양한 학습자의 개인적인 학습 욕구가 달성되도록 하려면, 유아의 '몸'과 '지각'을 중심으로 한 활동이 중요한 교수-학습 상황으로 대두되어야 할 것이다.

(1) 유치원교육과정(누리과정)

누리과정은 2013년 3월 1일부터 시행되는 교육부 고시 제2012-16호 유치원교육과정이다. 누리과정은 5개 영역으로 구성되어 있는데, 신체운동·건강 영역, 의사소통 영역, 사회관계 영역, 예술경험 영역 그리고 자연탐구 영역이다. 이러한 누리과정의 목적은 만 3~5세 유아의 심신의 건강과 조화로운 발달을 도와 민주시민의 기초를 형성하는 것을 목적으로 한다. 다음 내용은 다섯 가지의 영역별 구체적인 목표다.

- 신체운동·건강: 기본 운동 능력과 건강하고 안전한 생활 습관을 기른다.

- 감각 능력을 기르고, 자신의 신체를 긍정적으로 인식한다.

- 신체를 조절하고 기본 운동 능력을 기른다.

- 신체 활동에 즐겁게 참여한다.

- 건강한 생활습관을 기른다.

- 안전한 생활습관을 기른다.

• 의사소통: 일상생활에 필요한 의사소통 능력과 바른 언어 사용 습관을 기른다.

- 다른 사람의 말을 주의 깊게 듣는 태도와 이해하는 능력을 기른다.

- 자신의 생각과 느낌을 말하는 능력을 기른다.

- 글자와 책에 친숙해지는 경험을 통하여 글자 모양을 인식하고 읽기에 흥미를 가진다.

- 말과 글의 관계를 알고 자신의 생각, 느낌, 경험을 글로 표현하는 데 관심을 가진다.

• 사회관계: 자신을 존중하고 다른 사람과 더불어 생활하는 능력과 태도를 기른다.

- 자신을 소중히 여기며 자율성을 기른다.

- 자신과 타인의 감정을 알고, 자신의 감정을 적절하게 표현하고 조절한다.

- 가족과 화목하게 지내며 서로 협력한다.

- 친구, 공동체 구성원들과 서로 돕고, 예의 · 규칙 등 사회적 가치를 알고 지킨다.

- 우리 동네, 우리나라, 다른 나라에 관심을 가진다.

• 예술경험: 아름다움에 관심을 가지고 예술 경험을 즐기며, 창의적으로 표현하는 능력을 기른다.

- 자연과 주변 환경에서 발견한 아름다움과 예술적 요소에 관심을 갖고 탐색한다.

- 자신의 생각과 느낌을 음악, 움직임과 춤, 미술, 극놀이를 통해 창의적으로 표현하는 것을 즐긴다.

- 자연과 다양한 예술 작품을 감상하며, 풍부한 감성과 심미적 태도를 기른다.

• 자연탐구: 호기심을 가지고 주변세계를 탐구하며, 일상생활에서 수학적 · 과학적으로 생각하는 능력과 태도를 기른다.

- 주변의 사물과 자연 세계에 대해 알고자 하는 호기심을 가지고 탐구하는 태도를 기른다.
- 생활 속의 여러 상황과 문제를 논리·수학적으로 이해하고 해결하기 위한 기초 능력을 기른다.
- 주변의 관심 있는 사물과 생명체 및 자연현상을 탐구하기 위한 기초능력을 기른다.

(2) 발달지체 영아교육을 위한 교육과정

우리나라 「장애인 등에 대한 특수교육법」에는 영아에 대한 지원 내용을 별도로 밝히고 있지 않으나, 발달지체 영아를 위한 교육을 위해서 다양한 차원에서 고려해야 할 내용이 있다. 김성애(2007: 124-125)는 그것에 대해 다음과 같이 제안하고 있다.

첫째, 만 3세 이하의 지원은 다학문적인 성격을 띠어야 하며, 그것을 위해 교육, 보육, 상담, 가족지원 등의 면을 복합적으로 지원할 보다 총체적인 지원 시스템이 갖추어져야 한다.

둘째, 개별화가족지원계획을 필수적으로 운영하도록 하며 그 안에 총체적인 지원계획을 담을 수 있는 책임자를 선정하여 지원의 원활함을 도모해야 한다.

셋째, 전문가 간의 역할 분담 및 협력 방안을 위한 행정 지침을 마련하는데, 특히 영아를 위한 유아특수교사의 수행능력을 키워 나갈 계획이 필요하다.

넷째, 영아 특수교육대상자의 교육과정 운영 계획과 그에 따른 다양한 프로그램의 개발 방안이 마련되어야 한다. 종일반 운영에 따른 다양한 교육지원 및 관련서비스 지원 내용의 선정과 제공 방안 또한 마련되어야 한다. 즉, 교육프로그램의 연장화·다양화에 따른 질 관리가 있어야 한다. 다양한 교육환경에 있는 유아특수교육대상자가 양질의 교육을 받는 동시에 부모나 가족의 삶의 질을 보장하는 보다 나은 다양한 지원의 제공을 위하여 교육 프로그램이 알차게 진행되어야 할 뿐 아니라 담당자의 선정과 시간, 서비스 연계 방법 등이 효율적으로 연결되어야 한다.

이에 따라 이정현 등(2009)은 우리나라 발달지체 영아교육을 위한 교육과정의 개발이 다음과 같은 질문에 근거하기를 제안하였다.

- 교육과정은 발달과 연령에 적합한가?
- 이 교육과정에서는 모델링을 위한 전략을 사용하고 있는가?

- 다양한 집단 규모에도 적용할 수 있는 교육과정인가?

- 부모와 양육자들에 의해서도 실행될 수 있는가?

- 진단 과정이 포함되었는가?

- 여러 다양한 문화적 배경을 가진 가정에도 사용될 수 있는가?

- 습득된 기술의 일반화와 유지를 촉진시킬 수 있는 전략들이 사용되는가?

2) 미국에서의 유아특수교육 지원

미국의 장애영유아를 위한 교육 프로그램에 대해서 Kirk 등(강창욱 외 역, 2004: 99)과 O'Shea 등(박지연 외 역, 2006: 170)의 내용을 살펴보면 다음과 같다.

(1) 발달적으로 적합한 실제

Kirk 등(2004: 99)은 Bredekamp와 Cupple(1997)이 언급한 연방유아교육협회(National Association for the Education of Young Children: NAEYC)와 연방교육협회(National Education Association: NEA)가 구상한 발달적으로 적합한 실제(Developmentally Appropriate Practice: DAP)에 대한 지침서의 내용을 인용하면서, 유아교육 담당 교사가 알아야 하는 내용을 다음과 같이 소개하고 있다.

- 유아기 실제와 유아의 학습 방법을 맞도록 할 것
- 유아기의 시기가 나이/ 학년 수준과 차이가 나지 않게 볼 것
- 탐구를 장려하고 학습과 발달을 촉진하는 학급을 만들 것
- 부모참여를 교육과정의 주요하고 본질적인 요소로 고려할 것
- 의사결정과 교육과정 발달을 위해 계속적인 평가를 활용할 것

이와 같은 내용에 근거하여 특수교육 전문가인 Odom과 McLean(1996), Sandal 등 (2001: 강창욱 외 역, 2004: 99 재인용)은 특수교사들이 조기중재 프로그램 추천의 실제에 맞는 핸드북을 개발하여 사용했는데, 이 안에는 평가, 교육과정 연계, 교사 훈련 등이 포함되어 있다.

(2) 장애영아 조기교육

① 개별화가족지원계획

미국의 경우 개별화가족지원계획(Individualized Family Service Plan: IFSP)은 이미 오래 전부터 법적으로 중요하게 다루어지는 부분이다. IDEA, Part C는 IFSP가 다음과 같은 내용을 포함하도록 요구한다(강창욱 외 역, 2004: 90).

- 0~3세 유아의 신체발달, 인지발달, 의사소통 발달, 사회정서적 발달 그리고 적응발달의 현재 수준의 진술은 객관적인 범주에 기초한다.
- 가족의 자원, 선호 그리고 장애를 가진 0~3세 유아의 발달을 강화하는 것과 관련된 가족의 관심을 기술한다.
- 0~3세 유아와 가족을 위해 기대한 성취의 주요 성과와 범위, 절차 그리고 성과의 진행과정과 수정 혹은 성과의 수정이 필요한 정도를 결정하는 시간 계획을 진술한다.
- 0~3세 유아들 가족의 독특한 요구를 충족하는 빈도, 강도 그리고 전달 서비스의 방법을 포함한 특정한 조기중재 서비스를 언급한다.
- 그 서비스가 자연적인 환경에서 제공되지 않을 것이라면 그 범위의 정당성을 포함하여 조기중재 서비스가 적절하게 제공되는 자연적인 환경을 진술한다.
- 서비스의 시작에 대한 계획된 날짜 그리고 기대된 서비스의 지속을 언급한다.
- 신생아나 걸음마기 영아 혹은 가족의 요구와 관련된 (혹은 Part C 하에 모든 적용 가능한 책임성을 수행하는 책임자) 다른 기관 및 사람들과 계획하고 협력 수행을 책임질 가장 즉각적인 전문가로부터 서비스 책임자를 확인한다.
- 장애를 가진 걸음마기 영아의 학령 전 교육기관 혹은 다른 적절한 서비스의 전이를 지원할 단계들(Council for Exceptional Children, 1998: Kirk et al., 2004 재인용)을 기술한다.

② 서비스 전달 체계

O'Shea 등(2001)은 장애 영아를 위한 서비스를 제공하는 장소로는 크게 두 가지, 즉 가정 중심 조기개입과 센터 중심 조기개입을 제안하였다. 그 구체적인 내용을 살펴보면 다음과 같다(박지연 외 역, 2006: 170-173).

- 가정 중심 조기개입: 영아가 좀 더 자연스러운 환경에서 배울 기회를 제공하는 것이다. 여기서는 다양한 전문가(의료인, 교사 등)가 장애영아와 그 가족을 대상으로 중재를 제공한다. 이 프로그램의 장점은 부모와 자녀가 일상 환경에서 필요한 기술들을 발전시킬 수 있고, 그들 간의 상호작용 기회를 증가시켜 주며, 전문가들과 가족 간의 긍정적인 관계 형성도 가능하게 된다는 것이다. 단점은 부모에게 주어지는 스트레스와 부모의 양육자로서의 역할과 교육자로서의 역할 간에 구별이 모호하다는 점이다.

- 센터 중심 조기개입: 부모의 요구가 가정 중심 지원에 적합하지 않은 경우에 이루어지는데, 주로 특별히 고안된 프로그램을 제공하여 영아들의 여러 영역의 발달을 돕는다. 주로 일반아와 장애아가 함께 통합되어 있는 센터들이 장려되고 있는데, 이 센터에서는 일반아와 장애아의 상호작용을 통해서 사회성 기술을 더 장려하고 그 가족들이 지역사회에 함께 참여하며 일반발달 영아와 가족들이 장애를 가진 사람에게서 배우고 그들을 수용하는 등의 유익함이 나타난다.

Kirk 등(2004)은 유아를 위해 가정에서 이루어지는 중재를 소개하면서, 많은 교육자가 유아의 교육은 그 유아가 습득하는 기능이 쓰이는 환경에서 이루어질 필요가 있음을 강조하였는데, 그곳이 바로 가정이다. 이에 대해 Kirk 등(2004)은 다음과 같이 강조하였다 (강창욱 외 역, 2004: 96-97).

> 가정은 매우 어린 유아들에게는 기능적인 환경이다. 어린 유아는 대부분의 시간을 잠을 자며 보낸다. 그리고 그들을 교육적 및 치료적 실제를 제공하는 조기중재 프로그램에 데리고 가는 것은 실제적이지 않다. 또한 그 아이들의 장애를 수용하는 과정을 겪은 어머니들은 그 아이를 공공의 장소로 데리고 갈 준비가 되어 있지 않을 수 있다. 어떤 시골에서는, 유아특수교육 센터들이 그들의 가정에서 멀리 떨어져 있어 어머니들은 그 아이와 상호작용하거나 보살피는 대신에 귀중한 시간을 그곳으로 데리고 가는 길에 다 소비한다. 더구나, 어머니들 혹은 양육자들의 일차적인 책임이 아이의 발달을 촉진하는 가정 일상을 만드는 것이다. 애착은 유아와의 상호작용 접합으로 커 나가며, 그것은 어린 유아의 행복에 매우 중요한 기초가 된다.

③ 조기중재 서비스를 위한 전문가

장애영아의 지원은 여러 전문가로 구성된 다학문적 팀이 수행하게 된다. Kirk 등(2004)은 개별화가족지원계획을 수행할 다학문적 구성원으로 〈표 11-3〉과 같은 전문가들을 들었다.

| 표 11-3 | **다학문적 팀 구성원**

전문가	기능
청능사	청각적 손실이 있는지 결정한다.
안과의사	시력 손실이 있는지 결정한다.
유아특수교육교사	결손을 교정하기 위한 프로그램을 계획하고 수행하며 특별한 치료와 연결한다.
의사	생물학적 혹은 건강적인 결손이 있는지 결정하고 처치를 계획한다.
간호사	적절한 건강 보호를 위한 계획을 제공한다.
작업치료사	개인 자신, 자조기술, 놀이 그리고 자율성의 발달을 촉진한다.
물리치료사	운동발달을 강화하고 보조기와 자세 전략을 제안한다. 필요한 치료를 제공한다.
심리학자	유아의 강점과 약점의 포괄적인 기록을 제공하고 가족이 장애를 가진 유아의 스트레스를 다루도록 돕는다.
사회복지사	가족이 적절한 유아 양육 전략을 수행하도록 지원하고 가족들이 필요한 서비스를 찾도록 돕는다.
언어병리사	요구되는 치료를 위해 필요한 평가 계획을 제공하고 적절한 경우에 사례 관리 서비스를 전달한다.

출처: 강창욱 외 역(2004: 94).

(3) 유아기 프로그램

미국의 대부분 학령전 유아기 지원 프로그램은 센터가 중심이 되는데, 그것은 공교육기관에서의 특수학교와 조기교실, 사설 유아기 프로그램, 병원, 보육센터, 놀이방 등이다(박지연 외 역, 2006: 174). 또한 Kirk 등(강창욱 외 역, 2004: 98)은 미국에서 가장 호평을 받고 있는 3~6세 유아 중재로는 가정에서의 중재와 센터에서의 중재를 연합하는 것인데, 많은 중재센터에서는 부모의 요구를 잘 반영하고 있다고 밝혔다. 또한 Kirk 등(2004)은 특히 센터에서는 발달적으로 적합한 실제(DAP)를 자연적인 환경 중심으로 제공하며, 가족에게도 다양한 지원을 한다고 설명하고 있다.

8. 가족참여와 지원

1) 가족참여와 지원의 필요성

우리나라의 특수교육에서 가족의 참여와 지원이 법적으로 구체화된 것은 「장애인 등에 대한 특수교육법」이라고 할 수 있다. 실제로, 유아특수교육대상자의 가족은 그 자체로서의 행복을 위해서라도 그리고 가족의 일원인 특수교육대상 유아의 교육적인 성과를 위해서라도 교육에 참여하고 또한 교육기관의 지원을 받는 것은 당연하다고 할 것이다. 그동안 우리나라 특수교육 영역에서 가족을 참여시키거나 그들을 지원하는 것은 그다지 비중 있게 다루어지지 않은 것이 사실이나, 머지않아 가족에 대한 부분은 유아특수교육의 중심 영역을 차지할 것으로 보인다. 그래야 유아특수교육이 지향하는 최대의 교육적 목표를 달성할 것이기 때문이다.

O'Shea 등(박지연 외 역, 2006: 23)은 Giannetti와 Sagarese(1998)의 내용을 빌려, 교사가 가족을 이해해야 하는 가장 중요한 것으로 가족과의 협력이라고 하였는데, 그 구체적인 내용은 다음과 같다.

- 교사의 노력은 수동적인 가족 구성원이 아동의 학교생활과 아동의 진보에 관심을 갖도록 영향을 줄 수 있다.
- 교사가 가족의 요구에 민감하지 않다고 부정적으로 반응하는 가족도 있지만, 가족을 이해하고 가족과 파트너가 되어 일하는 교사는 결국 좋은 성과를 이루게 된다.
- 학교 전문가와 가정이 협력을 시도하고 문제에 대한 적절한 조치를 취하기 위해 함께 노력할 때 그 유익은 학생에게 돌아간다.

Kirk 등(강창욱 외 역, 2004: 92)도 유아기 중재 프로그램이 가족에게 초점이 맞추어지는 것은 중재 프로그램의 중요한 성장으로 보고 있다. 그들은 Dunst와 Trivette(1997)가 말하는 바, 장애를 가진 사람의 가족에게 교육적·재정적·정서적 지원을 해야 한다는 것에 동의하고 있다.

2) 미국 장애아 부모 역할의 변천 과정

Turnbull 등(2011: 97-105)은 미국 장애아 부모의 역할의 변천 과정을 기술하였는데, 그 내용을 요약하면 다음과 같다.

- 자녀의 장애의 근원으로서의 부모 역할: 우생학 운동(1880~1930)은 부모가 장애 자녀의 원인으로 규정하도록 한다. 그래서 적절치 않은 부모를 줄이거나 없애기 위해 품종개량을 통해 인간 종을 개선해야 한다고 주장하는 것이다. 사실, 지적으로 장애를 가진 사람들은 불임을 하게 하거나 시설에 수용하도록 한다.

- 부모조직의 구성원으로서의 부모 역할: 부모 및 가족이 구성원이 된 조직이 지방 차원에서(1930년대), 국가 차원에서(1940년 후반~1950년대) 생성되었다. 부모조직은 공공기관 및 전문가가 실시하는 자신들의 자녀교육에 만족하지 못하는 것과 비슷한 문제를 가진 다른 부모로부터의 정서적인 지원을 목적으로 조직되었다.

- 서비스 개발자로서의 부모의 역할: 1950년대와 1960년대에 부모는 서비스를 개발하는 역할을 주로 하게 된다. 그리고 공립학교에서 제외된 중도 및 중증 장애를 가진 자녀를 위해 교육 프로그램을 개발하였다.

- 교사로서의 부모 역할: 부모가 교사의 역할을 한 것은 1960년대 말에 나타나기 시작하여 1970년대에 그 절정을 이루었다. 부모가 교사 역할을 하는 것은 가족환경이 아동의 지능에 영향을 미친다는 것에 근거한 것인데, 많은 전문가는 부모가 훌륭한 교사가 될 수 있다는 확신을 가진다.

- 정치적 옹호자로서의 부모의 역할: 1950년대에서 1970년대를 거쳐 오면서 부모들은 자녀의 교육이 심하게 부적절하다고 여겨 법적인 투쟁을 감행하였다. 그 결과 PL 94-142가 통과되면서 부모들은 법적 투쟁에서 대단한 성과를 거두었다.

- 교육 결정자로서의 부모의 역할: 「장애인교육법(IDEA)」은 부모를 교육의 능동적인 결정자가 되게 하였다. 부모는 자녀에게 적절한 교육 프로그램을 구성하는 데 적극 참여한다.

- 협력자로서의 가족의 역할: 1990년대 초까지 자녀의 교육에 부모가 중심이 되었으나 그 이후부터는 가족에게 그 역할이 확산된다. 그 이유는 장애아동 교육을 위한 파트너십의 범위를 부모로 한정하지 말자는 것이다. 가족을 개인적으로 알게 될 경우 교

사는 그들의 강점, 기대, 선호도 그리고 욕구에 맞추어 조화로울 수 있다. 그것은 가족에게는 물론이고 장애아동의 교육에 긍정적인 영향을 가져다준다.

9. 전 이

유아특수교육에서 전이(transition)는 특수교육대상자가 영아기 교육에서 유아기 교육으로 넘어가는 부분과 유아기 교육에서 학령기 교육으로 넘어가는 부분에 보다 특별한 관심과 지원으로 보살피는 계획을 말한다. 사실, 전이는 일반발달을 하고 있는 영유아도 마찬가지로 관심을 가지고 지원해야 할 부분이라고 볼 수 있으나, 발달에 지체가 있는 영유아들의 전이는 특별한 보살핌이 없이는 어려움이 많은 것이 사실이다.

전이의 목적으로는 유아 자신의 만족할 만한 융통성 있는 생활 능력 제고, 가족의 성공적인 육아 돌봄, 교육 제공자의 최상의 교육적 성과 등으로 기술할 수 있다. 이렇게 생애 기간 중 종적인 부분에서 일어나는 전이가 성공적이어야 하겠지만, 횡적인 전이, 즉 유아가 같은 시기에 일상생활의 범주에서 활동하는 유아교육기관과 지역사회, 가정과 유아교육기관, 지역사회와 지역사회 간에서도 성공적인 전이가 일어나야 한다. 그것을 위한 관심 있는 지원은 해당 영유아의 관심과 발달 정도, 가족의 필요도, 지역사회 및 교육기관 간의 협력 체계가 아울러 필요하다.

따라서 전이에 대한 교사, 부모 등의 교육이 선행되고, 영유아에게 실제적인 전이 교육이 필요한데, 그 구체적인 내용으로는 전이의 필요성, 전이를 위해 교사와 부모가 고려할 사항, 전이를 교육할 내용, 전이를 위해 가족이 준비할 내용(김경숙, 2009 참조) 등의 영역이 구성될 수 있다.

> **여기서 잠깐!** 현재 유아특수교육의 근거가 되는「장애인 등에 대한 특수교육법」은 다양한 조항에서 유아특수교사의 자질을 제고할 내용을 담고 있다. 유아특수교육이 그 질적인 면에서 효과를 거두려면 교사는 법의 내용이 온전히 실현될 수 있도록 그 소양을 갖추어야 할 것이다. 이에, 유아특수교사의 자질을 위한 내용을 살펴보면 다음과 같다(김성애, 2007: 134-136).
>
> 1. 유아특수교육에서는 부모 및 가족의 참여권과 선택 및 결정권을 보장하고 있다. 따라서 유아특수교육 전문가와 가족이 하나의 파트너가 되어야 하므로, 교사는 가족을 동등한 교육의 파트너로 삼을 수 있는 태도와 다양한 파트너십 방안을 가지고 있어야 한다.
> 2. 유아의 발달을 보장해야 한다. 따라서 유아특수교육의 질적 제고를 위한 교육과정 숙지와 다양한 교수방법을 고안해야 한다. 그것을 위하여 통합교육을 보다 활성화하고 교육과정 활동에 다양한 특수교육 관련서비스를 지원할 방안도 가지고 있어야 한다.
> 3. 교사는 인식론에 대한 원론적 중요성과 그에 따른 지식적인 내용을 갖추어야 한다. 아울러 유아특수교육대상자의 발달을 극대화하기 위하여 대상자가 창출한 지식을 보편적 인식을 하는 유아와 나누고 확장시킬 방안을 마련하여야 한다.
> 4. 유아특수교육 대상자가 생애주기별로 가장 효과적인 교육을 받기 위해 개별화가족계획, 전이, 다양한 전문가와의 협력 방안, 지역사회 활용, 보육과 교육의 자연스러운 연계 방안 등을 활용할 수 있어야 한다.

참고문헌

강창욱, 김남순, 김미숙, 김성애, 김용욱, 김원경, 김정권, 김향지, 민천식, 신진숙, 오세웅, 윤광보, 이영철, 이해균, 조안나, 한현민 역(2004). 특수아동의 이해와 교육[*Educating Exceptional Children*]. Kirk, S., Gallagher, J., Coleman, M. R., & Anastasiow, N. J. 저. 서울: 박학사. (원저는 2003년에 출판).

교육부(2008). 장애인 등에 대한 특수교육법 해설집.

김경숙(2009). 유아특수교육과 전이. 김경숙, 김미숙, 김성애(2009). 유아특수교육개론(pp. 185-206). 서울: 학지사.

김경숙, 김미숙, 김성애, 김수진, 박숙영, 백유순, 이성봉, 조광순, 조윤경, 최민숙, 허계형

(2009). 유아특수교육개론(2판). 서울: 학지사.

김성애(2007). "장애인 등에 대한 특수교육법"에 따른 한국 유아특수교육의 과제 및 해결방향. 유아특수교육연구, 7(3), 111-139.

김성애(2009). 특수교육 유치원과정 의무교육 시행을 위한 제반 요건 고찰 -발견 및 진단ㆍ평가, 교사, 교육기관을 중심으로-. 특수교육학연구, 44(1), 213-236.

박지연, 김은숙, 김정연, 김주혜, 나수현, 윤선아, 이금진, 이명희, 전혜인 역(2006). 장애인 가족지원[Families and teachers of individuals with disabilities]. O'Shea, D. J., O'Shea, L. J. Algozzine, R., & Hammitte, D. 저. 서울: 학지사. (원저는 2001년에 출판).

신현기 역(2008). 생의 주기별로 본 지적장애인[Intellectual Disabilities Accross the Lifespan]. Drew, C. J., & Hardman, M. L. 저. 서울: 시그마프레스. (원저는 2006년에 출판).

이소현(2008). 유아특수교육. 서울: 학지사.

이정현, 김성애, 박현옥, 이병인(2009). 장애영아 무상교육 지원모형 개발연구. 안산: 국립특수교육원.

최민숙(2003). 가족참여와 지원. 서울: 학지사.

허계형(2009). 장애영유아를 위한 진단 및 평가. 김경숙, 김미숙, 김성애, 김수진, 박숙영, 백유순, 이성봉, 조광순, 조윤경, 최민숙, 허계형. 유아특수교육개론(2판, pp. 83-105). 서울: 학지사.

Dodge, D. T., Heroman, C. (1999). *Building Your Baby's Brain, Teaching Strategies*. Washington, D.C.: Teaching Strategies.

Feuser, G. (1982). Integration: Die Gemeinsame Taetigkeit am gemeinsamen Gegenstaend/Produkt in Kooperation der behinderten und nichtbehinderten Menschen. *Behindertenpaedagogik, Zeitschrift, 21*, Jg., 2, 86-105.

Feuser, G. (1989). Allgemeine integrative Paedagogik und entwicklungslogische Didaktik, *BEHINDERTENPAEDAGOGIK, 28*, Jg., Heft 1, 4-48.

Merleau-Ponty, M., translated by C. Smith (1999). *Phenomenology of Perception*. London: Routhledge.

Turnbull, A., Turnbull, R., Erwin, E. J., Soodak, L. C., & Shogren, K. A. (2011). *Families, Professionals, and Exceptionality: Positive outcomes through partnerships and trust* (6th ed.). Upper Saddle River, NJ: PEARSON.

제**12**장

통합교육

1. 통합교육의 개념

　장애인의 통합은 장애인에게 평등권을 주고 장애를 극복하게 하며 일반인으로 하여
금 상호작용을 통하여 장애인에 대한 올바른 태도를 갖도록 한다. 따라서 통합은 장애인
의 삶의 질에 중요한 가치를 준다. 이러한 통합을 활성화하는 데 가장 강력하게 영향을
주는 요인은 바로 통합교육이다. 다음에서는 장애인에 대한 통합교육의 시작과 그 의미
에 대해 간략히 살펴보고자 한다.

1) 통합교육의 시작

　특수교육 분야에서의 통합교육은 선진 각국에서 지난 반세기 동안 많은 논쟁과 실천
적인 방법을 통해 지속적으로 발전되어 왔다. 특히 1950년 당시 덴마크에서 정신지체인
들을 대규모 시설에 수용하면서 이들이 성인이 되었을 때 단종수술(斷種手術)을 하거나
외출을 제한하는 등의 격리보호주의를 당연시하였다. 이러한 격리보호주의와 이에 따른
인권침해에 대해 정신지체인들에게 정상적인 생활을 하게 하려는 부모들의 비판으로부

터 이 문제를 해결하기 위한 탈시설화(deinstitutionalization) 운동이 일어났으며, 이는 곧 정상화(normalization) 운동으로 이어졌다(Biklen, 1985). 이 운동은 지난 몇 세기 동안 정신지체인들을 고통 속에 빠뜨려 온 격리보호주의에 대한 하나의 도전이었다.

이를 기점으로 유럽이나 미국 등 여러 나라에서 통합교육에 대한 주장이나 실천이 본격적으로 시작된 것은 대개 1960년대 이후이며, 1980년대에는 장애아교육의 세계화를 이루게 되었다. 이러한 정상화 사상을 배경으로 북유럽 여러 나라에서는 일찍부터 통합교육이 논의되어 정책에 반영되었다. 다만, 장애의 종류에 따라 구체적인 정책은 다른데, 예를 들면 스웨덴에서는 시각장애학생과 지체장애학생은 대부분 일반학교에 다니지만 청각장애학생이나 지적장애학생 교육은 오늘날까지도 청각장애학교나 지적장애학교가 그 역할을 하고 있다.

또한 서구의 여러 나라에서도 장애아 시설 수용에 대한 실태를 비판하면서, 그때까지 '교육 불가능'하다고 보았던 중증장애학생의 발달적인 변화도 확인되어 '교육 불가능한 학생은 없다.'는 생각이 확산되기 시작했다. 특수학교와 특수학급 학생의 사회계층적인 편견, 즉 사회적 불평등이나 격차가 이들 학생들에게 있었던 것은 제2차 세계대전 전부터 일부 관련자들에게 인식되어 왔지만, 1960년대가 되면서 공민권운동이나 이민정책 등과 함께 학교에 재적하고 있는 학생의 인종 및 민족적인 편견과 함께 차별에 대한 지적이 고조되었다.

이러한 배경에서 나아가 '장애인권리선언'(1975년)이나 '세계장애인의 해'(1981년) 이후와 맞물려 뒷받침되면서 20세기의 마지막 4반세기에는 세계 각국에서 장애아교육의 개혁이 일어났다. 그리고 특수학교와 특수학급의 교육 대상이 되었던 시각장애, 청각장애, 지체장애, 지적장애 등 전통적인 장애 영역과 함께 자폐증, 학습장애 등의 새로운 장애나 의학적·심리적 진단이 수반되지 않은 혹은 장애와는 다른 요인에 의한 학습곤란, 행동문제를 수반한 학생의 문제가 부각되었다.

이에 장애 범주를 초월하여 '독특한 교육적 요구'라는 개념이 1978년 영국의 워녹 보고서(Warnock Report)에 제기되면서 이 용어가 다른 나라에서도 채택되어 확산되었다. 또한 장애가 있는 학생에 한하지 않을 뿐만 아니라 특별한 장소에도 한하지 않고 폭넓게 독특한 교육적 요구에 대한 교육적인 정책을 실시하는 특별한 요구 교육의 이념과 원칙이 1994년 스페인의 살라망카선언(The Salamanca Statement)에서 채택되었다.

특히 미국에서는 「전장애아교육법」(1975)이 대표적으로 그때까지 공교육에서 배제되어 왔던 장애의 비교적 중증장애학생에게도 학교교육이 보장되게 하는 한편 능력주의적인 선별을 시정하고 될 수 있는 한 보통교육 환경을 보장하도록 하는 통합교육(미국에서는 mainstream이라고 함)을 향상시키는 것을 목표로 했다. 이는 장애학생을 배치할 경우, 제한이 되는 경우를 최소화하여야 한다는 최소 제한 환경(Least Restrictive Environment: LRE)이란 개념을 법에 명시함으로써 실질적인 통합교육의 개념을 확립시켰다고 할 수 있는데, 이것이 주류화(mainstream)의 원리다.

따라서 1980년대에는 최소로 제한된 환경이 특수교육대상학생들을 배치하려는 요구에서 주류화 교육 모델이 사용되기 시작했는데, 이는 일반학교에 배치된 특수교육대상학생들이 일반학생들과 함께 교수·사회적 활동을 하는 것이었다. 그러나 이들을 배치하는 과정에서 일반교육 환경에 필요한 지원 없이 배치하는 것만을 연상하기 때문에 이 용어 사용을 꺼리기도 했으며(Kasser & Lytle, 2005), 주류화 교육에서의 이중교육 제도가 갖고 있던 행정적·경제적 비효율성을 극복하기 위한 정책으로 일반교육 주도의 특수교육(Regular Education Initiative: REI)이 도입되었다. 이것은 특수교육을 일반교육에 편입시켜 일반교육 주도로 특수교육을 하려는 의도에서 출발하였다.

하지만 실제로는 특수교육대상학생을 일반학교에 물리적으로 배치하는 데 그치는 경우가 많았다. 이러한 문제점을 해결하기 위해 특수교육대상학생과 일반학생 모두를 가르치기 위한 새로운 방법, 기술 및 전략을 포함하는 통합교육(inclusion) 개념이 도입되었는데, 이것은 특수교육대상학생이 일반학교의 일반교육과정의 일원이 되는 것을 의미한다(Halversion & Neary, 2001).

따라서 1960년대의 분리교육에서 더 이상 교육적 효과가 있을 수 없다는 비판에 의해 생겨난 정상화운동으로부터 주류화교육 그리고 일반교육 주도의 통합교육까지 패러다임이 변화되어 왔다. 이와 같이 통합교육의 시작에서 오늘날에 이르기까지의 노력은 국가가 아닌 특수교육대상학생의 학부모 단체와 전문가들에 의해 주도적으로 이루어져 왔다.

2) 통합교육의 의미

통합교육이란 용어와 철학은 1990년 전후부터 미국과 캐나다를 중심으로 확산되기 시작하였다. 특히 1994년 교육에 관심을 가진 88개 국가와 25개 국제조직의 대표자가 유네스코와 스페인 정부 주최로 스페인의 살라망카에서 회의를 개최하였다. 여기에서 국제적으로 학교의 통합교육 문제가 제기되면서 특별요구교육 혹은 특별지원교육(special needs education)에 관한 원칙, 정책, 실천 등에 대한 살라망카선언(UNESCO, 1994)이 작성되었다. 특히 1990년대 후반부터는 다만 통합이라는 용어나 개념이 병행하여 사용되는 상태였으며 오늘날에는 integration(통합교육)에서 inclusion(포함교육)이라는 용어로 많은 문헌에서 표현되고 있으나 기본적으로 두 용어 모두 구분하여 사용되고 있다.

따라서 integration이나 inclusion의 목적과 목표는 동일하다. 즉, 두 용어가 지닌 개념은 최종적으로 통합된 삶이나 공동체적 삶 또는 공동체 사회를 실현하고자 하는 것이다. 따라서 교육환경에서 적용되는 이 용어들은 '학습공동체' '교육공동체' 등의 의미를 갖는다. 그러나 과정 측면에서 보면 integration은 '선 분리 후 통합'을 지향하며, 이와 같은 맥락에서 사용된 용어들로는 mainstream, least restrictive environment, regular education initiative 등이 있다. 또한 inclusion은 '선 장애인 포함교육 시작 후 필요에 따라 분리'라는 방향을 취하고 있고, 그 기본 전제는 '비분리 후 필요에 따른 분리(no separation → pull out program)'라는 관점이다. 그러므로 inclusion과 full inclusion을 함께 완전통합으로 사용하는 데는 한계가 있다. 이 용어가 지니는 근본적인 의미를 그림으로 나타내면 [그림 12-1]과 같다(한국통합교육학회 편, 2012).

그러면 포함교육은 무엇이며 통합교육과는 어떻게 다른가? 포함교육에 대해서는 국제적으로도 뚜렷한 공통적인 이해를 같이하고 있지 않아, 사실 다양한 포함교육론이 난립하고 있는 실정이다. 특히 특수학교나 특수학급을 전면 부정하는 full inclusion 입장

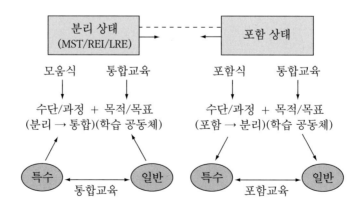

[그림 12-1] 통합교육과 포함교육의 의미 비교도

과 다양한 형태의 서비스나 보호의 필요를 지지하는 입장의 차이는 통합교육의 시작 때
부터 지금까지 기본적으로 변화가 없다. 그러나 최근 유럽과 미국의 문헌에서는 그러한
입장의 차이가 있는데도 불구하고 통합교육과 포함교육은 차이가 있다는 경향이 지배
적이다.

　유네스코의 정의 등을 참고하면, 통합교육은 장애학생을 대상으로 일반교육 안에서
특별한 교육을 실시하는 것이며, 포함교육은 학교에서 배제된, 즉 두려움이 있는 학생에
게 초점을 두면서 다양한 요구를 가진 모든 학생을 대상으로 하고 있다. 통합교육은 실
제로 장애학생을 일반학급에 단순히 투입한 경우도 있지만, 유럽과 미국 등 여러 나라의
현실적인 정책은 일반교육을 따라갈 정도로 완전통합, 부분통합 및 교류교육과 같은 형
태로 분류하고 있다. 그러나 일반교육의 상태가 근본적으로 개선되지 않기 때문에 결과
적으로 장애학생의 일반교육으로의 '동화'를 강요하게 되며, 독특한 요구나 정체성을
경시하거나 무시하는 경향이 있었다는 것을 많은 논쟁에서 볼 수 있다(荒川, 2008).

　통합교육은 학생이 학교에 적응하는 것을 요구하는 데 비해, 포함교육은 학교가 학생
에게 적응하는 것을 목표로 한다는 논쟁도 있다. 즉, 포함교육은 '분리냐, 통합이냐'라는
범주로 무언가 결정된 형태를 논하는 것이 아니라 특정의 개인이나 집단을 배제시키지
않고 학습활동의 참가를 평등하게 보장하는 것을 목표로 하여, 학교교육 전체 개혁의 프
로세스가 되는 것이다. 이에, 荒川(2008)가 통합교육과 포함교육에 대한 대비를 간단히
제시한 내용은 〈표 12-1〉과 같다.

표 12-1 　**통합교육과 포함교육의 대비**

	통합교육	포함교육
대상	장애학생	학교에서 배제된 학생에게 초점을 두고 다양한 요구를 갖는 모든 학생
목적	가능한 한 분리하지 않고 일반교육 환경에서 특수교육 실시한다.	학교교육 전체의 개혁(교육과정이나 지도법, 학급 조직 등의 다양화), 다양성의 존중과 특별(고유)한 요구에 대응한다.
정책	일반학급에 배치 내지는 일반교육에 따를 정도에 따라 분류한다.	특별한 요구를 가진 학생을 포함, 모든 학생의 다양한 요구를 고려하여 학습활동에 참가를 보장한다.

2. 통합교육의 발달과정

특수교육은 역사적으로 분리교육에서 통합교육으로 발전하기 시작했다. 특수교육에서의 분리교육은 장애영역별 특수학교와 특수학급으로 대별할 수 있다. 초기의 특수학급은 특수교육의 분리교육보다 일반학생과 가까운 장소에서 보편적 교육을 제공하는 가장 훌륭한 교육 수단으로 보았다. 이를 시작으로 특수교육의 패러다임은 분리교육에서 특수교육대상학생을 포함한 모든 학생의 교육적 요구에 적합한 교육을 제공하는 통합교육으로 이동되고 있다. 이에 선진국 가운데 특수교육의 선두 주자인 미국과 우리나라의 통합교육의 발달(임안수, 2003)에 대해 살펴보고자 한다.

1) 미국 통합교육의 발달

1960년대 이전에도 특수학급에 관한 연구가 있었다(Shattuck, 1946). 이는 장애영역별로 양성된 교사를 배치하여 장애학생들에게 개별화교육을 실시하고 사회적·직업적 교육과정에 강조점을 둘 수 있는 등의 장점을 가지고 있었기 때문이다. 그러나 특수학급의 폐지를 요구하는 많은 논문이 원동력이 되어(Christopolos & Rezn, 1969), 1960년대의 강한 반분리교육 정서에 도화선이 되었다. 따라서 장애학생을 가르치는 교수-학습방법보다 특수교육 자체의 분리된 성격에 초점을 두고 개혁하는 데 관심을 갖게 되었다(Semmel, Gerber, & MacMillan, 1994).

분리교육 위주로 장애학생을 교육하던 환경으로부터 통합교육을 중심으로 특수교육을 개혁한 것은 1975년 「전장애아교육법」이다. 이 법에는 통합교육이란 용어를 사용하지 않고, 대신에 최소 제한 환경(Least Restrictive Environment: LRE)이란 용어를 사용했다. 이 법에는 최소 제한 환경에서 장애학생의 독특한 요구를 충족시키기 위하여 적합한 최대의 범위까지 장애학생을 일반학생과 함께 교육하도록 규정하고 있다. 이것이 통합교육인 주류화다. 많은 학자가 이 주류화를 조작적으로 정의하는 데 다소 어려움을 겪고 있다(Kauffman, Agard, & Semmel, 1986).

1970년대의 장애학생 특수학급 배치나 1980년대의 자료실 배치에 대한 비판과 함께 장애학생을 일반교육 프로그램에 포함시키려는 계속적인 노력이 일반교육 주도의 통합교육 운동이었다. 이는 일반교육과 특수교육을 하나의 교육체계로 통합함으로써 교육적인 개혁을 시도하겠다는 주장으로, 장애학생을 포함한 모든 학생의 요구를 충족하기 위해서는 현재의 일반교육과 특수교육의 이중교육 구조를 폐지하고 하나의 교육체제로 통합해야 한다는 것이다(Smith, Polloway, Patton, & Dowdy, 2004). 그러나 이에 대한 찬반논쟁이 있는데, 이는 특수교육대상학생이 일반학교에서 적절한 교육을 받지 못하는 것은 이들의 교육적 요구에 상응하는 교육을 실시하지 못했기 때문에 학교교육이 적극적으로 변화해야 한다는 것이다.

이에 대한 통합교육의 또 하나의 운동은 'inclusion'이다. 이는 장애나 능력과는 관계없이 모든 학생의 교육적 요구를 충족시키기 위해 특수교육과 일반교육을 통합된 체제로 합병하는 것이다. 또한 모든 학생은 장애와 관계없이 일반학급에서 교육하고 필요할 경우 특별한 지원을 하는데, 이것을 'full inclusion'이라고 한다. 따라서 'inclusion'이란 일반학급에서 장애학생과 일반학생이 함께 교육받는 학습 공동체(learning community)를 설치함으로써 모든 학생의 요구를 충족시키는 학교를 창조하려는 운동이다(Ferguson, 1996).

미국에서 통합교육은 이제 특수교육의 규준이 되었고, 이를 위해 특수교육과 일반교육을 재구조화하여 통합하는 데 목표를 두고 있다. 이와 함께 약 95%의 장애학생이 일반교육 장면에서 많은 시간을 보내고 있으며(Heumann, 1997), 통합교육은 큰 흐름으로 특수교육을 주도하고 있다.

2) 우리나라 통합교육의 발달

우리나라에서 처음으로 특수교육을 시작한 사람은 미국 감리교 선교사였던 Rossetta Sherwood Hall 여사인데, 1898년 맹여학생 오봉래에게 교육을 시작했다. 그리고 1903년에는 평양 서문밖 대찰리에 있는 정진소학교(일반초등학교)에 자료실(resource room)을 설치하고 통합교육을 실시했다. 이것은 현대적 의미에서 볼 때에도 훌륭한 통합교육이었고 동양에서 최초로 통합교육을 실시한 것이다. 이때 Hall 여사는 정진소학교 정문 앞에 기숙사를 마련하고 맹여학생들에게 숙식을 제공하면서 모두 정진소학교에 다니도록 했고, 이들에게 특수교육적 요구를 돕는 교사를 임용하여 점자는 물론 따라가지 못하는 과목을 지도하도록 했다(문교부, 1981). 이 학교는 그 후에도 통합교육의 형태를 계속 유지

했다.

　그리고 청주맹학교 초대 교장이었던 Mary Hill은 평양에서 통합교육을 받았던 맹여교사 양정신과 함께 맹학교를 설립하고 초등교육을 시작했다. 1955년 청주맹학교를 졸업한 여학생을 이웃 청주신라여자중학교에 입학시키고, 남학생은 청주사범학교 병설 중학교에 입학시켰다. 또한 신라여자중학교를 졸업한 여학생들은 선교사가 운영하는 전주기전여자고등학교에 입학시켰고, 병설 중학교를 졸업한 남학생은 경주문화고등학교에 입학시켜 통합교육을 실시하였다. 그러나 1960년대 중반 3대 교장이었던 도민희 선교사가 은퇴하여 미국으로 돌아간 후, 한국인이 교장이 되면서 통합교육의 성공적인 선례만을 남긴 채 중단되고 말았다(임안수, 2010).

　1969년 서울월계국민학교에서 최초의 저시력학급이 설치되어 자료실 형태로 운영되었다. 저시력학생들은 일반학급에서 정안학생들과 함께하면서 특수한 과목만을 저시력학급에서 수업했다. 당시 학생수는 1학년 4명, 3학년 4명 등 모두 8명이었으며, 입학 자격은 교정시력 0.1~0.3으로 묵자(墨字)학습이 가능한 학생들이었다. 그러나 저시력 학급에 정부의 행정적·재정적 지원이 없었고, 시각장애 전문교사가 없었으며, 통합교육에 대한 인식부족 등으로 1회 졸업생만을 배출한 후, 1975년 폐지되었다(임안수, 2010).

　1971년 대구칠성국민학교에 특수학급이 설치된 것을 시작으로 많은 특수학급이 설치되었으나 특수학급은 통합교육기관이 아니기 때문에 통합교육에는 큰 진전이 없었다. 그러한 가운데, 1977년 12월 31일 법률 제3053호로 제정·공포된 「특수교육진흥법」은 당시 우리나라 장애인 교육을 공적으로 보장할 수 있게 하는 데 크게 기여했다. 이 법이 제정되면서 전국 시·도에 공립특수학교 및 특수학급이 본격적으로 신설·증설되는 등 특수교육 발전의 기틀이 마련되기 시작했다.

　그 후 「특수교육진흥법」은 9차례의 개정이 이루어졌으며, 이 중 1994년 전면 개정에서는 통합교육 및 개별화교육 등 새로운 교육사조의 도입, 장애학생의 적절한 선정·배치 등 절차적 권리 강화를 위한 특수교육운영위원회의 도입 등 획기적인 조치를 포함하게 되었다(김원경, 이석진, 김은주, 권택환, 2010). 그러나 단지 통합교육을 실시할 수 있는 법적 근거를 마련하였으나 통합교육에 관한 규정이 너무 단순하고 개념이 정립되지 않았으며 구체적인 실천방법에 관한 조항이 없기 때문에 큰 발전을 보지 못했다.

　2007년 5월 25일 법률 제8483호 제정된 「장애인 등에 대한 특수교육법」 제21조 통합교육에는 같은 법 제17조의 특수교육대상자를 배치할 때는 이들의 장애 정도·능력·보호자의 의견 등을 종합적으로 판단하여 거주지에서 가장 가까운 곳에 배치하여야 하며, 이에 따라 이들을 배치받은 일반학교의 장은 교육과정의 조정, 보조 인력의 지원, 학습 보조기기의 지원, 교원연수 등을 포함한 통합교육계획을 수립·시행하여야 하고, 기준에 따라 특수학급을 설치·운영하며, 시설·설비 및 교재·교구를 갖추도록 명시하고 있다. 이를 볼 때, 법적으로는 명실공히 통합교육의 기본적인 가치와 철학을 바탕으로 하고 있다고 볼 수 있다.

특수교육 연차보고서(교육부, 2015)에 따르면, 2015년 9월 현재 우리나라 전체 특수교육대상학생 총 88,067명 중, 특수학급에 재학 중인 유·초·중·고·전공과 학생은 모두 46,351명으로 전체 학생의 52.6%이며, 일반학급에서 특수교육을 받고 있는 유·초·중·고등학생은 15,622명으로 전체 학생의 17.7%다. 따라서 특수교육대상학생이 일반학교에서 특수교육을 받고 있는 학생은 전체 학생의 70.3%로 해마다 학생 수가 점차 증가하고 있는 실정이다.

3. 통합교육의 법적 규정

통합교육은 유럽이나 미국 등 선진국에서 장애아동의 인권을 법적으로나 윤리적으로 크게 신장시켜 왔다. 특히 미국에서는 1975년 「전장애아교육법」(PL 94-142)을 제정하여 통합교육을 의무화하였고, 1990년 「미국장애인교육법」과 1997년에 개정된 「미국장애인교육법」(PL 105-17)에서 통합교육이 더욱 강화되었다. 우리나라에서도 1994년 「특수교육진흥법」에 이어, 2007년 제정된 「장애인 등에 대한 특수교육법」에 통합교육을 할 수 있도록 조항을 신설하였다. 이에 통합교육에 대한 미국과 우리나라의 관련법에 근거한 내용들을 살펴보고자 한다.

1) 미국의 법적 규정

미국장애인교육법과 그 법령에는 통합교육이란 용어, 즉 mainstreaming, integration, inclusion을 사용하지 않고 '최소 제한 환경(LRE)'이란 용어를 사용한다. 이 최소 제한 환경의 개념이 다소 모호하기 때문에 미국 교육부는 이에 관하여 장애학생이 일반학급에서 만족스럽게 교육받을 수 있다고 개별화교육프로그램(Individualized Education Program: IEP)팀이 결정하면 그 배치는 그 학생의 LRE(통합교육)이라고 정의했다(Heumann, 1997). 따라서 LRE는 사실상 통합교육을 의미하며, 이 LRE가 특정 환경을 의미하는 것이 아니라 학교가 장애학생의 통합을 보장하는 하나의 방법이라고 했다(Yell, 1998). 그러므로 여기서는 IDEA 1997과 그 법령에 나타난 '최소 제한 환경(통합교육)'에 관한 내용을 살펴보기로 한다(임안수, 2003).

법령 300.550조에서는 각 주정부는 LRE의 규정을 충족시키기 위해 효과적인 정책과 절차를 갖고 있다는 점을 교육부장관이 만족할 수 있는 수준까지 입증해야 한다고 규정하고 있다. 이는 각 교육청이 통합교육을 하기 위한 정책과 절차를 정하되, 교육부장관이 만족할 수 있는 수준까지 입증하도록 한 것은 통합교육을 할 수 있는 기반을 조성하도록 하는 강력한 규정이다.

법령 300.551조에서는 일반학급에서 만족한 교육을 받을 수 없을 경우에 계속해서 대안적인 배치를 할 수 있도록 규정하고 있다. 즉, 교육청은 장애학생의 특수교육과 관련 서비스, 즉 장애학생의 조기발견 및 평가, 물리치료와 작업치료 서비스 등의 요구를 충족시키기 위해 일반학급, 특수학급, 특수학교에서의 교육, 가정에서의 교육, 병원이나 시설에서의 교육을 할 수 있도록 하고 있다.

법령 300.552조에서는 장애학생을 교육기관에 배치할 때, 교육청은 부모와 학생, 평가 자료의 의미와 배치 선택에 풍부한 지식을 가진 전문가로 구성된 IEP팀이 주로 결정하고 LRE와 일치하는 방향에서 결정하며, 이러한 배치는 최소한 매년 결정하여 학생의 IEP에 기초를 두고 가능한 한 학생의 거주지에서 가까운 학교에 다니도록 배치한다고 규정하고 있다.

법령 300.553조는 비학업적 장면에 관한 규정인데, 식사시간, 쉬는 시간 및 서비스를 포함한 비학업적 및 특별활동을 제공하거나 마련할 때, 각 교육청은 그 학생의 요구에 따라 적합한 최대의 범위까지 그러한 활동과 서비스에 일반학생과 함께 참여하도록 한다고 규정하고 있다.

법령 300.554조는 공립 또는 사립 학교의 학생에 관한 조항으로, 주교육부는 필요할 경우 공사립기관에 효과적으로 LRE를 실시하도록 보장한다고 규정하고 있다. 이 규정은 공사립학교는 물론 병원시설 등에서도 LRE를 강조한다.

법령 300.555조는 통합교육의 기술적 지원과 훈련활동에 관한 규정인데, 각 주교육부는 모든 공교육기관의 교사와 행정가에게 그들의 통합교육을 실시할 책임에 관하여 충분히 알리고 이러한 노력으로 학생들을 돕는 데 필요한 기술적 지원과 훈련을 제공하기 위해 그에 관한 활동을 한다고 규정하고 있다.

법령 300.556조에서는 장학활동으로 각 주교육부는 교육청이 통합교육을 실시하도록 보장하기 위해 활동을 실시한다고 규정하고 있다. 교육청이 통합교육과 일치하지 않는 배치를 하고 있다는 증거가 있을 경우, 주교육부는 그 조치에 대한 교육청의 정당성 여부를 검토하고 필요한 교정 조치를 계획하여 시행하도록 돕는다고 규정하고 있다.

이러한 법령과 함께 비록 통합교육이 아닌 특수학급이나 특수학교도 적합한 최대의 범위까지 장애학생을 일반학생과 함께 교육하도록 의무화하고 있기 때문에 통합교육과 분리교육을 구분하는 정확한 규정은 없다. 따라서 높은 수준의 통합교육은 일반교육 배치를 장애학생이 일반학급 밖에서 0~20%의 특수교육과 관련서비스를 받는 것으로 정의했다. 그리고 다음 단계의 통합교육은 자료실교육으로 학생이 일반교육 장면 밖에서 21~60%의 특수교육과 관련서비스를 받는 것으로 분리교육으로 간주된다(US Department of Education, 1997). 즉, 장애학생이 자료실에서 지원받으면서 일반학급에서 일반학생과 교육받는 시간이 40% 이상이 되어야 통합교육으로 본다는 것이다.

2) 우리나라의 법적 규정

우리나라에서 통합교육과 관련된 법적 근거는 「교육기본법」 「유아교육법」 「초·중등교육법」 「장애인 등에 대한 특수교육법」 등에서 볼 수 있다. 그러나 「장애인 등에 대한 특수교육법」을 제외하고는 통합교육의 제도적 지원을 구안할 실제적 근거가 없어 이 법 중, 몇몇 조항을 중심으로 통합교육 지원의 가능성 여부에 대해 살펴보고자 한다.

우리나라 「초·중등교육법」 제59조(통합교육)에는 "국가와 지방자치단체는 특수교육이 필요한 사람이 초등학교·중학교 및 고등학교와 이에 준하는 각종학교에서 교육을 받으려는 경우에는 따로 입학절차, 교육과정 등을 마련하는 등 통합교육을 하는 데에 필요한 시책을 마련하여야 한다."로 되어 있다. 이 규정은 우리나라 초·중등학교에서 통합교육을 할 수 있도록 한 것으로 의미 있는 중요한 규정이다.

그리고 「장애인 등에 대한 특수교육법」 제2조 제1호에는 '특수교육'이란 특수교육대상자의 교육적 요구를 충족시키기 위하여 특성에 적합한 교육과정 및 제2호에 따른 특수교육 관련서비스 제공을 통하여 이루어지는 교육을 말한다고 규정되어 있다. 그러나 '적합한 교육과정'이 일반학생이 사용하는 공통교육과정인지 아니면 장애학생을 위한 통합교육과정을 개발해야 하는지에 대한 문제가 있고, '특수교육 관련서비스 제공'에 대해서는 누가, 어떠한 지원을 어떻게 해야 하는 지에 대한 방법론적 제시가 되어 있지 않다.

같은 법 제2조 제6호에는 '통합교육'이란 특수교육대상자가 일반학교에서 장애 유형·장애 정도에 따라 차별을 받지 아니하고 또래와 함께 개개인의 교육적 요구에 적합한 교육을 받는 것을 말한다고 규정되어 있다. 이는 장애학생이 일반학교에서 교육하는 것과 교육 시간 기준이 없기 때문에 장애학생을 한 달에 한 시간만 일반교육과정에 참여시켜도 이것이 통합교육이 될 수 있으며, 특수학급의 경우 장애의 유형과 장애의 정도 및 능력에 따른 교육과정 운영과 관련 서비스를 적절하게 제공하지 못하고 있기 때문에 선진국의 통합교육과 비교해 볼 때 많은 문제점이 있다.

같은 법 제2조 제11호에는 '특수학급'이란 특수교육대상자의 통합교육을 실시하기 위하여 일반학교에 설치된 학급을 말한다고 규정되어 있다. 이는 '통합교육을 실시하기 위하여'란 말 때문에 특수학급에서 이루어지는 교육을 통합교육으로 잘못 해석하기 쉬운데, 이처럼 우리나라에서는 특수학급을 통합교육의 일환으로 보고 있다. 그러나 선진 외국에서도 마찬가지이지만, 특수학급은 분명히 통합과는 다른 분리된 교육이며 특수교육이다.

같은 법 제4조의 '차별금지'에는 각급학교의 장 또는 대학의 장은 특수교육대상자가 그 학교에 입학하고자 하는 경우에는 그가 지닌 장애를 이유로 입학의 지원을 거부하거나 입학전형 합격자의 입학을 거부하는 등 교육기회에 있어서 차별을 하여서는 아니 된다고 규정되어 있으며, 각 호에는 특수교육 관련서비스 제공, 수업과 교내외 활동 참여, 개별화교육지원팀에의 참여 등 보호자 참여, 대학의 입학전형 과정에서의 차별은 안 된다고 규정되어 있다.

이는 장애학생이 일반학교에 배치되어 일반학생들과 수업에서 적절한 교육지원을 받을 수 있게 됨으로써 자연히 통합교육이 이루어질 수 있다고 생각할 수 있다. 그러나 통합교육을 이루기 위해서는 이러한 차별금지 조항과 함께 통합교육의 제반 조건이 가능하도록 관련서비스 제공이나 개별화교육지원팀에의 참여 등 실시에 대한 강력한 조항이 필요하다. 실제 일반교육현장에서는 여건상 각 장애학생의 요구에 적합한 개별화교육과정을 편성하여 운영하고 있지 않기 때문에 이 조항의 내용으로는 단순히 입학 허가나 수업 참여 및 교내 활동 배제 금지를 언급하는 것으로는 통합교육이 이루어지게 하기에 미약하다.

같은 법 시행령 제5조 '교원의 자질 향상'의 1항에는 "교육부장관 및 교육감은 통합교육에 대한 이해를 높이기 위하여 일반학교의 교원에게 연수를 받게 하는 경우 특수교육에 관한 내용을 포함하여야 한다."로 규정되어 있다. 그러나 일반학교 교원에게 실시하는 연수의 대부분은 특수교육의 일반분야나 정신지체영역이며, 각 장애의 유형과 정도별로 적합한 교육을 할 수 있는 연수를 하지는 못하고 있다.

4. 통합교육의 모델

통합교육의 철학이 특수교육의 이념으로 수용되고 그 필요성이 인정되더라도 그 실행은 어렵고 복잡한 과정으로서 다양한 요인이 복합적으로 작용하기 때문에 한 가지 조건의 충족으로 그 성과를 기대하기 어렵다. 통합교육의 여러 가지 성공 요인 중, 가장 중요한 것은 일반교사와 특수교사가 모든 학생에 대한 책무성을 공유하고 강화하는 것이다. 따라서 통합교육에서 일반교사와 특수교사의 책무성이 공유되고 강화될 수 있도록하기 위해서는 특수교육과 일반교육을 통합하는 체계의 중재 모델과 배치 유형이 개발·실행되어야 한다.

1) 통합교육의 중재 모델

통합교육은 특수교육대상학생의 교육적 필요에 따라 다양한 형태로 실시되는데, 우선 기관 간에 실시되는 통합으로 일반학교와 특수학교의 학교 간 통합과 학교 내 통합 등이 있다. 학교 간의 통합은 특수학교의 학생들이 일부 교과나 각종 행사 및 활동을 일반학생과 함께하는 것이고, 학교 내 통합은 일반학교 내의 특수교육대상학생들이 일반학생들과 함께 교육하는 것을 말한다. 이에 통합 수준에 따른 포함식 통합교육의 중재모델의 유형 및 특징(Dover, 1994)을 제시하면 〈표 12-2〉와 같다.

표 12-2 포함식 통합교육의 모델 유형 및 특징

유형	특징
전일제 특별학급 모델 (self-contained model)	특수교육대상학생은 모든 학교생활을 특수학급이나 학습도움실에서 보낸다.
메인스트림 모델 (mainstream model)	특수교육대상학생은 학습 및 행동 면에서 수용될 수 있는 범위 내에서 일반학급 활동에 참여한다.
비학업적 모델 (nonacademic model)	특수교육대상학생은 미술, 음악, 체육 및 가정생활 등 일부 과목에 한하여 일반학급에 참여한다.
차출(특별학습지원) 모델 (pull-out model)	특수교사가 필요에 따라 일반학급 밖에서 특수교육대상학생을 일대일로 지도하고 지원한다.
홈 클래스 모델 (home class model)	특수교육대상학생이 일반학급의 활동에 참여한다.
사회적 메인스트림 모델 (social mainstream model)	특수교육대상학생은 일반 또래들과 적절히 어울려 일반학급 수업활동에 참여한다.
지원교수 모델 (supported instruction model)	특수교육대상학생은 일반학급의 수업 중에서 특수교육 지원 서비스를 받는다.
협동적 모델 (collaborative model)	특수교사와 일반교사가 특수교육대상학생의 요구를 충족시키기 위해 함께 활동하고 문제를 해결한다.
완전포함 모델 (full inclusive model)	특수교육대상학생은 모든 학교생활을 일반학급에서 보내며, 특수교사는 일반교사에게 상담 서비스만을 제공한다.

2) 통합교육의 배치 유형

장애학생을 물리적으로 통합하는 선행 조건은 교육과정에서의 평등을 이루는 것이다. 그러나 이러한 기회의 평등을 교육에서 실제적으로 보장받기 위해서는 최소로 제한된 환경에서 통합교육 환경이 마련되어야 한다. 특히 장애학생을 일반교육 환경에 배치하는 것이 우선이 아니라 교육환경에 배치할 때, 반드시 그에 따른 필요한 관련 서비스를 제공해야 한다. 이를 기본으로 학생의 장애 정도와 특성에 따라 연계적 배치 체계의 유형별 특징(권요한 외, 2015)을 제시하면 〈표 12-3〉과 같다.

표 12-3 | **연계적 배치 체계의 유형별 특징**

유형	특징
일반학급	모든 교육적 배치에서 최소 제한 환경이다. 장애학생이 일반학급에서 학교생활의 전부를 보내며 교사나 학생 모두 직접적으로 특별한 서비스를 제공받지 않는다. 즉, 일반교사가 적절한 교수방법과 학습 도구 및 자료 등을 활용하여 장애학생에게 필요한 서비스를 제공한다. 그러나 청각장애학생에게 보청기를 제공하는 등의 간접적 서비스가 제공되기도 한다.
일반학급 (협력적 자문, 협력교수 포함)	장애학생은 일반학급에서 학교생활 전부를 보낸다. 그러나 일반교사는 특수교사나 다른 전문가로부터 필요한 자문을 받는다. 즉, 특수교사가 일반교사를 교육하거나 필요한 교육방법 등에 대해 자문한다. 혹은 일반교사와 특수교사가 함께 교수할 수 있으며, 이때 특수교사는 장애학생을 중점적으로 지도한다.
일반학급 (순회서비스 포함)	특수교사가 일반학급을 순회하며 장애학생이나 일반교사에게 필요한 서비스를 제공한다. 즉, 순회교사는 규칙적인 일정에 따라 학급을 방문하여 장애학생을 개인적으로나 소집단 형태로 지도한다. 아울러 일반교사에게 교수법이나 특별한 문제 해결을 위한 자문을 하기도 한다.
자료실 혹은 도움학급	자료실 교사가 일반학급에 소속된 장애학생이나 교사에게 필요한 서비스를 제공한다. 자료실은 특별한 자료와 도구들을 갖추고 있으며 장애학생이 매일 일정한 시간에 특별수업을 받기 위해 이동하는 교실이다. 자료실 교사는 개별적으로나 소집단 형태로 장애학생을 교육하기도 하고 일반학급 교사에게 장애학생 교수법이나 문제행동 다루기 등에 대해 자문하기도 한다.
특수학급	일반학교에 설치된 학급으로서 특수교사가 보조교사의 도움을 받으며 배치된 장애학생을 교육한다. 이 학급에 배치된 학생들은 학교생활 전부나 대부분의 시간을 여기에서 보내거나 일부 시간, 즉 음악이나 체육 혹은 다른 적절한 활동에서 일반학생들과 통합하는 시간을 갖기도 한다.
특수학교	일반학교에 배치되면 혜택을 볼 수 없는 장애학생, 즉 주로 중증장애학생들이 배치된다. 이 배치 유형은 특별한 서비스가 집중적으로 제공되어야 하는 유형의 학생들에게 적절하며, 필요로 하는 특수교육서비스가 하루 종일 제공된다.
가정, 병원	주로 건강장애나 지체장애 혹은 정서·행동장애 학생들 중, 병원이나 가정에서 교육받는 방법 외의 대안이 없을 경우 사용되는 유형이다. 그러나 배치 기간은 단기간이어야 한다. 교사가 학생을 방문하여 교재 등을 제공하고 지도한다.
기숙제 학교	교육적 배치에서 가장 제한된 환경이다. 즉, 장애학생을 가정이나 지역사회로부터 분리된 환경에서 하루 종일 보살핀다. 주로 덜 제한적인 특수교육 상황에서는 제공될 수 없는 집중적인 서비스를 필요로 하는 중증 행동장애나 최중도지적장애, 중복장애학생들을 대상으로 일상생활 기술 등을 포함하는 교육적 서비스 및 의료적 서비스가 제공된다.

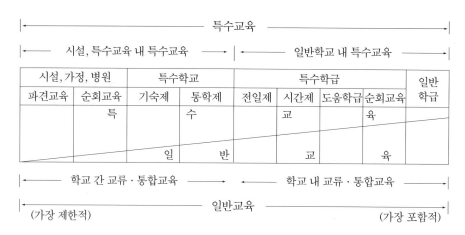

[그림 12-2] 특수교육서비스 전달체제의 연속성

지금까지 검토된 통합교육 모델과 우리나라 「장애인 등에 대한 특수교육법」의 통합교육 관련 규정 등을 종합해 볼 때, 특수교육서비스 전달체제의 연속성은 [그림 12-2]와 같이 제시될 수 있다(한국통합교육학회 편, 2012).

[그림 12-2]의 윗부분은 분리된 환경 내에서 이루어지는 특수교육과 일반교육 내에서 이루어지는 특수교육으로 구분된다. 대각선 윗부분은 특수교육의 서비스 양으로, 분리 상황에서 통합환경으로 이행할수록 점진적으로 줄어든다. 반면, 그림의 하단은 학교 간 교류·통합교육과 학교 내 교류·통합교육으로 구분된다. 대각선 하단은 가장 분리된 환경에서 가장 통합된 환경으로 이행할수록 일반교육의 양이 증가함을 의미한다.

따라서 대각선을 중심으로 상하로 구분되는 특수교육과 일반교육 간의 교류와 통합은 교육과정의 조정을 통한 상호작용 내지 교류를 통해 주어진 환경 내에서 통합교육을 극대화시킬 때 통합교육의 성과를 얻을 수 있을 것이다.

5. 통합교육의 교수전략

장애학생이 일반학급에서 지내는 시간이 점차 증가함에 따라 일반교사와 특수교사는 장애학생을 지도하는 데 적절한 교수-학습 프로그램의 구안에 대해 서로 협력해서 지도할 필요성을 인식하게 되었다. 통합교육의 다양한 교수전략 중에서도 특히 협력교수 유형은 다른 유형에 비해 폭넓은 지지를 받아 왔다. 협력교수는 지도교사의 적절한 교수활동 역할 부여로 특수교육을 필요로 하는 학생이 통합된 일반학급에서 직접적인 관련 서비스를 제공해 줄 수 있는 교수전략이다.

1) 협력교수의 의의

협력교수(co-teaching)는 두 명 이상의 교사가 동일 집단의 학생들을 지도하기 위해 교수-학습 계획과 평가 등 일련의 과정을 함께 책임지는 교수형태다. 일반교사는 일반학생만을, 특수교사는 특수교육대상학생만을 구분하여 지도하고 책임지는 것이 아니라 협력교수에 참여한 교사 모두가 그 학급의 모든 학생을 교육의 대상으로 한다. 따라서 이들 학생을 효과적으로 협력하여 지도하기 위해서 협력교사는 지금까지 쌓아 왔던 교육적 경험과 전문적 식견 등에서 비롯된 독특한 능력을 상대 협력교사와 공유하여 협력 활동을 함으로써 전문성을 더욱 계발할 수 있다.

또한 협력교수는 다른 교사와의 상호작용을 통하여 이루어지는 것이기 때문에 의사교환 기술과 상호작용 과정이 중요하며 특수교육대상학생에게 요구되는 교육적 서비스를 적절히 제공하기 다양한 협력교수 형태를 취할 수 있다. 예를 들어, 두 교사가 국어, 수학, 과학 등과 같은 정규 교과 수업시간에 지속적으로 협력교수 활동을 할 수 있으며, 또한 사회적으로 청소년들에게 쟁점이 되는 문제들(예: 성폭력 예방이나 비만 등의 건강 관련 그리고 친구나 이성교제 등에 관한 문제)을 중재하기 위해 상담교사와 보건교사 등과도 언제나 협력교수할 수 있다.

이처럼 협력적인 교수를 통하여 교육을 계획하고 실행할 때 얻게 되는 이점은 다음과 같다(Johnson, Zone, Tam, Lamontagne, & Johnson, 2003). 첫째, 함께 의사결정을 함으로써 더욱 현명한 결정을 하게 되고, 따라서 좋은 결과를 가져오게 된다. 둘째, 장애학생 통합교육과정에서 필요한 계획과 평가를 지속적으로 하고 이에 따른 수정을 촉진한다. 셋째, 협력을 통하여 교사의 직무 만족도가 높아지며, 개인적·전문적으로도 성장할 수 있다. 넷째, 현대사회 직업의 대부분이 중요하게 여기는 타인과의 협력과 효과적인 의사소통 능력을 기르게 된다. 다섯째, 계획 수립에 함께 참여함으로써 성공적인 실행을 위해 더 열심히 노력하게 된다. 마지막으로, 장애학생을 포함한 모든 학생에게 일반학급에서의 교육을 더욱 새롭고 재미있는 방법으로 시행할 수 있다.

2) 협력교사의 역할

협력교수는 수업상황에서 두 교사가 공동 목표를 향해 지도함으로써 공유한 의사결정이 자발적으로 활동에 참여하는 두 집단 간의 동등하고 직접적인 상호작용으로 신뢰와 존중이 기본되어야 한다. 이를 바탕으로 협력교사들은 다음 네 가지 활동(한국통합교육학회 편, 2012)에 참여한다.

- 함께 계획하고 가르치기: 일반교사와 특수교사는 계획하고 가르치고 학생 수행을 평가하는 과정에 적극적으로 함께 참여한다. 대부분의 협력교수가 실시되는 학급에서는 두 교사가 새로운 내용을 소개하고 가르치며 검토 시간을 수행한다. 또한 학급과 과제물을 배정하며 감독하고 시험을 치르게 하며 평가한다.
- 수업조정안 개발하기: 협력교수 활동에서 일반교사와 특수교사가 해야 할 중요한 활동은 학생의 필요에 맞게 효과적으로 수업을 조정하고 수정하는 것이다. 여러 가지 단순한 지원 전략으로 학생의 개념 이해와 기술 숙달을 촉진할 수 있다.
- 학생의 진도를 점검하고 평가하기: 학생의 진도를 계속 점검하고 평가하는 활동은 협력교수 활동의 중요한 부분이다. 협력교수 활동을 통해 두 교사는 모든 개별 학생의 수행과 진도를 평가하는 시간을 가지며 학생이 자기 평가 기술을 발달시키고 학생 주도적인 목표 설정을 하도록 격려한다.
- 다른 사람들에게 학생의 진도에 대해 의사소통하기: 협력교사들은 가족, 상담교사, 각 과목 교사, 관리자 등 다른 교직원이나 사회복지사, 의사 등 다양한 지역사회 기관의 대표자들과 지속적인 의사소통을 할 책임을 공유한다. 협력교사들은 구어와 문어를 통해 학생의 진보, 관심사, 사회적·직업적·학문적 요구에 대해 의사소통한다.

3) 협력교수의 유형

협력교수는 통합교육 방법의 하나로서 교육적으로 통합된 환경에서 다양하게 혼합되어 있는 학생들에게 일반교사와 특수교사가 대등한 관계에서 함께 지도하는 것이다. 교사 간의 협력하는 방법에 따라 다양한 협력교수의 유형이 있으나 보편적으로 교육현장

에서 활용되고 있는 여섯 가지 유형(Friend & Cook, 2003)인 교수-관찰 교수, 교수-지원
교수, 스테이션 교수, 평행교수, 대안교수, 팀 티칭 등을 제시하면 〈표 12-4〉와 같다.

표 12-4 | **협력교수의 유형**

유형	특징
교수-관찰 교수 (one teach, one observe)	한 교사가 교수활동을 주도하는 동안 다른 교사는 학생들을 보다 이해하고 교수적인 결정에 사용하기 위해 필요한 자료를 모으는 형태다. 각 협력교사는 수업을 진행하고 관찰하는 역할을 가끔 교대로 맡아서 한다.
교수-지원 교수 (one teach, one assist)	한 교사가 전체 교수활동을 주도하고 다른 교사는 학생들 사이를 순회하며 관찰을 통해 필요한 학생 지원을 하는 형태다. 이 유형은 비교적 교사의 협력 정도와 준비 과정이 적어 많은 교사가 쉽게 사용하고 있다.
스테이션 교수 (station teaching)	두 교사가 지도하기로 한 집단 학생에게 서로 다른 내용을 지도하며, 학생들은 한 학습을 마치면 다른 학습 위치로 교대한다. 이 유형에서는 교수 내용이 두 부분으로 나누어진다.
평행교수 (parallel teaching)	두 교사가 함께 수업을 계획하고 학급의 학생을 능력별로 반으로 나누어 각 집단을 서로 다른 방법으로 지도하며, 두 집단의 학생들은 기본적으로 같은 수업 내용을 배우게 된다.
대안교수 (alternative teaching)	한 교사는 대부분의 학생을 지도하고 다른 교사는 교육과정 수정을 요구하는 학생들을 지도하는데, 주로 소집단의 학생들은 개별적인 관련 지원이 많이 필요한 학생들로 구성된다.
팀 티칭 (team teaching)	두 교사 모두가 주 교사가 되어 모든 학생을 대상으로 함께 동등한 책임과 역할을 맡아 지도하는 형태다. 이때 두 교사는 번갈아 가며 다양한 역할이나 방법을 통해 학생을 가르칠 수 있다.

또한 이를 바탕으로 협력교수의 유형에 따른 교사와 학생들의 배치도(Friend &
Bursuck, 2006)를 제시하면 [그림 12-3]과 같다.

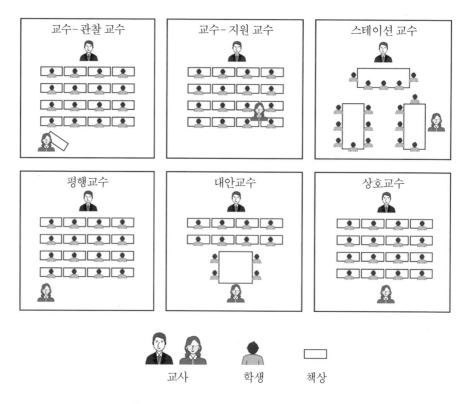

[그림 12-3] 협력교수 유형에 따른 배치도

6. 통합교육의 주요 과제

일반학교에 배치되어 있는 장애학생은 법적으로 통합교육을 받을 권리가 보장되어 있다. 그러나 장애학생에 대한 전문적인 지식이 미흡한 일반교사들은 아직도 자기 학급 배치에 대해 부정적이거나 두려워하는 경우가 많다. 일반학생이나 부모 또한 장애학생 때문에 학력 위주의 수업 분위기에 부정적인 영향을 끼친다는 염려가 지배적이다. 통합 교육의 효율화를 위해서는 장애학생과 일반학생 간의 긍정적인 상호작용이 되도록 해야 한다. 그러나 현실은 이를 전문적으로 지원할 제도나 정책이 상당히 부족한 실정이다.

이에, 우리나라 통합교육이 당면한 주요 과제에 대해 다양한 연구자의 견해가 있으나, 여기서는 통합교육의 성공 요인(한국통합교육학회 편, 2012)과 환경 개선을 위한 제도개혁 (김성애, 2013)을 요약하여 제시하고자 한다.

1) 통합교육의 성공 요인

① 장애인에 대한 인식과 태도 및 법의 개선이 되어야 한다

모든 정책과 법은 그 사회를 구성하는 구성원들의 대표들이 만들어 내므로 인간, 장애인, 인권, 교육, 교육권, 특수교육 등에 대한 인식이 매우 중요하다. 오늘날 정치 이념과 정당 정책, 지역·세대·사회경제적 계층 간의 분열이 심화되어 갈등이 고조되고 있는 우리 사회의 특성을 고려할 때 사회 통합이란 정책과 장애인에 대한 인식을 전반적으로 개선시키기 위한 노력이 요구된다.

② 행정적·재정적 지원체계 확립과 효율적 지원이 되어야 한다

통합교육은 일반교육에 비해 많은 비용이 드는데, 이는 학습자의 요구가 다양하고 특수하기 때문이다. 학습자의 특성을 고려하지 않고 일률적으로 예산과 재정을 배분하는 체계는 통합교육의 걸림돌이 되고 있다. 특수교육과 통합교육도 이제는 투자의 효율성을 높여 경제논리에 강하게 대응할 수 있어야 한다.

③ 학교의 구조와 조직의 개선이 되어야 한다

학교는 학습자의 다양한 교육적 요구에 따라 학교 조직, 학급 및 학년 조직, 교사 조직이 다양성을 수용할 수 있도록 그 구조가 바뀌어야 한다. 특수교육대상학생이 포함된 일반학급에는 정원 하향 조정이나 1학급 2교사나 2학급 3교사 제도 등 필요에 따른 다양한 조직을 마련하여 교사의 학급 운영 부담을 줄여 주어야 한다. 또한 다양성의 존중을 강조하는 교육과정을 통해서 공동체 사회 속에서 차이를 인식하고 인정하도록 해야 한다.

④ 교육의 내용, 방법 및 평가의 개선이 되어야 한다

통합교육을 성공적으로 실시하기 위해서는 학습의 특정 장벽을 수용할 수 있는 전략이 개발되고 적용되어야 한다. 특히 일반교육과 특수교육이 협력 체제를 구축하여 최근 강조되고 있는 교육과정의 수정과 교수 적합화, 보편화 교수-학습설계, 의뢰 전 중재 전략, 반응 중심의 중재법, 긍정적 행동지원 등을 통해 모든 학생의 학업성취를 향상시키려는 노력이 이루어져야 한다.

⑤ 교육 인적자원의 협력과 지원이 개선되어야 한다

학교는 행정가, 일반교사, 특수교사, 보건교사, 행정 직원 및 부모 등이 중심이 되어 운영되기 때문에 이들 인적자원들 간의 협력과 협동이 중요하다. 특수교육의 지지 및 후원 세력이 될 학교 인사들과 부모들을 어떻게 이해시키고 통합교육 실천 과정에 참여시킬 것인지는 지속적으로 연구되어야 한다.

⑥ 특수교사와 일반교사 자격 취득 및 일반교육 내 승진 통로가 개방되어야 한다

일반교사는 대학원과정에서 특수교사 자격을 취득할 수 있게 허용하고 있다. 이처럼 특수교사도 교육대학원에서 일반교사 자격을 취득할 수 있도록 해야 한다. 일반학교에 있는 특수교사를 특수학급과 특수교육이란 제한된 활동영역으로 묶어 두면 통합교육은 어렵게 된다. 특수교사는 학교조직의 중간 관리자로서 여론과 분위기를 주도할 수 있어야 하고, 학교 공동체의 일원으로 활동할 수 있는 위치를 확보할 수 있어야 한다.

⑦ 특수교사 자격을 지닌 일반교사 중심의 통합학급 운영이 되어야 한다

모든 교사가 특수교사와 일반교사 자격을 취득한 후 교육현장에서 학생을 지도하는 것이 가장 이상적이지만 현실적으로 어려운 일이다. 장애학생과 특수교육에 대한 이해 부족, 업무 가중, 교사 대 학생의 높은 비율, 일반교사의 특수교육 수행력 부족 등을 고려할 때, 특수교사의 자격을 지닌 일반교사에게 통합학급을 맡겨 일정한 인센티브와 책임을 부여하는 방안도 고려해야 할 것이다.

2) 통합교육의 환경 개선을 위한 제도 개혁

① 통합교육에 대한 개념적 정의를 제도적으로 새롭게 세워야 한다

지금의 제도는 통합교육을 특수교육 차원에서만 다루려고 한다. 따라서 특수교육대상학생이 일반학급에 물리적으로 배치된 것을 통합교육을 받고 있다고 보는 것이다. 이에, 국가는 통합교육의 실행에 관한 구체적인 법적 근거를 「교육기본법」과 「초·중등교육법」 그리고 「유아교육법」에 수록하고, 교육과정 운영, 교수-학습 방안, 행정 지원 및 학교 재구조화 방안들이 포함되어야 한다.

② 특수교육대상학생이 배치된 일반학교에는 특수교사가 배치되어야 한다

일반학교에 배치된 특수교육대상학생이 전일 통합학급에 있지 않는 이상, 특수학급에서 특수교육을 받기 위한 특수교사도 필요하고 통합교육을 위한 특수교사도 필요하다. 따라서 통합학급마다 특수교사를 배치하여 2교사 1학급이나 특수학급에 2교사를 배치하는 방안과 통합교육 컨설팅을 담당할 전문교사도 지역 교육청 단위로 배치할 필요가 있다.

③ 교사의 질, 수행 방법 등의 체계적인 교사교육 계획을 마련해야 한다

특수교사의 전문성은 단순히 일반학교에서의 특수교육대상학생 교육지원 차원에서만이 아니다. 다양한 교육적 욕구를 가진 집단에서의 교수-학습 방안을 개발하고 적용하는 데 일반교사에게 협력자이자 충고자로서 역할을 할 수 있어야 한다. 따라서 특수교사는 특수교육 관련 전공, 일반교과교육 수행 능력에 더하여 장애유형에 따른 교과교육 연구 역량 등이 갖추어져야 한다.

④ 학교 후, 성인생활로의 전환 능력을 키울 방안을 마련해야 한다

교육의 중요한 성과 중에 하나는 학교 졸업 후, 학생 자신의 삶을 질적으로 유지·발전시킬 능력을 갖추게 하는 것이다. 특수교육대상학생도 일반학생과 같이 자신의 성공적인 성인생활로의 전환을 꾸려 나갈 수 있도록 교육과정 운영의 철학적 원리와 구체적인 가이드라인을 제시해야 한다.

⑤ 교사의 윤리와 인권 의식 함양 방안을 보다 적극적으로 마련해야 한다

일반교육과 학교상황이 가지는 문화적·정책적 환경에서 특수교육대상학생은 일반학생에 비해 교육적 불평등을 겪으며, 교육현장 및 교육내용에서의 소외와 배제 속에서 일반학생과 심한 교육 격차를 당하고 있다. 통합교육에서는 장애 이해 교육이 아닌 타인 이해 교육으로 나와 다른 타인이 내게 주는 중요한 요인, 공동체 의식, 의사소통과 상호작용을 통한 자기 및 타인의 세계 이해, 이를 통한 인간존중, 배려 등이 다루어져야 한다.

⑥ 재정적인 운영을 개혁해야 한다

기존의 일반교육과 특수교육의 혼합적인 운영에서 벗어나 통합교육으로 개혁하고 그

에 따른 재정적인 지원을 착실하게 실행해야 한다. 통합교육은 이제 더 이상 특수교육만의 몫이 아니라 전체 교육계가 함께 생각하고 책임져야 할 문제이며, 제도는 지금부터 개혁을 통해 실천되어야 한다.

참고문헌

권요한, 김수진, 김요섭, 박중휘, 이상훈, 이순복, 정은희, 정진자, 정희섭(2015). 특수교육학개론(2판). 서울: 학지사.

교육부(2015). 특수교육 연차보고서. 세종: 교육부.

김성애(2013). 통합교육 환경 개선을 위한 제도개혁 과제. 특수교육학연구, 48(2), 1-18.

김원경, 이석진, 김은주, 권택환(2010). 특수교육법 해설. 서울: 학지사.

문교부(1981). 교육백서. 서울: 문교부.

임안수(2003). 한미 양국의 통합교육의 법적 비교. 특수교육저널: 이론과 실천, 4(4), 21-39.

임안수(2010). 시각장애아교육. 서울: 학지사.

한국통합교육학회 편(2012). 통합교육(2판). 서울: 학지사.

荒川智(2008). インクルーシブ教育入門. 京都: クリエイツかもがわ.

Biklen, D. (1985). *Achieving the complete school: Strategies for effective mainstreaming.* New York: Teacher College Press.

Christopolos, F., & Rezn, P. (1969). A critical examination of special education programs. *The Journal of Special Education, 3*, 371-379.

Dover, W. (1994) *The inclusion facilitator.* Manhattan, KS: Master Teacher. Educational Leadership. (January, 1995). The inclusive school. 52.

Ferguson, D. L. (1996). Is it inclusion yet? Bursting the bubbles. In M. S. Berres, D. L. Ferguson, P. Knoblock, & C. Woods (Eds.), *Creating tomorrow's schools today: Stories of inclusion, change and renewal* (pp. 16-37). New York: Teachers College Press.

Friend, M., & Cook, L. (2003). *Interaction: Collaboration skills for school professionals* (4th ed.). Boston: Allyn & Bacon.

Halversion, A. T., & Neary, T. (2001). *Building inclusive school: Tools and strategies for success.* Needham Heights, MA: Allyn & Bacon.

Heumann, J. H. (1997). *Individuals with Disabilities Education Act. Statement Presented to the United Sates Senate Committee on Labor and Human Resources.* Washington, D.C.: Department of Education.

Johnson, L. J., Zone, D., Tam, B. K. Y., Lamontagne, M., & Jonson, S. A. (2003). Stakeholders: Views of factors that impact successful interagency collaboration. *Exceptional Children, 69*(2), 195–209.

Kasser, S. L., & Lytle, R. K. (2005). *Inclusive physical activity: A lifetime of opportunities.* Champaign, IL: Human Kinetics.

Kaufman, M. J., Agard, J. A., & Semmel, M. I. (1986). *Mainstreaming: Learners and their environment.* Cambridge, MA: Brookline.

Semmel, M. I., Gerber, M. M., & MacMillan, D. L. (1994). Twenty–five years after Dunn's article: A legacy of policy analysis research in special education. *The Journal of Special Education, 27,* 481–495.

Shattuck, M. (1946). Segregation versus non–segregation of exceptional children. *The Journal of Exceptional Children, 12,* 235–240.

Smith, T., Polloway, E., Patton, J. R., & Dowdy, C. A. (2004). *Teaching students with special needs: In inclusive settings* (4th ed.). Boston: Pearson Education, Inc.

UNESCO(1994). The Salamanca Statement and Framework for Action on Special Needs Education. Paris: UNESCO.

US Department of Education (1997). *To assure the free appropriate public education of all Children with disabilities: Nineteenth annual report to Congress on the implementation of The Individuals with Disabilities Education Act.* Washington, D.C.: Office of Special Education Programs.

Yell, M. L. (1998). *The Law and special education.* Upper Saddle River, NJ: Prentice Hall.

제**13**장

전환교육의 이해

1. 전환교육의 개념

전환(transition)이란 한 가지 조건이나 장소로부터 다른 조건이나 장소로 변화해 가는 과정이다. 이를 통해 개인의 생애는 다양한 전환의 형태를 경험하게 되고 그 과정을 통해 사회에 적응해 나간다. 전환은 크게 수직적 전환과 수평적 전환으로 나뉜다. 수직적 전환은 시간이 지남에 따라 성숙해 가면서 겪는 변화이며(예: 유아기에서 초등학교로의 전환, 중·고등학교에서 성인 사회로의 전환 등), 수평적 전환은 상황과 환경의 변화(예: 분리교육에서 통합교육, 병원이나 교도소에서 가정, 전학, 이사, 이직, 결혼, 정년퇴임 등)다.

전환교육이라는 용어에 대해서 많은 연구자가 개념 정립을 위해 노력해 왔으며, 특히 직업훈련의 성격이 강한 직업교육으로부터 시작되어 진로교육과 전환교육으로 패러다임의 변화와 함께 개념의 정의가 변화되어 왔다(Sitlington, Clark, & Kolstoe, 2000). 전환교육의 시대적 변천 과정에 대해 살펴보면 다음과 같다.

1960년대 미국에서는 중등교육을 전개하는 과정에서 직업교육이 논의되었으나 직업훈련 프로그램이 피상적이고 소수 직업 영역에 국한되어 진로와 직업 선택에서 제한적이었으며, 기금 부족으로 직업훈련 서비스를 받지 못하였다. 이러한 직업교육의 문제점

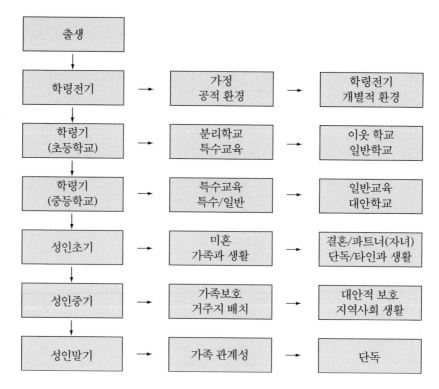

[그림 13-1] 수직적 · 수평적 전환의 과정

출처: 김영욱 외(2007).

으로 인해 장애인에게 의미 있는 직업교육의 필요성이 커지면서 「직업교육법」(1963)을 통과시키기에 이르렀으며, 다양한 직업 프로그램과 정책을 입안하게 되었다(권요한 외, 2010).

　　1970년대에는 직업교육을 포괄하는 진로교육 운동이 전개되었는데, 이는 직업교육의 편협한 직업준비 접근의 대안으로 생겨났다. 진로교육의 개념은 Marland(1974)가 최초로 제시하였으며, 그는 '단지 생계를 유지하기 위한 준비뿐만 아니라, 생활 자체를 배우는 방법'이라 주장하였다. 이와 더불어 Hoyt(1975)는 '한 사람이 그의 생활 방식의 한 부분으로서 직업에 대해 배우고 그것에 참여하기 위해 준비하기 위한 경험의 총체'라고 정의하였다. 그 당시 진로교육의 다양한 해석으로 인해 직업교육과 진로교육의 개념에 혼동이 있었지만, 결론적으로 진로교육은 고용 이상의 것으로 개념화되었으며, 사회의 성인으로서 살아가기 위한 다양한 역할을 담당하는 생활 중심 훈련으로 패러다임이 옮겨 갔다.

특수교육에서 사용하고 있는 전환(transition)이라는 용어는 1980년대에 도입되기 시작하였다. 미국에서는 교육의 결과에 대한 기대수준에 미치지 못하는 장애를 가진 학생들의 진로를 개선하기 위하여 Will(1984)이 전환교육의 개념을 제안하였다. 초기에는 졸업후 직장으로의 전환에 한정하여 사용되었으나 점차 주거 및 지역사회 적응, 여가활동, 계속 교육 등을 포함하는 개념으로 확대하여 사용되었다. 1980년대 중반에는 전환뿐만이 아니라, 전환적 서비스(transitional service), 학교로부터 사회로의 전환(transition from school to society) 등 다양한 의미로 사용되었다(Clark & Kolstoe, 1995; Halpern, 1985; Rusch, 1986; Wehman, Kregel, & Barcus, 1985).

1990년대 중반부터는 장애학생이 학교교육을 마치고 가능한 한 생산적이고 자립적인 성인생활을 할 수 있도록 학령기 동안 필요한 교육 프로그램과 지원서비스를 제공하는 것을 의미하는 '전환교육'이 본격적으로 사용되기 시작하였다. 전환교육은 '전환과정, 직업전환, 전환서비스, 전이, 전이서비스' 등의 다양한 용어로 사용되고 있다.

한편, 1990년 미국「장애인교육법(IDEA)」(PL 101-476)과 1997년 개정된「IDEA」(PL 105-17)에서는 전환의 정의를 다음과 같이 규정하고 있다.

IDEA 전환서비스의 정의(section 2000,29)
(a) 전환서비스는 장애학생을 위한 일련의 통합된 활동으로,
    (1) 전환은 중등학교 이후 교육, 직업훈련, 통합교육(지원고용 포함), 계속적인 성인교육, 성인서비스, 독립생활이나 지역사회 참여를 포함하는 학교에서 학교 이후의 활동으로 이동을 촉진하는 결과 중심 과정으로 설계된 장애학생을 위한 통합적 활동이다.
    (2) 이것은 학생의 기호나 관심을 고려한 학생의 요구를 기초로 하며,
    (3) 다음 사항을 포함한다.
        ① 교수
        ② 관련 서비스
        ③ 지역사회 경험
        ④ 고용과 다른 학교 이후의 성인생활 목표 개발
        ⑤ 일상생활 기술과 기능적 직업평가의 습득

또한 2004년 IDEA(PL 108-446)에서는 장애를 가진 학생에게 조정된 활동 설계를 위한 전환서비스 개념을 다음과 같이 정의하였다.

> IDEA 전환서비스의 정의(section 602)
> (a) 전환서비스는 중등학교 이후의 교육, 진로-기술훈련, 통합 고용(지원 고용 포함), 성인 및 계속 교육, 성인 서비스, 자립생활 또는 지역사회 참여를 포함하는 학교에서 졸업 이후 활동으로의 이동을 촉진하는 결과 중심 과정으로 설계된다.
> (b) 전환서비스는 학생 개인의 강점에 기초하고, 학생의 선호와 흥미가 고려된다.
> (c) 전환서비스는 교육, 관련 서비스, 지역사회 경험, 고용 개발 그리고 기타 졸업후 성인 생활 목표를 포함하며, 적합하다면 일상생활 기술의 습득과 기능적 직업평가를 포함한다.

이와 같이 IDEA에 정의된 전환은 학생들을 계획 과정에 통합시키고 학생들에게 자연스러운 동기부여를 제공하는 일을 시도할 뿐만 아니라 장애를 가진 아동과 그들의 가족들에게 적절하고 의미 있는 교육을 제공하기 위해 시도되는 것이라 할 수 있다(김문섭, 김진숙, 박선희, 전보성, 2011).

우리나라의 경우 「장애인 등에 대한 특수교육법」(2008)에서는 '전환교육' 대신 '진로 및 직업교육'이라는 용어로 사용되고 있으며, 장애아동의 학교 졸업 이후의 폭넓은 삶을 고려하고 있다.

> 제2조(정의) '진로 및 직업교육'이란 특수교육대상자의 학교에서 사회 등으로의 원활한 이동을 위하여 관련 기관의 협력을 통하여 직업재활훈련·자립생활 훈련 등을 실시하는 것을 말한다.
> 제23조(진로 및 직업교육의 지원)
> ① 중학교 과정 이상의 각급학교의 장은 특수교육대상자의 특성 및 요구에 따른 진로 및 직업교육을 지원하기 위하여 직업평가·직업교육·고용지원·사후관

리 등의 직업재활훈련 및 일상생활적응훈련·사회적응훈련 등의 자립생활훈
련을 실시하고, 대통령령으로 정하는 자격이 있는 진로 및 직업교육을 담당하
는 전문인력을 두어야 한다.
② 중학교 과정 이상의 각급학교의 장은 대통령령으로 정하는 기준에 따라 진로
및 직업교육의 실시에 필요한 시설·설비를 마련하여야 한다.
③ 특수교육지원센터는 특수교육대상자에게 효과적인 진로 및 직업교육을 지원
하기 위하여 대통령령으로 정하는 바에 따라 관련 기관과의 협의체를 구성하
여야 한다.

— 「장애인 등에 대한 특수교육법」 제2조, 제23조

전환이라는 의미 속에는 변화가 내포되어 있다. 장애학생은 학교교육과 학교 이후 성
인으로 성장하는 과정에서 끊임없는 변화와 새로운 역할을 경험하게 된다. 그렇기 때문
에 전환교육은 단지 직업기술만을 강조하는 것이 아니라 장애학생이 졸업 이후 성인생
활을 보다 만족스럽게 적응하며 살아갈 수 있도록 학령기에서부터 독립생활, 가정생활,
사회생활, 여가생활을 포함한 전반적인 분야의 기능과 기술을 배우는 것이다(이유훈, 김
형일, 2002). 따라서 장애학생에게 의미 있는 전환이 되기 위해서는 총체적인 교육 및 서
비스가 제공되어야 하며, 학교뿐만 아니라 가족, 관련 기관, 지역사회의 참여 및 협동이
연관되어야 할 것이다(Halpern, 1994; Sitlington & Clark, 2006).

2. 전환교육의 모델

전환교육이 시작된 이래로 많은 전환 모델이 제시되어 왔다. 1980년대 이후 전환교육
모델은 고용이나 취업에 초점을 둔 협의의 모델과 결과보다는 과정에 초점을 둔 포괄적
인 광의의 모델로 크게 나뉜다. Will의 교량 모델과 Wehman의 지역사회 중심 직업훈련
모델은 협의의 모델이며, Halpern의 지역사회 적응 모델, Brolin의 생활중심 진로교육
모델, Clark의 종합적 전환교육 및 서비스 모형 등은 광의적인 의미의 모델에 포함된다.

1) Will의 교량 모델

미국 특수교육 및 재활서비스국(OSERS)의 책임자인 Will은 전환교육 서비스에 대한 모델을 제시하였다. 1983년 PL 98-199에 의해 OSERS는 전환교육 프로그램에 대한 세 가지 가정으로, ① 적절한 지역사회의 기회와 서비스 협력이 개인적 환경과 욕구에 부합되도록 개발되어야 한다는 것, ② 전환교육 프로그램은 장애학생에게 초점을 두어야 한다는 것, ③ 전환교육 프로그램의 목적은 지속적이어야 한다는 것으로 설정하였다. 이를 바탕으로 세 가지 전환교육 프로그램을 제시하였다.

- 일반적 서비스(no-special service): 특별한 전환서비스가 필요하지 않은 장애학생들을 대상으로 하며, 주로 경도장애학생들이 해당된다. 그들은 지역사회에서 비장애인들에게 제공되고 있는 일반적인 직업 서비스를 통하여 직업 적응이 가능한 경우다.
- 시간 제한적 서비스(time-limited service): 장애학생이 직업재활 기관이나 성인 서비스 기관에서 장애인들을 대상으로 지역사회의 일반 직업에 적응하도록 특별하게 만든 서비스 프로그램을 제한된 시간 동안 제공하는 경우다.
- 지속적 서비스(on-going service): 주로 중도장애인들이 직업 적응을 할 수 있도록 계획된 계속적인 직업재활 서비스를 제공받는 경우다.

[그림 13-2] OSERS의 전환교육과정 구성 요소

출처: Will(1984).

2) Wehman 등의 지역사회 중심 직업훈련 모델

Wehman 등은 특수교육 프로그램을 기능적 교육과정, 통합적 학교환경, 지역사회중심 서비스, 부모, 학생의 의견 및 기관 간 협력이 포함된 개별화전환프로그램계획(ITP) 수립, 경쟁고용, 지원고용, 분리된 보호작업장 배치와 같은 직업결과를 산출하는 모델을 제안하였다(김문섭 외, 2011).

하지만 이 모델은 Will의 모델과 같이 전환과정을 중등학교에서 성인기 취업으로의 전환에만 강조점을 두고 있고, 학생의 의사결정이나 통제에 대한 강조가 미흡하며, 직업 서비스에 초점이 국한되어 있다는 단점이 있다(박영근, 2010).

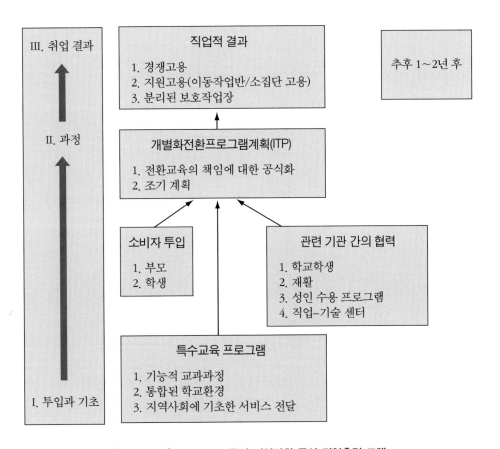

[그림 13-3] Wehman 등의 지역사회 중심 직업훈련 모델

출처: Wehman, Kregel, & Barcus(1985).

3) Halpern의 지역사회 적응 모델

Halpern은 전환교육의 주요 결과는 고용이라는 Will의 주장에 이의를 제기하고, 성인
생활에 원만하게 적응하기 위해서는 비직업적 차원도 고용이라는 궁극적 목적에 의미
있게 기여해야 한다고 주장하였다. 따라서 성공적인 지역사회 적응을 위해서 비직업적
차원으로 주거환경의 질과 적절한 사회·대인관계를 제안하였다. 또한 Will의 교량 모델
이 연결 자체에만 중점을 두었다면, Halpern의 모델은 진로교육 접근에 좀 더 비중을 두
고 있다.

- 고용을 위한 준비: 고용과 직접적인 관련이 있는 직업훈련 프로그램에서부터 직업조
  사기술, 직무분석, 고용주에 대한 지원책 등 다양한 요소가 포함된다.
- 질적인 주거 환경: 장애학생이 최대한으로 자립적인 거주 생활을 할 수 있도록 일상
  생활기능 훈련 프로그램 제공과 자립 정도에 따라 가장 적합한 주거 환경을 제공하
  는 것을 의미한다.
- 사회·대인관계 기술: 장애학생이 지역사회에 통합되어 의미 있는 구성원으로서 일

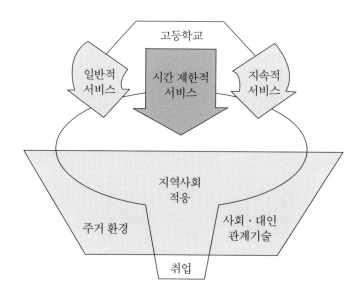

[그림 13-4] Halpern의 지역사회 적응 모델

출처: Halpern(1985).

반인들과 상호작용하며 살아가는 데 필요한 사회행동훈련 프로그램이나 의사소통
훈련, 장애 가족에 대한 지원 등을 제공한다.

4) Brolin의 생활중심 진로교육 모델

생활중심 진로교육 모델(the life-centered career education curriculum: LCCE)은 '진로교
육은 단순한 교육 프로그램의 일부 이상이다.'라는 명제를 근간으로, 일상생활 기능
(daily living skills), 개인-사회적 기능(social-personal skills), 직업 지도와 준비 기능
(occupational guidance and preparation) 등의 세 가지 기능과 22가지의 세부 능력(〈표 13-1〉
참조)으로 나열하고, 이 세 가지를 보조하는 학문적 기능을 중요시한다. 진로교육은 단순
히 직업교육을 지칭하는 용어가 아니라, 삶의 모든 역할과 환경, 사건에 대해 인간이 성
장하고 개발하는 데 초점을 맞추고 있다.

취학 전 단계부터 생애교육의 통합을 강조한 이 모델은 진로교육을 일반교육의 모든
교수 영역으로 통합시키고, 가능한 한 직접적인 학습 경험, 학교와 부모, 안내자, 기업체
나 업체, 지역사회 기관들 간의 적극적인 협력 유지, 전환서비스 책임자의 적절한 훈련
요소의 개발을 중시한다. Brolin은 이것을 직업적 측면이 아니라, 개인발달의 모든 측면
을 강조하는 총체적인 접근(total-person approach)이라 주장하였다(김형일, 2010; 전보성,
2000; Levinson, 1998).

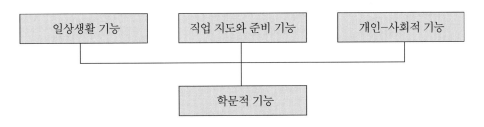

[그림 13-5] Brolin의 생활중심 진로교육 영역

출처: 조인수(2011).

| 표 13-1 | 생활중심 진로교육 영역의 세부 요소 |

전환 능력 영역	전환 능력 요소
일상생활 기능	1. 가정 재정 관리하기 2. 주택 선택, 관리 및 유지하기 3. 개인적 욕구 충족하기 4. 자녀 양육 및 가족생활 유지하기 5. 식품 구입 및 준비하기 6. 의복 구입 및 준비하기 7. 시민 활동에 참여하기 8. 여가 및 레크리에이션 참여하기 9. 지역사회에서 이동하기
개인-사회적 기능	10. 자기 인식 성취하기 11. 자기 확신 획득하기 12. 사회적으로 책임 있는 행동 발달시키기 13. 적절한 대인관계 기능 유지하기 14. 독립성 성취하기 15. 문제해결 능력 습득하기 16. 타인과 적절하게 의사소통하기
직업 지도와 준비	17. 직업 가능성을 알고 탐색하기 18. 직업을 선택하고 계획하기 19. 적절한 작업 습관 및 행동을 나타내기 20. 충분한 신체적-손 기능 나타내기 21. 특수한 작업 기능 습득하기 22. 고용 탐색, 획득 및 유지하기

5) Clark의 종합적 전환교육 및 전환서비스 모델

이 모델은 [그림 13-6] 및 [그림 13-7]과 같이 발달·생애 단계, 학생이 한 교육 수준에서 다른 수준으로 이동할 때의 전환 진출 시점(transition exit points) 및 전환교육과 전환서비스를 전달하기 위해 필요한 교육 및 서비스 체계들에 걸친 결정적인 학생 성과에 대한 견해를 반영한 것이다. 다시 말해, 장애학생이 직업 적응과 자립적인 생활을 위해 필요한 전환교육의 요소를 9가지 지식과 기술 영역으로 나타내고, 이 영역은 발달단계에 걸쳐 생애에서 요구되는 것들에 대해 성공적으로 대처하는 데 중요한 기능과 성취 분야를 말한다.

결론적으로, 이 모델에서의 전환은 취업 시기에 집중적으로 이루어지는 것이 바람직하지 않다고 주장한다. 전환의 관점에서 볼 때 학교만이 전환과정을 계획하거나 지원하

전환 진출시점과 성과

지식과 기술 영역	발달/생애단계	진출 시점
• 의사소통과 학업성취 • 자기결정 • 대인관계 • 통합된 지역사회 참여 • 건강과 건강관리 • 독립적/상호 의존적 일상생활 • 여가와 레크리에이션 • 고용 • 고등학교 이후 교육과 훈련	영유아기 및 가정훈련	학령기 프로그램과 통합된 지역사회 참여로 진출
	학령 전 교육기관 및 가정훈련	초등학교 프로그램과 통합된 지역사회 참여로 진출
	초등학교	중학교 프로그램, 연령에 적합한 자기결정과 통합된 지역사회 참여로 진출
	중등학교	고등학교 프로그램, 단순직 고용, 연령에 적합한 자기결정과 통합된 지역사회로 진출
	고등학교	중등 이후 교육, 단순직 고용, 성인·평생교육, 전업주부, 자기결정을 통한 삶의 질과 통합된 지역사회 참여로 진출
	중등 이후 교육	특수직, 기술직, 전문직, 관리직 고용, 대학원 혹은 전문학교 프로그램, 성인·평생교육, 전업주부, 자기결정을 통한 삶의 질과 통합된 지역사회 참여로 진출

[그림 13-6] 종합적 전환교육 모델

출처: 조인수(2011).

교육과 서비스 전달 체계

지식과 기술 영역	
• 의사소통과 학업성취 • 자기결정 • 대인관계 • 통합된 지역사회 참여 • 건강과 건강관리 • 독립적/상호 의존적 일상생활 • 여가와 레크리에이션 • 고용 • 고등학교 이후 교육과 훈련	• 가정과 이웃 • 가족과 친구 • 공립·사립 영유아 프로그램 • 지원서비스와 관련된 일반교육 • 지원서비스와 관련된 특수교육 • 일반적인 지역사회 조직과 기관(고용, 건강, 법, 주거, 재정) • 특별한 지역사회 조직과 기관(위기관리 서비스, 시간 제한적 서비스, 지속적 서비스) • 도제 프로그램 • 학교와 지역사회의 직업 중심 학습 프로그램 • 중등학교 이후 직업 혹은 응용기술 프로그램 • 지역사회 대학(전문대학) • 4년제 대학과 종합대학 • 대학원 혹은 전문학교 • 성인 및 평생 교육/훈련

[그림 13-7] 종합적 전환서비스 모델

출처: 조인수(2011).

는 것이 아니라, 해당 지역사회 서비스 기관들이 참여하는 포괄적 범위의 교육과 서비스를 제공해야 한다는 것이다. 이러한 전화과정의 틀이 성공적으로 이루어지기 위해서는 종합적인 계획과 개별화 전환 계획의 시행 그리고 각 기관 간의 조정이 적절하고 자연스럽게 이루어져야 한다(김형일, 2010).

즉, 진로발달과 전환교육 모델이 인생에 있어서 한 번의 전환만 있는 것이 아니라 많은 전환이 있다는 것이며, 학령기 동안의 각 단계에서의 성공적인 전환은 이후 성인 사회로의 전환을 성공적으로 만드는 데 중요한 역할을 한다는 것이다(박승희, 박현숙, 박희찬, 2006).

3. 자기결정의 개념 및 요소

자기결정(Self-determination)은 특수교육 분야에서 아주 중요하게 여기는 영역이다. 장애학생에 대한 자기결정의 출발은 정상화(normalization), 독립적인 생활, 장애인 권리, 자기주장 및 자기옹호 운동 등에서 찾을 수 있다. 이러한 요소들이 법적 권리의 보장으로 이어지면서 점차 체계화·구체화되었다(Ward, 1996). 자기결정의 진전은 특수교육에서 장애학생의 전환 관련 성취 결과를 향상시키기 위한 노력의 일환인 교수적 관점으로 발전하였고, 미국 특수교육국의 관련 프로그램은 교수방법, 교수자료, 교수전략 등에서 자기결정을 증진시키는 중요한 계기가 되었으며(Ward & Kohler, 1996), 전환계획에서 적극적인 학생의 참여를 유도하게 되었다(Wehmeyer & Sands, 1998).

자기결정 기술들은 성인의 삶에 있어서 긍정적인 영향을 끼친다. 관련 연구에 따르면, 자기결정을 증진시키는 것은 장애학생들의 고용과 지역사회 생활, 지역사회 통합, 나아가 긍정적인 성인 생활 및 전환교육에도 성과를 가져올 수 있다고 주장하였다. 그러므로 자기결정은 성인의 삶으로 성공적인 전환을 위해 중요한 역할을 담당하고 있기 때문에 반드시 장애학생들에게 자기결정에 필요한 기술들을 가르칠 필요가 있다.

Wehmeyer(2006)는 자기결정행동을 '삶의 질을 유지 혹은 개선하기 위해 자신의 삶에서 자신이 주도적으로 원인과 결과를 유발시키는 삶의 주체가 되어 행하는 의도적인 활동을 말한다.'라고 정의하면서, 자기결정 행동의 네 가지 필수적인 특성(essential characteristics)을 다음과 같이 제안하였다. 개인은 ① 자율적(autonomously)으로 행동하고, ② 자기-조정적(self-regulated)으로 행동하며, ③ 심리적 역량(psychologically empowered)을 가지고 행동을 시작하고 사건에 반응하며, ④ 자아실현(self-realizing)을 위한 태도를 가지고 행동한다(조인수, 이웅훈, 장성민, 2012). 이러한 특성들은 한 개인이 자기결정적인지 아닌지를 나타내는 행동의 기능을 설명할 수 있으며, 자기결정 행동의 네 가지 필수적인 특성에 대한 자세한 설명은 다음과 같다.

- 자율성: 필요성, 기호, 관심과 능력에 대한 행동으로, 외부의 부당하고 무리한 간섭에서 벗어나 행동할 수 있는 능력이다.
- 자기-조정: 자기-모니터링, 자기-교수, 자기-평가, 자기-강화와 같이 자기 조절 전략 등이 포함된다.
- 심리적 역량: 개인의 효율성, 통제 귀인, 동기화 등을 포함하며, 자신이 한 행동을 스스로 통제하고 그 행동의 결과에 대한 예측을 할 수 있는 능력을 의미한다.
- 자아실현: 환경과의 상호작용을 통하여 자신의 입장을 알며, 자신과 다른 사람과의 관계를 이해하고 평가할 수 있는 능력을 의미한다.

아동·청소년은 자신의 삶에서 원인과 결과의 주체가 될 수 있도록 하는 기술을 배우고, 그러한 태도를 개발·발전시켜야 하기 때문에 자기결정은 평생에 걸쳐서 나타난다. 이런 태도와 능력은 자기결정의 구성요소이며, 이것들은 교수활동을 이끄는 이론적인 틀이 된다. 자기결정 행동을 정의하는 필수적인 특징들은 다양하고 상호 연관성 있는 요소들의 발달과 습득을 통해서 나타난다. 〈표 13-2〉는 자기결정행동의 출현에 중요한 요소다.

표 13-2   **자기결정행동의 구성요소**

- 선택결정 기술
- 의사결정 기술
- 문제해결 기술
- 목표 설정 및 목표 달성 기술
- 자기-조정 및 자기-관리 기술
- 자기-옹호와 리더십 기술
- 통제, 효능성 및 성과 기대에 대한 긍정적 인식
- 자기-인식
- 자기-지식

출처: 조인수 외(2012).

구성요소 중에서도 어떤 구성요소는 중등교육이나 전환교육 시기에 더 많이 적용되며, 나머지 구성요소는 초등학교 시기에 더 강조될 수 있다. 따라서 교육적 성과로서의 자기결정 증진을 위해서는 의도적인 교수 프로그램뿐만 아니라 학생의 교육 경험 시기와 학습 경험을 조화롭게 조직화하는 것이 필요하다(이숙향, 2010).

4. 전환교육의 최근 동향

특수교육을 받고 있는 학령기 학생들의 성공적인 성인생활과 고용, 중등 이후의 평생교육, 지역사회로의 참여 등 다양한 성인기 성과 달성에 대한 관심이 더욱 높아지고 있다. 이와 더불어 학령기 이후 성인기 생활로의 성공적인 전환을 지원할 수 있는 전환 프로그램과 서비스에 대한 관심도 점차 증가하고 있다.

그러나 현실적으로 장애학생이 학교교육 이후 사회로 전환하는 것은 어려운 과제 중 하나다. 특수교육 실태조사(국립특수교육원, 2014)에서도 밝히고 있는 바와 같이(〈표 13-3〉 참조), 중·고등학교과정 특수교육대상자 45,150명의 고등학교 졸업 후 진로방향은 '상급학교(전공과, 대학)진학'이 42.4%로 가장 높았고, 다음으로 '추가 직업교육 또는 직업훈련 실시'가 20.9%로 나타났다. 실질적인 취업 상태로 볼 수 있는 보호작업장 및 일반사업체 취업은 16.6%로 나타나 대체적으로 취업률이 저조하다는 것을 알 수 있다.

이 조사에서 장애 유형별로 상급학교(전공과, 대학) 진학 비율을 살펴보면, 건강장애, 청각장애, 시각장애, 지체장애 순으로 나타나 신체적 장애가 있는 학생의 진학 비율이 높은 반면, 인지적 장애가 있는 학생의 경우 그 비율이 상대적으로 낮게 나타났다. 그러

표 13-3 **고등학교 졸업 후 진로 방향**

(단위: 명, %)

전체	상급학교 진학 (전공과, 대학)	보호 작업장 취업	일반 사업체 취업	추가 직업교육 또는 직업훈련 실시	가정 보호	시설 입소 (그룹홈 포함)	생각한 바 없음	기타
45,150 (100.0)	19,143 (42.4)	3,491 (7.7)	4,065 (9.0)	9,429 (20.9)	2,191 (4.9)	2,099 (4.6)	4,552 (10.1)	181 (0.4)

출처: 국립특수교육원(2014).

므로 학교과정과 장애의 유형에 따라 취업을 위한 개선 및 강화될 사항에 대한 세밀한 분석을 통해 정책적 지원이 수립·이행될 필요가 있다.

그리고 특수학교·특수학급에서는 학교과정이 올라갈수록 진로 및 직업교육을 실시하는 비율이 증가하는 것으로 나타났으며, 특수학교에서는 졸업 후 취업자 사후관리를 위해 교사들이 노력하고 있으나 특수학급의 경우에는 특수학교에 비해 그 비율이 낮게 나타났다. 그리고 향후 진로 및 직업교육의 효율적 운영을 위해서는 현장 또는 실천 중심의 교육과 진로 및 직업교육 담당교사의 전문성 향상이 가장 필요하다고 여기는 것으로 나타났다. 이러한 결과로 볼 때, 현장 중심 진로 및 직업교육을 강화하고 지역의 취업 분야 전문가 및 전문기관과의 연계를 통해 학생이 취업 후 지속적인 사후관리를 할 수 있는 방안이 모색되어야 한다.

이와 같은 결과를 해결·보완하기 위해 교육부의 '제4차 특수교육 발전 5개년 계획'(2013~2017)에서는 장애학생의 능동적인 사회 참여와 맞춤형 교육에 역점을 두고, 체계적인 진로 및 직업교육과 취업 지원 확대를 추진하고 있다. 구체적인 정책 방향에 대해 살펴보면 다음과 같다.

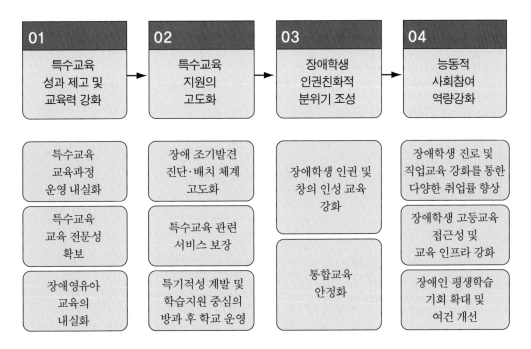

[그림 13-8] 제4차 특수교육 발전 5개년 계획

출처: 국립특수교육원(2012).

- 장애학생 진로교육 활성화를 통한 적절한 진로 선택 도모
- 진로 및 직업교육 관련 평가 및 교육 체제 개선과 인력의 전문성 향상을 통한 교육의 질적 수준 향상
- 현장 중심 및 결과 중심의 맞춤식 직업교육을 통한 장애학생 직업 능력 강화
- 진로 및 직업교육 성과 관리 체계 구축 및 우수 사례 발굴·확산
- 중앙정부, 지방자치단체, 산하 관련 기관 간 협력 강화를 통한 장애학생의 지원고용, 보호고용, 자립생활 달성

또한 '장애학생 취업·창업 교육 강화 방안'(2015)은 장애학생들이 학교에서 자신의 꿈과 끼를 개발할 수 있도록 현장 중심의 취업·창업 교육 기회를 확대하는 데 역점을 두고, 특수학교 학교기업 확대 및 직업교육 전문기관의 위탁교육 시설 등 유관 기관과의 연계를 통해 장애학생의 사회 진출과 일자리 확대를 지원하고 있다.

전환교육의 효율성을 결정하기 전에 먼저 장애학생의 삶의 질에 가장 영향을 주는 요소가 무엇인지 체계적으로 확인해야 한다. 특수교육의 궁극적인 목적은 장애학생이 학교를 졸업한 후 사회 참여를 통해 취업과 창업에 성공할 수 있도록 지원하는 것이다. 장애학생에게 직업이란 성인기로의 삶의 표현으로 사회적 관계를 맺으면서 스스로 삶의 주인이 되고, 자아존중과 행복을 누릴 수 있는 권리를 찾으며 삶의 질을 높이는 것이다. 그러기 위해서는 사회 전반적으로 장애인과 비장애인이 함께 일할 수 있는 취업의 기반이 마련되고, 장애인에 대한 사회적 편견이 사라져야 할 것이다.

🗒 참고문헌

국립특수교육원(2012). 제4차 특수교육 발전 5개년 계획 수립 기초 연구.
국립특수교육원(2014). 특수교육 실태조사.
권요한, 김수진, 김요섭, 박중휘, 이상훈, 이순복, 정은희, 정진자, 정희섭(2010). 특수교육학개론. 서울: 학지사.
김문섭, 김진숙, 박선희, 전보성(2011). 특수아동의 이해. 경북: 대구대학교출판부.
김영욱, 김원경, 박화문, 석동일, 윤점룡, 정재권, 정정진, 조인수(2007). 특수교육학. 파주: 교육

과학사.

김형일(2010). 전환 교육의 이해와 실행. 파주: 교육과학사.

박승희, 박현숙, 박희찬(2006). 장애 청소년 전환교육. 서울: 시그마프레스.

박영근(2010). 특별한 교육적 지원요구학생의 전환교육 실행과정 분석 연구. 대구대학교 대학원 석사학위논문.

법제처(2008). 장애인 등에 대한 특수교육법.

우이구(2015). 2015 장애학생 진로·직업교육을 통한 취업·창원 지원 확대 워크숍. 아산: 국립특수교육원.

이숙향(2010). 발달장애 학생의 자기결정 증진 전략. 서울: 학지사.

이유훈, 김형일(2002). 모든 장애아동의 교육성과 제고를 위한 개별화 교육계획의 구안과 실행. 서울: 교육과학사.

전보성(2000). 장애인의 전환교육을 위한 개별화전환교육계획과 지원고용프로그램 실행에 관한 연구. 대구대학교 교육대학원 석사학위논문.

조인수(2011). 장애인 삶의 질 향상을 위한 전환교육. 경북: 대구대학교출판부.

조인수, 이응훈, 정성민(2012). 자기결정: 교수와 사정 전략. 서울: 시그마프레스.

Brolin, D. E. (1989). *Life-centered career education: A competency based approach* (3rd ed.). Reston, VA: The Council for Exceptional Children.

Clark, G. M., & Kolstoe, O. P. (1995). *Career development and transition education for adolescents with disabilities* (2nd ed.). Boston: Allyn & Bacon.

Clark, G. M., & Kolstoe, O. P. (1995). *Career development and transition education for adolescents with disabilities* (2nd ed.). Boston: Allyn & Bacon.

Halpern, A. S. (1985). Transition: A Look at the Foundations. *Exceptional Children, 51*(6), 479–486.

Halpern, A. S. (1994). The transition of youth with disabilities to adult life: A position statement of the Division on Career Development and Transition, The Council for Exceptional Children. *Career Development for Exceptional Individuals, 17*(2), 115–124.

Hoyt, K. B. (1975). An introduction to career education. Policy Paper of the United States Office of Education, Washington, D.C.: U.S. Government Printing Office.

Individuals with Disabilities Education Act(IDEA) of 1990, P.L. 101–476, U.S. Department of Education, Washington, D.C.

Individuals with Disabilities Education Act(IDEA) of 1997, P.L. 105–17. U.S. Department of Education, Washington, D.C.

Individuals with Disabilities Education Act(IDEA) of 2004, P.L. 108–466. U.S. Department of Education, Washington, D.C.

Levinson, E. M. (1998). *Transition: Facilitating the postschool adjustment of students with disabilities* (pp. 1-2). A Division of Haorper Collins Publishers. Westview Press.

Marland, S. P., Jr. (1974). *Career Education: A Proposal for Reform*. New York: McGraw-Hill.

Rusch, F. R. (Ed.). (1986). *Competitive employment: issues and strategies*. Baltimore: Paul H. Brookes.

Siltington, P. L., & Clark, G. M. (2006). *Transition education and services for students with disabilities* (4th ed.). Boston, MA: Pearson Education Inc.

Sitlington, P. L., Clark, G. M., & Kolstoe, O. P. (2000). *Transition education and services for adolescents with disabilities*. Needham Heights, MA: Allyn & Bacon.

Ward, M. J. (1996). Coming of age in the age of self-determination: An historical and personal perspective. In D. J. Sands & M. L. Wehmeyer (Eds.), *Self-determination across the life span* (pp. 1-14). Baltimore: Paul H. Brookes.

Ward, M. J., & Kohler, P. D. (1996). Promoting self-determination for individuals with disabilities: Content and process. In L. E. Power, G. H. S. Singer, & J. Sowers (Eds.), *On the road to autonomy: Promoting self-competence in children and youth with disabilities* (pp. 275-290). Baltimore: Paul H. Brookes Publishing Co.

Wehman, P., Kregel, J., & Barcus, M. (1985). From school to work: A vocational transition model for handicapped student. *Exceptional Children, 52*(1), 25-37.

Wehmeyer, M. L. (2006). Self-determination and individuals with severe disabilities: Reexamining meaning and misinterpretations. *Research and Practice in Severe Disabilities, 30*, 113-120.

Wehmeyer, M. L., & Sands, D. J. (Eds.). (1998). *Making it happen: Student involvement in education planning, decision making and instruction*. Baltimore: Paul H. Brookes Publishing Co.

Will, M. (1984). OSERS programming for the transition of youth with disabilities: Bridges form school to working life. Washington, D.C.: U.S. Office of Education and Rehabilitative Service.

· 찾아보기 ·

[인명]

[내용]

저자 소개

• 김용욱(Kim, Yongwook)
　미국 유타주립대학교 대학원 특수교육과 철학박사
　현 대구대학교 사범대학 특수교육과 교수

　〈주요 저서〉
　학습장애아교육의 이론과 실제(대구대학교출판부, 2002)
　(특수)교육연구방법론(공저, 청목출판사, 2009)
　특수교육공학(공저, 학지사, 2010)

• 이해균(Lee, Haegyun)
　대구대학교 대학원 특수교육과 문학박사
　현 대구대학교 사범대학 특수교육과 교수

　〈주요 저서 및 논문〉
　저시력교육(공저, 대구대학교출판부, 2006)
　저시력 학생용 교재 개발을 위한 적정 확대문자 연구(2003)

• 김성애(Kim, Sungae)
　독일 쾰른대학교 대학원 철학박사
　현 대구대학교 사범대학 유아특수교육과 교수

　〈주요 논문〉
　특수교육과 통합교육의 긴장: 한국 특수학급제도의 새로운 과제, 전망, 그리고 방안(1997)

• 이효신(Lee, Hyoshin)
　대구대학교 대학원 특수교육과 문학박사
　현 대구대학교 사범대학 유아특수교육과 교수

　〈주요 저 · 역서〉
　발달장애아동 평가(공저, 대구대학교출판부, 2009)
　교사를 위한 응용행동분석(역, 학지사, 2014)

• 최성규(Choi, Sungkyu)
 미국 볼주립대학교 대학원 교육학박사
 현 대구대학교 사범대학 초등특수교육과 교수

 〈주요 저·역서〉
 장애아동 언어지도(한국언어치료학회, 2001)
 청각장애학생의 교수학습 방법(공역, 시그마프레스, 2012)
 청각학과 언어(공저, 양서원, 2015)

• 김영한(Kim, Younghan)
 대구대학교 대학원 특수교육과 문학박사
 현 대구대학교 사범대학 초등특수교육과 교수

 〈주요 저서〉
 중복·지체부자유아 교수·학습론(공저, 대구대학교출판부, 2005)
 건강장애아동 교육(공저, 학지사, 2012)

• 신윤희(Shin, Yunhee)
 대구대학교 대학원 특수교육과 문학박사
 현 대구대학교 BK21 플러스 전임연구교수

 〈주요 저서〉
 행동지원지침서(1~5권)(공저, 호미인포, 2011)

• 김성범(Kim, Sungbum)
 경북대학교 대학원 문학치료학과 문학치료학박사
 현 대구대학교 BK21 플러스 전임연구교수

 〈주요 논문〉
 문학치료 프로그램이 정서·행동장애학생의 인터넷 중독 감소에 미치는 영향(2015)

특수교육학개론
SPECIAL EDUCATION

2016년 2월 25일 1판 1쇄 발행
2017년 2월 15일 1판 2쇄 발행

지은이 • 김용욱 · 이해균 · 김성애 · 이효신 · 최성규 · 김영한 · 신윤희 · 김성범
펴낸이 • 김 진 환
펴낸곳 • ㈜ **학지사**

　　　　04031 서울특별시 마포구 양화로 15길 20 마인드월드빌딩 5층

대표전화 • 02) 330-5114　　　팩스 • 02) 324-2345

등록번호 • 제313-2006-000265호

홈페이지 • http://www.hakjisa.co.kr
페이스북 • https://www.facebook.com/hakjisabook

ISBN 978-89-997-0840-4 93370

정가 18,000원

이 도서의 국립중앙도서관 출판시도서목록(CIP)은 서지정보유통지원시스템
홈페이지(http://seoji.nl.go.kr)와 국가자료공동목록시스템(http://www.nl.go.kr/kolisnet)
에서 이용하실 수 있습니다.
(CIP제어번호: CIP2016000703)

교육문화출판미디어그룹 **학지사**

학술논문서비스 **뉴논문** www.newnonmun.com
심리검사연구소 **인싸이트** www.inpsyt.co.kr
원격교육연수원 **카운피아** www.counpia.com